La France des Belhoumi

Stéphane Beaud

La France des Belhoumi

Portraits de famille (1977-2017)

La Découverte POCHE

Cet ouvrage a été précédemment publié en 2018 aux Éditions La Découverte dans la collection « L'envers des faits ».

Composition : DV Arts Graphiques, La Rochelle.
Création graphique de la couverture : Valérie Gautier
Dépôt légal : septembre 2020

Si vous désirez être tenu régulièrement informé de nos parutions, il vous suffit de vous abonner gratuitement à notre lettre d'information, à partir de notre site **www.editionsladecouverte.fr**.

ISBN : 978-2-348-06398-5

À Michel Pialoux,
qui m'a appris le terrain...
et bien d'autres choses en sociologie.

Avertissement

Pour éviter que les membres de la famille enquêtée soient reconnus, les noms de lieux et de personnes ont été soigneusement anonymisés. Belhoumi est donc ici un nom de famille fictif. Les prénoms des membres de la fratrie sont eux aussi fictifs, comme tous ceux de leur entourage (conjoints, amis, etc.). La petite ville de province où les enfants de la famille ont grandi et où les parents habitent encore a été appelée Sardan. C'est une banlieue ouvrière située à cinq kilomètres de la ville préfecture, appelée ici Préville, à quatre cents kilomètres de Paris.

Avant-propos

Samira Belhoumi

En 1977, ma grand-mère, cette femme digne et courageuse qui a travaillé dur pour subvenir à nos besoins (à Rachid, Leïla et moi), cache ses larmes en nous accompagnant à la gare routière de Mostaganem. Puis je la vois en train de courir après l'autocar qui nous emmène à l'aéroport d'Oran pour Paris. J'ai encore cette image qui me hante, quarante-trois ans après. Le récit de ma vie a donné de la matière à des souvenirs abstraits et fuyants; il leur a donné des images, des sons, des odeurs, des émotions, une histoire... Le parcours de cet enfant de sept ans qui quitte sa terre natale, avec ce que l'exil a de plus douloureux, avec ce qu'il porte d'espoir aussi. Ce désir jeté en avant qui donne la force et l'envie de se dépasser, d'aller au-delà de soi. C'est cette quête de sens et finalement de soi qui m'a motivée. Cette démarche relève du désir d'apprendre «dans» et «sur» soi, de comprendre et de grandir humainement. J'ai mesuré le chemin parcouru et les obstacles que j'ai réussi à franchir à force de volonté, de courage et de détermination. J'ai pris conscience de l'importance des rencontres qui ont rendu possible le chemin d'émancipation de la femme que je suis devenue. En effet, à travers ce témoignage j'ai aussi voulu «dire» le combat d'une femme issue de l'immigration maghrébine pour s'arracher à sa condition et à la soumission aux normes du groupe d'origine et transmettre à mes filles l'importance de résister aux entraves à la liberté de disposer de soi-même.

Au final, ce travail biographique familial nous a permis de mieux identifier les citoyens français que nous sommes devenus et de comprendre le lien viscéral qui nous unit à la France. Cette France qui m'a biberonnée à sa langue à tel point qu'elle est devenue ma seconde langue maternelle...

Préface à l'édition de poche (2020)

Stéphane Beaud

Cette préface a pour but de revenir plus en détail sur ce qu'apporte une « monographie de famille » (comme celle des Belhoumi) et sur ce que cette histoire, aussi singulière soit-elle, révèle des transformations dans la moyenne durée (les quarante dernières années) du groupe social des enfants d'immigrés algériens en France, dans la moyenne durée.

La France des Belhoumi est un livre qui peut être défini comme une monographie de famille. Si ce genre a eu ses lettres de noblesse dans l'histoire des sciences sociales (avec notamment les enquêtes de Frédéric Le Play dans la seconde moitié du XIXe siècle) et en anthropologie (en particulier avec l'ouvrage d'Oscar Lewis *Les Enfants de Sanchez*, paru aux États-Unis en 1961), il faut reconnaître qu'il ne fait plus guère recette aujourd'hui en sociologie, à l'exception des travaux initiés par Florence Weber, des livres de Catherine Delcroix sur une famille marocaine de Toulouse et d'Alain Cottereau et Mokhtar Marzok sur une famille d'Andalousie[1]. Cette relative faiblesse du genre s'explique : l'enquête dans une famille constitue une forte intrusion dans le monde privé des enquêtés, elle est tout sauf un événement banal. Il faut donc des conditions très particulières, voire exceptionnelles, pour que ce type d'enquête puisse être conduit et aille jusqu'à son terme : la publication sous forme de livre.

La vertu d'une monographie de famille, ici nombreuse (huit enfants nés entre 1970 et 1986, seize ans séparent l'aînée de la benjamine), tient entre autres à ce qu'elle donne à voir et à comprendre l'espace social singulier que forme objectivement une telle fratrie. En creusant et croisant les trajectoires singulières des huit enfants, on parvient progressivement à saisir les diverses formes de socialisation qui ont fait, vingt ou trente ans plus tard, leur personnalité sociale : bien sûr socialisation à l'intérieur de la famille, parentale – et plus exactement celle du père et celle de la mère – et sororale (des sœurs aînées aux sœurs cadettes et aux frères cadets), mais aussi socialisation extra-familiale qui vient s'y ajouter : socialisation scolaire, associative (le milieu des animateurs de quartier) et politique ; mais aussi socialisation résidentielle, de quartier, notamment au moment de l'adolescence, surtout pour les trois frères. Sans oublier de noter l'émergence au cours du temps d'une « socialisation en retour » – des enfants aux parents – visible à travers, par exemple, l'accompagnement de Mme Belhoumi par ses filles dans les voyages touristiques (Maroc, Turquie, etc.) ou l'initiation aux nouvelles technologies (comme le smartphone) qui lui permettent de rester en contact permanent avec chacun de ses enfants, tous munis de ce précieux outil de communication. Dans une perspective de sociologie de la famille, l'enquête fait bien voir le travail d'éducation des deux sœurs aînées, la « prime » accordée aux filles dans une certaine conjoncture (celle de la première génération sociale dans la fratrie). On a là l'exemple d'une famille saisie à travers les enfants et leurs points de vue et non pas à travers les parents. Même si l'on peut observer (et regretter) que la figure de la mère soit peu développée dans le livre. En effet, elle est la plus difficile à saisir car elle reproduit l'ordre social du mariage et, en même temps, aspire à un travail salarié (« sortir de la maison »), confie ses derniers enfants aux deux aînées et fait quand même le lien avec l'école.

Il reste à dire, sur cette question de la monographie de famille, qu'une des originalités de cette enquête tient sans doute à son caractère fortuit. Comme le dit la sociologue Anne de Rugy – en faisant référence à un précédent livre que j'avais écrit avec un jeune habitant d'une cité de la région lyonnaise, Younes Amrani, *Pays de malheur!*[2] –, « cette fois, c'est le terrain qui vient au sociologue sans qu'il l'ait préalablement cherché, ni qu'il se soit adonné à un long travail de construction de l'objet. C'est la situation qui fait l'enquête tout comme les échanges épistolaires avec un "jeune de cité" avaient donné lieu à *Pays de malheur!*[3] ». Car il faut bien voir qu'au départ de cette enquête, il y a en tout premier lieu le fort désir de l'aînée de la famille (Samira) de raconter l'histoire de sa famille, celle de ses parents notamment. Née en 1970, après le bac (économique et social, ES) elle réussit le concours d'infirmière puis devient à trente-cinq ans, cadre de formation dans un institut de formation en soins infirmiers (Ifsi), ne cessant de se perfectionner en obtenant successivement deux masters. Elle a appris, chemin faisant, la technique du « récit de vie » et a ainsi réalisé quelques années avant que je ne la rencontre une longue interview avec son père. Au moment du début de l'enquête, elle se trouve à un moment charnière de sa vie : d'un côté, son père (né en 1942) vieillit et sa santé est plus fragile que jamais (en invalidité professionnelle depuis 1978) et, de l'autre, ses deux filles (âgées de neuf et cinq ans) ont quitté la petite enfance. Elle souhaite alors transmettre à ses enfants sa mémoire familiale, l'histoire de ses parents et de ses grands-parents. D'où son investissement entier dans l'enquête auprès de sa famille.

Il reste maintenant à expliciter davantage le projet de ce livre. Depuis sa parution (en mars 2018), il m'a été donné de le présenter, dans le cadre de conférences-débats, dans près d'une trentaine de lycées en France. Lors de ces exposés devant des classes (le plus souvent des premières et terminales ES), les lycéens m'ont souvent posé ces mêmes questions : « Pourquoi avez-vous écrit ce livre ? », « Pourquoi avoir choisi de travailler sur une famille immigrée algérienne ? », « Pourquoi les enfants Belhoumi ? », etc. Je répondais à ces questions d'abord en convoquant une image qui pouvait aisément leur parler afin de dessiner grossièrement un portrait social des enfants d'immigrés algériens en France : c'était celle des arbres cachant une forêt. Les « arbres », ce n'est pas autre chose que la petite minorité d'apprentis djihadistes qui a éclos dans la société française au début du XXIe siècle et ne cesse de faire bruyamment parler d'elle dans les médias du fait des attentats terroristes qu'elle a commis dans notre pays depuis l'assassinat par Mohamed Merah en 2012 d'enfants d'une école juive de Toulouse et de militaires français (visés parce que

« musulmans »). La « forêt », fortement cachée par ces « arbres », ce sont tous les autres enfants d'immigrés maghrébins, incomparablement plus nombreux, qui ont progressivement pris place en France, se sont vaille que vaille « intégrés », comme on dit. Ils et elles sont bien présents dans notre société mais personne ne semble vouloir voir ce processus. De fait, en racontant l'histoire des huit enfants Belhoumi, nés entre 1970 et 1986, qui ont grandi en France entre 1977 et 2017, qui sont tous en situation d'emploi, ce livre aborde et traite un fait social d'importance : le processus silencieux de mobilité sociale ascendante ou d'intégration d'une minorité non négligeable[a] des enfants d'immigrés algériens (et par extension maghrébins) en France. Mais comme ce processus est discret et se fait à bas bruit, il n'intéresse pas les médias, du moins ceux en quête de sensationnalisme, de récits sur la « radicalisation » religieuse. Au fond, à travers cette histoire d'une fratrie d'origine algérienne dans la France de ces quarante dernières années, ce livre traite d'une question de mobilité sociale décisive, l'émergence d'une classe moyenne issue de l'immigration maghrébine (elle existe aussi pour des fractions de descendants de l'immigration africaine ou asiatique). Or c'est un processus qui est passé largement inaperçu. Pour deux raisons, intimement liées au fonctionnement du champ médiatique et du champ universitaire.

Première raison : dans ce groupe social, nécessairement composite, constitué par ces enfants d'immigrés algériens/maghrébins, deux fractions du groupe sont fortement médiatisées. C'est d'abord la fraction « du bas » constituée de ceux et celles (moins nombreuses) qui n'ont pas réussi à suivre le régime des études longues, tôt en proie à la déscolarisation, qui ont grandi pour la plupart en cité HLM et le plus souvent ne parviennent pas à s'en extraire une fois adultes, avec en leur sein une proportion non négligeable de « population flottante », comme disait Marx, les garçons y formant une clientèle récurrente des services de police et de justice et alimentant bien souvent la

a Environ 25 %, selon l'enquête *Trajectoires et origines* réalisée en 2008 par l'Institut national d'études démographiques (Ined).

rubrique locale des faits divers. C'est ensuite la fraction « du haut » qui regroupe les individus (hommes et femmes) aux parcours assez exceptionnels, étant devenus ministres, P-DG, médecins, avocats, artistes connus et reconnus, journalistes vedettes, etc. En se centrant sur ces deux fractions à bien des égards opposées, on passe alors entièrement sous silence ces catégories sociales intermédiaires – essentielles – que représentent ces membres des classes moyennes salariées. Or les hôpitaux, les écoles primaires/collèges/lycées, les maisons de retraite, les PME et grandes entreprises mais aussi l'armée, la SNCF et la RATP, etc., comprennent aujourd'hui en leur sein un nombre croissant de « professions intermédiaires » (infirmières, institutrices, techniciens, etc.) d'origine maghrébine. Celles et ceux qui occupent ces positions professionnelles sont parvenus – souvent par des parcours scolaires non rectilignes – à échapper à l'échec scolaire et à décrocher des diplômes de bac +2/+3, débouchant souvent sur la réussite aux concours de la fonction publique de catégorie B. Il est donc crucial, pour une meilleure représentation sociale de ce groupe spécifique et de l'ensemble de cette population, de donner à voir ce processus de mobilité sociale ascendante et de l'analyser de manière détaillée.

Pour rendre compte de ce qui empêche aussi de voir la présence de tous les « Belhoumi de France » – ces enfants d'immigrés qui travaillent et vivent à « nos » côtés, qui ont appris (par leurs diverses formes de socialisation dans ce pays) à « être français », sinon à « se sentir français » –, il faut peut-être examiner un deuxième facteur, lié à l'évolution des travaux français consacrés à la sociologie des descendants d'immigrés. Ils restent assez centrés, soit sur un certain nombre de « problèmes sociaux » plutôt associés aux caractéristiques de la jeunesse populaire (échec ou décrochage scolaire, déviance/délinquance, etc.), soit sur l'étude des formes de discrimination et de racisme que ces groupes subissent en France de la part des diverses instances de notre société. Il ne s'agit pas de nier l'existence de ces discriminations qui a été solidement établie à maintes reprises, depuis la création du Groupe d'étude et de lutte contre les discriminations (Geld) en 1999, dans différents secteurs de la société :

à l'embauche dans les entreprises privées, dans l'accès au logement, lors des contrôles de police et des diverses formes de répression policière. Le résultat n'en est pas moins là : les travaux sur les descendants de l'immigration postcoloniale ont, dans leur ensemble, tendance à projeter une image plutôt sombre de ces populations, non dénuée parfois d'une dimension tragique.

Tout se passe comme si celles-ci étaient décrites et analysées principalement de manière négative, par leurs manques, leurs handicaps et les dominations subies, de telle sorte que les principaux intéressés apparaissent le plus souvent comme « victimes » : victimes de l'ordre capitaliste, victimes de l'ordre racial, victimes de l'ordre du genre (les femmes bien sûr, mais aussi les hommes qui y contreviennent), bref des victimes au carré de la violence du monde social. Certes, cette image globale, qui correspond à une réalité, n'est pas véritablement fausse – comment nier l'aggravation des inégalités sociales dans le monde du capitalisme actionnarial avec un néoprolétariat peu organisé qui provient majoritairement de ces groupes subalternes ? Mais elle n'en reste pas moins unilatérale, laissant dans l'ombre d'autres processus, d'autres contre-handicaps, qui pourraient assez sensiblement nuancer ce tableau. Qu'une telle peinture du destin des enfants de l'immigration postcoloniale soit mobilisée par des militants antiracistes pour cristalliser leur cause et éveiller les consciences politiques, c'est bien sûr de bonne guerre. Cependant, il nous semble que le travail des sociologues doit avoir une autre fonction que celle qui le ferait essentiellement venir en appui de ce travail de mobilisation politique des militants. L'intérêt de la recherche sociologique consiste à dévoiler des pans de la réalité sociale qui ne peuvent être perçus qu'à l'issue d'un minutieux travail d'enquête et qui ne sont pas détectables si l'on s'en tient à l'actualité quotidienne des médias et des réseaux sociaux.

Le temps long de l'enquête est à cet égard une arme redoutable entre les mains des chercheurs. Les cinq ans d'enquête auprès des enfants Belhoumi ont permis de mieux voir comment se sont opérés au cours de ces vingt dernières années les « petits déplacements » dans l'espace social pour chacun des huit enfants. Comment s'est aussi exercée une forte solidarité familiale sous diverses formes quand il fallait aider et repêcher tel ou tel membre de la fratrie temporairement en difficulté: Rachid, le frère aîné, après ses six mois de prison à l'âge de vingt-deux ans; Dalila, la troisième sœur, après son premier échec en dernière année d'école d'infirmières; Azzedine, le deuxième frère, à l'issue d'une année à «broyer du noir» après la mort sous ses yeux de son meilleur ami lors d'une sortie de route après une soirée en boîte de nuit; Nadia, la benjamine, lors de son année de terminale (littéraire) où elle est devenue consommatrice régulière de cannabis pour tenter de faire face à son anxiété de l'époque. Sans oublier non plus l'appui de diverses institutions dont chacun des huit enfants a pu bénéficier lors de toutes ces années, les nombreux petits coups de pouce de personnes singulières venues leur «tendre la main», etc. Ce type de récit de famille immigrée, qui intègre ainsi de telles données dans l'analyse, semble assez peu fréquent de nos jours.

Revenons maintenant aux questions posées par les lycéens lors des conférences sur le livre. Elles m'obligeaient aussi à revenir en arrière pour leur faire comprendre que cette enquête auprès de la famille Belhoumi ne sortait pas de nulle part mais que, au contraire, elle prenait sens dans un itinéraire de recherche de près de trente ans. Lors de mon long terrain effectué dans la période 1989-1996 avec Michel Pialoux à Sochaux-Montbéliard, dans le cadre de ma thèse qui portait sur les destins sociaux des enfants d'ouvriers, j'avais rencontré et interviewé bon nombre d'enfants d'immigrés (algériens, marocains, turcs...). Ils habitaient alors presque tous dans les cités HLM des villes environnant l'usine de Sochaux et essayaient de «s'en sortir» en empruntant cahin-caha la voie des études longues permise par la nouvelle politique scolaire dite des «80% au bac» (1985). Un fait m'avait beaucoup frappé lors de cette enquête à Sochaux-Montbéliard: c'était surtout eux – les garçons comme les filles – qui venaient à moi et souhaitaient rencontrer le «sociologue». En fait, ils avaient à cœur de se raconter et en éprouvaient un besoin presque vital. S'ils avaient tant envie de me parler, c'était pour enfin pouvoir dire à un tiers les conflits intérieurs (souvent de loyauté) qui les traversaient, les contradictions sociales qui les «travaillaient» et souvent les minaient. J'ai toujours été marqué par la richesse de leurs témoignages. Bon nombre d'entre eux me sont apparus comme des sociologues spontanés. C'est ce que raconte très bien Abdelmalek Sayad dans ce superbe texte de 1979 intitulé «Les enfants illégitimes» et publié dans la revue *Actes de la recherche en sciences sociales*, fondée peu de temps avant par Pierre Bourdieu. Enfin, en 2004, j'ai publié avec Younes Amrani, alors emploi-jeune en bibliothèque et habitant une cité de la région lyonnaise, le livre «*Pays de malheur!*[4]» qui rend compte de notre correspondance par courriels et qui fouille de manière assez intime tous les thèmes de son enfance/adolescence. Ce livre a rencontré un large lectorat et nous avons reçu de nombreux mails en retour, livrant eux-mêmes des moments intimes de l'existence de leurs auteurs et autrices.

Bref, par ce long détour, je m'efforçais de montrer aux lycéens assistant aux conférences que ce livre, *La France des Belhoumi*, s'enracinait dans une histoire de recherche qui était aussi une histoire personnelle de sociologue. Je leur rappelais que cette monographie de famille était ainsi fondée sur une connaissance approfondie de l'histoire de l'immigration algérienne en France (l'émigration pour le travail des pères dans la France des «Trente Glorieuses», l'arrivée plus massive des familles dans les années 1970-1980 *via* le processus dit du «regroupement familial», l'installation progressive en cité HLM). Elle s'appuyait aussi sur l'histoire, bien connue de ma part, des diverses confrontations de ces descendants d'immigrés algériens aux institutions françaises (école, centres de loisirs, police/justice, associations sportives, etc.).

Ce retour obligé par l'histoire me permettait de revenir en détail sur un moment-clé de l'histoire de l'intégration des enfants d'immigrés algériens en France, cette première moitié des années 1980 qui voit se conjuguer l'arrivée de la gauche au pouvoir (François Mitterrand en 1981), les premiers moments de rébellion des jeunes de banlieue (les rodéos des Minguettes à Vénissieux à l'été 1982), la flambée en 1982-1983 de crimes racistes (visant les «Beurs» et non pas les immigrés maghrébins à Marseille en septembre 1973) allant de pair avec des violences policières et débouchant sur la Marche pour l'égalité des droits et contre le racisme (dite « Marche des Beurs ») en octobre-décembre 1983, et l'émergence soudaine en 1984 du Front national et de Jean-Marie Le Pen dans le champ politique français. Or, en bon lecteur des travaux d'Abdelmalek Sayad et de l'historien Gérard Noiriel, j'ai toujours été convaincu, dès les années 1980 quand ils ont surgi dans l'espace public, que les enfants d'immigrés maghrébins prenaient « naturellement » place dans la société française. Certes non sans mal, non sans drames aussi : chez les garçons, de nombreux crimes racistes dont ils ont été victimes, sans oublier les dégâts alors occasionnés par l'héroïne ; chez les filles, la tension maximale entre normes familiales et normes « françaises », débouchant souvent sur de la violence, des fugues, voire des suicides. Mais leur processus d'intégration était là, sous nos yeux, clair, massif et « évident ». Il s'opérait aussi en dépit du travail de propagande du Front national qui a fait, à partir des élections municipales de Dreux (1983), du caractère supposé « inassimilable » de cette immigration rebaptisée « musulmane », son inépuisable fonds de commerce électoral. Avec en toile de fond, chez ces nostalgiques de l'Algérie coloniale (et n'ayant jamais accepté sa « perte »), une manière de rejouer sur la scène nationale, vingt à trente ans plus tard, la guerre d'Algérie. Quoi qu'il en soit, en cette seconde moitié des années 1980, on pouvait affirmer sans risque d'erreur que le destin des enfants d'immigrés algériens s'annonçait comme meilleur après la Marche de 1983, du fait des profondes répercussions sociales et politiques de celle-ci, en particulier l'émergence du mouvement social qui l'a accompagnée (le « Mouvement Beur »). Cette émergence s'est traduite, d'une part, par la forte visibilité des enfants d'immigrés maghrébins dans le champ culturel (danse, musique et chanson, cinéma, littérature, théâtre...) et, d'autre part, par l'entrée en politique des « militants de cité », notamment au moment des élections municipales[5].

Cependant, il faut bien reconnaître que les mécanismes classiques d'intégration des enfants d'immigrés – *via* le triptyque école/travail/politique – qui avaient, malgré tout, assez bien fonctionné jusqu'alors, se sont grippés à partir des années 1990.

Contre toutes les explications culturalistes ou idéologiques insistant sur le caractère « inassimilable » des enfants d'immigrés maghrébins en France, les travaux des sociologues ont montré, en l'occurrence, le rôle essentiel joué par les processus cumulés de paupérisation des classes populaires et de ségrégation (spatiale, scolaire et sociale) croissante, débouchant sur des logiques de ghettoïsation (même si la situation dans les zones urbaines sensibles (ZUS) n'est pas semblable à celle des ghettos noirs aux États-Unis). Cette explication de type sociologique est essentielle mais, de fait, très franco-centrée: elle ne suffit donc pas. Car la transformation majeure de ces trente dernières années ne se situe pas seulement au niveau national; elle est profondément liée aux changements dans les relations internationales et a sans doute beaucoup à voir avec la puissante montée d'un islam politique, née au Moyen Orient, se diffusant dans les pays du Maghreb, puis dans les pays européens comportant une forte immigration maghrébine en leur sein (France, Belgique, Pays-Bas...). Cette nouvelle offre religieuse (de « biens de salut » comme le dit Max Weber), issue des nouveaux courants puritains de l'islam fondamentaliste (tabligh, salafiste), va rencontrer dans les années 2000 une « forte demande » de la part d'une fraction croissante de jeunes franco-maghrébins et de convertis à l'islam.

La belle enquête, évoquée en conclusion du livre, de Laurent Bonelli et Fabien Carrié sur les mineurs engagés dans une entreprise de radicalisation religieuse[6] fait apparaître deux groupes bien distincts parmi ces jeunes candidats français au djihad. Le premier n'est pas une surprise, sociologiquement parlant, car il correspond étroitement aux portraits évoqués régulièrement dans la presse. Ce sont presque uniquement des garçons, ayant grandi le plus souvent en ZUS dans des familles précaires et instables (*cf.* le cas idéal-typique de la famille Merah), assez tôt déscolarisés, désaffiliés socialement et précocement connus des services de police et de justice. En passant ou non par la prison, ils deviennent des musulmans « *born again* » pour qui la rencontre de la religion (telle ou telle forme d'islam fondamentaliste) opère comme une révélation et une rédemption, autrement dit une manière miracle de laver tous les péchés de leur ancienne vie civile, souvent passablement chaotique. Le deuxième groupe n'était pas attendu (et c'est une vraie découverte de ces deux chercheurs). Il correspond à un autre profil sociologique : ce sont des anciens bons élèves de collège, avec des parents très présents et investis dans leur scolarité, qui ont tout fait pour les protéger de leur environnement (ZUS) en les coupant de toute sociabilité de quartier. Or ils basculent brutalement du côté de la religion (et du projet djihadiste) au moment de leur entrée au lycée, profondément déstabilisés et meurtris par les épreuves scolaires qu'ils y subissent, la forte baisse de leurs notes, le soudain évanouissement de leurs espoirs ou rêves sociaux, le coût affectif de la déception qu'ils provoquent chez leurs parents. La religion, rencontrée le plus souvent sur Internet, leur permet alors de surmonter une profonde crise morale et identitaire, le bien de salut religieux venant soudainement se substituer dans leur vie au bien de salut scolaire.

Il faut ainsi bien voir qu'il s'est opéré, dans les années 2010, une véritable rupture historique avec la survenue des opérations djihadistes et terroristes en France : les tueries commises en 2012 par Mohamed Merah, suivies par la série d'attentats de 2015-2016 (qui commence avec celui contre *Charlie-Hebdo*) signent le basculement dans le djihad d'une petite minorité des enfants de notre pays. Minorité ô combien agissante et puissante car elle a contribué à imprimer dans la tête d'un nombre croissant de nos concitoyens cette idée forte et simple : « L'intégration, ça ne marche pas ! » On ne peut pas vouloir minimiser ces événements dramatiques qui ont produit une très forte et durable onde de choc dans la société française. C'est dans ce contexte que *La France des Belhoumi* se veut, à sa manière, une réponse sociologiquement armée à la suspicion qui pèse de plus en plus à l'égard de tous les jeunes d'origine maghrébine et de leurs familles, dans une logique de l'amalgame.

On l'aura compris, à travers cette histoire d'une famille algérienne en France, ce livre cherche, comme bien d'autres ouvrages sur ce thème, à tordre le cou à cette idée tenace que les enfants d'immigrés algériens ou maghrébins seraient tout uniment un exemple de « non-intégration ». Le travail des sociologues ne consiste pas à donner des « brevets d'intégration », il vise simplement à analyser avec minutie les forces sociales qui poussent à cette intégration. Mais, sur ce sujet surinvesti politiquement et en constante surchauffe médiatique, il reste aujourd'hui encore difficile de faire entendre cette voix.

Introduction

> « Immigrer, c'est immigrer avec son histoire, avec ses traditions, ses manières de vivre, de sentir, d'agir et de penser, avec sa langue et sa religion ainsi que toutes les autres structures sociales, politiques, mentales, structures caractéristiques de la personne, et, solidairement, de la société, les premières n'étant que l'incorporation des secondes, bref avec sa culture. »
>
> Abdelmalek Sayad, *La Double Absence*, Seuil, Paris, 1999, p. 18.

12 juin 2012 : on célèbre les trente ans de la Mission locale pour l'emploi de Monville, commune de Seine-Saint-Denis, en banlieue nord de Paris. J'y suis invité comme sociologue, ayant naguère travaillé sur la question de l'insertion professionnelle des jeunes de milieu populaire. Dans la salle de cinéma où se tient cette rencontre, l'assistance se révèle assez nombreuse (une centaine de personnes) et composite : des élus, des personnels (anciens et nouveaux) de la Mission locale, des membres de la municipalité, des « jeunes » engagés dans la vie associative et d'autres, de cité, invités par des conseillers de la Mission locale, des parents aussi... Lors de mon intervention, je fais un point sur la situation en France des enfants d'immigrés et des jeunes peu ou non diplômés qui constituent la clientèle principale des Missions locales. Je reviens sur la singularité des parcours de jeunes peu dotés en capital scolaire, insiste sur leurs difficultés structurelles à trouver une place sur le marché du travail et, enfin, tente de dégager les

processus, notamment de relégation scolaire, qui conduisent certains d'entre eux – plus des garçons que des filles – à s'engager dans des parcours déviants. Ces thèmes me sont familiers : en effet, dans mes précédents travaux, notamment ceux menés dans les années 1990 avec Michel Pialoux sur la région ouvrière de Sochaux-Montbéliard[1a], j'ai beaucoup réfléchi aux transformations conjointes du système scolaire et du système d'emploi, aux logiques de relégation scolaire et de dévalorisation sociale qui touchent en priorité les fractions les moins qualifiées du groupe ouvrier, en particulier les enfants d'ouvriers spécialisés immigrés[2]. À la fin de mon intervention, un débat s'engage avec un chef d'entreprise qui s'efforce d'offrir des stages d'insertion à des jeunes inscrits à la Mission locale de Monville.

Au moment de quitter la salle, j'aperçois trois jeunes femmes – je vais vite apprendre qu'elles sont sœurs – qui m'attendent à l'extrémité d'une rangée de sièges avec le désir visible d'entamer une discussion avec moi. C'est Samira – l'aînée de la fratrie – qui prend la parole en premier. Elle tient à me remercier pour mon exposé et pour avoir, lors du débat, rappelé à l'assistance l'ancienneté de la présence des familles maghrébines en France, en mettant l'accent sur la différenciation interne du groupe des descendants d'immigrés maghrébins auquel elle appartient. Je saurai, après coup, que les propos que j'ai alors tenus sur les conditions sociales de la moindre réussite des garçons « dans les quartiers » et les logiques des parcours déviants de certains d'entre eux lui ont aussi beaucoup parlé. Elle y a immédiatement reconnu les traits caractéristiques de l'histoire de ses trois frères.

Après ce premier échange à l'intérieur de la salle, nous sommes invités par les organisateurs à prendre un « pot » à l'extérieur du cinéma, sur une petite esplanade, en cette longue et belle soirée de juin. Je profite de ce moment pour chercher à en savoir davantage sur chacune des trois sœurs, en particulier leurs parcours respectifs et situations actuelles. Leïla et Amel, les deux sœurs de Samira (qui ont fait de la sociologie lors de leurs études supérieures) travaillent « dans le social », la première

a Toutes les notes de référence sont classées par chapitre, à la fin de ce livre, p. 409.

comme chargée de mission en Mission locale, la seconde comme assistante sociale à Paris. Ce sont elles qui ont invité à ce débat leur sœur aînée qui, après des études d'infirmière, est devenue cadre de santé à l'APHP (Assistance publique – hôpitaux de Paris). J'apprends au fil de la discussion que leur famille – les Belhoumi – compte huit enfants (cinq sœurs et trois frères) âgés de vingt-huit à quarante-deux ans. Si les cinq sœurs sont toutes diplômées de l'enseignement supérieur (bac +3 à bac +5), aucun des trois frères n'est parvenu à dépasser le niveau du bac pro. J'apprends aussi – et c'est sans doute le plus important – que tous les enfants Belhoumi sont aujourd'hui en situation d'emploi, assez durablement à l'abri du chômage.

Par ailleurs, dans la présentation d'elles-mêmes des trois sœurs (habillement, style de coiffure, etc.), leur manière de parler et les propos qu'elles m'ont alors tenus, tout tend à montrer qu'elles sont des « enfants de France[a] », qu'elles sont « d'ici » ou des « Iciyennes » – ce néologisme inventé par l'humoriste Jamel Debbouze pour essayer de dépasser les catégorisations hâtives et les identités figées qui font florès dès qu'on parle des enfants d'immigrés maghrébins. Il est d'ailleurs significatif que Samira, arrivée en France à l'âge de sept ans sans parler un mot de notre langue, va dès ce premier échange me déclarer son « amour pour la langue française » et tout ce qu'elle « doit » à ce pays. Elle tient aussi, dans le contexte politique encore marqué par la dure campagne présidentielle de 2012, à fustiger les discours des personnes publiques qui, dit-elle, « montent les Français les uns contre les autres », désignant ainsi par cette antiphrase Nicolas Sarkozy.

Les premiers éléments d'observation et d'information collectés ce soir-là sur les caractéristiques principales de la famille Belhoumi (« immigrée », « algérienne », « ouvrière », « nombreuse », etc.), d'une part, et le bon contact qui s'est d'emblée établi entre les

---

a Lors de ces premiers échanges, le mot facile qui me venait à l'esprit pour qualifier de manière schématique cette famille était celui d'« intégrée ». Or j'ai bien pris garde de ne pas le prononcer car, par expérience, je savais qu'il aurait suffi à provoquer de l'agacement, voire de la colère chez mes interlocutrices qui sont tout aussi « françaises » que moi.

trois sœurs et moi lors de cette scène inaugurale de l'enquête, d'autre part, m'incitent alors à penser qu'il y aurait là matière à une « belle enquête » auprès des membres de cette fratrie[3]. J'entr'aperçois aussi sur l'instant l'occasion pour moi de sortir du monde des « garçons » d'origine immigrée auxquels je m'étais surtout intéressé jusqu'ici – dans les cités des villes environnant l'usine de Sochaux, ou bien avec le cas de Younes Amrani ou encore celui des joueurs de football[4], etc. – pour explorer, cette fois de manière approfondie, l'espace social propre des « filles » d'immigrés. Dans ce moment particulier où le sociologue se laisse obscurément guider par une sorte d'« intuition », qui n'est jamais sans lien avec son parcours biographique, je décide de me lancer en proposant tout à trac aux trois sœurs, en fin de discussion, de démarrer par leur intermédiaire une recherche sur l'histoire de leur famille. Accord immédiatement conclu, l'offre de parole que je leur propose a du sens, on verra par la suite pourquoi elles se déclarent immédiatement partantes, Samira étant ici « en pointe ». J'obtiens leurs numéros de téléphone portable de manière à les recontacter assez vite pour commencer une série d'entretiens avec chacune d'entre elles. Le premier aura lieu avec Samira un mois plus tard et sera suivi d'autres entretiens avec Leïla et Amel en juillet 2012. L'enquête va ensuite se dérouler jusqu'en septembre 2017. Je vais m'efforcer, avec l'aide constante de Samira, d'associer à l'enquête tous les membres de la famille (parents compris), en réalisant avec chacun des entretiens qui seront souvent répétés, en effectuant aussi de nombreux échanges par mails et textos, bref en ayant avec la plupart d'entre eux une relation d'enquête régulière pendant ces cinq années.

Il convient ici de rappeler le contexte social et politique dans lequel s'inscrit et prend sens cette enquête sur cette famille algérienne en France. Il est en effet brûlant. En juin 2012, nous sommes seulement quelques mois après les massacres commis par Mohamed Merah à Toulouse[a] et un mois après le second tour

---

a Mohamed Merah, né à Toulouse en 1988 dans une famille immigrée algérienne, après une carrière de petit délinquant et de nombreux séjours au

d'une campagne présidentielle où le président sortant, Nicolas Sarkozy, sous l'influence de l'idéologue issu de l'extrême droite Patrick Buisson, a martelé le thème de l'identité nationale et insisté *ad nauseam* sur le caractère inassimilable de ceux qu'il appelle les « musulmans » dans la société française. Dans ce moment particulier de répit qui a été donné par l'élection d'un président « normal », François Hollande, supposé ne pas passer son temps à souffler sur les braises, cette enquête au long cours qui se dessine auprès des enfants Belhoumi m'apparaît comme une façon de répondre à ces sinistres prophéties du pire qui savent d'avance qu'elles vont « faire polémique » et alimenter à profusion le grand moulin des médias et de l'information en continu, en d'autres termes comme une manière de « refroidir l'objet », à savoir ce thème – toujours traité de manière inquiétante, voire catastrophiste – de l'« intégration » des enfants d'immigrés algériens en France.

J'envisage ainsi assez vite cette recherche dans la famille Belhoumi sur le modèle de ce qu'ont pu faire, quarante ans et trente ans plus tôt, le sociologue Abdelmalek Sayad et l'historien Gérard Noiriel[5]. L'objectif serait de proposer une sorte de contre-histoire des descendants d'immigrés algériens en France[a]. En donnant à voir et à comprendre la dynamique de l'histoire singulière d'une famille algérienne au cours de ces quarante dernières années, l'enquête ethnographique a pour vertu de mettre en relief une nette mobilité sociale intergénérationnelle collective (des parents ouvriers à des enfants accédant pour la plupart aux « classes moyennes »). En ce sens, elle établit la banalité de processus sociaux qui sont, à bien des égards, semblables à ceux d'une famille populaire « française ». Ce faisant, l'enquête offre la possibilité de proposer

Proche-Orient, est devenu un « djihadiste ». Il a commis, en février-mars 2012, sept assassinats à la kalachnikov qui visaient, d'une part, l'armée française (trois militaires français, dont deux d'origine algérienne comme lui) et, d'autre part, la communauté juive de France (un parent d'élèves et trois enfants fréquentant une école juive de Toulouse).

a Au sens où cette histoire est souvent racontée dans la presse à travers les faits divers dans lesquels un certain nombre de ces enfants sont impliqués.

une contre-image des « Maghrébins » beaucoup plus réaliste sociologiquement que l'image, spectaculaire et médiatique, qui s'est diffusée et enkystée dans maints segments de la société française, celle d'un groupe social réputé « inassimilable ». Une représentation qui signerait l'« échec de l'intégration », objet de nombreuses Unes d'hebdomadaires français et que contredit pourtant l'enquête *TeO* (« Trajectoires et origines ») de l'Institut national d'études démographiques (Ined)[6], la plus aboutie sur ce sujet.

C'est bien ce projet à la fois scientifique et politique qui a rencontré les attentes implicites de mes enquêtés. En effet, comme la majorité des enfants d'immigrés algériens (et plus largement maghrébins), ceux-ci subissent continuellement ce processus de réduction de leur groupe à ceux qui en constituent la « minorité du pire[7] » – en particulier depuis les attentats de 2015 –, les « djihadistes ».

Il convient maintenant de dire quelques mots sur le déroulement de cette recherche. Réalisée dans la durée (2012-2017), elle ne peut cependant pas vraiment prétendre au statut d'enquête ethnographique, faute de reposer sur un long travail d'immersion du sociologue dans l'univers qu'il étudie. En effet, le groupe familial constitué par les membres de la fratrie Belhoumi est dispersé géographiquement : cinq d'entre eux habitent la région parisienne, deux près de chez leurs parents (dans une ville de province à 400 kilomètres de Paris) et une à côté de Montpellier. Il n'y avait donc pas de lieu fixe où j'aurais pu m'installer à demeure et « observer » les activités des uns et des autres dans la durée, comme le fait d'ordinaire un ethnologue ou un sociologue de terrain. L'enquête a commencé de manière assez impressionniste et « bricolée », sans hypothèses de recherche fortes. Le pacte d'enquête qui a été noué au départ avec les trois sœurs était simplement le suivant : il s'agissait de raconter – et de leur faire raconter – l'« histoire ordinaire d'une famille algérienne ordinaire en France ». C'est par exemple comme cela que Samira – qui a été cinq ans durant ma véritable « alliée d'enquête[8] » – la présentait à ses cinq frères et sœurs qui n'avaient pas été présents lors de la rencontre initiatrice. Il fallait de sa part les convaincre, un par un – notamment les trois frères –, d'y participer. Or j'étais, pour eux, sans conteste un «intello», un «prof de fac», voire un «écrivain» (c'est ce terme que le père de la famille utilisera, comme nous le verrons plus loin). Dans ce contexte, l'appui de Samira a été de bout en bout décisif. Car une enquête de terrain n'est jamais un long fleuve tranquille. Elle comporte toujours son lot de «gaffes» de la part de l'enquêteur (difficiles à rattraper, mais qui servent souvent à mieux expliciter le sens de la recherche), de moments de tension, de conflit et de petites histoires qui se jouent notamment dans le milieu enquêté.

Dans le cadre d'une biographie familiale comme celle-ci, c'est encore plus le cas. Chaque membre de la fratrie Belhoumi a, durant ces années, joué sa partition, mais avec des tonalités différentes. Chacun entendait plus ou moins consciemment en retirer des bénéfices symboliques. Si cette question n'était pas initialement au centre de ma réflexion, je me suis souvent interrogé quant aux effets de cette enquête sur les relations dans la fratrie et sur les rapports entre parents et enfants. Du début jusqu'à la fin de cette recherche, le rôle de Samira a été majeur. C'est elle qui a «voulu» cette enquête et qui, par sa forte autorité morale et son caractère intouchable dans la famille, a entraîné dans le mouvement tout le reste de la fratrie[a]. Sa forte implication dans l'enquête est par ailleurs congruente avec sa constante promotion professionnelle, qui l'a fait devenir cadre de santé (avec un statut de cadre supérieur), ainsi qu'avec la quête de légitimité culturelle qui l'anime depuis son arrivée à Paris (et qui s'est notamment manifestée par l'obtention de diplômes de master 1 et 2).

a Au sortir de l'été 2016, des conflits assez sérieux étaient apparus entre sœurs à propos du mode de prise en charge du père longuement hospitalisé; en deux mots, certaines étaient accusées de ne pas faire assez leur part, Samira étant la plus «remontée» à ce sujet. Cette dernière me confie que cette histoire l'a fortement secouée. Depuis la rentrée scolaire, elle a entamé, dit-elle, un «travail avec une psy» à qui elle a aussi raconté l'enquête en cours avec moi. Sa «psy» lui a résumé la situation de manière sans doute très juste: «Avec cette enquête, finalement, vous [Samira] avez embarqué avec vous toute la famille...»

Cette enquête a, bien sûr, évolué au cours du temps. Elle a commencé sous la forme d'une sorte d'histoire orale de la famille Belhoumi, puis a pris un tour plus collaboratif. Elle a été également bousculée par certains événements, et en particulier les attentats djihadistes de 2015 (Paris) et 2016 (Nice). La défiance à l'égard des enfants d'immigrés maghrébins en France a été alors poussée à son paroxysme. Ils étaient plus que jamais des «éternels coupables[9]», pour reprendre l'expression d'Ahmed Boubeker. Dans cette conjoncture sociopolitique tendue et à certains égards dramatique, l'enquête a dévié de son cours originel. J'ai alors souhaité suivre dans le temps et de plus près la manière dont les membres de la fratrie vivaient ces événements, les subissaient et/ou y réagissaient, en les invitant aussi à réfléchir avec moi sur le rapport qu'ils entretenaient à leur avenir et à leur condition sociale.

Pour ce faire, les moyens «modernes» de communication ont été d'un grand secours: les entretiens approfondis, les discussions informelles avec les uns et les autres – irremplaçables pour tout sociologue de métier – sont allés de pair avec des échanges très fréquents par texto et surtout par courriel. De mon côté, j'ai cherché à alimenter la réflexion de mes enquêtés principaux (en particulier les «trois sœurs» du début de l'enquête) par l'envoi régulier – le plus souvent par courriel – d'articles de presse, d'articles de revues, de résumés de livres, etc., qui suscitaient souvent des commentaires de leur part. Ce flux d'échanges permanent avec les enfants Belhoumi les plus investis dans l'enquête – en tout premier lieu, les deux sœurs aînées (Samira et Leïla) – a peu à peu constitué une ressource majeure, un matériau de première main souvent aussi riche que les entretiens. Par cette façon d'échanger entre nous des références, de discuter mutuellement de livres, de relancer régulièrement la réflexion par des nourritures culturelles, nous avons peu à peu construit ensemble un univers intellectuel qui a permis, me semble-t-il, au moins deux choses: d'une part, enrichir constamment ce que j'ai essayé, au fond, de mieux comprendre, à savoir l'analyse des contradictions structurelles de l'«intégration» des enfants d'immigrés maghrébins, qui, alors même qu'ils deviennent pour la plupart « naturellement » français – par les diverses formes de socialisation secondaire et extrafamiliale (scolaire, résidentielle, amicale, sportive, syndicale, associative) – n'en sont pas moins fréquemment sous la menace, par les institutions et gardiens (*gatekeepers*) du « club France », d'être renvoyés à leur origine (« arabe » au sens large du terme) dans des moments clés de leur vie d'adulte (accès au logement, aux lieux de loisir, aux concours de la fonction publique, entrée en politique, etc.) ; d'autre part, contribuer à produire chez mes enquêtés (ceux qui ont joué le plus le « jeu ») leur propre réflexivité, c'est-à-dire l'« auto-socio-analyse[10] » (comme disait Pierre Bourdieu) sur l'histoire familiale et sur leur histoire personnelle au sein même de cette histoire collective.

Après avoir présenté l'histoire des parents Belhoumi, seront explorés de manière approfondie les parcours respectifs et fortement différenciés des cinq sœurs d'une part, des trois garçons d'autre part. La dernière partie du livre sera enfin principalement consacrée à l'analyse du rapport à la politique et à la religion dans la fratrie, dans le contexte troublé et tragique qui a suivi les attentats à Paris de janvier 2015.

Brève présentation de la famille

Les parents

M. et Mme Belhoumi : tous deux sont nés en Algérie et y ont grandi ; le premier, né en 1942, dans un village de l'Ouest algérien, sur les plateaux de Mascara, a émigré en France en 1971 ; sa femme, née en 1952, l'a rejoint en France en 1977 (« regroupement familial ») avec les trois premiers enfants, nés eux aussi en Algérie ; ils se sont installés dans la ville ouvrière de Sardan où habitait déjà la sœur aînée de Mme Belhoumi.

Les huit enfants (par ordre de naissance)

Samira : née en 1970 (Algérie) ; aînée de la famille ; titulaire d'un bac B (ES) et d'un master 2 d'ingénierie en formation ; infirmière, puis cadre de santé ; mariée, deux enfants ; habite à Paris.

Leïla : née en 1973 (Algérie) ; titulaire d'un bac B (ES), d'une maîtrise en sciences de l'éducation et d'un master 2 en ingénierie de programme de formation ; chargée de projet en Mission locale ; vit en couple, un enfant ; habite dans une ville de Seine-Saint-Denis (93).

Rachid : né en 1975 (Algérie) ; aîné des trois garçons de la fratrie ; arrêt des études en troisième ; vendeur, puis « commercial » ; en couple, six enfants de trois femmes différentes ; habite un bourg rural à 6 kilomètres de Sardan.

Azzedine : né en 1979 (France) ; titulaire d'un bac pro vente et représentation ; chauffeur de bus RATP ; célibataire et vie en couple intermittente ; habite dans une ville de Seine-Saint-Denis (93).

Mounir: né en 1981 (France); niveau BEP en maintenance de systèmes automatisés; vendeur, puis commercial; marié, deux enfants; habite à Sardan.

Dalila: née en 1983 (France); titulaire d'un bac STT; infirmière; divorcée, un enfant; habite à Sardan.

Amel: née en 1984 (France); titulaire d'un bac STT et d'une licence de sociologie; assistante sociale à Paris; célibataire; habite la capitale.

Nadia: née en 1986 (France); titulaire d'un bac L, d'un DUT, puis d'une licence professionnelle en ressources humaines; chargée de mission à Pôle Emploi; mariée, un enfant; habite à Préville depuis 2016.

1

Histoire d'une émigration-immigration en France

L'immigration algérienne en France a, bien sûr, une spécificité qui est étroitement liée à l'ancienneté de la colonisation française en Algérie (1830-1962) et aux liens qui se sont noués dans la longue durée entre les habitants de ces deux pays, ou, pour le dire dans la langue de l'époque, entre la colonie et la métropole[1]. Patrick Weil souligne ce point quand il affirme que « les immigrés venus d'Algérie ou de l'Empire français sont différents des autres immigrés venus de l'étranger [...]. Ils ne sont pas étrangers à la France : eux ou leurs parents ou grands-parents ont fait partie de l'histoire de France. Ils n'ont pas l'impression de venir dans un pays étranger, la France est ou a été leur pays [...]. Ils ne s'attendent donc pas à devoir faire un travail d'adaptation comparable à celui que des immigrés étrangers savent devoir faire. Nous sommes partis de la même histoire, mais nous ne nous la représentons pas comme telle[2] ».

La famille Belhoumi est, à sa manière, exemplaire du troisième âge de l'immigration algérienne en France qui a été décrit de manière éclairante, dès 1977, par le sociologue Abdelmalek Sayad[3]. En Algérie, la guerre d'indépendance (1954-1962), en déstructurant fortement l'économie et les communautés villageoises, a dans le même mouvement paupérisé les campagnes et intensifié l'émigration des fils de paysans (*fellahs*), ne trouvant pas à s'employer au pays. Après la conquête (au coût élevé) de leur indépendance, en 1962, les « Français musulmans » devenus presque tous « algériens » ont continué à émigrer en nombre vers la France. D'une part, l'économie française avait, dans les années 1960, un besoin pressant de main-d'œuvre ouvrière et bon marché. D'autre part, l'Algérie, qui avait perdu l'essentiel de ses cadres économiques et était alors au début de sa reconstruction, possédait peu d'arguments pour retenir chez elle les candidats à l'émigration vers l'ancienne métropole. Sans oublier que les accords d'Évian avaient prévu jusqu'en 1968 une clause de libre circulation des travailleurs algériens entre les deux pays.

Cependant, pour éviter de donner à ce mouvement d'émigration vers la France un air de « fatalité sociologique » produite par le seul système économique, il importe – comme nous y invite Sayad – de réintroduire les trajectoires et stratégies sociales des personnes concernées : les émigrés eux-mêmes. Si ces hommes, majoritairement jeunes (20-30 ans) et en pleine possession de leurs moyens physiques[a], sont allés, au cours de la période 1962-1973[b], vendre leur force de travail aux entreprises des industries tayloriennes ou du secteur du bâtiment et des travaux publics (BTP) de l'ex-pays colonisateur, c'est aussi par l'effet d'un arbitrage, somme toute rationnel, qui a fait pencher, pour eux, la balance du côté du choix de l'émigration. D'un côté, l'Algérie nouvellement indépendante offrait peu de « bons » emplois et beaucoup de bas salaires, tandis que, de l'autre, la France, l'ancienne puissance coloniale, incarnait encore, pour les Algériens candidats au départ, le rêve de l'émigration (*el ghorba*). Résultat : après 1962, ces derniers ont quitté en nombre leur pays d'origine qui, pourtant, venait de se libérer du joug colonial après huit ans d'une guerre terrible et meurtrière.

Nous allons voir que le cas singulier du parcours migratoire de M. Belhoumi correspond fort bien au schéma explicatif esquissé ici.

---

a Le père raconte à Samira que les candidats au départ « subissaient » un examen clinique afin d'évaluer leurs capacités à travailler en France : « J'étais obligé de cacher que j'avais eu une tuberculose sinon ils m'auraient pas pris... »

b 1973 est l'année où l'Algérie suspend l'émigration de ses ressortissants en France pour protester solennellement contre la vague de crimes racistes qui les visent.

Questions de méthode

Avant d'entrer dans le récit de cette histoire du père de famille, attardons-nous quelque temps sur des questions de méthode. L'enquête ne s'est pas déroulée dans la ville de Sardan où résident depuis quarante ans les parents de la famille étudiée, mais essentiellement en région parisienne, où cinq des huit enfants habitaient entre 2012 et 2015. Je ne me suis rendu chez les parents qu'une seule fois, durant trois jours, en juin 2013. J'ai pu, à cette occasion, mener des entretiens à leur domicile avec eux deux, surtout avec la mère qui « parle bien français ». J'ai pu ensuite y retourner deux fois mais « en coup de vent », pour discuter avec l'une des filles ou passer « dire bonjour », en mai 2016, quand j'effectuai, dans la grande ville proche, une petite enquête aux archives municipales et départementales.

En d'autres termes, l'histoire de cette famille a été constituée au début de l'enquête par la recollection de propos tenus par les enfants – notamment les deux filles aînées – sur ce qu'ils pensent savoir du parcours de leurs parents en Algérie et en France. C'est donc surtout une histoire « rapportée » qui ne pouvait guère s'appuyer sur des documents de première main ; les immigrés laissent en général peu de traces écrites de leur passage en France. Six mois après le début de l'enquête, Samira, sachant mon intérêt pour l'histoire de sa famille, est venue à un entretien avec des photos (ses grands-parents au village...) et des « cartes de travail » de son père. Soigneusement disposés dans une grande enveloppe, ces documents figuraient comme autant de petites traces (malheureusement non reproductibles, compte tenu de l'anonymisation des enquêtés) du parcours d'émigration-immigration de ses parents. L'histoire de la famille Belhoumi sera ainsi faite de souvenirs distillés ici et là par les parents, notamment par le père qui, en vieillissant, a eu à cœur de transmettre un peu de son parcours à ses enfants. Cette envie de se raconter rencontrait aussi une demande de la part de ces derniers, comme le confia Samira lors de notre premier entretien quand je lui demandai si son père aimait parler un peu de son histoire personnelle, ce qui semble assez rarement le cas chez les immigrés algériens ordinaires, en particulier ceux qui n'ont pas été des militants, que ce soit de la cause nationale (FLN ou messalistes[a]) ou de la cause ouvrière en usine (CGT):

> – SB: Souvent les enfants d'immigrés algériens (ruraux) ne savent rien ou pas grand-chose de l'histoire de leur père...
> – Samira: Ah non! Pas nous... Mais même je l'enregistre... C'est-à-dire que, comme je finis une recherche moi aussi, à mon niveau, une recherche de master [qui comprenait un cours sur le récit de vie], et dans ce cadre-là j'ai beaucoup lu sur le récit biographique, etc., et je me suis dit: «Je vais l'enregistrer», ne serait-ce que pour la mémoire, la transmission. Et il est tout fier alors de pouvoir parler en arabe et puis il raconte... Il raconte des anecdotes, il raconte, en fait y a une espèce de culture je sais pas si c'est lié à la campagne où il a vécu... Culture très empreinte de, je ne sais pas comment on pourrait appeler cela en français, je n'ai pas le mot... je ne sais si c'est des dictons, des phrases de sagesse...
> (Samira, premier entretien, 11 juillet 2012.)

Les récits de l'histoire racontée par M. Belhoumi à Samira ou Leïla ne sont pas toujours bien agencés chronologiquement, les dates manquent souvent. Par exemple, il aura été très difficile de reconstituer sa trajectoire professionnelle et les dates de ses venues en France, notamment sa première émigration de travail. C'est d'ailleurs pour combler ces trous que, dans un premier temps, j'ai eu envie, lors de notre rencontre chez eux, de faire raconter à M. Belhoumi son histoire, sans doute de manière très naïve. Ce jour du 23 juin 2013, il accepte de prendre la suite de sa femme face au magnétophone dans leur salon. Bien sûr, il sait qui je suis, Samira a pris soin de me présenter à lui, au téléphone, avant ma visite chez eux. Devant lui, je précise à nouveau mon métier et

a Pour le dire vite, les partisans de Messali Hadj, pionnier du nationalisme algérien, regroupés dans le Mouvement national algérien (MNA), se sont affrontés à un autre courant indépendantiste au début de la guerre d'Algérie (1954) qui a pris le nom de Front de libération nationale (FLN). Celui-ci, au départ minoritaire en métropole comme en Algérie, a fini par l'emporter, au prix d'une dure bataille et, selon les historiens, de plus de 10000 morts et 25000 blessés dans les deux camps rivaux.

mon statut d'universitaire (je dis pour être mieux compris «enseignant à l'université») et il est frappant qu'il poursuive à sa manière: «Oui, je sais, [vous êtes] un écrivain...» Sans doute Samira lui avait-elle précisé que j'avais écrit des livres. Je suis donc, à ses yeux, celui qui non seulement écrit des livres mais aussi et surtout celui qui va peut-être, un jour, rédiger un ouvrage retraçant l'histoire de sa famille en France. Cette perspective du livre en devenir, qui lui fait plaisir et aussi l'honore, est au centre du pacte d'enquête noué avec tous les membres de la fratrie: raconter l'histoire ordinaire et récente d'une famille immigrée, algérienne, en France. Ce jour-là, toutefois, notre échange reste fort limité et source de nombreux malentendus. Mes questions ne sont pas toujours bien comprises et je les ai aussi mal exprimées, inhibé par cette situation inédite d'entretien[a]. Elles donnent lieu à des réponses qui sont souvent à côté et, de ce fait, difficiles à interpréter. Ceci posait la question suivante: comment retracer l'histoire d'un immigré algérien quand un obstacle de taille, comme celui de la langue parlée, se dresse sur le chemin de l'enquête orale? En effet, M. Belhoumi parle très peu le français (même s'il le comprend fort bien...), de sorte que l'entretien en face à face, un temps espéré, s'est révélé sur place (chez lui) difficilement réalisable (il n'a duré que dix minutes...).

Il n'y avait alors pas de solution idéale. Dans un premier temps, il a fallu en quelque sorte «bricoler», c'est-à-dire recourir aux récits des deux sœurs aînées qui ont été instituées par leur père comme les dépositaires de la mémoire familiale. Elles vont donc tour à tour me raconter par bribes l'histoire de leur père et je vais m'efforcer de recouper les faits recueillis en entretien avec les propos des autres frères et sœurs qui ont aussi évoqué, chacun à sa manière, tel ou tel aspect de l'histoire de leur père. Cette

---

a Dans son commentaire écrit sur le fichier de ce chapitre, Samira insiste sur le «sentiment d'insécurité très fort [de son père] vis-à-vis de la langue française... Aussi loin que je m'en souvienne, il a toujours été hyper-complexé surtout quand les "Français" montraient leur agacement quand ils n'arrivaient pas à le comprendre, comme sur les marchés par exemple... Un jour, il a demandé une "fiste pour son fils" (une veste pour son fils... Le son V n'existe pas en arabe) et comme le vendeur n'a pas compris tout de suite et qu'il s'est montré peu aidant, mon père est reparti en colère, je crois plus contre lui-même que contre le vendeur».

histoire du père émigré-immigré en France, rapportée par ses enfants, est donc une reconstruction, faite trente à quarante ans après les faits. Nul doute qu'il entre ici une part de roman familial, principalement fait d'anecdotes, qui ont circulé dans la maisonnée – des parents aux aînés, puis des aînés aux cadets – et qui ont en quelque sorte fixé la mémoire familiale. Comme, par exemple, l'histoire, racontée presque dans les mêmes termes par tous les enfants, de leur père, frais immigré en France, qui débarque à Paris et s'égare dans le métro, sans réussir à lire les panneaux indicateurs lui montrant le chemin. Anecdote qui vise avant tout pour ses enfants, comme c'est fréquemment le cas des récits des descendants d'immigrés, à honorer la figure paternelle : sa force mentale, son courage, sa détermination, etc., qui lui ont permis de faire face aux processus du déracinement, dans toutes ses dimensions : sociale, culturelle, linguistique. Le récit du parcours paternel sera dans la famille l'apanage des trois aînés, nés en Algérie, qui vont ensuite avoir tendance à transmettre cette partie de la mémoire familiale à leurs cadets, notamment aux trois dernières filles de la fratrie.

Dans un second temps, quand il a fallu écrire ce livre, face aux trous de la biographie du père, notamment en ce qui concerne ses années algériennes avant le départ vers la France, je me suis décidé à demander de l'aide à Samira en lui soumettant cette idée : aller elle-même interviewer son père. Un beau jour, fin mars 2017, profitant d'un week-end où son père était seul (son épouse étant partie une semaine avec sa fille Amel visiter Istanbul), Samira se rend chez ses parents avec un magnétophone et se décide à l'enregistrer, munie d'une petite liste de questions que je lui avais adressée par courriel. Cet entretien a été décisif. Cette fois-ci, M. Belhoumi s'exprime dans sa langue, devant sa fille aînée. Il est en confiance et peut dire des choses qu'il n'a jamais évoquées de manière aussi précise, comme me l'explique Samira :

> Mon père aime sa langue et aime montrer qu'il parle autant le dialectal que le littéraire... Son père était un paysan-poète qui était souvent invité aux cérémonies organisées par ses voisins

du douar [petit village] car il les amusait avec ses « envolées lyriques » pleines de sagesse et de poésie.

L'entretien, réalisé en arabe dialectal, sera soigneusement transcrit et traduit en français par Amel (l'avant-dernière de la fratrie) qui, comme tous les enfants, parle couramment la langue pratiquée par ses parents à la maison. Les deux sœurs ont ainsi œuvré ensemble pour la cause de la mémoire paternelle.

Le père, venu des hauts plateaux de Mascara, dans et hors de la guerre d'Algérie

Reprenons désormais le fil de l'histoire de M. Belhoumi. Né en 1942, il a grandi dans une famille de paysans – très pauvres – habitant un village reculé de l'Ouest algérien, dans la région de Mascara. Il est le dernier enfant d'une famille de cinq. Dès l'âge de six ans, il a fréquenté quelques années l'école coranique de son village – ce qui lui a permis de lire l'arabe littéraire et le Coran. Très jeune, il a été mobilisé dans la lutte au jour le jour pour la survie économique de sa famille, travaillant comme berger en charge d'un troupeau de moutons. La priorité n'était donc pas sa scolarité, si bien qu'il est rarement allé à l'école primaire du village, l'« école française », comme on disait alors. Ainsi, à la différence de sa femme (voir *infra*), il n'a pas été alphabétisé en français. Durant sa vie d'immigré en France, il souffrira beaucoup de ce handicap de départ, étroitement lié à une scolarisation intermittente, phénomène répandu pour les enfants de *fellahs* de sa génération. Son enfance a aussi été marquée par la mort prématurée d'un de ses frères aînés qui, à l'âge de quatorze ans, a été électrocuté devant ses yeux (enfant distrait et agité, il avait voulu imiter les oiseaux posés sur les fils électriques du village et s'était suspendu à l'un d'eux). D'autres événements de son enfance témoignent de la pauvreté de sa condition familiale. Deux de ses frères et sœurs ont été atteints du typhus dans leur enfance et en sont restés sourds. En outre, sa situation personnelle au sein de sa famille va sensiblement se dégrader après la mort de sa mère (alors qu'il a six ans) et à la suite du rapide remariage de son père. Dans cette nouvelle famille constituée par son père avec sa seconde épouse – des enfants vont vite naître –, il va se sentir « de trop » et subir diverses formes de rabaissements et d'humiliations de la part de sa belle-mère. Pour y échapper, il rejoint sa sœur aînée, mariée et installée à Mascara. Il reste chez elle quelque temps mais cette sœur décède brutalement, alors qu'elle était âgée d'une petite vingtaine d'années et il doit revenir au foyer paternel. Il supporte mal ce retour et cherche à tout prix une échappatoire. Ce sera l'armée française, dans laquelle il s'engage en 1960, dès ses dix-huit ans, avec un de ses amis du village, pour échapper au désœuvrement comme le faisaient un certain nombre de jeunes « indigènes musulmans ». Précisons que son entrée au service militaire n'a rien à voir avec un engagement dans les unités supplétives de harkis que l'armée française créait alors pour combattre les *fellaghas* du Front de libération nationale (FLN). M. Belhoumi fera ses premières armes en Algérie avant de rejoindre en 1961 un régiment à Strasbourg. C'est la première fois qu'il se rend en métropole. Lorsque Samira lui demande si son service militaire n'aurait pas pu être l'occasion pour lui d'apprendre des rudiments de français, il lui assure que personne, à l'armée, ne s'en est un jour soucié.

M. Belhoumi est donc dans l'armée française lors des deux dernières années de la guerre d'Algérie. Or c'est, on le sait, une période historique de fin de régime à bien des égards dramatique, faite d'une intense agitation politique et marquée par une spirale de violences, avec les attentats croisés du FLN et de l'Organisation de l'armée secrète (OAS). Ainsi, lors de divers entretiens ou discussions avec les deux sœurs aînées, j'ai souvent cherché à entrevoir et comprendre quel avait été le comportement de leur père lors de cette guerre d'Algérie. Plus précisément, j'étais intrigué par ce qui m'apparaissait comme un petit « mystère », sans doute aussi par un effet de méconnaissance de ma part de ce qu'était la réalité sociale vécue par un jeune de dix-huit ans en 1960 dans une ville moyenne d'Algérie. Même si M. Belhoumi ne semble pas avoir connu dans son village les luttes fratricides qui ont pu exister entre partisans du FLN et messalistes, ni subi la pression du FLN ou de l'armée française pour être enrôlé dans leurs camps respectifs, je m'étonnais quand même auprès de Samira et Leïla qu'un jeune Algérien comme lui, ayant dix-neuf ans au moment de la fin de la guerre d'indépendance, ait pu partir – semble-t-il tranquillement – effectuer son service militaire en Alsace. Face à cette interrogation, les réponses de Samira et Leïla ont été, dans un premier temps, assez floues: « Il avait sans doute autre chose à faire que de s'occuper de politique »; « Il devait avant tout assurer sa survie », etc. Cependant, en creusant avec elles cette question – très travaillée aujourd'hui par l'historiographie sur le passé colonial et la sociologie de l'héritage colonial –, d'autres réponses des sœurs aînées ont plus tard surgi: plus circonstanciées, elles n'avaient pas été évoquées, dans un premier temps, en entretien, mais ont pu émerger à distance *via* les textos et courriels.

Dans un courriel du 2 juillet 2016, je pose à Samira les deux questions suivantes:

> a) Avant dix-huit ans, il [le père] a fui cette ambiance familiale pesante et peu hospitalière et est parti tenter sa chance « en ville », et plus précisément à Mostaganem: est-ce bien ça ? b) Le service militaire: savez-vous comment et où il a vécu ces *vingt-quatre* mois sous le drapeau français ? Ce n'était pas facile aux derniers moments de cette guerre de partir dans un régiment français ? etc. Le FLN pouvait vous « en vouloir »... Comment a-t-il fait pour passer entre les gouttes ? Rien de crucial, mais de la curiosité pour son histoire personnelle.

Samira répond aussitôt ceci:

> Il est allé chez sa sœur qui vivait à Mostaganem et elle était mariée à leur cousin de Mascara... Un type d'une gentillesse extraordinaire... Je me souviens bien de lui car il est venu chez moi à Lyon en 1992 pour soigner un cancer de bouche. [...] Je lui demanderai pour la période du service militaire.

C'est finalement la deuxième sœur, Leïla qui, quinze jours plus tard, m'adresse un long courriel où elle évoque plus en détail, et pour la première fois, des épisodes de la guerre d'Algérie vécus par son père. En effet, celui-ci s'est mis à lui confier, lors de ses fréquentes venues à Paris, des bribes de son passé, qu'il apprécie de lui livrer «en passant».

> Ces dernières années, mon père a été beaucoup plus bavard que par le passé concernant sa vie... Lorsqu'il venait passer quelques jours à la maison, il aimait se raconter et me parler de sa jeunesse (avant ma naissance). Un soir, il m'a parlé de la période où il était au service militaire du côté de Strasbourg, il m'a parlé de ses soirées avec sės potes, de ses missions (mais restées très vagues)... Il est resté en poste jusqu'à la proclamation d'indépendance en juin 1962, il avait alors une vingtaine d'années... Il m'a raconté qu'en rentrant en Algérie avec sa tenue militaire, on lui avait directement proposé de rejoindre la toute nouvelle armée algérienne (enfin ce qui se construisait); il m'a dit: «Moi, je savais manier les armes et je savais marcher comme un militaire» (rires); du coup, du jour au lendemain, il s'est retrouvé à suivre des types rencontrés par hasard et, dans l'euphorie du moment, s'est engagé avec les Algériens (je ne sais pas précisément si c'est avec l'armée algérienne car à cette époque tout est encore flou)... Il aurait fait quelques mois et après toute cette période d'enchantement, il est revenu au civil...
>
> Un autre épisode m'a marquée [dans nos discussions], c'est lorsqu'il a évoqué la torture et les vexations subies pendant toute cette période de troubles: il s'est retrouvé un soir dans les montagnes de Mascara (la ville où il est né et a grandi) avec son frère aîné (qui avait, je crois, cinq ou six ans de plus que lui), on est au début des événements en 1954-1955, mon père est alors un jeune adolescent. Mon père et mon oncle sont emmenés pour un interrogatoire car il y aurait eu une altercation entre l'armée et des jeunes qui auraient pris le maquis dans la région. Suite à cet interrogatoire, mon père, jeune mineur, sort assez rapidement et mon oncle aurait subi des tortures.
>
> Ce qui est assez marrant, c'est le contexte dans lequel il m'a raconté cette anecdote... Il y a quelques années (huit, neuf ans), mon frère Rachid a une relation avec deux femmes qui se retrouvent enceintes toutes les deux à la même période. Elles viennent se «crêper le chignon» chez mes parents... Moi, très énervée, je balance à mon père: «P... ! Rachid et ses conneries!» Mon père sourit et me répond: «C'est drôle la vie, il y a quelques années, on n'avait même pas le droit de lever les

> yeux sur les filles françaises, les filles des colons... Et aujourd'hui deux femmes se battent [ici en France] pour mon fils»...
> Voilà les quelques souvenirs que mon père a partagés avec moi, souvent lorsqu'il me demandait de lui brancher l'iPad et de le mettre sur Youtube et de taper phonétiquement les noms des chanteurs et le titre de ses chansons préférées... Et, là, magie du Net, il se retrouvait dans les années [19]40, [19]50, [19]60 et, là, les souvenirs remontent avec une envie de parler de son histoire... (Leïla, courriel, 20 juillet 2016.)

Ce n'est sans doute pas un hasard si c'est l'évocation devant sa fille de la «petite histoire» – les chansons algériennes de son enfance et leur nostalgie – par le père de famille (alors âgé de soixante-quatorze ans) qui conduit presque subrepticement ce dernier à glisser vers la «grande histoire» et à pouvoir raconter de manière plus détachée des épisodes difficilement dicibles de la guerre d'Algérie, comme celui de la torture de son frère aîné par une patrouille de l'armée française. Les historiens du monde contemporain nous ont appris qu'il n'est pas donné à tout le monde de s'ériger en «témoin», il faut s'y sentir autorisé et seuls de grands moments historiques (comme en France la Résistance, les grèves ouvrières, etc.) peuvent inciter les membres des classes populaires à endosser ce rôle. L'histoire «par en bas» est aussi une histoire tissée par des souvenirs qui sont restés en mémoire, sur des sujets peu conformes aux priorités académiques (ici les chansons populaires algériennes), mais qui permettent ainsi de remonter le fil vers l'histoire plus légitime, en particulier l'histoire politique, l'histoire de la guerre d'Algérie.

Pour clore cet épisode du vécu de la guerre d'Algérie par le père tel qu'il s'est inscrit dans la mémoire familiale, deux récits s'affrontent sur son dénouement. D'un côté, si l'on suit le récit que m'en fait Leïla au détour d'une conversation de café (en janvier 2017), la fin de l'histoire du service militaire de M. Belhoumi aurait eu quelque chose de savoureux. Celui-ci, alors soldat français en métropole, serait revenu en permission en Algérie début juillet 1962 et aurait débarqué au port d'Alger le jour même de la proclamation de l'indépendance de son pays (le 2 juillet). Il se serait bien gardé de descendre du bateau avec son uniforme de soldat français et l'aurait dissimulé dans son sac, foulant le sol natal en civil algérien. Mais il aurait ensuite eu l'idée d'exhiber certaines affaires militaires « françaises » pour se faire embaucher dans l'armée algérienne qui recrutait alors des soldats expérimentés pour constituer un socle solide de militaires de rang. Cette histoire du débarquement à Alger, le jour même de l'indépendance, semblait trop belle pour être vraie. Lors de l'entretien réalisé par Samira avec son père, celui-ci livre, cette fois, une version moins romancée et sans doute plus proche de la réalité.

> – M. Belhoumi : Le 19 mars 1962, il y a eu le cessez-le-feu... Le gouvernement de Ben Bella a demandé au gouvernement français que ceux qui ont été contraints, par la force de participer (d'être soldat) de les libérer... C'était comme des prisonniers, il fallait libérer les prisonniers politiques et les rendre à son pays. Mais eux [le gouvernement français], ils ont retourné les propos et ont dit que ce retour c'était « avec la volonté de chacun ». Celui qui veut rester Français ou celui qui devient algérien, parce qu'on était français à cette époque... Il fallait aller devant le colonel (le plus haut gradé de la caserne) et, là, tu dis à voix haute ton nom et tu dis si tu veux rester en France ou si tu veux repartir dans ton pays. Un par un, il fallait juste dire deux mots : « je reste » ou « je pars ». On s'est tous dit : « On part tous ! » On ne savait pas, tout le monde s'est dit la même chose... On s'est dit c'est quelque chose de nouveau, c'est la fête, les gens sont heureux... Car ça nous rendait fous, et rester en France ça rendait fou aussi. [...] Ici, il faisait très très froid, on n'avait pas l'habitude. On est rentrés dans notre pays, on est rentrés comme ils nous ont emmenés par cargo... Avant il n'y avait pas d'autres moyens de transport.
>
> – Samira : Quand tu dis ils vous ont emmenés là-bas, c'était où ?
>
> – M. Belhoumi : À Oran, comme à l'aller... On est arrivés pendant l'indépendance, c'était la folie ! Les gens criaient « *Tahia Djazaïr !* » (« Vive l'Algérie ! »)... La nuit, il y avait des coups de feu et des youyous, les gens portaient le drapeau de l'Algérie... Nous, les soldats, on était attendus comme si on était des héros... On nous demandait d'où nous venions... Chacun répondait le nom de son *bled* et on nous proposait de nous raccompagner gratuitement jusque chez nous (Oran, Alger...). Moi, on m'a ramené jusqu'à Mascara, c'était un trajet joyeux, gai jusqu'à la destination...

> Même dans le village il y avait des voitures et des camions pleins de gens qui clamaient « Vive l'Algérie ! » avec le drapeau. (M. Belhoumi, entretien réalisé par Samira, 23 mars 2017.)

M. Belhoumi, comme la plupart de ses compatriotes, choisit de rendre son passeport français, de prendre la nationalité algérienne et de rentrer aussitôt en Algérie. À son retour au pays, il reste à Mascara et vivote de petits travaux. Lassé de cette situation précaire, en 1964, il s'engage, avec deux amis du village, dans l'armée algérienne qui recrute ; il y sert quatre ans près de la frontière tunisienne, puis rencontre lors d'une permission sa future épouse, avec laquelle il se marie peu après, en 1968. Et qu'il est temps de présenter...

La mère, une jeune femme « de la ville »

Née en 1952, Mme Belhoumi a dix ans de moins que son mari et son histoire familiale et sociale apparaît sensiblement différente de la sienne. Tout d'abord, elle a grandi à Mostaganem, une assez grande ville au bord de la mer (proche d'Oran), dans une famille populaire, dont elle est la troisième enfant : son père tient une petite boutique de fripes en ville et sa mère, comme disent ses filles, « travaille chez les colons » comme femme de ménage. Si les ressources de la famille sont faibles et souvent aléatoires, la situation économique de ses parents n'est guère comparable avec l'état de grande pauvreté de la famille paysanne de son mari. Son histoire n'est toutefois pas banale : en effet, à l'âge de quatre ans, elle va être adoptée de manière informelle par une voisine qui habite un immeuble (une grande barre de type HLM, face à la mer) proche du bidonville appelé « Baraka » (construit moitié en dur, moitié rafistolé de bric et de broc) où vivent ses parents. C'est lors d'un long entretien biographique, chez elle, en juin 2013, un an après le début de l'enquête, qu'elle me raconte l'épisode de son adoption, cruciale pour comprendre notamment certains aspects de sa scolarité. Or, dans les bouts d'histoire familiale recueillis ici et là dans mes premiers entretiens avec ses différents enfants, aucun d'entre eux ne m'avait mentionné cet aspect biographique clé concernant leur mère. Lorsque, après cette découverte, je m'en enquiers auprès de Samira et Leïla, toutes deux me disent qu'elles connaissaient bien cette histoire ; leur mère la leur avait racontée un jour, mais sur le mode de la confidence, les cadets en ignorant tout quant à eux, jusqu'à aujourd'hui. Il se trouve en effet que, le jour de l'entretien que j'effectue avec Mme Belhoumi, Rachid, le troisième enfant et le premier garçon, né lui aussi en Algérie, est présent. Il découvre pour la première fois, médusé, cette histoire d'adoption de sa propre mère. Il ne se prive pas d'intervenir dans la discussion en l'interpellant ainsi avec un air étonné : « Mais ça, Maman, tu ne me l'avais jamais dit ! »

Creusons un peu cette histoire singulière d'adoption. Samira me dira par la suite que c'était quelque chose de tout à fait informel qui relevait de la coutume en milieu populaire et qui, bien évidemment, n'était pas enregistré juridiquement. La mère adoptive de Mme Belhoumi n'avait pu avoir d'enfant, mais élevait ses deux frères, plus jeunes qu'elle. Mme Belhoumi va être de ce fait élevée un peu comme une fille unique par cette femme avec laquelle elle a eu, de quatre à quatorze ans, des rapports très proches et affectueux. Aujourd'hui encore, elle la considère comme sa « vraie » mère, celle qui l'a véritablement élevée et aimée.

Plus tard, une fois mariée, Mme Belhoumi allait chaque été, de retour en Algérie, se recueillir sur sa tombe au cimetière, en y emmenant sa fille aînée, Samira, qui en garde aujourd'hui un vif souvenir. C'est grâce à cette femme et à son nouvel environnement, en quelque sorte à l'abri du bruit et de la fureur de sa première famille (le couple de ses parents biologiques s'entendait mal, le père était souvent alcoolisé et par moments violent), qu'elle a pu être scolarisée dans d'excellentes conditions matérielles et morales. Ainsi, encouragée par sa nouvelle mère, elle a pu poursuivre, jeune fille, ses études au-delà de l'école primaire, au collège, où les cours se faisaient encore en français (l'arabisation des études en Algérie ne commence qu'en 1970). Or ce type de cursus scolaire était loin d'être la norme pour des femmes de son milieu social et de sa génération dans l'Algérie des années 1960. Mme Belhoumi a donc effectué une trajectoire scolaire atypique qui la singularise fortement par rapport aux autres femmes algériennes de sa classe d'âge et de son milieu populaire urbain. Ce n'est pas un hasard si, une fois en France, elle a beaucoup aidé les autres femmes algériennes de Sardan à effectuer leurs démarches administratives (sécurité sociale, demande de travailleuses familiales lors de la naissance d'enfants, aides sociales, etc.).

Cependant, alors qu'elle est âgée de quatorze ans et scolarisée en classe de quatrième, Mme Belhoumi voit son destin social basculer lorsque sa mère adoptive décède brutalement. Se retrouvant subitement orpheline, elle perd son ancrage familial et affectif et doit aussitôt regagner le domicile de ses parents biologiques, avec lesquels les ponts avaient été coupés. Outre la douleur de la perte de sa « vraie » mère, elle doit réapprendre à vivre avec ses parents qu'elle connaît mal et avec lesquels elle n'a pas eu de véritable relation affective. On comprend par ailleurs, à travers son récit, que son retour à la maison n'était ni prévu ni attendu, et qu'il ne comble pas de joie ses parents : pour eux, elle devient, à nouveau et de manière imprévue, une « charge » (une bouche de plus à nourrir). En retournant chez elle, déjà adolescente et habituée à d'autres types de rapports avec ses proches, elle découvre la rudesse de son père qui, très vite, décide de lui faire interrompre ses études au collège pour lui trouver des occupations matérielles. De sa jeunesse en Algérie et surtout de sa période postérieure au décès de sa mère adoptive, Mme Belhoumi garde un profond sentiment d'injustice et d'amertume qui la conduira, par la suite, à ne pas « tout » accepter, pour reconquérir, avec l'âge, une meilleure position dans son couple.

L'arrêt brutal de ses études (qui semblaient prometteuses) et la fin de son statut d'élève constituent un moment marquant et une blessure qui reste vive. D'autant plus que, une fois déscolarisée, elle ne peut rester, à son âge, sans avenir matrimonial. Il s'agit pour ses parents de la marier. L'affaire est pressante, ce qui explique qu'elle se marie très jeune, à seize ans, en 1968. Samira, au tout début de l'enquête en juillet 2012, donne une première version de la rencontre originelle de ses parents :

– Samira : Eh bien, en fait ce qui s'est passé, c'est que dans le même appartement [de Mostaganem] habitaient ma tante du côté de mon père (la sœur de mon père) et ma tante du côté de ma mère (la sœur de ma mère). Elles habitaient là, partageaient le même appartement parce que, déjà à l'époque, il y avait des gros problèmes de logement... Donc deux familles se partageaient le même appartement. Et mon père venait voir sa sœur et ma mère venait voir sa sœur, voilà ils se sont rencontrés comme ça. [...]
– SB : Ce n'était pas un mariage imposé par les parents ?
– Samira : Ah non, non non... vraiment... Enfin ils en parlent même aujourd'hui... C'est vraiment une histoire d'amour, c'est-à-dire que... Oui, lui, il l'a vue, il est tombé amoureux, ils se sont écrit parce qu'il est parti après faire son service militaire [*Samira hésite, craint de se tromper ici*], je ne sais pas quoi, ils se sont écrit, et puis après [le mariage]...
(Samira, 2e entretien, 18 juillet 2012.)

Cinq ans plus tard, quand je reviens avec Samira sur l'histoire du mariage de ses parents, elle en propose une nouvelle version qui diffère sensiblement de la première car elle a eu, entretemps, d'autres éléments par sa mère. Si, lors de ces premières rencontres dans l'appartement de Mostaganem, le père a bien été séduit par sa future épouse (qui était considérée comme « très belle ») et l'a très vite demandée en mariage à son futur beau-père, la réciproque n'était sans doute pas vraie. Simplement, la jeune future Mme Belhoumi, déscolarisée par son père et sans statut social, n'avait guère, à seize ans, la possibilité de refuser le mariage qui lui était proposé et qui avait reçu l'accord de ses parents. « Mariage d'amour » ? Une question de point de vue, pourrait-on résumer. Ou, plus précisément, cela était sans nul doute le point de vue de l'époux bien plus que celui de l'épouse.

L'émigration du père en France : une histoire de « jetons »

Peu de temps après son mariage, M. Belhoumi quitte l'armée algérienne et revient dans son village d'origine. Mais il n'y reste que quelque mois, car son épouse, qui est une « urbaine », ne supporte pas cette nouvelle vie villageoise. Ils retournent donc dans la région de Mostaganem, où le mari enchaîne les petits boulots, notamment une place d'ouvrier dans une usine de bonbons (un souvenir rapporté qui est resté dans la mémoire des enfants). C'est alors une période où le flux d'émigration des Algériens vers la France a repris de plus belle. Les retours chaque été des émigrés, perçus comme « riches », produisent leurs effets de renforcement du rêve de l'émigration en France. Des amis de M. Belhoumi tentent leur chance. Par ailleurs, depuis quelques années, la sœur aînée de Mme Belhoumi est installée à Sardan, petite ville ouvrière au centre de la France, avec son mari algérien. Ainsi, en famille, on parle de plus en plus « émigration en France ». Le projet se consolide peu à peu, M. Belhoumi a des contacts et des entrées en France, il s'inscrit à Mostaganem sur les listes d'émigration, mais la file d'attente est longue.

Comme il l'explique à sa fille aînée, lors de leur entretien en mars 2017, pour avoir le « ticket » (terme qu'il utilise pour dire le visa de travail) pour la France, il valait alors mieux avoir des enfants, le statut de père de famille donnant des points en plus par rapport aux célibataires[a]. Ainsi, à partir du moment où son premier enfant est né (en 1970, Samira), M. Belhoumi bénéficie d'une sorte de bonus pour pouvoir émigrer, car la concurrence est très rude entre candidats au départ en France. Un de ses amis, célibataire, qui était inscrit avant lui sur la liste d'attente pour l'émigration en France, se désiste pour lui. Laissons-lui le soin de raconter cette histoire de « ticket » ou « jeton » qui n'est pas banale ou, en tout cas, pas souvent racontée par les intéressés[b].

> – Samira : Explique-moi comment tu t'es dit « un jour je viens en France » ? D'où t'est venue l'idée ?
> – M. Belhoumi : Bon, quand je travaillais dans un café [à Mostaganem], il y avait un type du bureau de main-d'œuvre

---

a Aux yeux de l'État algérien, ce statut d'homme marié avec enfants garantissait de plus grandes chances de retour au pays pour les émigrés en France, du fait des obligations matrimoniales et parentales.

b J'avais, dans mes consignes pour cet entretien avec son père, demandé à Samira de lui faire raconter par le détail cette question, toujours compliquée à démêler quarante-cinq ans plus tard, des conditions de son émigration en France.

(c'est eux qui envoyaient les hommes en France)... C'était un Arabe, il n'y avait plus de Français, ils étaient déjà tous repartis... J'ai demandé à mon patron de parler avec ce type et il lui a demandé de me trouver un moyen de travailler et de partir en France. Il lui a dit: «Quand tu as un quota pour entrer en France, mets-le sur ta liste.» Et le type a dit oui et moi, à chaque fois, j'allais le revoir, ce type, mais il me répondait toujours: «Y'a rien, y'a rien!» Et moi je répondais que, pour les autres, il donnait mais que, pour moi, il n'y avait rien...
– Samira: Et, lui, il te donnait quoi? Je n'ai pas compris.
– M. Belhoumi: Des jetons ronds avec le cachet de la France.
– Samira: Et ces jetons, qui les lui a donnés?
– M. Belhoumi: Il les ramène de la France... Ils disent: «Il faut 100 ouvriers et il faut qu'ils soient comme des soldats, pas malades, en bonne santé.» [...] Il y avait toujours une queue devant le bureau pour les jetons de la grande poste centrale de Mostaganem. Ce jeton, tu le gardes et tu t'inscris avec ton nom sur une liste. Tu le gardes jusqu'au jour où tu as le visa...
– Samira: Tu avais déjà discuté avec des hommes qui étaient partis en France?
– M. Belhoumi: J'en connaissais... Je savais que des hommes allaient en France, même Kader [son beau-frère] pouvait me faire un certificat d'hébergement pour que je vienne. Mais, lui, il n'a pas voulu... Quand je travaillais à l'usine, chaque jour, je déjeunais avec un copain... Lui, il était orphelin, on s'appréciait beaucoup... Un jour, quand je reviens au bureau [de la main-d'œuvre], je m'aperçois que tous les jetons ont été distribués... Il y en avait peut-être 50 ou 100... [...] Et mon copain avec qui je passais beaucoup de temps à l'usine, ce jour-là, il a eu un jeton... Mais comme il était très jeune et célibataire, ils [les autorités algériennes] n'allaient pas lui donner le visa... [...] Ceux qui sont célibataires doivent reposer le jeton et rapidement l'information circule: untel a dû rendre le jeton ou untel a un jeton à vendre pour 10 ou 15 dinars... Mon copain, ils ont eu beau lui dire de le vendre, il a refusé, il a dit: «C'est le mektoub [le destin]»... Alors quand je suis arrivé devant le bureau, c'était déjà la fin. J'étais contrarié, mon ami m'a demandé pourquoi j'étais abattu. Je lui ai que je savais que d'autres avaient eu ce jeton et pas moi. Il ne m'a rien dit et là, tout d'un coup, il sort son jeton... Je lui ai tout de suite demandé de me le vendre, j'étais prêt à l'acheter

au prix que lui proposaient les autres types. Il m'a répondu non... Lui aussi voulait aller en France. Alors je lui ai expliqué qu'il allait être obligé de le rendre et qu'on lui refuserait le visa car il était très jeune et célibataire. Je lui ai dit: «Si tu entres dans le bureau, directement, on va te le retirer...» Après quelques instants de réflexion, il m'a dit: «Prends-le, toi! C'est mieux, plutôt qu'il ne soit redistribué.» Il me l'a donné gratuitement. Je suis entré dans le bureau avec le jeton et je me suis inscrit, j'ai signé, c'était pendant le ramadan. J'ai dit à mon copain: «Tu as fait le bien... Viens, je vais faire de même, accompagne-moi je vais te payer...» Mais il a refusé au nom de notre amitié, on mangeait et on dormait ensemble. Alors je lui ai offert 1 kilo de zlebia[a].

– Samira: C'était en 1968 ou 1969?
– M. Belhoumi: 1968 ou 1969...
– Samira: Avant ma naissance [1970]?
– M. Belhoumi: Non, après ta naissance... Tu avais peut-être un an environ, vers 1971. Tu étais un peu grande, ta mère ne t'a donné plus le sein... 1971, je suis donc venu en France.

(M. Belhoumi, entretien réalisé par Samira, 25 mars 2017.)

Ce récit est riche du point de vue de ce qu'on pourrait appeler une «histoire par le bas» de l'émigration algérienne en France du temps des grandes vagues d'immigration d'avant 1974: d'un côté, les employeurs français recherchent avidement en Algérie une main-d'œuvre jeune et en bonne santé (des «bureaux de main-d'œuvre» sont ouverts dans les grandes villes du pays) et, de l'autre, la concurrence est rude parmi les innombrables candidats (hommes) à l'émigration en France. Certes, des critères formels sont mis en place – priorité aux hommes mariés – mais le fort degré de sélectivité des candidats pousse au marché noir (la «redistribution») de ces «jetons» ou «tickets» pour la France. Quoi qu'il en soit, voici M. Belhoumi, en 1971, muni de ce précieux «jeton», qui tente sa chance en France. Il se rend tout

a Amel, qui a écouté l'entretien en arabe dialectal puis l'a retranscrit en français, écrit en commentaire à côté de ce mot et à l'intention du lecteur: «Pâtisserie algérienne au miel et colorée en orange. Extrêmement populaire durant la période de jeûne.»

d'abord à Villeurbanne, chez l'une de ses cousines, mariée, originaire comme lui de Mascara. Il y travaille sur des chantiers puis, à la suite d'une mésentente avec le mari de sa cousine, « monte » à Paris, où il connaît un ami. Il a raconté à tous ses enfants le jour où il s'est perdu dans le métro : il repérait son trajet grâce à une affiche et le jour où ils l'ont enlevée, il n'a pas pris la bonne rame et en a été perturbé. Ensuite, il est venu rejoindre, à Préville (dans le centre de la France, à 400 kilomètres de Paris), sa belle-sœur, la sœur aînée de son épouse : « C'était une petite ville, dit-il à Samira, ça me rassurait plus que Lyon et Paris »... Quand il s'installe en 1972 à Sardan, la banlieue ouvrière de Préville, il travaille comme manœuvre dans le BTP. Lors du bref entretien réalisé à son domicile en juin 2013, M. Belhoumi a livré quelques éléments intéressants de son histoire et de son rapport au travail lorsqu'il était actif (1971-1978) en France :

> – M. Belhoumi : [Moi] j'étais avant ici, pour le travail. On m'a donné du travail, c'était tout. On m'a donné le certificat de travail pour venir ici. Le travail, c'était à la main, tout à la main ! Monter les machins le matin, monter brique à la main, tout à la main !
> – SB : Et les patrons, ils étaient comment avec vous ?
> – M. Belhoumi : Le patron, il est content avec nous... Ah ben oui ! On travaillait bien ! Onze heures par jour... Pas huit heures, hein ! Onze heures ! Tous les jours ! Sauf le dimanche, on ne travaille pas... Pas comme aujourd'hui [où il y a] samedi, dimanche, etc., etc. [Nous] tous les jours, sauf le dimanche... [*Il se reprend*] Même le dimanche si travail précis [à faire], on travaille le dimanche... On dort avec les bottes... Et jamais fatigué... Oui, oui, jamais... [Et pourtant] j'ai monté toutes les choses avec la corde, etc.
> – SB : Vous étiez maçon ? [*Il approuve.*] Vous étiez déclaré à votre travail ?
> – M. Belhoumi : Ah bah oui ! Normal, avec les papiers et tout, normal... Du premier jour jusqu'à la retraite. [*Rires.*] Normal... [...] En règle, comme ça... [*avec geste du pouce à l'appui*]. L'assurance, le permis... Les choses qu'on a achetées, c'est avec les papiers. Jamais, jamais, jamais on a fait quelque chose qui n'était pas bon... [*Petit silence.*] Jamais, jamais, même pas un jour. Jamais la

> police elle est rentrée chez moi pour me demander quelque chose, ou mes papiers. Jamais ! Ça, c'est bien ! Tranquille, tranquille... (M. Belhoumi, entretien, 23 juin 2013.)

Pendant les six premières années qui ont suivi son émigration en France, M. Belhoumi a fait la navette entre la France et l'Algérie, revenant en Algérie chaque été, au moment des congés payés, pour y voir sa famille. Celle-ci s'est progressivement agrandie : après Samira (1970), sont nés Leïla, en 1973, et Rachid, le premier garçon, en 1975. Sa femme, à cette époque, continue d'habiter leur appartement de Mostaganem (qu'ils vont ensuite laisser à la mère de Mme Belhoumi et ses deux fils cadets). Avec ses enfants en bas âge, elle se consacre à ses tâches de mère de famille, bien aidée par sa propre mère. Cependant, elle supporte difficilement cette vie de femme d'émigré, la séparation et l'attente permanente du retour de son mari. Assez vite, elle demande à celui-ci de les « emmener en France ». Durant l'entretien qu'elle m'a accordé, Mme Belhoumi me confie qu'à cette époque elle sent bien que son mari s'est habitué à cette situation, qu'il n'en est pas vraiment mécontent, que l'éloignement lui offre aussi quelques avantages (l'indépendance onze mois sur douze, des comptes à ne rendre à personne, des aventures avec des femmes qui sont rapportées consciencieusement à Mme Belhoumi par des « amies » et qui alimentent chaque été, en Algérie, le moulin à commérages, etc.). Son mari est longtemps sourd à ses demandes, prétextant la situation difficile du logement en France. Mme Belhoumi raconte qu'elle a longuement « bataillé » avec lui, chaque été, pour l'inciter à sauter le pas et faire venir sa famille en France. C'est au moment de la naissance de leur troisième enfant (Rachid) qu'elle accentue fortement la pression sur son époux, le menaçant même de divorcer (et, du coup, de lui faire une mauvaise réputation), de telle sorte que celui-ci, de guerre lasse, finit par céder. Il accepte de faire venir en France toute la famille dans le cadre des politiques de regroupement familial, puis se met en quête d'un logement HLM. Il trouve un F4. En mars 1977, la famille arrive dans une banlieue d'une grande ville du centre de la France, où vit déjà une petite colonie algérienne de Mostaganem.

Parenthèse : quel « héritage colonial » aux yeux des parents Belhoumi ?

Avant de reprendre le fil de cette histoire familiale, faisons une courte pause pour prendre le temps de revenir sur le sens que les parents, notamment M. Belhoumi, ont voulu donner à leur émigration en France. Il s'agit ici de mieux comprendre surtout ce que, de leur histoire algérienne respective, ils ont voulu transmettre – par petites touches – à leurs propres enfants, qui sont nés ou ont grandi loin de l'Algérie[a]. Il importe de savoir quelle histoire – de leur famille, de leur pays (l'Algérie) – les parents ont transmise à leurs enfants au moment où ceux-ci se sont construits en France, c'est-à-dire dans leur enfance et adolescence. Les deux sœurs aînées ont été les principales destinataires et réceptacles de cette mémoire familiale et elles l'ont, chacune à leur manière, transmise à leurs cadets, comme en témoigne la récurrence des mêmes anecdotes et souvenirs dans les propos de ces derniers quand on en vient à évoquer l'histoire de leurs parents.

Dans un contexte français, d'une part, sociopolitique, marqué par le thème de la « repentance », de la France coloniale et des drames de la colonisation[b] et, d'autre part, dans le contexte intellectuel des études dites postcoloniales qui invite les chercheurs à traiter la question du destin des enfants d'immigrés maghrébins en France à partir du seul prisme de l'histoire coloniale[4], il importe de saisir ce qui a pu se jouer dans une famille algérienne singulière et en même temps assez typique de l'émigration-immigration algérienne en France, en rappelant le cadrage historique que M. Belhoumi, ce père immigré désigné en France comme « analphabète », a voulu transmettre à ses enfants, et notamment à ses deux filles aînées.

Précisons ici un point essentiel pour caractériser le rapport particulier qu'a entretenu – et qu'entretient encore aujourd'hui – à la

a Cette volonté de transmission, qui n'a pas quitté les parents, a d'ailleurs évolué dans le temps et on y reviendra.

b « Crime contre l'humanité », a déclaré Emmanuel Macron en Algérie lors de sa campagne présidentielle en mars 2017.

France ce père de famille algérien et mieux comprendre ce qu'il a voulu transmettre à ses enfants « dans l'immigration ». Selon les propos maintes fois affirmés de sa fille aînée, M. Belhoumi n'a jamais souhaité donner à ses enfants une image noire ou flétrie de la France et des Français. Ainsi, toujours selon Samira, il n'a jamais présenté l'histoire des rapports entre la France et l'Algérie de manière binaire, c'est-à-dire la « mauvaise » France *versus* la « bonne » Algérie. M. Belhoumi semble bien toujours avoir voulu éviter en famille d'évoquer directement, encore moins de ressasser, des épisodes typiques de la « violence coloniale ». Ses deux filles aînées témoignent au contraire de sa volonté de ne pas entretenir à la maison une sorte de ressentiment permanent à l'égard de la France et des Français. Lors de son premier entretien avec moi, Samira insiste même sur le fait que son père a plutôt souhaité présenter à ses enfants une image contrastée de la France. Il ne s'agissait pas pour lui de nier les multiples formes que prenait la domination coloniale en Algérie ou même de passer sous silence les exactions de certains colons ou de l'armée française en temps de guerre, mais il a toujours été attentif à ne pas déposer chez ses enfants des germes de haine contre la France ou les Français. Il lui est même apparu important de reconnaître qu'il avait[a] une forme d'admiration du savoir de la France – il avait ainsi coutume de dire à ses filles aînées qu'il faut « prendre exemple sur les Français, ils savent bien faire le travail » – et de ce qu'avait fait la puissance coloniale (ses ingénieurs d'État notamment) en Algérie.

Si Samira a eu à cœur de reprendre le point de vue mesuré de son père sur l'héritage colonial, c'est parce que cette posture s'accordait fort bien aux raisons qui l'ont conduite à s'impliquer entièrement dans cette enquête ethnographique sur sa propre famille : dépasser la guerre de tranchées entre la France et l'Algérie, contribuer à construire des ponts entre les groupes, reconnaître la dette qu'elle pense avoir vis-à-vis du système scolaire français et de ses institutrices. Par exemple, quand Samira évoque au début de l'enquête son parcours scolaire

---

a Tout comme son propre père, paysan pauvre des plateaux de Mascara.

réussi à l'école primaire, c'est aussitôt pour louer grandement le dévouement de son institutrice de cours préparatoire (à qui elle dit devoir beaucoup, notamment son goût, qui ne l'a jamais quittée, de la transmission du savoir):

> Cette femme restait après les cours... Elle restait avec moi, elle m'accompagnait, elle me faisait lire... Elle passait énormément de temps avec moi. Et j'ai trouvé que c'était... [*elle veut dire «formidable»*]... Parce que mon grand-père [*paternel, paysan élevant des moutons dans la région de Mascara*] m'a toujours dit ça... Pour comprendre un peu [*notre immigration*], je demandais à mon grand-père: «En fait, mais pourquoi est-ce que vous avez fait partir les Français? » Puisqu'en fait les Français ils avaient quand même des... comment dire? [*«qualités»*]... Enfin j'avais une image, si vous voulez de la France, au travers de mon père... C'était quand même un pays où il y avait plein de choses, où les Français savent faire plein de choses... Et mon grand-père m'avait dit: «Tu sais, s'ils avaient voulu partager juste un petit peu avec nous, on serait restés ensemble.»
> (Samira, entretien, 11 juillet 2012.)

On verra en conclusion de ce chapitre que ce récit, qu'on peut juger assez enchanté, des rapports à la France du père de Samira va subir quelque altération quand cette dernière va approfondir les choses dans un long entretien de type «histoire de vie», qu'elle va réaliser cinq ans plus tard, en mars 2017. En attendant, reprenons le fil de notre histoire familiale, à commencer par l'installation de la famille en France.

Le père, une invalidité professionnelle précoce en France

Ce qui caractérise sans doute le plus la famille Belhoumi, c'est la place singulière du travail dans la vie du père. Comme Abdelmalek Sayad l'a bien montré[5], un immigré est, par essence, un travailleur: il est venu en France pour un emploi d'ouvrier, les entreprises et l'État ont la plupart du temps – au moment de l'immigration légale (1945-1974) – organisé sa vie autour du travail. Comme l'attestent les papiers officiels, la carte de travail débouche sur la carte de séjour. Ainsi, être immigré au chômage, c'est, au sens fort du terme, une contradiction dans les termes, à la source de nombreux tourments pour ceux qui en sont victimes.

Essayons, dans ce contexte, de décrire la trajectoire professionnelle de M. Belhoumi en France, en tentant de la reconstituer en dépit des zones de flou et d'incertitude qui subsistent. Il faut remarquer que, dès qu'on aborde en entretien ce sujet, on sent chez presque tous les enfants une forme de gêne, un embarras. Comme si chacun d'entre eux ne savait pas vraiment ce qu'il convenait de dire, ce qu'il fallait passer prudemment sous silence. Comment révéler à l'extérieur (et l'enregistreur symbolise cet extérieur) des faits qui peuvent clairement renforcer l'image négative de l'immigré chômeur de longue durée, donnant ainsi raison à ceux qui entonnent depuis des lustres ce refrain du Front national ? Comment mentir sur un fait connu de tous à l'intérieur du cercle familial, à savoir que M. Belhoumi a eu finalement en France une vie de travail très brève, puisqu'au cours de sa vie de chantier dans le BTP il a connu des infections pulmonaires à répétition qui ont donné lieu à de nombreux séjours à l'hôpital[a]. À leur suite, l'entreprise qui l'employait a demandé l'instruction d'un dossier à la Commission technique d'orientation et de reclassement professionnel (Cotorep) qui lui a permis, en 1978, l'obtention du statut d'invalidité professionnelle. Ses enfants m'ont toujours fait comprendre que ce statut n'était pas, à ses propres yeux, honteux. Tout laisse même penser qu'il s'en est, en définitive, fort bien accommodé, en laissant aux autres membres de la famille – notamment aux deux filles aînées, puis à Mme Belhoumi quand elle a pris, en 1994, un travail salarié comme agent d'entretien au collège – le soin de faire vivre le ménage, de faire « bouillir la marmite » avec

---

a Sa fille Leïla se demande aujourd'hui s'il n'a pas été lui aussi victime, comme tant d'autres travailleurs du BTP, de l'amiante. M. Belhoumi, dans son long entretien avec Samira, a évoqué ses « problèmes de poumon » avant son émigration en France, problèmes qu'il est parvenu à dissimuler lors de la visite médicale préalable à l'obtention de la carte de travail en France.

l'appoint d'une partie de leurs premiers revenus. Il a fort peu parlé à ses enfants de son travail de manœuvre dans le bâtiment et n'a jamais regretté celui-ci.

Du fait de ce statut d'invalide professionnel, M. Belhoumi a vécu la plupart du temps à l'écart de toute sociabilité professionnelle et de tout groupe syndical ou militant, ce qui explique ses maigres progrès en français à l'oral durant ses quarante-cinq ans de présence en France – par ailleurs, il n'est pas vraiment un homme de café. Il passe donc la plus grande partie de sa vie à Sardan de manière isolée et solitaire, entre sa maison et son cher jardin, qu'il cultive soigneusement en se rappelant ses années d'enfance au bled. Le week-end, il rompt la monotonie en emmenant ses enfants visiter les plus beaux coins de la région touristique où il s'est installé...

Sans emploi et sans la sociabilité professionnelle l'accompagnant, M. Belhoumi va prendre l'habitude de vivre en autarcie et loin des préoccupations communes, notamment de type politique. Il faut avoir à l'esprit que ce type d'attitude n'est pas nécessairement la norme dans les familles algériennes en France : par exemple, les parents ayant été des militants FLN, ou ayant soutenu cette lutte, ont souvent souhaité, dans leur vie d'immigrés en France, transmettre à leurs enfants un certain goût pour la politique, en tout cas une attention et même une vigilance à l'égard de tout ce qui touche à la politique, et en premier lieu les projets des gouvernements français concernant l'immigration. Par exemple en 1974, quand l'immigration de travail est stoppée et que la préoccupation des pouvoirs publics devient, sous la présidence de Giscard d'Estaing, de réduire l'offre de travail non qualifiée, notamment en renvoyant les immigrés chez eux (avec la fameuse « aide au retour » qui leur était offerte s'ils acceptaient ce *deal*). Faute d'une inscription durable dans des groupes socialement mixtes en France, M. Belhoumi, tel qu'il apparaît à la croisée des récits de ses enfants en entretien, observe la vie politique (française et internationale) principalement à travers la télévision et se fait sa propre opinion à partir de ce qu'il entend et perçoit sur le petit écran.

Le lien maintenu avec l'Algérie, la maison « là-bas »

Une fois décidée la venue en France de la famille (avec les trois enfants alors âgés de six, trois et un ans), la question qui se posait en priorité était celle du logement. Alors qu'il était encore en activité professionnelle dans le BTP, M. Belhoumi a pu, vers 1975-1976, actionner auprès de son employeur le levier du « 1 % patronal » et obtenir assez vite un logement HLM dans le quartier d'habitat social où résidait sa belle-sœur. Mais le choix d'un second logement HLM, un an plus tard, dans le même quartier mais « mieux situé », en dit long, d'une part, sur les aides dont les immigrés ont pu bénéficier à l'époque[a] et, d'autre part, sur l'espèce de stratégie que le couple avait en tête en venant en France, avec la priorité accordée au destin de leurs enfants. En ce qui concerne le premier point, Samira se rappelle que sa mère lui a beaucoup parlé de l'aide décisive, en 1978, d'une assistante sociale pour leur faire obtenir un logement HLM plus grand, dans un « bon secteur » de Sardan. Quant au deuxième point, il faut insister sur le fait que M. Belhoumi, ayant toujours été (selon ses filles aînées) « un peu sauvage », farouchement indépendant, a surtout été soucieux d'éviter les contacts trop nombreux avec ses compatriotes immigrés à Sardan, se méfiant en quelque sorte des « histoires d'Algériens ». C'est pour éviter d'être trop confronté à des situations de promiscuité communautaire qu'il a demandé aux services sociaux concernés d'installer sa famille dans un appartement situé dans un immeuble à la lisière du quartier HLM de la Citadelle, un lieu où il savait que les immigrés étaient peu nombreux. Un travail de repérage dans les archives municipales de Sardan nous a permis de retrouver une enquête sociologique de 1976 qui détaille, immeuble

a Un petit travail aux archives départementales de Préville m'a fait découvrir que, dans ces années 1975-1978, le préfet du département, suivant les directives nationales du secrétariat aux immigrés, multipliait les réunions avec les administrations et les associations d'aide aux immigrés pour favoriser l'accueil et l'insertion des familles (notamment maghrébines) dans le cadre de la politique du regroupement familial.

par immeuble, la proportion d'étrangers (ils sont alors majoritairement algériens) parmi les résidents. Dans les plus grands immeubles de la ville (les « tours »), celle-ci oscille entre 25 % et 30 % (et ne cessera d'augmenter dans les années 1980) alors qu'elle n'est que de 7 % dans l'immeuble où la famille Belhoumi va venir s'installer et où les parents résident toujours. Pour M. Belhoumi, il s'agissait sans doute d'empêcher que ses enfants grandissent dans un environnement perçu par lui comme non favorable à leur développement.

Son épouse, après un an de vie en HLM, avait quant à elle rêvé d'habiter en pavillon et d'en acheter un. Et dès 1978, elle en avait repéré un à vendre dans cette même ville. Cette histoire m'est racontée par la bande un jour de janvier 2017 lorsque je demande à Leïla quand exactement son père a été mis en invalidité professionnelle. Elle hésite sur la date exacte : « Je ne sais pas, fin des années 1970 Moi, je l'ai toujours connu comme ça [en invalidité]. » Elle réfléchit un temps puis s'exclame : « Ah oui ! C'est 1978, la bonne date ! » Pourquoi ? Parce qu'elle se souvient que sa mère disait toujours que, à ce moment-là, elle avait voulu acheter un pavillon à Sardan. Elle avait trouvé une maison qui lui plaisait, avait fait toutes les démarches administratives : contacter une banque, prendre un rendez-vous avec un conseiller, monter un dossier de financement, etc. Tout était « dans les tuyaux » et laissait espérer cet achat, mais, au dernier moment, ce beau projet immobilier a capoté avec la mise en invalidité professionnelle de M. Belhoumi. Du fait de la forte baisse de revenu qui s'est ensuivie, le projet d'achat du pavillon a été bloqué par la banque, faute de garanties financières. Le rêve pavillonnaire de Mme Belhoumi s'est effondré là, en 1978. Si Leïla s'en souvient bien, c'est parce que, à chaque fois qu'elle passe aujourd'hui en voiture avec sa mère devant cette maison, celle-ci évoque avec quelque amertume cette histoire, en mentionnant le prix de vente à l'époque (« 180000 francs »).

Cependant, ce rêve du pavillon en France était aussi concurrencé par la nécessité de construire une maison « au pays », en Algérie. Ainsi, pour éclairer les choix du logement en France des parents et leur maintien en HLM, il convient de faire ce détour par l'Algérie et le maintien des fortes obligations sociales engendrées par l'émigration. Les « immigrés », à la différence des réfugiés, doivent toujours se comprendre comme d'anciens « émigrés », c'est le sens du doublet analytique émigration-immigration qu'employait toujours Abdelmalek Sayad ou qu'a mis en œuvre Gérard Noiriel dans son œuvre pionnière sur la sociohistoire de l'immigration en France[6]. M. et Mme Belhoumi ont toujours maintenu un lien étroit avec leur famille restée en Algérie, et ce depuis le « regroupement familial » en 1977. Ainsi, le retour au pays s'effectuait chaque année pendant les deux mois des vacances d'été des enfants. Cette période des vacances au bled s'est par la suite étendue au moment de la scolarité des trois filles cadettes de la fratrie : elles se rappellent fort bien qu'elles partaient toujours avant la date légale de la fin d'année scolaire et n'étaient jamais de retour le jour de la rentrée. Cette infraction à la règle scolaire n'était ni sans poser problème avec les institutrices de Sardan, qui leur rappelaient le principe commun, ni sans gêner les enfants, qui arrivaient toujours après la date officielle de rentrée des classes. Alors que les parents ont accordé toujours beaucoup d'attention à la scolarité de leurs enfants (comme on le verra plus tard), la priorité donnée au temps passé en Algérie, chaque été, en dit long sur la force de leur attachement à la famille élargie et de l'injonction qui leur est faite de payer sur place leur dette : celle liée à leur départ « dans l'immigration », qui est toujours plus ou moins vécue par les autres membres de la famille comme une forme de « trahison ».

En bons émigrés-immigrés, les parents Belhoumi ont rapidement fait construire une première maison à Mostaganem, dans le quartier où habitaient des frères et sœurs de Mme Belhoumi. Outre que cette maison avait bien des défauts de conception et s'est révélée peu à peu trop petite avec l'extension de la famille, elle était située dans un quartier où, dans les années 1980, avec la montée du FIS (Front islamique de salut), les « barbus » (comme disent les enfants Belhoumi) commençaient à faire entendre leurs voix et à imposer leurs normes de comportement dans l'espace public, notamment au sujet de l'apparence des filles. Parmi ces « barbus » se trouvait l'un des beaux-frères de Mme Belhoumi.

Voisin de leur maison, électricien de profession, il est devenu au milieu des années 1980 «très religieux» (se mettant à porter une «barbe comme ça», comme le dit Samira) et de plus en plus strict avec ses propres filles.

> Je me rappelle comme si c'était hier du jour où, quand je revenais de jouer de la plage avec l'une de mes cousines (on avait seize, dix-sept ans), je l'ai vu, devant chez lui, donner une gifle phénoménale à sa fille pour je ne sais quelle raison... [avec de l'effroi dans la voix] ça m'avait estomaquée, cette violence!
> (Samira, entretien, 10 juillet 2013.)

Sur place, chez lui, il avait pris pour habitude de porter une série de jugements négatifs sur l'éducation de ces «petits Français» qu'étaient en train de devenir les enfants Belhoumi, notamment les deux filles aînées. Laissons ici la parole à Amel qui, lors de son premier entretien, évoque très bien sa vision d'enfant de l'Algérie de la décennie noire, de la montée de l'intégrisme:

> – Amel: [En 1996] j'ai fait Oran-Alger, 700 kilomètres, en voiture sans clim, sur les vieilles autoroutes... ça chauffe... Et en fait on avait vu, sur une des collines, des petites maisons complètement en feu et il n'y avait personne autour, quoi. J'étais quand même bien paniquée, je devais avoir quatorze ans... c'était en 1996... Et nous on le sentait [le danger]... À cette époque-là, on habitait dans la maison en bas, près des Algériens, enfin près des locaux, en plein milieu des gens. On ne sortait pas des masses, on était souvent à la maison. [...]
> – SB: Est-ce que tu as pu capter des prises de position par rapport à la grande question de la démocratie de l'Algérie, des émeutes de [19]88, la répression après les trois années de démocratisation et puis la fermeture avec le FIS, t'as entendu ton père parler de ça?
> – Amel: Ouais, on entendait parce que, en fait, le mari de ma tante en Algérie, il était très carré, très religieux, très pro-FIS... Alors que mon père, lui, n'y était pas du tout, en fait. Et donc ça faisait des conflits à l'époque entre eux... [...] Nadia et moi on dormait souvent en Algérie avec mes parents et le soir, on avait du mal à dormir... Moi j'arrivais pas trop à dormir à cause de la chaleur. Puis j'avais eu une infection pulmonaire [...] donc

c'était un peu compliqué pour dormir. Et j'entendais ma mère, du coup, qui discutait en disant: «Oui, t'as entendu Miloud» – donc c'est Miloud qu'il s'appelle, mon oncle – «ouais, je l'ai vu avec les gars, c'est dangereux, nous on a des enfants, après imagine si on ne peut pas rentrer...» Donc je sais que cet oncle par alliance a fait partie ou aurait fait partie du FIS.
– SB: Et donc quand vous le voyiez, il n'essayait pas de vous surveiller ou de faire des remarques?
– Amel: Non... Par, contre, ma tante disait tout le temps à ma mère qu'on était trop dévergondées parce qu'on parlait de tout, parce qu'on avait un petit débardeur. [...] Mon oncle aussi mettait souvent la pression sur mes parents. Parce qu'on avait quoi? Huit ans, dix ans, et qu'on jouait en short et en débardeur et il trouvait ça un peu malsain, que des garçons jouent avec des filles... C'était souvent relou [lourd], c'était vraiment chiant... Ça s'est calmé là, y a cinq, dix ans... Mais à cette époque du milieu des années 1990, c'était surtout: «Comment tu laisses tes filles de douze ans, de quatorze ans jouer à la terrasse avec les copains?» Alors ma mère disait: «Mais ils vont à l'école avec...» Donc fallait toujours se justifier, donc nous on snobait et puis on la jouait hautaines... [...] Bon, lui, cet oncle, il était vraiment pro-religieux... C'était pour ça qu'il n'était pas venu en France. Il disait qu'il voulait continuer à, je pense, «nettoyer»... C'était le mot qu'il utilisait souvent, enfin il fallait qu'il continue à rester en Algérie, je pense qu'il était vraiment dans une démarche [militante, politique]...
(Amel, entretien, 24 juillet 2012.)

*
**

Les premiers éléments réunis dans ce chapitre sur l'histoire de cette famille algérienne ayant émigré en France dans les années 1970 établissent qu'elle est, par bien des aspects, typique de cette dernière phase de l'immigration de masse en France avant l'édiction du décret de juillet 1974 qui ferme l'accès aux travailleurs étrangers. La France industrielle des Trente Glorieuses continue de rechercher avidement, dans le contexte historique particulier de forte croissance économique et d'insubordination ouvrière de l'après-Mai 68[7], des travailleurs non qualifiés et dociles dans ces réservoirs de main-d'œuvre que sont alors l'Algérie et le Maroc. En retour, ces pays voient dans l'émigration de leurs jeunes ressortissants un moyen de desserrer provisoirement la contrainte du chômage de masse qui touche les nouvelles générations. La famille Belhoumi est, d'une certaine manière, le produit de ces processus économiques et sociaux entremêlés et se révèle fort représentative du troisième âge de l'immigration algérienne décrit par Sayad[8].

Cela dit, la particularité de cette famille peut déjà être soulignée à un double titre. D'une part, l'interruption assez rapide en France de l'activité professionnelle du « chef de ménage » (pour cause de maladie et d'invalidité) en fait une famille qui n'est pas portée et structurée, dans le pays d'accueil, par l'histoire du père comme « travailleur immigré » ; on pourrait même dire que, du fait de la courte ouvriérisation du père en France, la famille Belhoumi, à la différence d'autres familles immigrées algériennes, est moins « ouvrière » qu'« immigrée ». D'autre part, cette famille se caractérise, on l'a vu, par une différence nette du mode de scolarisation et du niveau d'études des deux parents, avec comme conséquence une forte différence dans leur maîtrise de la langue française. Mme Belhoumi, jeune citadine, est allée à l'école française (jusqu'en quatrième), alors que son mari ne l'a quasiment pas fréquentée dans son enfance rurale et pauvre. Si cette asymétrie de petits capitaux scolaires entre les époux ne va pas – paradoxalement – jouer un rôle majeur dans le suivi scolaire des enfants, elle n'en sera pas moins au principe de la stratégie de Mme Belhoumi de prise d'autonomie dans le couple et de rattrapage social, stratégie qui va se faire « dans l'immigration ».

I

Les cinq sœurs : école et émancipation

Les travaux sur la réussite scolaire des enfants de milieu populaire se sont multipliés depuis la fin des années 1990. Des enquêtes qui ont fait date ont notamment cherché à résoudre l'énigme sociologique suivante: comment expliquer la réussite scolaire d'enfants de milieu populaire dont les parents sont dépourvus de capital scolaire – «réussite» qui en quelque sorte défie les lois de la reproduction scolaire et sociale? Bernard Lahire, dans *Tableaux de famille*[1], a montré l'importance pour les parents de la place symbolique de l'école et son influence sur leurs enfants qui mesurent là leurs attentes scolaires. En ce qui concerne plus spécifiquement les enfants d'immigrés maghrébins, Smaïn Laacher[2] a mis au jour, dès 1992, les déterminants sociaux de la réussite scolaire des enfants d'immigrés maghrébins, ouvriers non qualifiés pour la plupart. Cette réussite dépend principalement de deux types de facteurs: d'une part, de ce que Jean-Pierre Terrail[3] a appelé la «mobilisation scolaire» des parents, c'est-à-dire leur effort pour assurer un suivi scolaire étroit et régulier de leurs enfants, et, d'autre part, de la transmission effective des savoirs scolaires par l'institution et les enseignants de premier cycle (ceux qu'on appelait les «instits») mobilisés pour faire réussir les enfants de milieu populaire.

Les travaux sociologiques sur les familles nombreuses ont aussi mis en évidence la particularité des parcours des enfants aînés, voués par leur rang dans la fratrie à satisfaire en priorité les aspirations scolaires et sociales des parents. Par exemple, dans les familles des classes supérieures, il revient traditionnellement aux aînés – et ce rôle a longtemps été dévolu aux garçons – d'assurer à tout prix l'héritage parental (paternel) : les fils aînés de médecins ont pour vocation de devenir médecins, ceux de polytechniciens sont éduqués pour entrer eux aussi à « l'X » (surnom de l'École polytechnique)[4], et il en va de même pour les fils de notaires ou d'avocats, etc. Pour les familles nombreuses de type populaire peu dotées en capital économique ou culturel (ce sont aujourd'hui majoritairement des familles immigrées), les aînés des fratries n'ont pas comme mission de maintenir un tel héritage scolaire et social ; et pour cause, il n'existe pas... Mais, dans le contexte de ces dernières décennies, caractérisé par l'entrée dans la compétition scolaire des familles populaires[5], il leur appartient davantage qu'à leurs cadets de tracer un « bon » sillon scolaire, c'est-à-dire celui qui peut laisser entrevoir une forme de réussite sociale ou, pour le dire autrement, une sortie de la condition ouvrière (au sens large du terme) grâce à l'acquisition d'une position professionnelle signifiant une mobilité ascendante.

Les trois chapitres qui vont suivre ont pour objectif de décrire et d'interpréter les parcours scolaires et professionnels des cinq sœurs de la fratrie. Les cinq filles ont toutes obtenu le baccalauréat – bac ES (économique et social) pour les deux aînées, bac STT (sciences et technologies tertiaires) pour la troisième et la quatrième, bac L (littéraire) pour la benjamine –, puis un diplôme de type bac +3 (diplôme d'infirmière, licence de sciences de l'éducation, licence professionnelle), en empruntant les voies classiques de la promotion des enfants de milieu populaire lorsqu'ils accèdent à l'enseignement supérieur, à savoir les écoles spécialisées, les IUT (instituts universitaires de technologie) et/ou l'université.

2

Les deux sœurs aînées : locomotives de la fratrie et soutiens de famille

Samira et Leïla, qui sont aujourd'hui respectivement cadre de santé (en hôpital public) et cadre de l'insertion professionnelle (dans une Mission locale pour l'emploi), ont connu au cours de leur carrière, dans leurs institutions respectives, une forte mobilité professionnelle ascendante. Leur parcours s'est largement appuyé sur les ressources, sociales et mentales, procurées par leurs trajectoires scolaires et associatives. Elles se sont construites durablement par ce support inestimable de l'école. Le terme qui revenait sans cesse dans nos entretiens ou discussions informelles – notamment avec Samira – pour essayer de désigner au mieux ce qui faisait leur force et leur singularité par rapport à leurs six cadets était celui de *socle*. C'est-à-dire un ensemble de bases – morales et intellectuelles – qu'elles ont acquis dans leur jeunesse et qui leur a permis par la suite d'affronter avec succès maintes épreuves de la vie. C'est, au fond, ce socle, à la fois social et mental, qui les a fait « tenir », toujours droites, assurées d'elles-mêmes et du bon chemin à suivre. Et qui aussi les a fait apparaître, aux yeux de leurs cadets (garçons et filles), tout au long de leur enfance et adolescence, comme des pôles de stabilité et surtout de puissants modèles d'identification. Non sans problèmes d'ailleurs pour ceux et celles qui les ont suivies dans la fratrie car, comme me le confie un jour Amel (la septième enfant), « le problème pour nous, c'est que Samira et Leïla ont mis la barre très haut... C'est pas facile pour nous, après... ». En effet, dans leur famille comme à l'école et à l'extérieur, il n'a pas toujours été aisé, pour les six cadets, de passer après elles et de « faire le poids ». Il pouvait même être douloureux de se voir comparer à elles.

Il s'agit donc, dans ce chapitre, de décrire et analyser l'entrelacement des processus sociaux et individuels qui ont fait de Samira et de Leïla, chacune à leur manière, les «locomotives» de la fratrie. C'est-à-dire celles qui, selon le point de vue unanime de leurs frères et sœurs, les ont constamment tirés vers le haut en mobilisant, chaque fois qu'il était nécessaire, toutes leurs ressources accumulées dans leur vie sociale respective. Pour ce faire, il faudra revenir sur leur propre passé, étudier la sociogenèse de leur rôle dans la famille, tenter d'expliquer cette sorte de miracle social qui a permis à ces filles d'immigrés (avec un père dit «analphabète») d'effectuer un parcours scolaire qui, même s'il ne tutoie pas l'excellence, témoigne non seulement d'une adaptation scolaire réussie, mais aussi, et surtout, d'une expérience sociale à l'école vécue comme libératrice et émancipatrice. Cependant, si la réussite scolaire des deux sœurs aînées doit bien sûr sa part aux efforts et mérites individuels des deux intéressées, elle doit aussi être expliquée par tout un environnement, familial, scolaire et local (à Sardan, dans la banlieue de Préville).

Le mot d'ordre du père: «Travailler avec le stylo!»

Commençons par décrire à gros traits quelles étaient les attentes des parents Belhoumi à l'égard de leurs enfants. Comme pour la plupart des parents immigrés venant de pays en voie de développement qui ont émigré dans les pays riches au cours du siècle dernier, M. et Mme Belhoumi ont considéré, dès leur installation en France, que l'école était une chance pour leurs enfants[a]. C'était, à leurs yeux, le moyen essentiel, quasi vital, pour assurer leur avenir, espérer une promotion sociale et ainsi légitimer le choix (toujours coûteux) de leur émigration-immigration en France. D'autant plus qu'eux-mêmes avaient été,

a On peut estimer que cet espoir mis dans l'école n'est pas spécifique à l'immigration algérienne en France. Des Italiens ou Espagnols qui ont migré au même moment ont pu avoir la même attitude. C'est sans doute dans les régions mono-industrielles où l'on pouvait espérer une promotion interne que les enfants d'ouvriers français ou étrangers pouvaient être moins encouragés, par tout le contexte local, à poursuivre un cursus scolaire.

pour le père, largement privé d'école primaire et, pour la mère, frustrée d'école (du fait de l'interruption forcée de sa scolarité en quatrième). Le paradoxe dans cette famille tient toutefois à ce que, face à l'enjeu majeur de l'école, c'est le père, le plus éloigné du monde et des exigences scolaires, qui va soutenir le plus fortement et constamment les projets scolaires de ses enfants et tout particulièrement de ses deux filles aînées. À l'inverse, si Mme Belhoumi n'a pas pu s'opposer entièrement et frontalement à la poursuite d'études de ses deux filles aînées, elle l'a toutefois subordonnée à l'objectif alors à ses yeux prioritaire : celui de leur mariage dans la tradition, à savoir endogame (c'est-à-dire avec un musulman, si possible algérien). Comment rendre compte de ce paradoxe et de ces positions des parents sur ce sujet de l'école, en quelque sorte à fronts renversés, si l'on raisonne à partir de leurs scolarités respectives ?

M. Belhoumi a toujours transmis à ses enfants un élément décisif de son histoire : dans son enfance pauvre en Algérie, par son activité précoce de berger, il n'a pas pu faire d'études. Il n'a jamais caché à ses enfants que cela a engendré chez lui un manque cruel qui, toute sa vie, n'a cessé de le handicaper et de le hanter. Sans aucun bagage scolaire, détenteur de sa simple force de travail, lors de son arrivée en France il ne pouvait travailler qu'avec ses seules mains et, comme il le dit dans notre entretien, « avec la pioche ». En contant par bribes à ses enfants cet aspect central de son histoire, il a toujours voulu leur « faire signe », notamment à ses deux filles aînées. Au fond, il s'agissait de leur faire comprendre, par une série de petites touches (d'une manière toujours assez pudique), qu'il voulait à tout prix leur éviter d'éprouver ce cruel manque qu'avait été pour lui l'absence d'études et, par la suite, le défaut de maîtrise de la langue écrite (qui le désigne peu ou prou comme « analphabète »).

Le message paternel, continûment passé en famille, a été le suivant : pour se défendre socialement et pour être prémuni contre toutes les formes de surexploitation, il faut « bien travailler » à l'école. M. Belhoumi a ainsi tracé très tôt à ses enfants une voie, une perspective, à partir d'une expression qui est devenue comme un mot d'ordre mobilisateur pour l'ensemble de la fratrie: «Travailler avec le stylo!» Cette expression, il l'a répétée sans cesse à tous ses enfants, mais surtout à ses fils, les premiers à risquer de reproduire la situation professionnelle de leur père. La preuve en est qu'on retrouve ce mot d'ordre dans la bouche de presque tous les enfants lors de nos entretiens individuels. Si «travailler avec le stylo» a pu être mobilisateur pour les filles aînées, c'est aussi parce que leur père apparaît, à leurs yeux, comme une figure rayonnante par sa sagesse, son humanisme et sa capacité à tirer des leçons de la vie à l'aide de quelques proverbes bien choisis. Il est, par exemple, défini par Samira (dès notre premier entretien) comme le «philosophe», celui qui se plaît à s'exprimer le plus souvent par dictons populaires (dans le dialecte de sa langue natale), contes ou aphorismes.

Pour comprendre en profondeur la scolarité des deux sœurs aînées, il faut avoir en tête cette injonction paternelle à l'investissement scolaire, qui est soutenue en partie par la mère.

Samira trace le sillon

Samira a été à l'initiative de cette enquête et de ce livre. Elle y a joué, de bout en bout, un rôle majeur en ne cessant tout au long de la recherche de convaincre ses frères et sœurs d'y participer[a]. Si elle s'est tant investie, c'est pour des raisons très personnelles et intimes qu'elle va développer par écrit dans un texte, intitulé «pour Stéphane», qu'elle m'envoie par courriel un an après le début de nos premiers entretiens pour faire le point sur son rapport à l'enquête:

> *Les raisons de mon adhésion à la démarche de recherche biographique.* Cette rencontre a eu lieu alors que je terminais un cursus universitaire en ingénierie des formations en santé. Dans le cadre de cette formation, j'ai assisté à différentes conférences, [notamment] sur les processus de biographisation. Les échanges autour des usages sociaux du récit de soi ont fait écho en moi. La veille de votre conférence [pour les trente ans de la Mission locale de

a Le nombre et la richesse des entretiens avec elle depuis 2012 auraient pu conduire à lui consacrer un livre entier (un jour, peut-être...).

> Monville], j'avais eu des échanges avec mon père et je lui avais demandé de me raconter son arrivée en France au début des années 1970. Je ressentais le besoin de connaître son histoire pour mieux me connaître. Lui qui a tant eu peur de se perdre dans l'exil, je voulais recueillir sa parole ; son histoire aurait eu ainsi une existence qu'il m'aurait transmise. Le récit de vie renvoie ainsi à la transmission intergénérationnelle.
> (Samira, courriel, 10 juillet 2013.)

Nos deux premiers entretiens en juillet 2012 auront donc, d'emblée, une tonalité très biographique. Il importe d'évoquer d'abord leur contexte. Le premier entretien se déroule un peu moins de trois semaines après notre première rencontre au débat public de Monville. Il a lieu dans un café tranquille proche de la rue d'Ulm à Paris. C'est Samira qui a choisi cet endroit : le 5e arrondissement de Paris est son quartier préféré, celui où elle s'est installée la première fois dans la capitale, comme infirmière dans une clinique huppée du secteur, celui aussi de la mosquée de Paris où elle aimait se rendre, notamment pour profiter de son cadre et du charmant patio. Ce premier entretien constitue pour Samira à la fois une épreuve (à deux reprises, elle n'a pu retenir ses larmes et nous avons dû interrompre brièvement l'entretien) et une libération de parole. Notre échange, très riche, va durer deux heures et demie et sera centré sur l'émigration de ses parents, son arrivée en France en 1977 et surtout le parcours du combattant qu'a constitué pour elle, en tant qu'aînée, son itinéraire scolaire. Samira parle de manière posée et réfléchie, en faisant attention à trouver du mieux possible les mots qui lui semblent les plus justes et accordés à ce qu'elle souhaite vraiment exprimer. Il va sans dire que, lors de ce premier entretien, elle ne parle pas que pour elle mais, tout autant, pour sa famille et, sans doute plus largement, pour le groupe des immigrés algériens en France. C'est bien un témoignage qu'elle veut livrer, en n'hésitant pas à aller au plus intime de ce qu'elle a ressenti dans son enfance comme « petite immigrée » (elle a sept ans quand elle débarque en France).

Samira a déjà, dans sa formation antérieure, en master 1 (année de l'ancienne maîtrise), expérimenté la méthode du récit de vie. Elle a déjà lu à ce sujet et se coule, lors de ce premier entretien, dans ce moule préétabli, avec un plaisir de dire évident, même si la douleur affleure souvent et parfois brise le cours de son propos. Une semaine plus tard, au début du deuxième entretien dans le même lieu, je lui demande si ce premier entretien n'a pas été trop dur: Samira m'avoue alors avec beaucoup de trouble dans la voix:

> Oui, oui... En fait, non, j'ai eu le sentiment que j'avais été [*elle hésite, veut sans doute dire «brouillonne»*]... J'ai ressenti de la culpabilité, c'est terrible... Je me suis dit que j'ai été très dure dans mes propos avec mes parents, [oubliant que] finalement ça a été aussi difficile pour eux.
> (Samira, entretien, 18 juillet 2012.)

En fait, Samira aurait voulu depuis longtemps écrire son histoire et celle de ses parents. Quelques années avant le début de cette enquête, Samira avait interviewé son père avec un enregistreur pour lui faire «raconter sa vie». Mais, comme elle le regrette elle-même, elle était alors très «inhibée» par l'écriture, ne parvenait pas à écrire. On peut donc penser que notre première rencontre lors de ce débat public de juin 2012 est arrivée au bon moment: Samira était en quelque sorte «prête» pour raconter, par ces entretiens, sa propre histoire et celle de la famille Belhoumi.

Reprenons maintenant le fil de son histoire personnelle. Samira a sept ans quand elle émigre d'Algérie vers la France avec sa mère, sa sœur Leïla (quatre ans) et son frère Rachid (un an). Sa scolarité avait déjà commencé à l'école primaire, au cours préparatoire, avec un enseignement dispensé uniquement en langue arabe (c'est la réforme de 1970 qui, dans l'Algérie indépendante, supprime l'enseignement en langue française au primaire). Samira était, dès le début de sa scolarité à Mostaganem, sur de bons rails: studieuse, bonne élève, curieuse, avec tout de suite l'envie d'apprendre, etc. Elle a vécu l'émigration et l'arrivée en France comme un profond traumatisme, un arrachement. Dès le début de l'entretien, elle tient à évoquer sa prime enfance en Algérie, le bleu du ciel de Mostaganem, les odeurs du pays, pour ensuite exprimer la coupure, la cassure même, qu'a représenté pour elle, petite fille de sept ans, l'émigration en France:

> Moi, j'étais très heureuse dans ma petite enfance jusqu'à l'âge de sept ans, je n'avais pas des besoins particuliers au niveau matériel... J'étais aussi très heureuse parce que Mostaganem c'est une petite ville très mignonne en bord de mer, on habitait en bord de mer et puis mes oncles, etc., faisaient de la pêche... Et, moi, j'étais très bien en bord de mer. [...] Et quand je suis arrivée en France, à Sardan... [*petit silence*] La grisaille, le béton... (Samira, entretien, 11 juillet 2012.)

Malgré ce choc du déracinement, Samira ne tarde pas à s'acclimater et s'adapter. Ne parlant pas un mot de français, elle doit reprendre l'école à zéro, mais surmonte vite cette épreuve : elle apprend rapidement la langue française et devient une très bonne élève dès le cours préparatoire (CP). Elle garde aujourd'hui encore un souvenir ébloui de l'école d'alors, une image enchantée de ses maîtresses et de certains de ses enseignants de collège, qu'elle s'efforce de revoir de temps en temps aujourd'hui. Dans les entretiens, nous n'avons pas beaucoup insisté sur son travail scolaire. Car, pour elle, cela allait sans dire, elle le faisait de manière régulière, très appliquée et surtout heureuse. Pour compléter des données et obtenir des anecdotes sur ce sujet, je demande par courriel à Samira des précisions sur la manière dont elle effectuait, en pratique, son travail scolaire :

> Je n'ai pas beaucoup de souvenirs de devoirs à la maison lorsque j'étais à l'école primaire. En revanche, au collège et au lycée, je m'en souviens très bien, je travaillais dans la cuisine après avoir tout nettoyé. Je m'installais toujours face à la fenêtre, dos à la porte. Mon père venait parfois me voir et m'encourageait. Je travaillais à partir de 21 heures et ça pouvait aller jusqu'à minuit-1 heure du matin. Entre ma participation à la préparation du dîner, la vaisselle (pour 10 personnes et sans lave-vaisselle) et le rangement de la cuisine, il n'y avait pas de temps pour les devoirs. La seule chose à laquelle je pensais dans ces moments-là, c'est comment devenir « libre ». Je crois que j'avais conscience que le passeport pour mon émancipation, c'était la réussite de ma scolarité. Ma mère « priorisait » clairement le travail domestique et, d'ailleurs, elle me disait : « Chez nous, ce qui importe pour une femme c'est de savoir tenir une maison. » Je crois que ce que je vous ai raconté, c'est la frontière nette entre « dehors » et

> «dedans»; j'adoptais les codes «français» (langue, vêtements, attitude...) dehors et les codes «maghrébins» dedans. Cet «entre-deux je» m'aide aujourd'hui dans ma posture réflexive et ma distanciation critique personnelle et professionnelle.
> (Samira, courriel, 29 mai 2017.)

Comme pour beaucoup de jeunes filles de sa génération et de sa condition, la voie de salut de Samira passe impérativement par l'école et l'acquisition d'une culture scolaire. Depuis son arrivée en France, elle dévore les livres et fréquente assidûment les bibliothèques (celle de l'école et celle de la ville). Lorsque, pour compléter l'entretien sur ses pratiques de lecture, je lui demande plus tard de me dire avec précision ce qu'elle a lu enfant puis adolescente, Samira écrit ce courriel:

> J'ai découvert la lecture «intérieure» (en solitaire et en dedans de moi) et en dehors de l'«obligation scolaire» avec les bibliothèques rose et verte comme *Fantômette*, la comtesse de Ségur, *Le Club des cinq*, *Les Quatre Filles du docteur March*... Puis au collège, j'ai dévoré *Le Petit Prince* (j'ai même la version en arabe aujourd'hui), *Les Contes des mille et une nuits* (donné par un oncle du bled), puis des Balzac comme *Eugénie Grandet* et *La Peau de chagrin*, *Tristan et Iseult*, Maupassant, *Une vie*, *Le Horla* m'a marquée, Kafka, *La Métamorphose*... Et de la poésie beaucoup début lycée avec Baudelaire, *Les Fleurs du mal*, c'est mon livre de chevet depuis, mais aussi les poèmes de Victor Hugo et les poètes maudits comme Paul Verlaine (le pauvre Lélian, anagramme de son nom), Arthur Rimbaud, je crois que c'est eux qui m'ont fait fantasmer sur la vie de bohème à Paris... *Candide* de Voltaire m'a marquée aussi, j'y retrouve mon père aujourd'hui... *Le Rouge et le Noir* de Stendhal, *Madame Bovary* de Flaubert, et puis ce fut la rencontre avec Camus l'Algérien, *L'Étranger*, *Le Mythe de Sisyphe*.
> (Samira, courriel, 16 juin 2017.)

Samira va ainsi développer dans son enfance, comme elle dit, une «passion pour la langue française». Lorsque je reviens plus tard avec elle sur ce point, dans l'une de nos discussions de midi près de son lieu de travail, en lui citant une expression d'Albert Memmi sur la «langue de conquête[1]» qu'avait été pour lui le français dans son enfance (ses parents parlant à la maison un

« idiome judéo-arabe »), Samira a alors plaisir à enchaîner. Elle raconte comment, dans ses premiers mois d'apprentissage du français, les mots lui venaient spontanément en arabe dans la bouche et quel plaisir elle éprouvait en les refoulant au fond de sa gorge pour leur substituer les mots français, tout frais, à ses yeux. Elle décrit quarante ans plus tard ce phénomène quasi inconscient de découverte de la langue française avec gourmandise et même une forme d'émerveillement qui semblait être la sienne lors de cette phase cruciale de l'apprentissage de la langue pour la « petite immigrée » qu'elle était alors. Cette sorte de passion pour la langue française lui est restée et aurait dû la mener vers une carrière de professeur de lettres si elle avait pu entrer à l'université – mais ses parents ne lui laisseront pas ce choix, elle fera des études supérieures courtes, ce sera l'école d'infirmières.

Elle évoque également son goût de transmettre, qu'elle avait expérimenté, collégienne, lorsqu'elle venait aider ses copines de classe, qui habitaient en pavillon, à faire leurs devoirs de français. En se rendant chez ces « Français », comme elle dit, elle découvre, assez ébahie, les intérieurs cossus de ces maisons (lors de notre premier entretien, elle évoque un souvenir marquant : l'une de ses amies de collège possède, outre une chambre individuelle, un piano). Samira va aussi, dans sa propre famille, jouer continûment un rôle comparable de soutien scolaire, puis de passeur culturel, entraînant dans son sillage scolaire à la fois sa sœur la plus proche (Leïla) et ses sœurs cadettes qui, malgré parfois des embûches, accéderont toutes au bac général ou technologique.

Lors de notre premier entretien, Samira a raconté en détail les nombreux obstacles qu'elle a rencontrés pour pouvoir continuer ses études secondaires puis supérieures. Malgré ses bons résultats scolaires et les encouragements de tous ses professeurs, elle a dû livrer bataille contre sa mère – devenue « dans l'immigration » (au sein de la famille) une redoutable gardienne des traditions – pour pouvoir aller au lycée. En troisième, un de ses professeurs s'est ainsi déplacé au domicile de ses parents pour convaincre sa mère de la laisser tenter sa chance au lycée général (situé dans le centre chic de la préfecture proche) et d'aller « en ville ». Cet épisode ne peut se comprendre qu'à condition de savoir que Samira, en tant que fille aînée, était l'objet d'une surveillance maternelle particulièrement forte. Elle devait montrer l'exemple et sa mère était d'une exigence à son égard qui n'a jamais été aussi grande pour les autres sœurs.

Par peur de l'« extérieur » et des mauvaises fréquentations, Samira a été longtemps recluse à la maison, si bien que pour résumer son enfance-adolescence, elle dira : « Moi, ma vie, c'était uniquement école-maison. » Au cours de nos entretiens, elle évoquera à plusieurs reprises la peur panique qui a été la sienne, lors de son enfance, à l'idée de sortir seule « dehors », sans but précis, librement, comme si toute échappée hors du domicile familial ne pouvait être libre ou gratuite. Lors d'une digression en entretien, elle me fait part de cette impression d'illégitimité qu'elle ressent encore aujourd'hui très fortement – à plus de quarante ans, alors qu'elle vit à Paris depuis vingt ans, qu'elle est mariée et active professionnellement – quand elle se retrouve en dehors de chez elle, dans un espace public qu'elle a l'impression d'occuper indûment. Elle se sent toujours un peu coupable d'arpenter seule la ville, notamment les beaux quartiers parisiens, comme si, ce faisant, elle continuait de transgresser cette règle d'or « école-maison » édictée très tôt par sa mère et sans cesse rappelée à elle durant toute son enfance et adolescence.

C'est dire que, par toute son histoire, Samira n'était pas la mieux préparée à affronter l'altérité sociale lors de ses études secondaires. Le collège, bien sûr public, était celui du quartier, elle y croisait des visages familiers, des élèves qui, pour la majorité d'entre eux, étaient de même condition sociale. Pour elle, le grand saut dans l'inconnu se situe au moment du lycée. Or, à ce moment décisif dans une trajectoire scolaire, Samira souhaite échapper à l'établissement de son secteur – un lycée général à recrutement plutôt populaire – pour accéder à un lycée bourgeois (public) de la grande ville proche. Pour ce faire, elle a étudié la question et a découvert qu'en prenant l'option arabe en troisième langue (option qui vient de se créer dans ce lycée), elle peut échapper à la carte scolaire. Ce choix d'aller dans un lycée bourgeois de la ville préfecture proche, après ses quatre ans dans le cocon de son collège « au quartier » (comme elle le dit parfois), est socialement très significatif. Il témoigne de son profond désir de sortir de sa condition, de son envie – très forte, chez elle, à l'adolescence – de « franchir la barrière[a] » qui est alors pour elle sans doute plus sociale que raciale.

Dans ce nouveau lycée de centre-ville, elle fait connaissance avec un monde nouveau et étrange, la bourgeoisie locale. Même si les rejetons de celle-ci peuvent se montrer charmants avec cette « petite immigrée » bonne élève, le choc n'en est pas moins rude :

> Le lycée Racine à Préville, ce n'était pas le lycée Albert-Camus [*le lycée de son secteur*]... Je dirais que, à 99 %, c'était des bourges de Préville, qui avaient un niveau de langage... enfin je veux dire quand je les écoutais, qui n'avait rien à voir... Là je ne pouvais pas être étiquetée comme douée... Parce que, vraiment, je voyais bien que j'avais une marge de progression importante... Ça m'a mis la pression, quoi ! [*petit silence*] Ça m'a vraiment mis la pression... Et les premières notes ! On va quand même dire qu'elles m'ont bien fait identifier, que, là, je changeais [de dimension]... Enfin, je jouais dans la cour des grands ! J'étais vraiment sous tension parce que... J'étais très bonne en maths [au collège], et là mes premières notes de maths étaient catastrophiques... En physique c'était pareil ! En français j'étais moyenne alors qu'habituellement, voilà... Enfin bon, et là je me suis dit : « Hou là là ! » J'ai un peu flippé, parce que le niveau était quand même assez élevé. Il y a ça [les notes]... Et c'est vrai que ça me donnait des complexes... En fait, j'admirais en même temps parce que je me souviens d'un camarade qui était à côté de moi en classe... Lui, quand il parlait, quand il s'exprimait, je trouvais ça tellement magnifique... Enfin j'étais baba ! Et ça me donnait vachement de complexes parce que je me disais : « Oh là là ! Mais je ne vais jamais arriver à parler [comme lui]... » Donc je me suis mis la pression... Et je n'étais pas du tout ouverte au monde, j'étais vraiment dans les études...
> (Samira, entretien, 11 juillet 2012.)

a Pour reprendre l'expression états-unienne *pass the bar* qui désigne cette volonté de la part de certains Noirs américains de franchir la « barrière raciale » qui les sépare du monde des « Blancs ».

Malgré ce premier choc culturel et social, Samira parvient à se faire une place dans sa classe. Elle devient, en classe de première ES, amie avec une élève « blonde, qui fait déjà des défilés de mode ». Elle réussit à se faire inviter chez des camarades de classe et entre alors dans des appartements luxueux. Elle est vivement impressionnée par la « beauté » (un mot qui revient souvent dans sa bouche) des lieux[a] et des personnes, comme elle le confesse lors de notre premier entretien :

> Je ne sais pas comment vous dire... [*elle hésite*] Ah ! J'admirais leur savoir-vivre, je trouvais qu'ils avaient vachement de savoir-vivre par rapport à nous... C'est-à-dire qu'ils... [*elle réfléchit*] Je trouve qu'ils parlaient bien, qu'ils parlaient lentement, enfin, pas fort... En plus, j'avais un ami à l'époque qui était vraiment bourgeois catho, quoi ! Alors il vouvoyait ses parents, tout ça... Enfin, il y avait vachement de règles. Et je [*elle hésite*]... Non j'étais très admirative en fait... [*elle hésite encore*]... Ça me plaisait plus que les... [chez nous]... Enfin, c'est terrible de dire ça, mais en tout cas à l'époque j'étais en admiration... Je connaissais les gens de milieu populaire qui habitaient avec nous dans les quartiers, tout ça, que je trouvais parfois un peu... Pfff ! Il y avait quand même pas mal de vrais cas sociaux, quoi ! Des gens qui avaient des problèmes d'alcool, etc. Et, là, je découvrais un monde... je ne sais pas... très aseptisé, très pacifié... voilà !
> (Samira, entretien, 11 juillet 2012.)

Samira découvre aussi les codes vestimentaires des filles de la bourgeoise locale (les coupes au carré, les manteaux style loden, etc.). C'est d'ailleurs à ce moment-là qu'elle coupe sa longue tresse de cheveux noirs et, un peu plus tard, qu'elle se les teint légèrement. C'est aussi une période – le lycée – où la tension entre les normes en vigueur dans sa famille et celles qui ont cours dans cet établissement bourgeois de centre-ville est la plus forte et devient, par moments, proprement insupportable.

---

a Ce qu'elle recherchera aussi à Paris. Elle habite au début un petit studio dans le 5e arrondissement, pas loin du Jardin des plantes et de la Mosquée de Paris. C'est son endroit préféré de la capitale. Alors qu'elle habite aujourd'hui dans le nord-ouest de Paris, c'est souvent dans les cafés de ce quartier du 5e qu'elle fixe, au début de l'enquête, le lieu de nos entretiens.

Lors de son année de terminale B (série économique et sociale), les conflits avec sa mère autour de son avenir et de son orientation après le bac deviennent récurrents et de plus en plus violents, avec parfois des envies de fuguer pour en finir avec cette pression familiale vécue comme insupportable :

> Je voulais vraiment partir de chez moi... Parce que, en fait, je préparais le bac et, un soir, je rentre, je ne sais pas, il devait être 19 heures... J'avais passé toute l'après-midi à réviser pour le bac à la grande bibliothèque... Et, là, ma mère m'attendait... Elle n'était pas contente... Ce jour-là, je crois qu'elle s'était fait... enfin ils étaient en conflit avec mon père, tout ça ! Et puis elle me dit [*imitant son ton sévère*] : « T'étais où ? » Je lui dis : « J'étais à la bibliothèque, je révisais mon bac. » « Non, c'est pas possible ! T'as vu l'heure ! C'est pas possible ! Tu traînais ! » Et, moi, je dis : « Bah ! Non, non... » Et voilà... Et puis, moi, je devais être aussi un peu fatiguée, un peu anxieuse, j'ai dû lui dire : « Laisse-moi tranquille », voilà. Elle m'a donné une claque, le mur m'en a donné une deuxième ! Et, là, j'ai pris mes affaires et je me suis dit : « Je ne reviendrai plus... » [Le lendemain], je suis allée en cours et, là, mon prof de sciences éco me dit : « Qu'est-ce que vous faites avec votre gros cabas ? » Je ne devais pas être bien, je pense qu'il a dû l'identifier très vite et j'ai dit alors... [*elle hésite, très émue*]. « Bah ! je craque... je vais partir de chez mes parents... je ne supporte plus... De toute façon, je n'arriverai pas à avoir mon bac comme ça... parce qu'ils me mettent la pression... je n'arrive pas à travailler à la maison », etc., etc. Le professeur me dit : « Vous allez partir où ? » et je lui dis : « Bah, je sais pas, je sais qu'il y a des foyers pour jeunes femmes... » Alors il me dit : « Mais qu'est-ce que c'est que ces foyers ? Vous connaissez des gens qui sont là-bas ? » « Bah non, je connais personne... » « Et puis s'il y a pas de place dans le foyer, vous allez faire quoi ? », enfin bon on a bien discuté... Il a pris de son temps parce qu'on a parlé quand même un moment... Et il m'a dit : « Ce n'est pas une bonne solution... vous retournez chez vous, je suis sûr qu'il y a un moyen de discuter avec vos parents pour que vous puissiez déjà terminer, au moins avoir le bac sereinement, et après vous verrez »... Voilà, donc il m'a raisonnée en fait... Et puis je suis rentrée chez moi et j'ai remis mon projet... enfin j'ai dit : « Ben, ok, je le remets à plus tard... » Dans ma tête, c'était ça... (Samira, entretien, 11 juillet 2012.)

Tout invite à penser, avec ce type de conflit, que Samira a dû se frayer un chemin à l'école dans un environnement familial qui, au fur et à mesure qu'elle progressait dans son cursus scolaire, devenait de plus en plus hostile. Sans compter qu'en se rapprochant de ses dix-huit ans, la menace du mariage (plus ou moins) arrangé s'est faite plus forte, sa mère étant toujours sur ce sujet d'une vigilance extrême[a]. D'où, pour Samira, le choix contraint des études d'infirmière – qui rassurait ses parents – alors qu'elle-même aurait rêvé de faire des études littéraires à l'université.

Retracer avec précision le parcours scolaire de Samira importait, car c'est bien elle qui va creuser le premier sillon des études longues dans la fratrie, ouvrir la voie à ses sœurs, « donner l'exemple » de bien des manières et, en un certain sens, « porter » toute la fratrie. À cette aune, l'image de la « première de cordée » dans la fratrie correspond parfaitement à l'expérience scolaire de Samira, qui représente en quelque sorte la première génération dans sa famille à décrocher le bac. Son cas n'est pas unique dans son genre, loin de là. Il illustre fort bien l'expérience sociale des aînées de familles nombreuses populaires engagées dans la voie des études longues. Ainsi, lors de la présentation de cette enquête dans diverses conférences[2], des membres de l'auditoire (de parents français) avaient à cœur de témoigner, au moment des questions de la salle, de leurs histoires de famille très semblables à celle des Belhoumi. Ils nous interrogeaient sur ce qui serait, au fond, la spécificité de cette famille algérienne. Nous tenterons de répondre à cette grande question dans la suite du livre.

Leïla, une fille « de l'extérieur »

Lors du premier entretien avec Leïla, en juillet 2013, qui a également eu lieu dans un café – dans une salle d'art et d'essai qu'elle affectionne, proche de la place Clichy –, celle-ci se plie à l'exercice qui lui est demandé, c'est-à-dire retracer les

a On y reviendra en détail au chapitre 4.

principaux éléments de sa trajectoire scolaire et sociale. Sachant que cet entretien se déroule quinze jours après celui avec Samira (entre-temps elles ont certainement échangé entre elles sur ce sujet), on peut supposer que Leïla, à défaut de l'avoir totalement préparé, a réfléchi un peu à l'avance à ce qu'elle allait bien pouvoir me dire. Sans compter qu'elle sait ce qu'est un entretien sociologique, car elle a étudié la sociologie lors de ses études universitaires (en licence/maîtrise de sciences de l'éducation). Par la suite, j'apprendrai qu'elle n'apprécie pas particulièrement de se confier et elle me dira même que, à la différence de Samira, elle n'est pas « dans l'introspection » mais tout entière « dans l'action ». Si ce jour-là elle se plie à l'exercice – devoir parler d'elle-même, répondre aux questions de l'enquêteur, etc. –, c'est aussi parce qu'elle a accepté ce pacte d'enquête sur sa famille, tout en ayant toujours un peu en tête que c'est d'abord l'idée de Samira (« c'est son truc à elle, cette enquête... »). Elle ne souhaite pas lui faire faux bond ou trahir ses engagements, mais je comprendrai assez vite lors de ce premier entretien qu'il n'est pas question pour elle de s'épancher sur sa vie personnelle ou de dévoiler trop d'aspects de son intimité sociale.

Parlant juste après Samira, rien de surprenant à ce que Leïla, lors de ce premier entretien, dessine un portrait de son enfance et de sa jeunesse qui lui permette de se démarquer de sa sœur et, d'une certaine façon, d'affirmer fortement sa singularité. Elle se décrit ainsi en creux, sur le plan du caractère, comme son exact opposé, c'est-à-dire ni « sérieuse », ni « studieuse », ni « maison ». Elle affiche plutôt ce qui la caractérise en propre et qui a constitué une forme de conquête dans la famille : réussir, comme fille, à être celle qui vit surtout « à l'extérieur », fréquentant dès son plus jeune âge le catéchisme de ses copines de classe, puis le patronage laïque. Elle affirme avoir vite mesuré, à partir de l'observation de ce que vivait (et aussi endurait) sa sœur aînée, le danger : cette forme de claustration, devenue plus ou moins « volontaire », à l'intérieur de la maison. Pour se protéger de ce risque, elle va patiemment mettre en place une véritable stratégie pour échapper à l'enfermement domestique : le plus tôt possible, vers la fin de l'école primaire, explorer le « dehors », bien sûr sous les formes permises et légitimes aux yeux de ses parents, à savoir un ensemble de pratiques sportives dans le quartier et ensuite à l'adolescence un travail dans l'animation (avec l'obtention du brevet d'aptitude aux fonctions d'animateur, BAFA) dans le quartier[a].

> On est une fratrie mais, je veux dire, on a tous cheminé complètement différemment... Mais après c'est aussi en fonction de la place qu'on a prise au sein de la famille, de comment on s'est organisé... C'est vrai que Samira étant l'aînée, moi j'arrive juste après... Elle est plus studieuse, plus maison... Moi, j'ai pris le contre-pied de tout ça! J'étais beaucoup, beaucoup axée sur l'extérieur... Mais depuis toujours! Depuis toujours, je suis fourrée dans les associations... Et ça, ça remonte à loin! On a vécu à Sardan, une ville communiste... Et, moi, du coup, j'ai commencé un peu à avoir une espèce de conscience politique, en fréquentant le patronage laïque. J'ai voulu fréquenter petite, vers sept, huit ans, neuf ans... comme mes copines, le catéchisme... donc sept, huit ans, c'est pas trop grave... Après quand on commence à avoir conscience des choses je me suis dit que peut-être que si j'allais voir du côté laïque, je m'y retrouverais plus. J'ai commencé un peu à avoir cette conscience de groupe et du collectif très jeune... à la différence de ma sœur... Parce que ma sœur, en tant qu'aînée, elle était beaucoup plus à aider ma mère, faire d'autres choses... Donc très très jeune, j'ai commencé à fréquenter le patronage... le patronage laïque!
> (Leïla, entretien, 23 juillet 2012.)

Leïla insiste d'emblée sur ce qu'elle doit, dans sa vie, au fait d'avoir grandi dans une ville communiste, alors que Samira n'a pas mentionné une seule fois ce point lors de ses deux premiers entretiens. Ce que Leïla tient à évoquer en priorité pour expliquer à gros traits le « sens de sa vie » – car c'est bien de cela qu'il s'agit lors de ce premier entretien –, c'est donc moins l'école et sa trajectoire scolaire que l'environnement sociopolitique de la ville dans laquelle elle a grandi et qui l'a fait, à ses yeux,

a Ce qui va lui permettre d'entrer en contact avec la mouvance de l'encadrement des classes populaires dans cette ville de banlieue traditionnellement communiste.

devenir ce qu'elle est aujourd'hui. Dans un premier temps, c'est d'ailleurs la figure des militants locaux, plus ou moins proches du Parti communiste français (PCF), qu'elle convoque, plutôt que celle des enseignants. Elle évoque ainsi comme souvenir marquant ces moments où, non sans fierté, jeune adolescente, elle tient chaque année un stand lors de la grande fête (locale) de *L'Humanité*.

Comme sa sœur aînée, Leïla a eu une trajectoire scolaire rectiligne. Le seul accroc a été son redoublement en classe de CE1 : « Je l'avais très très mal vécu, mes copines passaient en classe supérieure et pas moi. » Mais elle s'en remet à l'institution, comme elle le dit alors : « Nous avions une totale confiance dans le directeur de l'école Victor-Hugo... On a accepté le redoublement, c'était sûrement une bonne chose. » Elle poursuit ensuite sa scolarité d'une manière heureuse et paisible, même si elle ne se montre pas aussi studieuse que Samira, recluse à la maison et préposée aux tâches ménagères. Voici comment, dans un courriel postérieur, elle explique sa réussite scolaire (elle va être la première de la famille à décrocher un master 2, en ingénierie de programme de formation, avec la mention « très bien », à la Sorbonne) :

> Pour les filles et notamment les aînées, faire des études nous assurait très certainement une liberté gagnée... Très vrai pour Samira, moi c'est plus par compétition avec ma grande sœur (sûrement pour gagner l'estime de mes parents) et surtout avec mes copines et camarades de classe que j'ai réussi... Je n'étais pas une grande bosseuse mais le minimum était toujours garanti (passer en classe supérieure, brevet collèges, bac B, DUT [diplôme universitaire de technologie]...). J'ai vraiment bossé pour moi à partir de l'IUT, ça prenait sens pour moi... j'étais faite pour la sociologie et les sciences de l'éducation... Côté maison, j'ai rapidement travaillé dès quinze, seize ans... Nous avons très vite compris qu'il fallait donner un coup de main pour aider la famille financièrement...
>
> (Leïla, courriel, 20 juillet 2017.)

Leïla, qui était jusqu'à seize ans un peu moins chargée des tâches domestiques à la maison que Samira, va pouvoir investir beaucoup de son temps libre dans des activités hors du domicile familial : au début de l'adolescence le sport, puis toutes les activités associatives proposées pour les jeunes par la municipalité communiste.

Lors de notre premier entretien, elle insiste sur un moment-clé de sa trajectoire scolaire, celui où son professeur principal de troisième tente de la contraindre à envisager (en deuxième vœu) une orientation en lycée professionnel, en vue de préparer un brevet d'études professionnelles (BEP). Elle se méfie, suspecte un piège et se rebelle, engageant seule la lutte avec l'institution scolaire en refusant tout net ce projet d'orientation. Elle pose, comme elle dit, son « premier acte » de rébellion sociale :

> Samira a toujours investi mes parents dans l'orientation. Moi, je ne l'ai pas fait... c'est-à-dire que, très jeune, j'ai signé moi-même mes cahiers d'orientation... Je me souviens en troisième, le prof principal [de français] m'avait recommandé de faire un deuxième vœu et de mettre BEP. Et, moi, j'ai refusé de mettre un deuxième vœu ! J'ai mis « seconde générale ». Il m'a dit : « Non, non, je veux rencontrer les parents quand même... » Alors que j'avais des notes correctes... Mais c'était à l'époque où les enfants de l'immigration étaient « bennés » [orientés] vers l'enseignement professionnel. Je ne sais pas si ça a changé depuis... Mais en tout cas pour nous [enfants d'immigrés], c'était comme ça, on pensait que c'était plus simple... pour des enfants issus de l'immigration et du monde ouvrier d'aller en enseignement professionnel [...]. On était sur une zone d'éducation prioritaire... Mais ça a été la première fois où vraiment j'ai été confrontée au « J'impose », au « C'est moi qui veux », etc. Donc il [le prof principal] a dit : « Moi, je veux voir vos parents. » Et c'est moi qui ai signé à la place de ma mère en écrivant à sa place : « Ma fille ira en seconde générale, on n'a pas le temps de se déplacer... » Mais le professeur avait mis une vraie pression, quoi... Parce que les copines avaient toutes mis un deuxième choix et elles se sont toutes retrouvées en BEP, la plupart. Et moi j'insistais pour aller en seconde générale... Donc premier acte [de ma part]... Et d'ailleurs quand j'ai eu mon bac, j'y suis retournée [au collège] pour voir ce fameux professeur. Et je lui ai dit : « J'ai eu mon bac du premier coup ! Et un bac ES... »
>
> (Leïla, entretien, 23 juillet 2012.)

Cet épisode de l'orientation en fin de troisième a donc été crucial pour Leïla. Lors de l'écoute de cet entretien, je suis frappé par son extrême détermination, par la forme de prescience sociale qui l'a alors guidée de manière très sûre. En effet, ses craintes n'étaient pas infondées : pour les membres de sa génération sociale d'enfants d'immigrés, le simple fait de faire figurer, sur le formulaire d'orientation de fin de troisième, le mot BEP (en second vœu) pouvait inciter le conseil de classe à cocher « naturellement » cette case en se conformant à ce qui était encore à la fin des années 1980 une sorte de norme sociale : le lycée professionnel comme destin scolaire presque obligé pour les enfants d'immigrés algériens. J'ai voulu creuser ce point avec Leïla, en cherchant à en savoir plus sur ce moment précis de bifurcation biographique. Lorsque je lui ai envoyé, par mail, le long texte de la transcription de son premier entretien, j'en ai profité pour lui demander si elle pouvait essayer, d'une part, de m'expliquer son côté rebelle précoce (« Ce n'est pas rien, à seize ans, de s'opposer comme ça à son professeur principal ») et, d'autre part, d'expliciter cette expression qu'elle avait alors utilisée : « J'ai posé là mon premier acte » (de refus, d'insoumission ou de rébellion...). Elle me répond le soir même de la manière suivante :

> Je ne sais pas trop si j'étais vraiment rebelle, mais je ne voulais pas qu'on décide pour moi... Je n'acceptais pas l'ordre établi et je ne voulais surtout pas aller vers la voie de l'apprentissage ou le BEP (à l'époque on ne parlait pas encore du *bac pro*, ça voulait donc dire que mes études allaient s'arrêter à dix-huit ou dix-neuf ans). Je ne pense pas que mes parents m'ont influencée dans mes choix d'orientation, ils me laissaient faire, sûrement par confiance (un peu trop excessive). Je pense que les animateurs, les bénévoles rencontrés dans ma prime jeunesse ont forgé en moi ce sentiment de « lutte contre les injustices ». Je trouvais dégueulasse le fait qu'on oriente toujours les mêmes (Maghrébins et Portugais) vers l'enseignement professionnel ou technique... l'enseignement général étant une option pour les autres... Vous trouverez peut-être un peu de « victimisation » dans mes propos mais, à l'époque, c'est viscéral [chez moi], ce réflexe : « Ils ne m'auront pas !!!! » (Leïla, courriel, 4 avril 2016.)

Ainsi, plus tard, au moment de la scolarité au collège de ses trois sœurs cadettes, Leïla va se tenir aux aguets. Au prisme de son expérience personnelle, elle a mesuré l'importance de ce moment décisif de l'orientation en fin de troisième qu'Ugo Palheta appelle le « grand partage[3] », qui sépare, d'un côté, les « élus » pouvant aller en seconde générale (ou technologique) et, de l'autre, les « réprouvés », orientés en lycée professionnel, perçu à tort ou à raison comme l'antichambre du chômage (et, pour les garçons surtout, annonciateur de « problèmes »).

Une fois franchi cet obstacle du palier de la troisième, une fois évité le lycée professionnel et une fois entrée au lycée général, Leïla ne va pas dévier de sa voie. Après avoir obtenu un bac B, elle passe une année en faculté de droit (où elle se ne trouve pas à sa place), décide de se réorienter, hésite entre IUT de journalisme et IUT de carrières sociales pour finalement choisir ce dernier, où elle réussit très bien. Elle enchaîne ensuite par une licence/maîtrise en sciences de l'éducation à la Sorbonne et complète ce cursus quelques années plus tard par un master 2 en ingénierie de formation.

Effets de lieux : de la mixité en école primaire

Si les trajectoires scolaires des deux sœurs aînées doivent sans doute beaucoup à leurs « efforts », elles s'inscrivent aussi, et prennent tout leur sens, dans un certain nombre d'institutions scolaires dont les caractéristiques propres sont elles-mêmes déterminées par l'histoire et la géographie du lieu, en l'occurrence ici l'histoire du peuplement, après 1945, de cette ville ouvrière de Sardan. On sait, de longue date, que les quartiers HLM sont aussi des espaces résidentiels et sociaux qui ont des formes non négligeables d'hétérogénéité se retraduisant dans des contextes scolaires différenciés. En d'autres termes, les trajectoires scolaires des individus – ici celles des enfants Belhoumi – ne sont pas dissociables de leurs conditions concrètes de scolarisation – c'est-à-dire les écoles primaires qu'ils ont fréquentées à Sardan.

Dans un premier temps de l'enquête, j'ai eu tendance à laisser de côté ce facteur causal – les effets de lieux – des scolarités.

Si bien que, lors des premiers entretiens, je n'ai sans doute pas su dans mes relances accorder à cette question suffisamment d'importance. En fait, c'est par la suite, à la faveur de discussions informelles avec Samira et Leïla, en reparlant de leurs parcours scolaires comme de ceux de leurs frères et sœurs, que j'ai été conduit à « corriger le tir », à approfondir ce point décisif. C'est Leïla qui est revenue à plusieurs reprises lors de nos échanges sur des points essentiels de la géographie scolaire et sociale de Sardan. Si elle la connaît bien, c'est parce qu'elle a été, de loin, la plus impliquée de la fratrie dans la vie politique et sociale locale. Elle a ainsi eu à cœur de bien me faire comprendre la différence – que je n'avais pas assez en tête lors des entretiens – entre les deux écoles primaires de leur quartier: Jules-Ferry et Victor-Hugo. Samira a fréquenté la première jusqu'en CE2 et tous ses autres frères et sœurs (dont Leïla) ont été scolarisés dans la seconde. Or cette dernière école recrutait surtout des enfants de classes moyennes, habitant pour la plupart en pavillon, et donc très peu des enfants de la cité de la Citadelle où la famille Belhoumi résidait.

> Je relisais un peu notre entretien [de juillet 2012]... Et je pense que le fait qu'on ait toujours été à l'extérieur du quartier, c'était important... Parce que la carte scolaire nous a envoyés à Victor-Hugo et, là, les élèves c'était des propriétaires alors qu'à Jules-Ferry c'était les enfants de tout le quartier. En fait, on était à Jules-Ferry quand on est arrivés... Mais on a déménagé très rapidement pour aller sur le quartier en face de la Citadelle. Et on a changé d'école pour aller à Victor-Hugo. Ce qui est assez bizarre, c'est qu'on était dans un bâtiment isolé, on ne faisait pas partie ni du quartier de la Citadelle ni des grandes tours [de la ZUS]. On s'est retrouvés à Victor-Hugo. Et là c'était plutôt des propriétaires, on a eu une vraie mixité en primaire. Ça veut dire que, nous, on n'a pas grandi avec des mecs du quartier. Du côté du collège, on était à Giono et pas à Malraux, on a grandi ensemble dans le quartier sans jamais être ensemble à l'école... (Leïla, entretien, 25 janvier 2017.)

C'est donc bien parce que leur appartement était dans un immeuble situé à la lisière de la cité HLM que Leïla, comme ses frères et sœurs cadets, ont été scolarisés à l'école Victor-Hugo. La fréquentation par les enfants Belhoumi de cette école comprenant une majorité d'enfants de classes moyennes pavillonnaires, donc bien plus mixte socialement que l'école Jules-Ferry, pourrait expliquer une bonne part de leur destin scolaire. Ils y ont bénéficié des avantages de ce que les sociologues de l'éducation britannique appellent le *social mix* de cette école : minimisation du nombre d'éléments perturbateurs, maintien d'une « tête de classe » qui tire le reste des élèves vers le haut, ambiance de travail en cours, mobilisation parallèle des enseignants, etc. Pour illustrer à partir d'un cas limite les effets bénéfiques de la fréquentation de cette école, Leïla revient dans le même entretien sur l'histoire de son frère Rachid, né deux ans après elle. À l'école Victor-Hugo, ce dernier a tissé des amitiés fortes et continue encore aujourd'hui à voir ces copains d'enfance (certains sont gendarmes, la plupart appartiennent aux classes populaires stables). À l'opposé, ses copains de collège du quartier qui, eux, ne sont pas passés par l'école Victor-Hugo ont eu un cercle d'amis beaucoup plus resserré, centré quasi exclusivement autour de la cité, donc sans ouverture sur ces familles françaises et/ou populaires stables dont les enfants fréquentaient l'école Victor-Hugo.

Pour donner après coup une image synthétique et parlante de cette école primaire où s'est en partie joué le destin scolaire de la fratrie Belhoumi, Leïla mobilise la figure du directeur de l'école Victor-Hugo qui y a longtemps officié. À ses yeux, il symbolisait, incarnait même, cette institution. C'était un directeur qu'elle décrit comme « à l'ancienne » (c'est ce terme qu'elle emploie et répète à plusieurs reprises), toujours « en blouse ». Ce dont elle se souvient clairement (trente ans plus tard), c'est qu'il avait un air sévère, était strict, sérieux, mais surtout juste, avec la réputation reconnue localement de porter une grande attention au devenir de ses élèves.

> Le directeur, je sais plus son nom, ça va me revenir, mais c'était un directeur à l'ancienne, avec la blouse, qui habitait sur l'école… Et qui, du coup, s'intéressait beaucoup aux élèves… Nous [Samira

> et elle], on n'avait pas eu trop de soucis. Mais comme Rachid commençait un peu à [remuer]... On dirait aujourd'hui que c'était un hyper actif. Il était très très speed... Et le directeur a pris Rachid sous son aile directement... En étant d'ailleurs très dur avec lui... Ce qui l'a aidé d'ailleurs... C'était quelqu'un de très... [strict], on avait peur de son nom... Vraiment un directeur à l'ancienne... Je vous ferai passer une photo d'école... Et lui, il prenait dans sa classe ceux qui étaient un peu... [perturbateurs]. (Leïla, entretien, 25 janvier 2017.)

À la suite de cette discussion, Leïla m'envoie le soir même une photo de la classe de CM2 de Rachid (datant de 1988) comme une preuve de ses dires. On y voit sur la gauche le directeur, effectivement en blouse, le buste droit, la mine sérieuse, à côté de son groupe d'élèves qui ne bronche pas et qu'il paraît encadrer de manière cérémonielle. La photo semble moins correspondre au cadre scolaire de la fin des années 1980 qu'à celui des années d'avant 1968, comme si le temps avait été suspendu dans la classe de CM2 de cette école Victor-Hugo.

Leïla me précise aussi que ce directeur d'école était constamment soucieux d'entretenir un dialogue avec tous les parents d'élèves, y compris les familles immigrées du quartier. Dans le cas des parents Belhoumi, ce contact était facilité par le fait que la mère « parlait français », ce qui a été sans nul doute une ressource inestimable dans le rapport de cette famille à l'école comme institution et aussi ce qui la distinguait fortement de la plupart des autres familles algériennes de leur cité.

Si l'on revient aux parcours scolaires de Samira et Leïla, on peut dire que leur réussite, improbable statistiquement, résulte aussi des bonnes conditions de scolarisation à l'école et au collège : à savoir, d'une part, un environnement de mixité sociale dans ces établissements et, d'autre part, des collectifs enseignants mobilisés dans leur travail quotidien pour assurer la bonne scolarité de ces enfants de cité. Par ailleurs, pour que Samira et Leïla aient pu tenir bon dans leur perspective d'emprunter ce chemin escarpé des études longues, il leur a fallu pouvoir se projeter *a minima* dans des figures d'identification qui soient à la fois possibles et concrètes. Comme Samira, en tant que sœur aînée, n'en avait pas à disposition dans son propre environnement familial, elle a dû aller les trouver à l'extérieur de la famille. Or il se trouve que l'élargissement des figures d'identification des filles s'est opéré à leur époque dans leur quartier d'habitat social, notamment dans la petite colonie algérienne que la famille Belhoumi fréquentait (surtout par la mère). Il y a déjà, à l'époque de la scolarité de Samira, un tout petit nombre de filles d'immigrés algériens (nées dans les années 1965-1970) qui ont fait des études supérieures et qui vont devenir, dans les années 1980, médecin, avocat, ou cadre supérieur. Samira cite le cas d'une famille de voisins algériens (le père lui aussi ouvrier immigré) qui avaient deux filles un peu plus âgées qu'elle : l'aînée est devenue professeur de mathématiques, la cadette cadre dans un laboratoire de biologie. Cette dernière, qui n'aura pas d'enfants, était très admirée par Samira et prise comme modèle pour tracer sa voie. Leïla confirme ce fait dans ses entretiens tout en précisant que cette ressource n'était pas autant disponible pour les garçons du quartier.

Si la mise au jour d'effets de lieu, et plus précisément la configuration de l'espace local des écoles primaires permet de rendre compte en partie de la bonne scolarité des deux sœurs aînées, elle ne suffit pas en soi. Il faut aussi s'intéresser aux acteurs eux-mêmes du système d'enseignement, à savoir le monde enseignant de Sardan dans les années 1970-1990.

La figure salvatrice des institutrices

Pour comprendre la trajectoire scolaire de Samira et Leïla, qui est objectivement, pour leur milieu social d'origine, une trajectoire de réussite[a], il convient de s'attarder sur les conditions d'encadrement de la jeunesse populaire telles qu'elles les ont connues à Sardan au cours des années 1980. Ce qui me

a En consultant les archives du rectorat aux archives départementales, je suis tombé sur des statistiques des années 1988-1990 (moment du bac de Samira) qui permettent de retracer le destin scolaire des enfants d'immigrés algériens du département nés en 1970, et celui-ci est implacable : seulement 5 % ont pu parvenir au stade de la seconde générale en 1988, or c'est le cas de Samira.

donnera l'occasion de revenir surtout sur le rôle majeur des enseignants de l'école primaire de Sardan. Quelles étaient les caractéristiques sociales des institutrices des deux sœurs aînées ? Quel était leur degré de mobilisation en direction (et en faveur) des enfants de milieu populaire ?

En effet, parmi des indices intéressants livrés dans les entretiens effectués avec les deux sœurs aînées sur ce qu'on pourrait appeler les « secrets » de leur réussite scolaire, il y avait, en premier lieu, l'attitude de leurs institutrices : leur présence rassurante, leur bienveillance même, et surtout leur investissement professionnel sans faille et sans relâche. Cela explique, par exemple, l'attachement profond et durable qui lie Samira à ses institutrices. Il est frappant qu'aujourd'hui encore elle ne dise jamais « instit » mais toujours institutrice, presque jamais « prof » mais « professeur », signe du très grand respect qu'elle porte à ces figures marquantes du savoir et de l'émancipation qu'ont été pour elle ses institutrices ou professeurs de ces années 1977-1990. Ce n'est pas non plus un hasard si Samira évoque, dès le tout début de notre premier entretien, la figure, à ses yeux, salvatrice de son institutrice de CP :

> Je me revois enfant [débarquant] à l'école en France, j'avais envie de dire des choses et je n'arrivais pas... Je n'arrivais pas à me faire comprendre et ça, c'était hyper frustrant... Et j'ai eu la chance, mais alors la merveilleuse chance, de tomber sur une institutrice en CP... Une institutrice... [*hésite sur le bon adjectif*] mais fantastique ! [*sur un ton admiratif*]. En plus, je suis arrivée en milieu d'année, c'est-à-dire que, au lieu de commencer l'école en septembre, je ne me souviens plus, j'ai dû commencer l'école en janvier, quelque chose comme ça... Et là, une femme merveilleuse... vraiment merveilleuse... qui m'a donné en fait, qui m'a transmis l'amour des mots. C'est-à-dire qu'elle restait après l'école... Alors je me souviens de quelque chose de très très caractéristique... Pour m'adresser à elle, comme je ne savais pas, je ne connaissais pas le français en fait, je la tirais par les vêtements comme ça et je lui disais : « Madame, Madame... » Enfin, c'était... [*très touchée*] Quand j'y repense, ça m'émeut, voilà... [*petit silence*].
> (Samira, entretien, 11 juillet 2012.)

Cette évocation récurrente et admirative de ses institutrices par Samira m'invitait, bien sûr, à essayer de retrouver, trente ans plus tard, certaines d'entre elles. Lors d'un séjour de trois jours à Sardan, en juin 2013, j'ai pu réaliser un entretien, long et instructif, avec l'une de ces institutrices, Anne-Claire Trillet. Celle-ci habite toujours la ville de Sardan, dans une résidence privée, à quelques centaines de mètres du domicile familial des parents Belhoumi. Elle a eu, dans ses classes, entre 1980 et 1995, les deux générations des sœurs de la fratrie et elle en garde d'ailleurs un souvenir vif et attendri. Les deux aînées étaient volontaires au travail et manifestaient un grand désir de réussite. Elle insiste dans notre entretien sur le caractère, à ses yeux, incroyablement « déterminé » de Samira :

> Je me souviens très bien de Samira à neuf, dix ans, on faisait parfois le chemin de l'école ensemble, on discutait en marchant. Combien de fois je l'ai entendu me dire avec force : « Moi, Madame, je veux réussir... » C'est resté gravé en moi, son attitude... (Mme Trillet, entretien, 24 juin, 2013.)

Toutes les filles Belhoumi n'ont pas caché l'estime qu'elles ont pour « Mme Trillet » (elles l'appellent ainsi), mais aussi pour son mari, un professeur de sciences au collège lui aussi très engagé dans son métier puis ensuite dans la politique (« à gauche »). Samira a toujours maintenu le lien avec elle, revenant la voir chaque année pour lui donner de ses nouvelles et celles de sa famille.

Il n'est donc pas sans intérêt de dessiner un bref portrait sociologique de cette figure classique de « passeur culturel » si importante pour comprendre le parcours des « miraculés scolaires ». Anne-Claire Trillet n'est pas une figure singulière dans son milieu professionnel, elle appartient à une génération sociale qui a marqué de son empreinte les écoles primaires de cette ville communiste. Née en 1948, grandie à la campagne dans une famille rurale « sans biens », bonne élève, elle assure son avenir en entrant dès dix-huit ans à l'école normale d'institutrices, dans la préfecture de son département. Elle dit avoir été profondément marquée par 1968 et le féminisme des années 1970. Elle devient « instit » dans ce quartier HLM de Sardan au début des années 1970, y fait toute sa carrière, s'installe avec son mari dans une résidence située aux abords de cette cité HLM. Dès sa prise de poste, elle s'implique beaucoup dans son école.

Elle se souvient avec précision et émotion de ce moment particulier des années 1975-1985 où les filles d'immigrés algériens du quartier, ses élèves ou anciennes élèves, se sont rebellées contre leurs conditions d'existence (refus du mariage forcé, fugues, parfois prise de drogue, etc.). Ces dernières ont pu compter sur son soutien, comme sur celui de ses collègues femmes vivement concernées par les contradictions sociales, souvent violentes, que vivaient ces jeunes filles d'origine algérienne – qui ont dû affronter les terribles dilemmes de ladite « seconde génération » dans ce contexte éminemment éruptif (culturellement et socialement) du long après-Mai 68. Elle reconnaît qu'une partie de sa mission, de leur mission, était de « sauver » ces élèves, comme les filles Belhoumi, de les empêcher d'être victimes de la tradition du mariage précoce et arrangé. Le salut passait alors uniquement par les études, et le rôle de ces institutrices n'était pas mineur : il leur fallait à tout prix donner à ces « petites immigrées » suffisamment de bases scolaires et d'élan moral pour qu'elles puissent effectuer un bon parcours à l'école, le meilleur gage pour résister plus tard à l'intensification de la pression sociale et familiale. À ce titre, le parcours scolaire et professionnel des filles Belhoumi illustre bien, aux yeux de cette institutrice, la réussite de cette entreprise d'acculturation scolaire (commencée fondamentalement à l'école primaire) et le bien-fondé de sa mission professionnelle.

La fin de notre entretien, qui était fait d'une série d'allers-retours entre le passé et le présent, a été éminemment instructive. Après m'avoir raconté son engagement associatif local d'aujourd'hui, notamment auprès des familles démunies du quartier, Anne-Claire Trillet avoue se désoler de voir désormais, dans la rue comme aux Restos du cœur du quartier, autant de filles voilées. Il lui arrive de reconnaître parmi elles certaines de ses anciennes élèves, connues dans la dernière partie de sa carrière professionnelle. L'histoire, au cours des quarante dernières années, de ces filles d'immigrés du quartier se lit, à ses yeux, en tant que militante féministe, comme une régression. Elle ne peut que constater, de manière désabusée et non sans inquiétude pour l'avenir, le fossé qui sépare désormais la situation des filles Belhoumi (et de leurs amies de l'époque) qui ont passé le cap du bac et réussi leurs études supérieures de celle des autres filles du quartier, d'origine algérienne aussi, assignées au foyer, notamment du fait de leur échec scolaire qui les cloue sur place et les destine au mariage « dans la communauté ».

Lorsque je demande à cette institutrice de comparer sa génération d'enseignantes et celle qui l'a suivie et avec laquelle elle a travaillé dans son école, je sens bien qu'elle est dans la retenue : « C'est pas la même chose », dit-elle pudiquement. On peut se demander si le temps de ces institutrices – souvent d'origine populaire et vouées corps et âme à la réussite scolaire de ces enfants de cité – est passé. Il reste sans nul doute aujourd'hui des successeurs à ces « instits » missionnaires dans les écoles primaires des « cités » mais, d'une part, la mission est éminemment plus difficile (les quartiers d'habitat social se sont fortement paupérisés et les moyens manquent à l'école) et, d'autre part, les collectifs enseignants sont plus instables et sans doute moins homogènes que du temps de l'école primaire fréquentée par Samira et Leïla.

Même s'il faudrait d'autres éléments d'objectivation pour affiner encore plus le diagnostic sociologique des trajectoires scolaires des sœurs aînées, on peut d'ores et déjà considérer que le rôle des institutrices de la génération sociale d'Anne-Claire Trillet a été primordial dans la réussite de leur parcours. Suffit-il à l'éclairer entièrement ?

Grandir dans une famille « pauvre », devenir tôt « soutien de famille »

Jusqu'à maintenant, un voile discret a recouvert la question, pourtant fondamentale en milieu populaire, de l'argent et, plus précisément, du financement des études longues des enfants. De fait, lors des premiers entretiens avec Samira et Leïla, la question des conditions matérielles d'existence de leur famille n'était jamais spontanément abordée par elles, elle était toujours évoquée rapidement, comme en passant. Au fond, il ne s'agissait pas pour elles de s'installer dans une position de « victimes ». Ce n'est pas leur genre. Dans un courriel à Leïla, en 2016, où il s'agissait de faire un peu le bilan des entretiens réalisés, je lui fais remarquer qu'elle avait au fond peu parlé de la vie matérielle, précaire[a], de sa famille, en lui demandant *in fine* si ce n'était pas aussi un élément décisif pour comprendre leur itinéraire. Celle-ci me fait la réponse suivante :

> C'est vrai qu'on n'était pas riches... On pouvait même dire qu'on était pauvres... Mais peut-être suis-je un peu nostalgique, je n'ai pas eu l'impression qu'on a manqué...
> (Leïla, courriel, 5 juillet 2016.)

De fait, la situation matérielle de la famille Belhoumi s'est fortement dégradée (on l'a entraperçu au chapitre 1) avec la mise en invalidité professionnelle du père en 1978 et la perte de revenu qui en a résulté. Pendant les dix ans qui ont suivi cet abaissement du statut socioprofessionnel du chef de ménage, la famille a vécu sur sa modeste pension (80 % du Smic environ) et les allocations familiales. Les cordons de la bourse étaient donc plus que serrés dans la famille, d'autant plus que les parents n'avaient pas en parallèle abandonné l'idée de la construction de leur maison en Algérie, signe tangible et visible là-bas de leur réussite d'« immigrés ». Cette double contrainte financière qui étranglait le budget familial – entretenir la famille qui s'agrandit en France et financer la maison de Mostaganem – est aussi très

---

a De mon côté, sans doute par une trop grande discrétion ou pudeur, je n'ai pas beaucoup insisté sur ces questions matérielles. Par exemple, je n'ai appris qu'à la fin de l'enquête comment les chambres étaient disposées dans l'appartement familial, en particulier au moment où la famille était presque au complet. Les parents dormaient dans le salon et les enfants dans deux chambres. La configuration des chambres des enfants a évolué avec la taille de la fratrie. Quand Samira et Rachid ont quitté le nid familial, dans une chambre dormaient la benjamine (Nadia) et celle qui faisait alors figure d'aînée (Leïla), tandis que dans l'autre chambre se trouvaient deux frères (Azzedine et Mounir) et deux sœurs (Dalila et Amel), avec deux lits superposés de chaque côté.

vite connue des enfants aînés de la famille. Très tôt, ils savent de quoi il retourne « question finances », comme le raconte ici Leïla :

> Nous avions intégré très tôt notre statut de précaires... Par exemple, on n'achetait jamais les photos de classe, on n'achetait pas la carte de cinéma, une carte trimestrielle permettant d'aller au cinéma de la ville c'était 10 francs à l'époque... De mémoire, seule Amel [la septième enfant] a eu ce privilège. On n'allait jamais en voyage scolaire : pas d'Espagne, d'Italie ou d'Angleterre... Mounir partira à Rome avec sa classe de latin (il a fait allemand et latin). À partir d'Azzedine [le quatrième enfant, né en 1979], tous mes frères et sœurs ont moins souffert du manque d'argent... Les plus grands travaillaient et nous [Samira et elle], nous avons un peu aidé nos parents...
> (Leïla, courriel, 5 juillet 2016.)

Plusieurs fois, dans les moments les plus difficiles, leur mère a entrepris elle-même des démarches pour demander, en urgence, de l'aide aux assistantes sociales du secteur. Samira se souvient avec précision de cette période de vaches maigres :

> [Il y a eu les aides sociales] Mais on a eu recours aussi à toutes les associations : Secours populaire, je ne sais pas moi... Après il y a eu... [*elle réfléchit*] les Restos du cœur, après il y a eu... [*elle cherche*]... Vraiment, on a galéré... c'était très très très dur... oui, très dur... Très dur...
> (Samira, entretien, 18 juillet 2012.)

Pour faire face à cette situation de pénurie matérielle et au fatalisme qu'elle semblait impliquer dans la famille[a], Samira a estimé de son devoir de gagner un peu d'argent pour aider la famille (et non pas pour son argent de poche) :

> – Samira : Moi, à l'adolescence, je travaillais... c'est-à-dire, je gardais des enfants, je faisais des ménages, je donnais des cours [*rires nerveux*]... Oui, enfin, je faisais ce que je pouvais...
> – SB : Et à partir de quel âge vous avez fait ça ?
> – Samira : Hou là là ! à partir de quinze ans... quatorze, quinze ans, je ne sais pas. Très tôt, oui, très tôt... [...] L'été aussi

a *Cf. infra* la vision du père.

> je travaillais. Je faisais [des petits boulots]... Alors moi, je n'ai pas fait d'animation, contrairement à mes sœurs. Mais je faisais des ménages [*long silence*]... Oui, je faisais des ménages chez les voisins, chez les petites grands-mères qui habitaient au quartier. (Samira, entretien, 18 juillet 2012.)

Dans cette entreprise de soutien matériel de la famille, Samira a été ensuite épaulée par Leïla qui, elle, a pu choisir la voie de l'animation, notamment dans les centres sociaux de leur ville. Les deux sœurs aînées ont dû, au cours de leur adolescence, suppléer leur père absent sur la scène professionnelle. Elles ont ainsi payé de leur personne en enchaînant des petits boulots (l'été comme lors de la période scolaire) pour approvisionner le compte familial. Elles ont donc été, de manière précoce (quatorze, quinze ans), de véritables « soutiens de famille », un statut éminemment respecté, notamment par leurs frères cadets.

Cette aide financière constante des deux sœurs aînées (qu'elles n'ont jamais beaucoup mise en avant dans nos échanges) a eu des conséquences importantes sur l'économie des rapports affectifs dans la famille. Elle a en particulier créé un fort sentiment de dette et de reconnaissance des cadets à leur égard. Samira et Leïla sont toujours restées assez pudiques ou discrètes sur ce sujet de l'inactivité professionnelle de leur père et ses faibles revenus. On pourrait dire que, pour elles, trente ans après les faits, il y a en quelque sorte prescription, sans compter l'envie d'oublier ces années difficiles et ces situations délicates. Il n'empêche que, à un âge où leurs camarades songeaient surtout à profiter de leur jeunesse, elles ont dû cumuler travail scolaire, travail domestique et travail salarié.

Je n'ai pas pu discuter vraiment avec M. Belhoumi sur la manière dont il avait vécu sa mise en invalidité professionnelle, qui a largement résulté d'une série de négociations (entre lui et son employeur, puis entre ce dernier et la Cotorep). Ses plus grands enfants reconnaissent tous qu'il a été moins abattu que soulagé par l'obtention de ce statut d'« invalide ». Le pire a bien été pour lui, sans conteste, ses sept années de manœuvre sur les chantiers du bâtiment avec son mal pulmonaire chronique.

Il a ensuite pu réorganiser sa vie durant les trente ans qui ont suivi sa sortie de l'activité professionnelle, notamment autour du grand jardin ouvrier[a] qu'il a loué près de chez lui, où il a cultivé avec bonheur ses légumes, en renouant ainsi avec le plaisir du grand air qu'il avait connu lors de son enfance campagnarde sur les plateaux de la région de Mascara.

Il n'en reste pas moins que la jeunesse des deux sœurs aînées a été fortement marquée par le manque récurrent d'argent et un ensemble de privations matérielles qui se sont accompagnés des petites humiliations de la vie quotidienne, liées à cet état de pauvreté structurelle. Samira se souvient, par exemple, avec une grande précision de cette scène où son père (qui avait du temps libre à revendre) l'a accompagnée, non sans fierté, à son inscription à l'école d'infirmières, après le concours qu'elle avait réussi :

> C'est lui qui m'a accompagnée quand j'ai été faire mon inscription à l'école d'infirmières... Et, je me souviens, on n'avait pas l'argent pour l'inscription... D'ailleurs c'est une camarade, qui était juste derrière moi, qui m'a fait le chèque... Ça, c'est aussi un moment hyper, hyper douloureux... Parce que, en fait, il [son père] n'avait pas assez d'argent sur lui... Je crois qu'il avait même pas de chéquier... Et, du coup, c'est la camarade derrière qui a fait le chèque pour les frais d'inscription et tout ça... Bon, même si lui était fier en m'accompagnant... Il m'a dit : « Oh ! Je suis content... tu vas soigner, tu vas nous soigner », tout ça... (Samira, entretien, 11 juillet 2012.)

Bien évidemment, cette forte contrainte matérielle n'a pas été sans conséquence sur la scolarité des enfants Belhoumi. Le temps dédié aux études était plus que rogné par le temps du travail salarié pour aider la famille. Le poids de cette constante contrainte matérielle a eu aussi pour effet de brider les aspirations scolaires après le bac des deux sœurs aînées. Il était inenvisageable pour elles d'entamer des études au statut trop indéterminé et aux possibilités d'insertion professionnelle limitées. Cette contrainte s'est révélée encore plus forte pour Samira que pour Leïla. La première a commencé tout de suite après son

---

a Il a d'ailleurs gagné un prix du meilleur jardinier de Sardan en 2012.

bac B des études d'infirmière en internat à l'Institut de formation en soins infirmiers (Ifsi), alors que son rêve secret aurait été de poursuivre des études universitaires en lettres et de devenir enseignante. La seconde a pu se permettre de faire une première année en faculté de droit avant de bifurquer assez vite vers un IUT de carrières sociales.

Pour mieux comprendre la scolarité postbac des deux sœurs aînées, il reste à évoquer la question des « papiers » pour les deux sœurs aînées. Nées en Algérie de parents qui ont choisi en 1962 de prendre la nouvelle nationalité algérienne, Samira et Leïla sont « étrangères » quand elles grandissent en France. On va voir comment cette question de la nationalité va être « réglée » par elles, en lien étroit avec leurs parcours scolaires et leurs projets d'avenir professionnel.

Envisager des études supérieures, demander les « papiers français »

Samira et Leïla, de nationalité algérienne doivent, pour devenir françaises, entamer une procédure de naturalisation. Or les travaux ethnographiques de Sayad[4] comme ceux de sociologie quantitative[5] ont bien montré la forte réticence des parents algériens, installés en France, à la naturalisation française de leurs enfants ayant grandi au cours des années 1960-1970. Dans cette période, le souvenir de la guerre d'Algérie est encore proche, les profondes cicatrices de cette guerre coloniale loin d'être encore fermées. Que s'est-il passé en la matière dans la famille Belhoumi ? De fait, le rapport à la nationalité des deux sœurs aînées s'éclaire beaucoup à la lumière de leurs trajectoires scolaires, notamment celle de Samira qui va lancer le mouvement de la naturalisation et être, ici aussi, pionnière dans la fratrie. Au lycée, en terminale, au moment où se pose avec acuité la question de son orientation après le bac, Samira découvre et mesure l'importance pour elle d'obtenir la nationalité française. C'est, par exemple, une condition indispensable pour espérer devenir, un jour, institutrice ou infirmière. Hors de la nationalité française, beaucoup de portes professionnelles se ferment, notamment dans les secteurs de la santé et de l'éducation, à forte composante publique. C'est donc au moment de leur scolarité au lycée que Samira puis Leïla vont faire leur demande de naturalisation.

La manière dont Samira raconte comment elle a été poussée à le faire par une amie lycéenne marocaine – on sait (statistiques à l'appui) que les enfants de Marocains ont eu à cette période moins de difficultés, voire de scrupules, que ceux d'Algériens à « prendre la nationalité française » – ne manque pas d'intérêt. Cela jette un jour assez cru sur l'épreuve sociale que constitue, pour une jeune femme de dix-neuf ans, ce type de « démarche administrative ». Car beaucoup de témoignages convergent en ce sens : les agents au guichet à l'état civil à la mairie ou à la préfecture ne reçoivent pas toujours ces jeunes de la manière la plus cordiale. Samira, pourtant, était au départ pleine d'allant au moment d'entamer cette procédure de naturalisation, qui ne l'empêche pas de conserver la nationalité algérienne (elle bénéficie d'une double nationalité).

> – Samira : Quand je suis allée faire mon dossier de naturalisation, je suis tombée sur une femme qui me dit : « Bon, voilà, je vous donne une liste de prénoms français et vous allez choisir dedans pour changer de prénom parce que vous savez que vous avez cette possibilité »... Je lui ai dit que, moi, mon intention, ce n'était pas de changer de prénom. En plus j'étais sincère, j'avais vraiment le sentiment d'appartenance à la société française... J'adhère à ses valeurs, j'adhère [à son esprit]... Et c'était très conscient, je savais ce que j'étais en train de faire, j'avais cette volonté d'appartenir à ce groupe, à la société française. Et elle [l'employée de l'état civil] me parle tout de suite de changer de prénom. Elle avait vraiment insisté et ça m'avait vraiment perturbée...
> – SB : Et qu'est-ce qui vous a donné envie de faire cette démarche ?
> – Samira : En fait, dans ma classe il y avait une Marocaine qui était dans la même situation que moi. Elle me disait qu'elle voulait aller à la préfecture « faire ses papiers », enfin je sais pas si on dit pareil pour les Marocains. Et donc on y va toutes les deux... Je n'ai rien dit à mes parents mais sur le coup je sens bien que je vais faire quelque chose qui ne va pas leur plaire... J'allais

juste voir, me renseigner... Et là dans cet entretien avec cette dame, elle me pose des questions! Mais j'ai trouvé ça surréaliste. « Vous êtes en quelle classe? Ça se passe bien? » « Est-ce que ça vous dérangerait de vous marier avec un Français? » Je lui ai dit: « Je ne sais pas », je n'y avais jamais réfléchi. Ensuite elle me pose des questions sur ma capacité d'assimilation, mais vraiment dans le sens que j'exècre, c'est-à-dire dans le sens de suspicion. Je suis sortie de cet entretien, je n'étais vraiment pas bien!
– SB: Même si vous aviez dix-huit ans, est-ce que vous avez réagi un peu par rapport à ces questions?
– Samira: Je lui ai dit: « Enfin ces questions sont déplacées... Quel est l'intérêt de ces questions? » J'essayais de comprendre. Il y avait le fond et la forme... Même dans la forme elle exprimait une attitude... [...] Et bien sûr il fallait que j'en parle à mon père. Et là ça a été terrible parce que justement, j'étais l'aînée. Mon père a vu ça d'un mauvais œil parce que c'était un sentiment de trahison envers la mère patrie. Je le trahissais, lui... Je trahissais mes origines. Donc, j'ai dû lui vendre [au sens figuré du terme]: « Oui, mais tu sais, si je fais une école, je pourrais peut-être avoir la bourse. Si je veux travailler dans la fonction publique, je ne pourrais peut-être pas [si je ne suis pas naturalisée]. » J'ai utilisé des arguments utilitaristes pour qu'il me dise oui... Et il a fini par dire oui...
– SB: Comment il l'a pris quand vous lui avez montré votre carte d'identité française?
– Samira: Pas très bien! Parce que, pour lui, j'appartenais à l'Algérie... Donc, c'était pas évident, c'était pas évident...
– SB: Mais vous, vous étiez contente de votre carte?
– Samira: Ah moi c'était... [*mimique de grande joie*]... Je ne sais pas, j'avais l'impression qu'on reconnaissait... je ne sais pas... que j'aimais ce pays... En plus, je vais dire que même si je me sens un peu « entre-deux je »... Du coup, avec la naturalisation, je me sens vraiment avec les deux et de manière très forte, je ne me sens pas du tout en déséquilibre, vous voyez... [Un peu plus loin, pour conclure ce point]... Mais il y a autre chose. J'étais à l'école, et là, la menace c'était toujours: « Si tu ne files pas droit, tu retournes en Algérie! Et tu ne reviens pas ici! »... Je pouvais concevoir d'apporter quelque chose là-bas [en Algérie], mais vivre là-bas, en tant que femme, c'était inconcevable pour moi.
(Samira, entretien, 18 juillet 2012.)

*
**

Nul doute que la force de « caractère » des deux sœurs aînées, leur personnalité qu'on peut qualifier de rayonnante, leur aura dans la famille doivent beaucoup à leurs années d'enfance et d'adolescence. C'est peu dire qu'elles se sont construites dans l'adversité sociale. Elles ont été celles qui ont ouvert, seules et avec l'appui des enseignants et autres structures d'encadrement local de la jeunesse populaire, le chemin de l'ascension sociale. Elles ont dû conquérir pas à pas, lentement et douloureusement, des formes d'autonomie et des droits : d'abord le simple droit de continuer des études longues, ensuite le droit de se marier selon leur (relatif) bon vouloir[a]. Samira a lutté aussi pour différer son mariage, le droit de choisir son conjoint, et même le droit de divorcer (quand son premier mariage s'est vite révélé un « désastre »). Les deux aînées sont aussi celles qui ont effectué un véritable travail de socialisation en retour en direction de leurs parents, notamment de leur mère : une fois devenue mère de famille, Samira associe sa mère à divers projets, l'emmène en vacances (en Turquie, au Maroc) avec ses deux filles en bas âge. Ses enfants ont offert récemment à Mme Belhoumi un Smartphone qu'elle manie désormais en experte, leur envoyant régulièrement textos et photos.

Enfin, si l'on revient sur le rapport à la culture des sœurs aînées, on mesure mieux la force de ce qui a été leur désir d'acculturation – pour le dire plus trivialement, leur désir d'être comme les autres (comme les « Français » de naissance) –, mais on voit aussi en filigrane la capacité du système scolaire de leur époque à répondre à cette demande, en faisant prévaloir les normes de la culture scolaire ou lettrée, là où le système administratif et ses injonctions assimilationnistes peuvent au contraire jouer en sens inverse.

---

a Voir chapitre 4.

3

Les trois cadettes : suivre la trace des aînées

Les parcours scolaires et professionnels des trois sœurs cadettes de la famille (Dalila, Amel, Nadia) ressemblent, quasiment trait pour trait, à ceux des deux aînées, Samira et Leïla. Comme ces dernières, elles sont bachelières, possèdent le même niveau d'études supérieures (de type bac +3 et bac +4) et, en ce qui concerne les aînées des deux groupes (Samira et Dalila) le même diplôme de fin d'études (diplôme d'État d'infirmière). Elles ont suivi les mêmes études postbac – IUT de carrières sociales pour Leïla et Nadia, études universitaires de sciences sociales pour Leïla et Amel – et enfin travaillent dans le même secteur professionnel (la santé pour les deux infirmières, le « social » pour les trois autres). L'homologie des positions entre les deux groupes de la branche féminine de la fratrie est par ailleurs frappante : Dalila (la quatrième) est à sa sœur aînée (Samira) ce que Nadia (la huitième) et surtout Amel (la septième) sont à Leïla (la deuxième). Tout laisse à penser qu'il y a bien eu entre ces deux groupes féminins de la fratrie, des aînées vers les cadettes, une forte transmission de valeurs sociales et culturelles. Celle-ci s'est opérée selon trois canaux principaux : tout d'abord, du fait de l'écart d'âge (quinze ans) entre les deux groupes féminins, Samira et Leïla ont dû endosser de manière précoce le rôle de « seconde mère » auprès de leurs trois cadettes ; ensuite, les deux aînées ont incarné avec force une figure de modèle, à tous les points de vue (social, culturel, féminin), pour leurs sœurs ; enfin, elles ont joué un rôle majeur de guide et de conseil auprès « des filles » (comme les appelle souvent Leïla).

Cette étonnante similitude des trajectoires scolaires et professionnelles des cinq sœurs, à seize ans de distance, ne doit pas pour autant conduire au constat d'une pure reproduction de statuts au sein de la fratrie féminine. En fait, elle masque un ensemble de petites différences entre aînées et cadettes qui mérite un examen attentif. Ces différences doivent, pour l'essentiel, être mises étroitement en rapport avec leurs parcours scolaires. Pour des raisons qu'on détaillera plus loin, on peut dire que les trajectoires scolaires des cadettes ont été dans l'ensemble moins rectilignes, plus heurtées, moins assurées que celles de Samira et Leïla. Pour le dire autrement, elles ont été, dans leur scolarité – en particulier au collège et au lycée – un «cran en dessous» de leurs aînées[a].

On peut mobiliser en la matière un indice scolaire très sûr, celui de la série du bac obtenu: deux des trois cadettes (Dalila et Amel) n'ont obtenu qu'un «bac techno», le bac tertiaire gestion STT (aujourd'hui sciences et technologies du management et de la gestion, STMG). En effet, après la classe de seconde dans leur lycée de secteur, moins sélectif scolairement et socialement que le lycée de Samira, elles n'ont pas pu suivre la voie des études générales qui avait été tracée par les deux sœurs aînées. Elles ont dû opter, par défaut, pour un bac moins coté. Ce parcours scolaire, en dessous de la norme établie par les deux aînées, sera vécu subjectivement comme une petite forme de déclassement et cette moindre assurance scolaire des cadettes, notamment des titulaires d'un bac technologique, aura par la suite son importance tant la détention de ce «petit bac» limitera leurs aspirations et jouera sur leur propre rapport à la culture et à la politique[b].

a Il faut aussi bien avoir en tête que toutes trois ont effectué leurs études dans un système scolaire sur lequel les phénomènes de ségrégation sociospatiale ont pesé et où la norme des études longues s'est imposée avec les effets qui lui ont été associés (voir notre livre *80% au bac! Et après?*, La Découverte/Poche, Paris, 2003).

b On le verra notamment dans la dernière partie du livre consacrée au rapport au politique dans la fratrie.

Quand l'enquête vient perturber la relation aînées-cadettes

Quand je rencontre les trois cadettes pour la première fois (à l'été 2012 et au printemps 2013), elles ont entre vingt-six et trente ans et sont titulaires d'emplois stables et d'un statut professionnel respectable. Dalila est infirmière (diplômée d'État) à l'hôpital de Montpellier, Amel assistante sociale en proche banlieue parisienne, Nadia conseillère Pôle Emploi à Paris. La première est juste mariée, la seconde célibataire, la troisième fiancée (elle se mariera trois mois après notre premier entretien). Toutes trois ont habité chez leurs sœurs aînées lors des premiers moments de leur venue à Paris. Amel a, quant à elle, effectué un séjour beaucoup plus prolongé chez sa sœur Leïla, puisque leur cohabitation a duré six ans (entre 2006 et 2012). La sociabilité parisienne des trois cadettes a été, au début de leur installation dans la capitale, fortement liée aux cercles d'interconnaissance de leurs sœurs aînées. Les sorties et spectacles se font souvent en commun, notamment avec Leïla qui commence sur le tard (à l'âge de trente-neuf ans) une « vie maritale ». Les cadettes vont aussi être, à tour de rôle, les baby-sitters attitrées de leur sœur aînée, à partir de la naissance de son premier enfant (2006). Ainsi, la forte relation qui lie depuis leur enfance les trois sœurs cadettes aux deux sœurs aînées – on pourrait parler d'une sorte de cordon ombilical – va se maintenir au moment où les premières rejoignent progressivement les secondes à Paris.

Dans ce contexte de relations très étroites entre sœurs, on peut penser que passer en entretien *après les sœurs aînées* n'est pas chose aisée pour les cadettes, cet entretien venant d'une certaine manière officialiser ou symboliser leur position seconde dans la fratrie – une position, objectivement et subjectivement, de « dominées » dans la fratrie féminine.

Quand l'enquête se déroule, les trois cadettes savent fort bien tout ce qu'elles doivent à leurs sœurs aînées dans leur éducation scolaire, culturelle, politique et/ou de genre (pour ne pas dire sexuelle), tant lors de leur prime enfance que dans leurs années d'adolescence parfois difficiles. Elles savent aussi que le pacte d'enquête sur leur famille a été noué, à titre principal, par leur sœur aînée, Samira (avec l'aval de Leïla). Même si Amel était aussi présente à la soirée des trente ans de la Mission locale à Monville, les trois cadettes ont sans doute été mises un peu devant le fait accompli et un peu forcées par le contexte et l'enchaînement des choses. Mais le fait est qu'elles acceptent de jouer le jeu des entretiens, pour la même raison fondamentale que leurs aînées : contribuer à donner une autre image des Maghrébins en France, raconter l'histoire ordinaire d'une famille algérienne ordinaire en France et, au fond, combattre à leur manière l'ensemble des préjugés sur les Arabes ou Musulmans en France/de France.

Les trois sœurs cadettes vont progressivement se prendre au jeu de l'enquête, y occuper une place croissante, notamment à partir d'un moment qui a son importance, celui de la publication dans une revue de sciences sociales d'un article[1] synthétisant les premiers résultats de la recherche. Dans la perspective de cette enquête ethnographique[2] reposant sur une collaboration étroite avec les enquêtés, j'ai fait lire cet article à Samira, Leïla et Amel en leur demandant expressément leur avis, si possible critique. Après lecture du texte, les deux aînées ne trouvent rien à redire au contenu de l'article et s'en estiment « satisfaites ». La contestation viendra d'Amel, septième et avant-dernière de la fratrie, qui s'affirme en désaccord avec une partie de ses résultats. Elle m'envoie un SMS en ce sens et aussitôt nous convenons d'en discuter ensemble. Ce que nous faisons peu après, tôt le matin, dans un café proche de son lieu de travail. Voici le début de notre échange :

> – Amel : [Dans cet article] Il y a des paramètres qui ont pas été pris en compte... Je ne sais pas si le parcours de mes parents, ça a joué quelque chose [*moue dubitative*]... Je pense que c'est vraiment les aînées qui nous ont tirées... Beaucoup plus... C'est Leïla qui faisait tout, tout, tout !
> – SB : [*Me défendant mollement*] C'est vrai que je démarre par l'histoire familiale...
> – Amel : Tu sous-entends [*elle me tutoie cette fois*] l'impulsion parentale... Alors que c'est Leïla qui est là... Qui veille sur nous,

> pendant toute la scolarité... Tout son argent de l'animation, ça allait pour les fournitures d'école, elle faisait des caisses, et s'occupait de ça pendant des années... Leïla a drainé tout le monde... Faut le faire quand même, accepter de travailler pendant deux mois et qu'une partie de ton salaire aille pour nous. Ça [l'article] ne lui a pas rendu justice du coup...
> (Amel, entretien, 23 mai 2014.)

Pour Amel, le fond du désaccord avec l'article est double. D'une part, elle exprime sans aucune censure son scepticisme quant au rôle de ses parents dans la réussite scolaire des trois dernières filles de la fratrie. Tout le mérite en revient, à ses yeux, aux sœurs aînées. D'une certaine manière, Amel me reproche de reprendre un peu trop tel quel le discours de Samira et Leïla sur leurs parents. Or celui-ci ne colle pas à la réalité que les trois dernières ont vécue quinze ans plus tard durant leur propre enfance. On verra un peu plus loin qu'un des reproches d'Amel à l'égard de sa mère tient à ce que, à ses yeux, celle-ci aurait « moins élevé » les trois sœurs cadettes, les auraient largement laissées à la charge des deux aînées, et en particulier de Leïla. D'autre part, Amel entend contester le beau rôle que se serait attribué Samira dans l'histoire de la famille et qui, à ses yeux, transparaît dans l'article. Il n'est pas question pour Amel (la septième enfant) de méconnaître le rôle central de Samira dans les destins scolaires et sociaux de la fratrie, mais il s'agit ici, pour elle, de me proposer une vision plus équilibrée des apports respectifs des deux sœurs aînées dans la réussite scolaire et la mobilité ascendante de la fratrie. En résumé, Amel juge que Samira a, sans doute inconsciemment, trop tiré la couverture à elle dans cette enquête. En tant que cadette, qui a partagé une bonne partie de sa vie avec Leïla, dont six ans chez elle à Paris, elle cherche à mieux informer le sociologue (et à le détromper) en réhabilitant le rôle de cette dernière dans la fratrie (« c'est elle qui faisait tout, tout, tout ! »).

Bien sûr, Leïla n'avait pas souhaité contester elle-même mon interprétation, même si elle avait certainement dû partager le jugement de sa sœur cadette. C'est donc Amel – celle qui se surnomme la « mini-Leïla » (à moins que ce ne soit ses autres frères et sœurs qui l'aient surnommée ainsi) – qui « montera au créneau » pour dire gentiment son fait au sociologue, tombé à ses yeux un peu trop sous l'influence de sa principale alliée. Je reconnaîtrai bien volontiers dans la discussion l'existence de ce biais d'enquête qui me semble surtout lié à la relation nouée avec les deux aînées : avec Samira, elle a été régulière, nourrie et même intense, alors que Leïla s'est tenue, lors des deux premières années de l'enquête, dans une espèce de réserve qu'elle abandonnera d'ailleurs après la publication de l'article, permettant que l'on parle désormais davantage de politique lors de nos entretiens.

Une scolarité primaire encadrée de près par les aînées...

Pour aborder le mode d'éducation des trois cadettes, il est essentiel d'insister sur un fait démographique de grande importance : nées en l'espace de quatre ans (1983, 1984, 1986) – ces naissances n'étaient ni programmées ni toujours souhaitées –, elles entrent dans la famille à un moment où leur mère a déjà élevé ses cinq premiers enfants et où, justement, elle pouvait considérer avoir déjà plus que joué son rôle de mère. Quand la dernière, Nadia, naît en 1986, Mme Belhoumi est encore jeune (elle n'a alors que trente-quatre ans) et va émettre de multiples signaux « en interne », dans la famille, tendant à montrer qu'elle souhaite passer le relais de la charge éducative de ses trois derniers enfants. Elle désire désormais, comme cela a été son souhait le plus cher depuis son arrivée en France, se consacrer un peu plus à elle, en visant une sorte d'émancipation qui passe par la recherche d'un emploi. Elle va entrer, à quarante-deux ans, sur le marché du travail, comme femme de ménage dans un collège, ce qui lui permet à la fois de sortir de la maison et de rencontrer des personnes autres que celles de son environnement familial ou résidentiel. Cette volonté d'émancipation de leur mère est par ailleurs saluée par ses deux filles aînées qui, alors lycéennes puis étudiantes, le comprennent d'autant mieux qu'elles sont dans des dispositions semblables – mais, elles, comme filles d'immigrés. Il n'est donc pas exagéré de dire que les sœurs aînées, à l'arrivée des sœurs cadettes, ont largement suppléé leur mère dans leur éducation lors de la phase, la plus intensive, du premier âge[a].

Dans un tel contexte, la scolarité des cadettes sera placée sous le contrôle étroit, sinon exclusif, des deux aînées. Vue d'aujourd'hui, cette scolarité leur apparaît globalement sous un jour positif, au primaire comme au collège. Pour Dalila, Amel et Nadia, la période de l'école primaire (à l'école Victor-Hugo) semble avoir été vécue de manière heureuse, faite de bons moments et de joyeuse insouciance. Ainsi Amel me fera partager de belles photos de sa classe et de la fête de l'école, où on la voit toujours gaie et souriante, donnant l'image d'une petite fille épanouie. Les trois sœurs cadettes gardent un souvenir marquant de certaines institutrices dévouées à leur métier et à la cause de l'éducation des enfants de cité, comme, ici encore, Mme Trillet. Lorsque j'apprends par courriel à Amel que j'ai pu rencontrer cette dernière à Sardan et l'interviewer, sa réaction est spontanément enthousiaste :

> Je suis ravie d'apprendre que vous avez pu rencontrer Mme Trillet. Ma maîtresse, la seule et unique, qui a réussi à me marquer (de manière la plus positive qu'il soit) durant l'ensemble de ma scolarité. Une maîtresse à l'ancienne comme vous l'avez souligné, très proche de ses élèves, une volonté d'être la plus impartiale possible, l'art et la manière de nous accompagner selon nos qualités et nos difficultés. J'ai beaucoup aimé Mme Trillet car elle ne m'a jamais empêchée de m'exprimer tout en m'apportant du cadre et de l'autorité...
> (Amel, courriel, 24 juillet 2012.)

Samira et Leïla, fortes de leurs parcours scolaires et associatifs, vont non seulement donner l'exemple (par leurs bons bulletins et leur sens du devoir scolaire) à leurs sœurs, mais elles vont aussi

---

a Si toute la fratrie reconnaît qu'elles ont été des « secondes mères », Samira et Leïla ne l'ont jamais dit aussi explicitement en entretien. Elles m'ont plutôt, à chaque fois, laissé le soin de le dire. Revendiquer ce rôle de « seconde mère » reviendrait pour elles à entériner et à officialiser, devant l'enquêteur, l'absence – potentiellement perçue comme coupable – de leur mère. Sans compter que leur éducation les a portées à ne pas se mettre en avant, à ne pas de « se vanter ».

suivre – de très près – leur scolarité en surveillant leur travail (leurs copies, leurs bulletins...), en allant voir les enseignants dès que nécessaire. Les deux sœurs aînées ont aussi préparé le terrain de la scolarité de leurs cadettes en mettant, pour elles, toutes les chances de leur côté, notamment sur le plan matériel. Par exemple, elles veillent à ce qu'elles ne manquent de rien à l'école et les « gâtent » en fournitures scolaires.

Samira quittant assez tôt (à dix-neuf ans) le domicile familial pour ses études d'infirmière à Flaville (à 100 kilomètres de Sardan), c'est Leïla qui, sur place, va se retrouver à assurer l'essentiel du suivi scolaire des « filles » (selon son expression), alors qu'elle a entre seize et vingt-trois ans. Elle le fait à sa manière, ferme et décidée[a], comme l'explique ici Amel :

> C'était aussi Leïla qui aidait beaucoup mes parents financièrement, dans l'école... C'était plus elle qui allait aux réunions parents/profs avec mes parents. Mes parents y allaient et puis demandaient un peu de « qu'est-ce que, toi, t'en as compris ? », bien qu'ils comprenaient quand même [pas mal]. Ce n'était que ma mère, j'ai jamais vu mon père rencontrer un professeur, mais c'est vrai que c'était Leïla qui décidait sur les orientations scolaires, qui décidait sur le choix de la seconde langue... Samira, elle, était déjà partie [de la maison], elle était dans d'autres chemins... Mais elle aidait financièrement sur beaucoup de choses et on allait la voir énormément sur les vacances. On venait beaucoup la voir à Paris sur les vacances, sur des week-ends, mais elle a permis d'être là à des moments [importants] où il y a réellement eu des choix à faire du type : « Non moi je suis pas d'accord, je veux faire ça. » (Amel, premier entretien, 24 juillet 2012.)

Forte de ce strict suivi des sœurs aînées, la scolarité des trois sœurs cadettes s'effectue sans trop d'encombre à l'école primaire[b] : même si elles ne sont pas dans la tête de classe, elles se vivent toutefois comme des élèves sans problème et gardent de

a Ce n'est pas un hasard si, à la maison, elle est surnommée par ses frères, de manière à la fois affectueuse et ironique, « la Commandante ».

b Dalila a redoublé en primaire, mais ne me le dit pas explicitement. Amel a redoublé le CE1 à la suite d'un accident sur la chaussée qui lui a fait manquer la classe durant une partie de l'année.

leur école primaire le souvenir d'un lieu chaleureux et épanouissant. Rappelons aussi que le travail des aînées en direction des cadettes excède le simple suivi scolaire et comporte un fort aspect d'« éveil culturel ». Samira et Leïla ne vont pas ici lésiner sur les moyens à mettre en œuvre pour leur faire gagner un temps qu'elles n'ont pas eu, elles, et leur assurer – par maintes incitations culturelles (visites, musées, expos, livres, musique, etc.) une sorte d'accumulation primitive de capital culturel, ce que Paul Pasquali appelle des « petits capitaux cachés » typiques des « migrants de classe »[3]. Par exemple, Samira, qui revient chaque week-end à la maison pendant trois ans (1989-1992), va se charger du développement du goût pour la lecture. L'anecdote des « livres à lire » pendant les vacances au bled (en général deux mois) me sera racontée par chacune des sœurs cadettes. Samira leur faisait acheter, à chaque début des grandes vacances, un livre qu'elles devaient lire durant cette période et résumer à son intention dans un texte écrit, contre petite (mais « énorme » à leurs yeux) rémunération... C'est ce que raconte ici Amel :

> Samira, elle était trop dans la lecture... [*sur un ton d'admiration*] C'est elle d'ailleurs qui nous a donné les premiers livres... Les premières lectures c'est elle, en nous disant : « Bon, cet été, tu pars deux mois au bled »... ou trois mois d'ailleurs le plus souvent... Elle nous donnait, c'était dix francs à l'époque et on allait acheter des *J'aime lire* ou des livres qu'on voulait... Ou alors on trouvait l'astuce, on allait à la bibliothèque pour les emprunter deux mois, on [lui] faisait une fiche de lecture et on avait droit à dix francs en retour, pour chaque fiche de lecture... Dix francs, c'était énorme ! C'était au moins le prix d'une piscine avec un goûter, c'était au moins plusieurs manèges à la fois... (Amel, entretien, 24 juillet 2012.)

Cette anecdote illustre bien le travail d'enveloppement culturel continu que les sœurs aînées vont exercer en direction de leurs cadettes tout au long de leurs années de jeunesse[a]. Pour conclure

a Elle dit bien aussi en creux la prégnance du manque d'argent dans la famille comme l'atteste le souvenir précis (vingt ans plus tard) de ce que la somme de dix francs permettait d'acheter (billet de piscine, tours de manège).

sur ce point, nul doute que le capital scolaire acquis en primaire par Dalila, Amel et Nadia (tout comme la confiance en elles qui lui est associée) et les dispositions culturelles qui leur sont inculquées vont être par la suite des ressources précieuses dans leur scolarité, en particulier quand des obstacles se dresseront sur leur chemin.

... mais une forme de fragilité, inédite, dans la fratrie féminine

Alors que Samira et Leïla, qui se sont très tôt construites face à l'adversité, apparaissent comme « dures au mal » (pour emprunter au langage sportif), comme faites en granit, on sent affleurer chez Dalila, Amel et Nadia une moindre sérénité, une présence au monde moins assurée, plus inquiète. Il m'a semblé pertinent d'aller chercher les traces de cette relative « fragilité » dans le passé des trois cadettes.

Je vais ici prendre l'exemple d'Amel[a] qui me paraît à cet égard particulièrement intéressant et sur lequel, par ailleurs, j'ai le plus d'éléments biographiques (car elle a le plus recherché le contact avec l'enquêteur[b]). Lors du premier entretien avec elle en juillet 2012, une bonne partie de notre échange avait porté sur sa période adolescente, au lycée, où elle se définissait comme « turbulente ». Mais nous avions peu évoqué son enfance et son école primaire. Or, à la suite de ma rencontre à Sardan en juin 2013 avec leur institutrice (Mme Trillet), j'envoie un courriel aux trois sœurs cadettes pour en rendre compte. La réponse d'Amel lui donne l'occasion de faire retour sur son passé d'élève à l'école primaire. Ce qu'elle livre là, un peu par la bande, m'intéresse et m'intrigue à la fois, comme si j'avais, par cet échange anodin de courriels, « levé un lièvre » :

---

a Je rappelle qu'elle est dans la fratrie située entre les deux autres sœurs cadettes. Elle a un an de moins que Dalila et deux ans de plus que Nadia mais, paradoxalement au cours de l'enfance des trois, ce sont les deux placées aux extrêmes du trio (Dalila et Nadia) qui seront les plus complices. Amel, elle, a toujours été un peu dans un entre-deux, ne vivant pas toujours facilement cet écart avec ses sœurs de même génération.

b Le fait qu'elle habite Paris a aussi facilité les choses...

> Petite anecdote [à propos de Mme Trillet] qui m'a marquée et j'en ai reparlé dernièrement avec un ami de l'époque. Nous étions en CM2. L'année scolaire commence à peine et me voilà déjà dans un état d'agitation assez important... Et, pour ne pas me mettre en échec, car j'avais de sérieuses difficultés pour me canaliser (je l'ai compris bien plus tard...), Mme Trillet a changé l'organisation des places et m'a mise à côté d'un très bon élève (Laurent). Fin d'année (et pour des années encore), nous avons réussi à devenir de grands amis. M'aidant spontanément dans certaines matières et en m'introduisant auprès de ses pairs. Cette complicité s'est poursuivie jusqu'au collège... Encore aujourd'hui nous nous voyons régulièrement et partageons des souvenirs de l'école primaire. Je n'ai jamais pu dire à Mme Trillet (ou à son époux) tout le bien que je pense d'eux, l'envie d'apprendre, de m'épanouir, tout en gardant son identité, son caractère. J'ai le cœur noué de vous parler d'elle... Pour moi il n'y a pas assez de compliments pour exprimer ma gratitude... Elle m'a appris à faire de mon mieux et d'en être satisfaite, elle m'a poussée dans mes réflexions. Un respect profond de qui j'étais à l'époque (une « petite fille difficile »). J'ai appris plus tard qu'elle avait demandé de m'avoir dans sa classe. Que dire de plus que « c'est NOTRE maîtresse »...
> (Amel, courriel, 25 juin 2013.)

À travers les petites anecdotes qu'elle livre dans ce courriel, je découvre des aspects de la personnalité d'Amel, comme enfant, qu'elle n'avait sans doute pas voulu évoquer lors de nos deux premiers entretiens biographiques. On sait que lors de ces moments en face à face, il est d'usage que les enquêtés cherchent à donner une certaine image d'eux-mêmes qui les fasse apparaître sous un jour qui ne leur soit pas trop défavorable. Amel, comme ses sœurs, ne fait pas exception à cette règle. Lors de nos premiers entretiens, elle n'avait pas caché les différends qu'elle avait pu avoir avec certains enseignants, notamment au collège et surtout au lycée. Elle n'avait pas non plus éludé certains de ses traits de caractère ou de ses attitudes qui, au moment de son adolescence, la conduisaient assez souvent à « être dans la provocation ». Mais ceci était thématisé sur le mode assez classique de la crise d'adolescence, de la rébellion contre les institutions et les «profs». Or ce courriel où Amel évoque son ancienne institutrice, qui plus est sa préférée («C'est NOTRE maîtresse»), l'incite à plonger dans un passé plus profond et à se révéler sous un jour qu'elle n'avait pas souhaité dévoiler: celui de la «petite fille difficile», celle qui, dès les premiers jours de classe en CM2, se révèle comme étant déjà «dans un état d'agitation assez important».

Pour mieux comprendre ce trait de personnalité d'Amel, il faut sans doute revenir sur un aspect essentiel de l'éducation des trois cadettes, à savoir la moindre présence physique, au domicile, de leur mère. Les effets de cette absence maternelle ont été bien décrits et analysés par Amel lors de notre deuxième entretien[a]. Là, je cherche à creuser avec elle cette piste de la différence de personnalité sociale entre les deux aînées et les trois cadettes qui avait surgi si nettement des premiers entretiens. J'insiste sur l'opposition qui m'a tout de suite frappé entre, d'un côté, Samira et Leïla «où tout est très normé, très cadré» et, de l'autre, chez ses sœurs Dalila et Nadia, «des formes de...», hésitant alors sur le bon terme à employer, si bien qu'Amel enchaîne aussitôt en choisissant celui de «rébellion». Je rebondis sur ce mot et lui dis vouloir justement comprendre quelles ont pu être les sources de «rébellion, de déviance, de mise en danger» que l'on retrouve en commun chez les trois sœurs cadettes, même si de manière très différenciée: plus douce et atténuée pour Dalila et Amel, plus dure et frontale pour Nadia (la petite dernière, celle qui ira sans conteste le plus loin dans cette voie de la déviance).

> – SB: Ce que je voudrais mieux comprendre [dans votre fratrie], c'est le lien entre ces petites formes de «déviance féminine» et l'évolution du quartier, de la société française...
> – Amel: [*Coupant*] L'évolution de ma mère, aussi! C'est à l'époque où elle bosse... Elle bosse... Elle est moins présente... Elle a moins envie d'être présente à la maison, elle reprend cette forme de liberté qu'elle n'a pas eue, elle, à notre âge ou voilà... Elle est

a Pour une fois, non dans un café, mais à mon domicile. Le fait de faire cet entretien dans un cadre privé, à l'abri des regards et des oreilles alentour, a sans nul doute contribué au caractère plus intime de cet entretien.

[encore] jeune, elle s'investit sur autre chose... Elle a envie de vacances... Elle a envie de permis de conduire... Elle a envie de travailler... Elle a envie d'indépendance... Elle côtoie ses propres amitiés hors du quartier... [amies] européennes...
– SB : Tu veux dire qu'elle refait sa vie en partie...
– Amel : Elle refait sa vie ! Et puis, nous [les trois cadettes], bah ! Si ça a marché pour les autres, ça marchera aussi pour nous...
– SB : Moins de pression... moins d'encadrement
– Amel : Ouais ! Mais largement moins !
– SB : Et votre père là-dedans ? Puisque le père est là quand même ?
– Amel : On le protège. Il est là sans être là... On ne va pas lui dire un dixième de tout ce qu'il peut y avoir...
– SB : Il ne voit pas ?
– Amel : Il ne veut pas voir peut-être aussi... Enfin je veux dire, il ne voit pas parce que ça arrange tout le monde... Il voit ce qu'il a envie de voir, mon père... Il est adorable, mais il n'a pas envie... Oui, il n'a pas envie qu'on le déçoive... Donc, pour ne pas être déçu, bah, mieux vaut ne pas savoir... Pour ne pas rejeter, parce qu'il n'aurait pas la force de rejeter... Il préfère garder cette image de poupée, de petite fille [...] Lui, il est dans son monde, son petit jardinet, avec ses amitiés et son retour à la religion... Il n'est pas du tout dans ça... Et je pense que ma mère, elle, elle n'a pas envie... sans l'aide de personne de l'extérieur, ma mère gérait toute seule...
– SB : Et puis tes sœurs aînées sont parties...
– Amel : Oui, les sœurs aînées qui sont parties avec, chez ma mère, un regret amer que ma sœur Leïla soit partie... Parce que c'est elle qui gérait tout... Qui gérait vraiment tout... qui gérait de la vêture au matériel scolaire... Ouais, c'est vrai qu'elle gérait tout... même à outrance ! [...] En fait, ma mère, elle ne voulait plus, elle ne voulait vraiment plus... Elle ne voulait même plus se déplacer à l'école...
(Amel, entretien, 20 mars 2013.)

Si on trouve des indices, dans les entretiens avec les sœurs cadettes, d'une socialisation parentale, surtout maternelle, moins enveloppante, moins contraignante – mais, il faut le dire, moins coercitive –, il faut aussi bien voir que celles-ci ont pu bénéficier en parallèle d'autres formes de socialisation à l'extérieur de la maison, notamment dans le cadre des activités extrascolaires, tout aussi précieuses à leur développement. C'est en particulier le cas du sport.

Sortir du quartier, l'ouverture par le sport

Leïla, on l'a vu, dans le chapitre précédent, s'est définie comme une fille « de l'extérieur » et qui, à ce titre, s'est toujours battue pour ouvrir les portes de sa vie d'enfant et d'adolescente. Dans la mesure où elle a été, dans l'enfance des trois sœurs cadettes, la plus présente, en contact quotidien, c'est elle qui, bien sûr, a imprimé sur elles trois, le plus sûrement, sa marque éducative. Elle l'a fait notamment en termes d'activités extrascolaires, mobilisant son expérience personnelle et ses réflexions alors en cours, comme adolescente, sur l'indépendance féminine. Elle a ainsi veillé attentivement à ce que « les filles » puissent sortir le plus possible de la maison, ne pas rester dans la cité, faire des rencontres à l'extérieur, s'ouvrir au monde, découvrir la France, etc. Il s'agissait notamment de leur faire profiter de la riche offre sportive et culturelle que proposait encore dans ces années-là, pour la jeunesse des quartiers populaires, la municipalité communiste de Sardan. Il y avait là pour Leïla un enjeu décisif : éduquer ses sœurs à l'autonomie, les préparer à leur future émancipation, alterner et combiner activités intellectuelles et corporelles, etc.

Tout est alors une question d'emploi du temps. De même que chez les enfants de la bourgeoisie culturelle l'emploi du temps est savamment organisé par les parents pour limiter le nombre de « trous » dans l'agenda et saturer l'emploi du temps de leur progéniture, Leïla va s'ingénier à baliser, de manière très cadrée, l'emploi du temps de ses sœurs cadettes. Celles-ci racontent avec plaisir leur jeunesse rythmée, dans la semaine, par la succession du temps de l'école et du temps du sport, comme l'explique bien Amel lors de notre premier entretien :

> [Moi, enfant] j'étais, on était très sport... On était tout le temps, tout le temps occupées... Toutes formes de loisir, sport... Sport

> avec l'école, compétition les week-ends... Donc moi, dans ma jeunesse, les aînées, je ne les voyais pas beaucoup parce que la journée j'étais à l'école, le soir j'allais au sport, je revenais, je faisais ma petite vie... Ma petite vie, très proche du papa, ma petite vie tranquille... [...] Dès l'âge de six ou sept ans, Leïla a pris en charge le sport... Elle s'est investie pour qu'on ait toutes un club, qu'on ait toutes envie de faire un truc... Avec la licence et en nous achetant aussi tout le matériel... Mon sport, c'était l'athlétisme... Au départ un peu tout, triathlon et puis finalement on n'était pas mal, Nadia et moi, en endurance... On arrivait toujours les hivers avec des médailles à l'école, du coup on était [valorisées] [...]. [Par l'athlétisme] j'ai pu aller chez ceux qui faisaient du sport avec nous. J'étais très proche de la fille du maître, enfin de la fille du prof d'histoire, j'ai pu aller chez elle. Du coup, le professeur, malgré que j'étais quand même turbulente, ben j'étais avec sa fille dans la même maison, dans la même famille... Et pour les anniversaires, on s'envoyait des cartes postales, on s'écrivait...
> (Amel, entretien, 24 juillet 2012.)

Le fait pour Amel et Nadia d'être inscrites dans un club les singularisait par rapport à leurs amies, filles d'immigrées, du quartier: en effet, elles étaient les seules à y aller et cette touche de «modernité» a sans doute été pensée par Leïla comme leur offrant une chance en plus de ne pas être enfermées dans la «communauté[a]» (dont le poids commence à se faire localement plus pesant). En outre, la fréquentation régulière du club d'athlétisme, qui recrutait sur toute la ville (dans les quartiers HLM, mais aussi dans les pavillons des ouvriers stables et des classes moyennes), a eu aussi pour effet mécanique d'ouvrir l'horizon social des cadettes. Elles ont pu ainsi se frotter à d'autres types de jeunes, comprendre l'existence de codes sociaux différents, etc. Vingt ans plus tard, quand elle évoque avec le recul ses souvenirs du club d'athlétisme, Amel est d'ailleurs tout à fait à même de faire la sociologie spontanée de sa pratique sportive dans ce

a Précision importante: ce terme est celui qui est constamment utilisé, au moment de l'enquête, par les cinq sœurs quand il s'agit de désigner les immigrés et enfants d'immigrés algériens de leur ville.

club-là. Celle-ci ne faisait d'une certaine manière qu'objectiver et confirmer la singularité de la position des trois sœurs dans l'espace local :

> – Amel : C'est vrai que le sport ça nous a permis d'avoir des journées pleines, de pas avoir de moments où [s'ennuyer], de ne pas se sentir différentes... Et du coup, on avait de nouveaux copains, c'était pas du tout les gens du quartier... Les gars [du quartier] étaient tous au foot, on avait les mêmes horaires, c'était cool, on pouvait partir avec eux et revenir avec eux... C'est vrai qu'on n'avait personne, personne, personne du quartier avec nous qui faisait du sport. Les premières années, on n'était que Nadia et moi du quartier...
> – SB : Les autres, c'était qui ? Des enfants d'enseignants, d'ouvriers ?
> – Amel : Enfants d'ouvriers, beaucoup d'enfants d'ouvriers parce que Sardan est quand même une ville ouvrière... [*réfléchissant*] Ouais, beaucoup les ouvriers et puis les autres... Bon, il y avait un peu de tout mais ce n'était pas les gens qu'on côtoyait à l'école... à l'école on n'était pas non plus comme ça entre Maghrébins mais [au sport] c'était pas du tout les enfants qu'on côtoyait à l'école... Vraiment pas du tout ! Du coup, on était invitées sur des goûters, parfois c'était leurs parents qui nous emmenaient aux compétitions, parfois c'était mon père, c'était un autre petit groupe, c'était une autre petite vie.
> – SB : Ça faisait une petite ouverture sociale...
> – Amel : Oui, une petite ouverture...
> (Amel, entretien, 24 juillet 2012.)

La pratique du sport en club, et d'un sport assez interclassiste comme l'athlétisme, peut être analysée comme un vecteur indéniable d'expériences sociales qui ont pu, chez les sœurs cadettes, accentuer leur propre position d'entre-deux social dans le quartier – position dont il faut rappeler qu'elle était déjà inscrite dans la localisation de leur immeuble (comprenant peu d'immigrés et à la lisière de la cité HLM) et qui a été redoublée par la fréquentation de l'école Victor-Hugo, lieu où coexistent enfants de pavillonnaires et de HLM excentrées. Une des caractéristiques des sœurs cadettes est de ne pas pouvoir être définies exclusivement comme des « filles de quartier ». Le travail spécifique mené par leurs sœurs aînées a ainsi consisté à agrandir leur horizon social et mental. Non sans tensions ni contradictions, comme leur expérience scolaire au collège va le montrer.

Le collège du quartier : trois sœurs et trois visions différentes

En comparant les propos tenus par les trois cadettes sur leurs années de collège (1996-2001), il est frappant d'observer que leurs souvenirs sont sensiblement différents, alors qu'elles l'ont fréquenté dans les mêmes années. Pour Dalila, l'évocation du collège est, quinze ans plus tard, placée assez fortement sous le signe d'un sentiment d'exclusion et de discrimination. L'image de l'école et des enseignants tend à se troubler, elle fait référence à des accrochages parfois sévères avec certains enseignants, explicitement accusés d'avoir pratiqué de la discrimination ou même d'avoir tenu des propos racistes en classe[a].

> [Pour moi] le collège, c'était pas facile ! On était quand même dans une période de rébellion... Parce qu'on ne voulait pas... Je parle en mon nom, c'était moi, personnellement [...]. Ce n'était pas une rébellion contre les profs... C'est vrai que c'était un peu contre la société... Parce qu'on était classés en ZEP [zone d'éducation prioritaire]... On ne pouvait pas partir en voyage [scolaire]... Enfin y avait plein de choses qu'on ne pouvait pas faire, quoi ! C'est vrai que c'était difficile dans le sens où on était catalogués ! On était dans un collège de ZEP, juste en face de la maison... Moi, je trouvais que les profs faisaient pas mal de différence entre, on va dire, « nous », et les Français de pure souche, on va dire... C'est pas la même période [que nos grandes sœurs]... Je me rappelle au collège qu'un prof avait été frappé par un élève... Il nous traitait de « bougnoules », disait qu'on mangeait avec nos mains, tout ça...
> (Dalila, entretien, 23 avril 2013.)

Quand je rapporte plus tard cette vision du collège par Dalila à sa sœur Amel, âgée d'un an de moins mais dans le même

---

a Autant de thèmes qui ne sont jamais apparus explicitement dans les entretiens avec Samira et Leïla.

niveau de classe au collège, la réaction de celle-ci oscille entre étonnement et incompréhension. Elle ne garde pas du tout cette image-là, aussi sombre, du collège. Bien au contraire. Elle se souvient surtout du plaisir d'avoir été dans un «petit collège» (quatre classes seulement par niveau), de la mobilisation des enseignants pour la réussite des élèves et surtout des nombreuses activités qui leur sont offertes: ateliers (cinéma, musique, etc.), sorties, sport scolaire (avec l'Union nationale du sport scolaire, l'UNSS) le mercredi, deux séances hebdomadaires de l'atelier «flûte traversière» où elle a été invitée par sa professeur de musique de sixième (qui avait repéré son oreille musicale), etc. Pour Amel donc, «le collège, c'était des années sympas».

La sœur benjamine, Nadia, va développer quant à elle encore un autre discours sur son collège, davantage centré sur le sentiment d'avoir vécu une situation d'entre-deux social dans cet établissement, fréquenté majoritairement par des élèves habitant la cité. Elle possède alors plusieurs caractéristiques sociales qui, à ses yeux, la différencient du groupe local des «filles de cité» et qui ne lui assurent pas une bonne réputation dans le collège auprès des leaders des groupes de pairs (de garçons comme de filles). En premier lieu, elle compte beaucoup d'amies qui ne sont pas du quartier («Nous avions beaucoup de copines françaises, très peu de copines maghrébines»). En second lieu, elle dit avoir eu de bons résultats scolaires, et avoir été assez facilement en tête de classe («en règle générale, on était bon à l'école, ça ne plaisait pas forcément, c'est un combat de tous les jours[a]»). En dernier lieu, la conjugaison de ces deux attributs tend à conférer à Nadia – surtout aux yeux des mauvais élèves de la classe et/ou de ceux qui affichent leur algérianité – une identité négative, celle de potentielle traître à son pays d'origine.

a Il n'est pas sans intérêt d'observer que Nadia exprime ici son point de vue sous une forme impersonnelle – par un «on» qui désigne ses trois sœurs – alors que tout laisse penser qu'elle décrit la perception *a posteriori* de sa trajectoire scolaire au collège. Par exemple, Amel me dira qu'elle (comme ses sœurs) n'a jamais pensé pouvoir se définir comme une «bonne élève» au collège…

> Je me souviens au collège, l'insulte [contre moi], c'était : « Tu es une Française »... [...] [Le fait d'être bonne à l'école] ça plaisait à nos copines françaises qui nous poussaient justement en avant... Mais les autres qui habitaient dans le même quartier que nous cherchaient plus à nous rabaisser, à nous emporter avec eux dans le fond... Moi, ça, je l'ai compris tôt au collège. C'est pourquoi j'ai fait une dérogation pour aller dans un lycée beaucoup plus loin, on mettait presque une heure pour y aller...
> (Nadia, entretien, 26 juillet 2012.)

Comment rendre compte de ce résultat paradoxal : trois sœurs et trois images différentes du même collège fréquenté dans la même période historique ? Il entre, dans ces visions différenciées de leurs années de collège du quartier, une forte part de reconstruction du passé qui mérite en soi examen. Ainsi, si Dalila semble noircir le tableau, c'est très probablement en rapport avec l'identité de « jeune Maghrébine » qu'elle va endosser dans cette période de sa vie où, me dira Leïla, elle « se cherche » beaucoup et va avoir tendance à fréquenter quasi exclusivement des filles du quartier comme elle[a]. Amel, qui a observé de près le comportement de Dalila tout au long de ces années de collège, cherche, dans un texto, à la suite d'une discussion sur ce sujet, à préciser le point de vue de sa sœur :

> Dalila n'était pas très sport, donc elle n'était pas inscrite [à l'UNSS]. Et, pour elle, pas d'activités particulières [au collège]. Également à la cantine, je me souviens qu'elle était toujours avec des filles en groupe Toujours ! Toutes les récrés, tout le temps du midi... À papoter et à rigoler sur les bancs du collège...
> (Amel, texto, 24 mars 2017.)

Amel, quant à elle, relit son histoire de collège non pas tellement à l'aune de sa scolarité proprement dite – celle-ci suivait son cours paisiblement, sans emballement et sans travail excessif non plus –, mais surtout en fonction de ce qu'elle est devenue professionnellement et socialement. À savoir une assistante sociale, qui a découvert un peu sur le tard la culture et la politique,

a On peut noter le fait qu'au collège Dalila a arrêté le sport, alors qu'Amel et Nadia continuent d'en faire assidûment.

notamment dans ses années d'études postbac et au contact étroit de Leïla lors de sa cohabitation avec elle à Paris. Par conséquent, dans ses récits relatifs aux années collège, elle sélectionne tout ce qui semble l'avoir préparée à aller vers l'« Autre », l'avoir fait devenir une jeune femme sociable, ouverte et dynamique. Dans les souvenirs qu'elle met en avant, le collège se résume avant tout à ce qu'elle appelle les « activités », les clubs, notamment celui de musique (quatre ans de flûte traversière), l'ouverture culturelle vers les beaux-arts et le cinéma, etc. Autant d'éléments que son milieu social ne la prédestinait pas à découvrir aisément. Elle insiste aussi sur ce temps magique du « midi-deux », où le déjeuner à la cantine est suivi de la fréquentation assidue et gourmande de tous ces clubs. Et pour la cantine, elle précise avec force : « À l'époque, y avait pas de repas hallal, pas de hallal... Pas de menus pour les catholiques, pour les musulmans, pour les juifs, on était tous mélangés, tous à la cantine », à l'opposé de ce qu'elle voit aujourd'hui quand elle doit intervenir comme assistante sociale dans des collèges en zones ou réseau d'éducation prioritaire (ZEP/REP) du nord-est de Paris.

Le cas de Nadia est tout aussi symptomatique. D'une part, elle semble embellir sa scolarité (elle aurait plutôt été une « élève moyenne », avec en particulier des notes faibles en maths et en sciences) et, d'autre part, elle tend à relire son expérience au collège de quartier au prisme de ce qu'elle a vécu par la suite dans ce lycée chic de Préville où elle rencontre (et devient amie avec) des filles de la bonne bourgeoisie locale. Comme s'il y avait déjà, chez elle, en germe au collège, son désir de rupture avec la culture de quartier et avec la pression de la « communauté » à rester entre Maghrébins. En réalité, les choses étaient sans doute plus compliquées, car (elle le dit explicitement dans son premier entretien) elle avait noué au collège une relation amoureuse avec un « vrai mec de cité » qui, très tôt, sera impliqué dans le trafic de cannabis au niveau local.

L'évocation de l'expérience scolaire des trois cadettes au collège a permis de mieux faire apparaître la différenciation de leurs parcours et de leurs personnalités, alors qu'elles sont le plus souvent perçues par le reste de la fratrie comme un groupe compact (« les filles »). La suite de leur scolarité au lycée amplifiera leurs différences.

L'épreuve de l'arrivée au lycée

Au lycée, la scolarité des trois cadettes sera plus heurtée, moins paisible. Les exigences scolaires montent de deux crans en classe de seconde, le passé de collégienne en ZEP se paye souvent cher lors du passage au lycée général (les notes baissent tendanciellement), la période de transition et d'adaptation scolaire est à la fois plus longue et plus difficile. De fait, l'entrée au lycée dans la grande ville proche (Préville) signifie la sortie régulière du quartier, la découverte du « centre-ville » (et de sa beauté architecturale), la fréquentation d'autres milieux sociaux, la réaffiliation à de nouveaux groupes de pairs. Cette exploration des possibles prend des formes différentes selon le sexe. En tant que fille, entrant dans des lycées plus composites socialement que le collège (populaire) du secteur, les contraintes liées à la présentation de soi se renforcent : comment s'habiller ? Comment éviter d'être trahie par son apparence physique, son *hexis* corporelle, ses manières d'être et de parler ? Ces questions d'adaptation sociale prennent d'autant plus d'importance que l'acculturation scolaire au lycée se fait en pointillé. Il faut aussi apprendre à gérer son emploi du temps, réguler les possibilités d'arpenter la grande ville proche, domestiquer les envies de « faire les magasins », etc.

Si les deux aînées ont passé ce cap du lycée sans grandes difficultés en réussissant à rejoindre une section générale (la filière ES), les trois cadettes rencontrent, elles, plus d'obstacles. Dalila et Amel (scolarisées dans le même lycée du secteur que Leïla) sont orientées en section technologique tertiaire (STT/STMG), tandis que Nadia, qui a fait le choix d'un lycée chic de centre-ville, est particulièrement exposée à la différence de classes sociales, tout en y poursuivant cahin-caha des études littéraires (elle redouble sa classe de terminale après avoir « plongé » psychologiquement et vu ses notes s'effondrer). Chaque parcours lycéen des trois sœurs aurait mérité une analyse approfondie, mais il m'a semblé, dans ce chapitre, plus pertinent de faire un choix et de m'attarder sur le cas d'Amel et de son parcours dans son « lycée de secteur[a] ».

Lors de notre premier entretien, Amel avait évoqué son côté « turbulent » dans sa jeunesse, et ce type de comportement m'intriguait. D'une part, il paraissait fort éloigné de l'adhésion entière des deux sœurs aînées aux normes scolaires, et nettement à l'opposé du caractère « sage » (certains diraient « docile ») de Samira – et dans une moindre mesure de Leïla. D'autre part, j'y suspectais ce qu'on pourrait appeler un effet générationnel et cela m'invitait à creuser ce schème des générations sociales dans les familles maghrébines[4]. La question du passage du collège de quartier au lycée est apparue déterminante pour comprendre le comportement d'Amel en classe. Ce qui s'y joue, de manière sans doute plus accentuée en cette année 2000 où elle entre en seconde, c'est la perception des jeunes de cité (garçons et filles) dans cet espace scolaire plus interclassiste qu'est le lycée.

> – Amel : Au lycée, le premier jour d'école de seconde, on remarque que, eh bien, ça ne va pas être facile, parce qu'on ne connaît personne… Je devais connaître une personne dans ma classe… Et, en plus, c'est des grosses classes, on était bien une quarantaine… « Waouw ! Qu'est-ce que c'est que ça ?! » On était énormément et puis les mecs du quartier, il n'y avait plus personne, y avait que quelques filles… Et vraiment que quelques gars… Mais on n'était plus vraiment comme dans le quartier, les gars étaient partis à Debussy, en lycée professionnel… Moi, je n'avais plus mes bons copains, je n'avais plus mes copines… Beaucoup étaient parties en esthétique, vente ou en commerce, en LEP [lycée d'enseignement professionnel]. […] Au lycée, on avait l'impression qu'on était des paysans qui venaient [de je ne sais pas où]… Alors que les autres [élèves] venaient, eux, de la campagne profonde, ils prenaient des trains, des bus, mais, aux yeux des professeurs, c'était nous [les élèves de cité de Sardan] les campagnards ! Alors que, nous, on était plus ouverts sur la culture… c'est-à-dire que,

a C'est un grand lycée général qui recrute à la fois des élèves de milieu populaire, notamment de la ZUS de Sardan, et des élèves de classes moyennes de la grande zone périurbaine de Préville.

> je me rappelle de la première sortie avec l'école, en seconde, on est partis au musée des beaux-arts et je connaissais par cœur les musées de l'aile droite… Mais vraiment par cœur… Parce que ça faisait tellement longtemps et que, en primaire, toutes nos sorties c'était soit les musées, soit les monuments, et quand le prof m'a dit : « Non, toi, tu ne réponds pas », je me suis sentie… [mal]. « Mais, merde, je les connais »…
> [*Vingt minutes plus tard, dans l'entretien, Amel revient sur ce qu'elle appelle sa « vie turbulente » au moment du lycée et cherche à en donner d'autres raisons.*] Mais, moi, je l'ai senti dès les premiers jours de la classe, qu'on était ceux qui venaient de Sardan, rebeus ou pas, assujettis à un niveau inférieur. […] J'étais remontée… j'étais vraiment remontée qu'on me marque pas autant d'attention qu'on a pu me marquer au collège… Parce que j'étais bonne élève, parce qu'en histoire, je connaissais toutes les dates, les trucs et que, là, j'arrive avec plein d'autre monde et, au final, on ne me trouve plus aussi… [bonne].
> – SB : On ne te trouve pas les qualités que tu avais au collège ?
> – Amel : Oui, elles disparaissent d'un coup ! Mais vraiment d'un coup ! C'est vrai que c'était d'un coup… [*Avec effarement*] Et puis, au lycée, je ne vais plus au sport, je ne vais plus à l'athlétisme… Ça m'a pris du jour au lendemain ! [*Petits rires*] Je serais même incapable de dire aujourd'hui pourquoi…
> (Amel, entretien, 24 juillet 2012.)

Ce malaise quasi existentiel d'Amel au lycée, qui s'est traduit par exemple par l'impression qu'elle a eu sur le moment d'avoir été mise à l'écart du groupe des « bons » élèves de sa classe par certains enseignants, va la conduire à « entrer en résistance » au lycée, contre ce qu'elle considère comme une entreprise de rabaissement de sa personne et de son groupe d'appartenance. Elle vit ce « regard d'en haut » des enseignants et des autres élèves non issus de ZEP comme une épreuve et l'expression d'un véritable processus de stigmatisation. Face à ce processus[5], l'une des réactions possibles est le retournement du stigmate. C'est ce à quoi Amel va s'employer au sein de son lycée, notamment dans le rapport à ses « profs ».

Tout laisse penser qu'Amel, dans son comportement, s'est peu à peu conformée à l'image que se font alors *a priori* d'elle (et de son groupe d'origine) ceux qu'elle appelle les « autres », c'est-à-dire ceux qui possèdent le pouvoir de la discréditer (notamment les enseignants). Ainsi, par esprit de contradiction, dans sa « période ado » (comme elle dit aujourd'hui), Amel ne se prive pas d'en « rajouter » dans la roublardise, les petites provocations, les petites insolences (« au lycée, j'étais un peu peste », dit-elle à un moment dans l'entretien), qui sont souvent perçues par le corps enseignant comme typiques d'une attitude globale de « filles de cité » ou « jeunes Maghrébines » ayant le vif sentiment d'être mises à l'écart ou mal considérées. En retour, ce système d'attitudes qui emprunte beaucoup à une logique de la « provocation », suscite immanquablement – c'est presque son but – un ensemble varié de remarques, sanctions, rappels à l'ordre, verdicts négatifs (on dira des « retours de bâton ») de la part de certains enseignants. Ainsi, pour Amel, en seconde, sa réputation d'élève « difficile », « ingérable », un peu « fourbe », se fait au sein de l'institution scolaire. En outre, durant l'année scolaire, elle s'affronte assez régulièrement à son professeur de SES (sciences économiques et sociales). Toujours un peu écorchée vive, Amel n'a pas supporté quelques-unes de ses remarques en classe :

> J'avais eu un professeur [en seconde] qui, un jour, m'a un peu plombée en disant que j'étais un peu bête, un peu neuneu, un peu gentille... [*imitant le ton de mépris de son prof*] Et que si j'avais envie de rester sur mes acquis, si je n'avais pas envie du tout de travailler, je pouvais aller en STT... Et aussi que si j'avais envie d'aller en ES, il fallait que j'arrête d'être celle qui répond à tout... En fait, ça m'a tellement vexée, ça m'a tellement humiliée, que j'ai préféré aller en STT... Pour être sûre de ne plus le croiser en ES, ce prof d'économie... Je pense que mon professeur d'économie a mal joué une carte... Je pense, maintenant avec le recul, qu'il s'est dit : « Je vais la titiller, la piquer pour qu'elle montre de quoi elle est capable pour continuer en ES. » Et, en fait, je l'ai pris complètement à l'inverse... Comme une ado, quoi ! Je l'ai pris comme ça, du style : « Enfin, oui, s'il dit que je suis nulle, je suis nulle. » À cette même époque, j'ai arrêté l'athlétisme, je prenais du poids et je travaillais dans l'animation...
> (Amel, entretien, 24 juillet 2012.)

Comme la voie de la première ES qu'elle visait (et qui avait été celle de ses deux sœurs aînées) lui semble compromise, Amel, pour ne pas avoir à subir un refus infamant de la part du conseil de classe du troisième trimestre, anticipe les événements. Elle ne demande pas la filière ES, dit avoir accepté d'elle-même de se déclasser en choisissant de faire une première STT, une filière technologique tertiaire, située plus bas dans la hiérarchie des sections de lycée. Alors qu'elle entretient des rapports de grande proximité avec Leïla, elle lui cache soigneusement la fronde qu'elle est en train de mener contre l'institution scolaire et l'empêche même d'intervenir pour son orientation, au grand dam de sa sœur aînée, « furieuse » de s'être fait ainsi doubler par sa propre sœur :

> D'ailleurs [pour le passage en première] ce n'est pas moi qui ai rempli mes feuilles d'inscription... Leïla n'a jamais vu ma feuille de vœux parce que je l'ai fait signer à ma mère, pour passer en [première] STT. Et Leïla s'en est rendu compte en faisant ma liste de fournitures scolaires ! Et là je m'en suis tapée une bonne gueulante en revenant d'Algérie. [...] Elle m'a dit que j'étais bête ! Que j'allais finir comme les garçons [ses trois frères orientés en LEP] ! Que si j'avais envie d'un travail, que comme j'étais en STT, c'était trop tard... Mais que j'avais intérêt à réussir quoi, à avoir des bonnes notes... Sinon, j'allais en baver à la maison... Mais, bon, moi, j'étais rarement à la maison, elle me parlait, ça coulait [sur moi] et puis [à l'époque] j'étais un peu rebelle... J'étais vraiment du genre « cause toujours, tu m'intéresses »... (Amel, entretien, 24 juillet 2012.)

Une fois orientée en première STT, en filière technologique, Amel s'investit *a minima* dans ses études qui, de fait, ne l'intéressent pas. Elle se contente d'assurer le passage dans la classe supérieure et obtient sans beaucoup travailler le bac STT (juste en dessous de 12 de moyenne, donc sans mention). Il se trouve que pendant cette période au lycée, sa « vraie vie » est ailleurs, dans l'animation (auprès des enfants), activité qui non seulement la passionne mais lui permet d'acquérir une petite indépendance matérielle. Elle part le plus possible en stage, sillonne la France de long en large et découvre, ébahie, les plus beaux paysages (la

Bretagne, la Savoie, le Sud, etc.) dont elle me parle aujourd'hui encore avec ravissement.

Ce faisant, au lycée, Amel s'éloigne peu à peu du quartier et de ses sœurs les plus proches (Dalila et Nadia). Elle se constitue progressivement un nouveau groupe d'amis, commence à arpenter les salles de concert pour assouvir sa nouvelle passion pour les musiques du monde.

On pourrait dire qu'elle est alors dans une sorte de travail de deuil de sa scolarité lycéenne. Elle a vite compris en entrant en première STT le coût de son déclassement: à savoir, se retrouver dans des «classes de filles», plus homogènes socialement (il y a davantage d'enfants de «prolétaires» et/ou d'enfants d'immigrés), avec de bien moindres exigences scolaires, un moins bon niveau scolaire, sans compter le fait d'être toujours au lycée sous le regard un peu méprisant des élèves de sections générales (L, ES, S). Il n'est alors guère étonnant qu'en classe sa «rage» soit restée intacte et l'amène à déployer un ensemble de petites ruses:

> [Moi, au lycée], j'étais quand même bien filoute... j'étais bien connue pour ne jamais avoir été collée parce que j'étais bonne en sport... j'étais filoute pour faire des alliances avec des professeurs, tout ça...
> (Amel, entretien, 20 mars 2013.)

La menace de renvoi au lycée: «C'est à cause de filles comme toi qu'on vote Le Pen»

Pour Amel, l'année de lycée en première STT se passe, malgré tout, sans anicroches. Elle va mener ses petits combats pour sa respectabilité, en veillant toutefois à ne jamais franchir la ligne rouge, prenant même un malin plaisir à passer entre les gouttes des sanctions possibles: «[Moi] j'étais la spécialiste pour avoir juste le mot, pas les avertissements, ni travail, ni comportement.» Mais cette stratégie de «filoute» va atteindre ses limites le jour où, lors de la fin de son année de première, elle sera menacée de renvoi par le proviseur du lycée. Pour quelle cause?

Avoir été à l'origine, par son comportement, d'une accusation de «racisme» portée par des filles de sa classe de STT contre l'une de leurs enseignantes. Cet incident est pour Amel un épisode crucial de sa jeunesse lycéenne (un «grand événement», comme elle le qualifie), il a laissé des marques et a même failli la faire basculer du mauvais côté (échec scolaire et déviances). Treize ans après, elle s'en souvient en détail et le relate comme s'il s'était passé la veille. Quels sont les faits? Au moment de la révision du bac de français en fin de classe de première, Amel n'a pas en sa possession les documents (textes littéraires) qui ont été distribués en début d'année par la professeur de français. Pour les obtenir sur le champ, Amel va demander des photocopies au centre de documentation du lycée, mais en le faisant au nom du professeur (ce qui lui fait économiser 4 ou 5 euros) et non en son nom propre comme elle aurait dû. Quand la documentaliste s'aperçoit du subterfuge, elle ne cache pas sa colère d'avoir été ainsi trompée par Amel:

> [À la pause] elle monte, furieuse, voir la professeure avant que ça sonne et elle me dit: «Bon, si t'as des photocopies à faire, tu les feras toi-même.» Et elle se retourne et, moi, j'avais un sourire à la Joker de Batman mais bien marqué! Et elle me dit comme ça: «C'est à cause de filles comme toi qu'on vote Le Pen»... J'ai bien senti qu'elle était très très énervée... Sauf que, là, je me sens un peu chauffée par les autres filles [de la classe] qui me disent: «Ouais, Amel, tu te rends compte, ça se fait pas! Elle [la documentaliste] n'aurait jamais dû dire ça!» Moi je me tais, je me dis: «Non, non... j'y vais pas [au clash]» [*sur un ton de prudence*]... Sauf que les copines, elles, ont été voir le proviseur-adjoint en disant ce que le professeur avait osé dire [sur Le Pen]... Donc le lendemain matin, au lycée: «Mme Belhoumi Amel est convoquée au bureau du principal.» Et là je me fais [incendier]! Je peux même pas [parler], à peine la porte s'ouvre, c'est: «Tu te fais virer! Tu ne feras plus rien! Tu sors de cet établissement, je ne veux plus te voir...»
>
> Donc je rentre chez moi mais en larmes! Mais en larmes! Ce qui ne m'arrivait jamais... Impossible de me faire tomber des larmes... Mais, là, j'étais vraiment pas bien... pas bien... j'hoquetais... En plus je mangeais toujours à Préville, là c'était la première

fois que je rentrais [à la maison]... Ma mère me dit : « – Qu'est-ce qui se passe ? Tu ne restes pas là, tu fais demi-tour... – Non, non mais il [le proviseur] m'a virée. » Donc ma mère vient avec moi et on rentre directement sans rendez-vous dans le bureau du proviseur... Il fait quand même patienter ma mère pendant bien longtemps... Je me suis sentie humiliée pour elle et je me suis sentie agressée... Je me sentais quand même [pas bien]... Et en fait quand ma mère entre dans le bureau, elle lui dit : « Mais qu'est-ce qu'il se passe ? Pourquoi vous virez ma fille ? Vous n'avez pas le droit, il faut un conseil d'établissement... » Et le proviseur, quand il parlait à ma mère, il articulait bien... C'était humiliant[a]... Comme s'il [le proviseur] ne comprenait pas ma mère... Et ma mère dit : « Bon écoutez, je connais très bien le fonctionnement » et elle était très copine avec la directrice qui était l'épouse d'un ponte à l'Académie... Le pas de bol [pour le proviseur]... enfin le pas de bol, si pour moi, ça a été du bol. Donc elle lui dit comme ça : « Mais je ne comprends pas, vous avez pas le droit, y a pas eu de conseil de discipline donc vous ne pouvez pas exclure, le mois prochain, même pas, y a le bac de français, c'est hors de question. » Et puis ma mère, elle avait bien senti le truc, s'ils me sortaient en plein mois de mai, je n'avais pas d'autre lycée [possible]... Ma mère lui a dit : « Je vais demander à un inspecteur d'académie... » Et lui, il lui répond : « C'est un inspecteur de police » [*imitant son ton ironique*]... Elle lui dit : « Pardon ? » Il lui dit : « C'est un inspecteur de police que vous devriez appeler »... Et, là, ma mère est rentrée dans une... [colère], c'était la première fois... Parce que ma mère n'était jamais avec nous contre l'école... C'était plutôt l'inverse et là c'était la première fois où je l'ai sentie vraiment [de mon côté]... donc elle s'est levée, elle lui a dit : « Eh bien écoutez Monsieur, vous serez avisé par Monsieur X. [le ponte de l'Académie], je le connais très bien. » Et là quand il a entendu le nom, il est retombé... Oui, il est retombé sur son gros cul sur la chaise ! Ouais, son gros cul ! Et il a dit : « Eh bien écoutez, c'est un malentendu, toute une histoire, c'est vraiment un malentendu, ça sert à rien de [vous énerver comme ça]... »

(Amel, entretien, 24 juillet 2012.)

a À la lecture de ce chapitre, Leïla surligne en orange ce mot et commente dans la marge : « Tellement vrai ! Cet épisode a marqué ma mère – elle en a pleuré... »

Si ce grave incident est resté gravé dans la mémoire d'Amel, c'est bien sûr par le risque d'exclusion du lycée qu'il lui a fait courir; on sait bien que ce type de sanction noircit durablement le casier scolaire de tout élève et peut compromettre la suite de sa scolarité. Mais c'est aussi parce qu'il contribue paradoxalement à renouer, à cette occasion, le lien entre Amel et sa mère qui s'était passablement distendu depuis son entrée au lycée et dans le monde de l'animation. À la faveur de cette menace d'exclusion, sa mère monte au créneau, défend sa fille, tient tête au proviseur, mobilise dans la discussion son petit réseau Éducation nationale de femme de ménage de collège pour, *in fine*, faire revenir sur sa décision le proviseur. Ainsi on comprend mieux pourquoi Amel parle au sujet de cet incident du «grand événement qui a fait réveiller ma mère»: la menace de renvoi a alerté Mme Belhoumi sur ce qui était alors l'état de malaise permanent d'Amel, cette espèce de rébellion qui était en elle, son envie d'en découdre avec l'institution scolaire. «Réveiller sa mère», selon Amel, c'était lui faire prendre conscience par cet événement que sa fille était alors en quelque sorte «en danger». Ce genre de considération psychologique n'était pas alors familier à Mme Belhoumi, qui devait avant tout se confronter aux difficultés matérielles de l'espace familial. Mais c'est aussi ce langage psychologisant, qu'Amel manie quotidiennement dans son travail d'assistante sociale, qui lui permet de mettre en mots l'intervention opportune de sa mère à ce moment clé de sa trajectoire scolaire.

*
**

À la fin du lycée, les trois sœurs cadettes vont obtenir leur bac et s'engager dans des études supérieures avec un relatif bonheur. Dalila va réussir le concours d'entrée à l'école d'infirmières, échouer la dernière année mais parvenir à décrocher son diplôme quatre ans plus tard. Amel, refusée en IUT à cause de son dossier scolaire, va se rabattre à l'université, en sociologie, études qui vont lui permettre de réussir trois ans plus tard le concours d'assistante sociale. Nadia sera refusée à l'IUT de journalisme à Bordeaux et fera, comme Leïla, l'IUT de carrières sociales avec, comme débouché, une licence professionnelle en ressources humaines.

Les parcours des aînées et des cadettes présentent donc un mélange de similitudes et de différences. Pour comprendre pourquoi, entre ces deux branches de la fratrie féminine, de tels petits écarts ont pu se creuser, deux pistes ont été explorées. La première renvoie au mode d'éducation familial : si les trois cadettes n'ont jamais connu leur père au travail en raison de son invalidité professionnelle, elles ont surtout été élevées par une mère qui s'est mise à travailler à l'extérieur et, de ce fait, est alors moins présente au foyer – et qui est par ailleurs fort heureuse de pouvoir bénéficier d'un travail salarié lui procurant des ressources, l'usage d'une voiture, et lui permettant de s'épanouir peu à peu dans la sociabilité professionnelle de son collège. La seconde piste met plutôt l'accent sur une dimension locale d'environnement social et scolaire, à savoir le fait que le quartier des Belhoumi, ses écoles et collèges ont changé en quinze ans. Dans cette perspective, il reste à analyser, dans le chapitre suivant, les changements plus macrosociologiques qui ont produit deux générations sociales différentes dans la même fratrie féminine.

4

Stratégies matrimoniales et mobilité géographique

Jusqu'à présent, la question du mariage pour les filles de la famille Belhoumi n'a été évoquée que ponctuellement. Or elle se révèle décisive si l'on veut comprendre, dans leur complexité, les destins sociaux des cinq sœurs. En effet, les différents enjeux autour du mariage permettent, d'une part, d'expliquer leurs types de mobilité – notamment géographique et sociale – et, d'autre part, de montrer l'importance centrale du rang occupé dans la fratrie pour chacune des cinq sœurs.

Lorsque l'enquête commence en 2012, la situation de la fratrie est claire et frappante par la force du clivage de genre. Les cinq filles résident loin de chez leurs parents – quatre à Paris ou en proche banlieue parisienne, une (Dalila) à Montpellier où elle s'est installée avec son mari («du Sud») tandis que, dans le cas des trois garçons (étudié plus en détail dans les trois chapitres qui suivent), deux sur trois (Rachid et Mounir) habitent à côté de chez leurs parents, à proximité du quartier où ils ont eux-mêmes grandi. Seul fait exception Azzedine, chauffeur de bus RATP, qui s'est installé à Paris.

Pour éclairer ces différences de mobilité géographique dans la fratrie, et en particulier celle des filles, le parcours scolaire/universitaire apparaît comme un facteur déterminant. Suffit-il pourtant à en rendre compte entièrement ? En particulier dans le cas des deux filles aînées, «locomotives» scolaires et morales de la fratrie ? Sans doute, non. En effet, dans les familles immigrées maghrébines de France, sous-jacente au moment décisif et éminemment symbolique que constitue la décohabitation parentale, gît la «grande question» du mariage des filles. Ainsi nous verrons, dans ce chapitre, que la pression au mariage au sein de la fratrie s'est exercée bien plus fortement pour les deux filles aînées, provoquant des effets de mobilité géographique, décisifs pour elles comme pour le reste de la fratrie. La «montée à Paris» de Samira et Leïla s'explique en dernier ressort par des questions de type matrimonial et prend sens aussi dans le cadre de leurs trajectoires scolaires et professionnelles. Nous souhaiterions aussi poser, dans ce chapitre, les questions suivantes: comment se combinent et s'entrelacent, dans cette famille immigrée, les mobilités scolaires, résidentielles, professionnelles et matrimoniales des enfants? Quelle place tient le rang dans la fratrie dans la structuration de ces mobilités? Comment rendre compte de la forte sexuation de ces mobilités, la mobilité géographique des filles se révélant plus forte et durable que celle des garçons?

Brève description des parcours matrimoniaux de la fratrie

Quatre éléments caractérisent fortement les situations matrimoniales des enfants de la famille Belhoumi qui sont tous des jeunes adultes (en 2012, l'aînée a quarante-deux ans, la benjamine vingt-six ans). *Primo*, le changement de régime démographique qui caractérise en France les descendants d'immigrés maghrébins a bien eu lieu à l'intérieur de la famille: si les parents ont eu huit enfants, ces mêmes enfants ont fortement réduit leur fécondité, cinq sur six d'entre eux n'ayant pas eu plus de deux enfants. Seul se distingue ici Rachid qui a eu, quant à lui, six enfants de trois femmes différentes, sa situation matrimoniale ne faisant que traduire au plus haut point sa forte singularité au sein de la fratrie. *Secundo*, dans la fratrie, six enfants sur huit sont «mariés» ou vivent durablement en couple et deux seulement (Azzedine et Amel) sont célibataires. *Tertio*, le calendrier matrimonial des deux sœurs aînées diffère sensiblement de celui des cadettes en ce sens qu'elles se sont mariées tardivement – Samira à trente-trois ans (pour le mariage religieux et trente-quatre ans pour le mariage civil) et Leïla à trente-neuf ans («mariage religieux uniquement», m'a-t-elle bien précisé à plusieurs reprises) – et ont eu à la suite des enfants, nés tout aussi tardivement (deux filles pour la première et un fils pour la seconde). Les deux sœurs cadettes qui se sont mariées l'ont fait un peu plus tôt, à l'âge de vingt-huit ans pour Dalila et de vingt-six ans pour Nadia. Leïla, qui est celle des cinq sœurs qui s'est installée en couple le plus tardivement (à trente-huit ans), développe une explication intéressante pour rendre compte de la plus grande précocité du mariage chez ses deux cadettes :

> Au moment où Dalila a décidé de se marier, on [Samira et elle] lui a dit : « Fais pas d'enfant tout de suite ! »... Et je pense que, dans l'inconscient de nos petites sœurs, elles ont eu une trouille... [du type] nos grandes sœurs ont eu du mal à trouver un compagnon, malgré leurs parcours, malgré leurs caractères... et elles n'avaient pas envie de ça... Malgré nous, on n'a sans doute pas été un bon exemple pour les plus jeunes... Elles ont eu la trouille de se retrouver à la quarantaine sans enfant. Donc Dalila et Nadia se sont mises rapidement en couple pour échapper à cette perspective. Quand on dit qu'on a le cul entre deux chaises par rapport à la double culture, moi je ne l'ai pas eu, j'ai toujours jonglé et pris ce qui m'intéressait dans les deux... Mais c'est vrai que c'était plus compliqué pour la réussite professionnelle et amoureuse, familiale...
> (Leïla, entretien 4 mars 2013.)

Quarto, les deux garçons ne sont pas mariés et vivent avec des femmes de parents français (l'une, la concubine de Mounir, est convertie à l'islam), tandis que les quatre filles sont mariées (religieusement) avec des conjoints qui sont tous d'origine algérienne. Pour résumer, la règle du mariage endogame dans les familles algériennes (et plus largement maghrébines) en France a été entièrement respectée par les filles de la fratrie alors que les garçons ont pu aisément la contourner.

On sait, par la nombreuse littérature sur ce sujet[1], que la pression des parents est beaucoup plus forte pour les filles que pour les garçons dans ce type de familles immigrées – mais on devrait dire aussi « populaires » pour être plus précis. Ce sont les mères qui ont en charge cette mission essentielle et, sauf exception, elles s'y emploient sans compter durant toute la période de l'éducation en déployant leurs antennes pour repérer ici et là de bons partis pour leurs propres filles. Comme les filles sont l'enjeu de l'honneur de la famille, il leur est sans cesse inculqué – maints avertissements et menaces à l'appui… – que leur seul horizon pensable est de se marier avec un « musulman » : si possible d'origine algérienne et, à défaut, d'origine maghrébine. Il n'est pas rare que les frères – en fonction de leur niveau de diplôme et de leur situation sociale, qui conditionnent largement leur adhésion aux normes culturelles d'origine – ajoutent leur propre part à la pression parentale pour le respect du mariage traditionnel de la part de leurs sœurs. Ce tableau idéal-typique doit bien sûr être nuancé selon les trajectoires scolaires et sociales des filles et selon leur rang dans la fratrie, comme on le verra ci-après.

La transgression de cette règle d'or du mariage endogame, pour les filles, dans les familles immigrées maghrébines est toujours très coûteuse socialement et « psychologiquement », pourrait-on dire, pour l'intéressée comme pour son entourage. Elle se traduit le plus souvent par une série de « drames » dans la maisonnée qui s'étalent dans le temps et débouchent le plus souvent sur une rupture familiale et une mise au ban de celle qui a osé s'affranchir de cette règle, restée semble-t-il très puissante dans la communauté algérienne en France[a].

Les exceptions concernent des filles qui ont effectué de longues études supérieures, décroché un haut diplôme et acquis une belle position sociale (médecin, ingénieure, avocate, magistrate, etc.). Seuls le prestige de leur situation sociale et les bénéfices induits pour la famille (notamment *via* une redistribution matérielle en son sein) peuvent permettre à ces jeunes femmes de négocier avec leurs parents, d'abord en repoussant le plus

---

a Ce bannissement des filles mariées à l'extérieur peut ne pas être définitif. L'arrivée des enfants et donc des petits-enfants permet d'adoucir les grands-parents. Avec le temps, le pardon a des chances d'être accordé aux filles, qui peuvent ainsi revenir au bercail. La configuration familiale constitue un autre facteur important. Compte tenu de l'asymétrie de l'âge des conjoints dans de nombreuses familles maghrébines en France (le père est souvent bien plus âgé que son épouse, notamment en cas de remariage), les cas des familles immigrées devenues monoparentales (avec le père décédé et la mère seule aux commandes) favorisent davantage de mariages exogames en leur sein.

tard possible le mariage et ensuite en parvenant à assouplir la règle du mariage endogame et en imposant même à la famille le mari de leur choix.

Pour revenir au statut des filles d'origine maghrébine, on peut considérer que la poursuite des études supérieures est le moyen le plus sûr pour repousser cette échéance du mariage endogame. Si elle se fait dans un lieu éloigné du domicile familial, elle seule peut autoriser le processus décisif, mais aussi gros de dangers (moraux), qu'est la décohabitation parentale[a]. Regardons ce processus de plus près à partir des cas de Samira et de Leïla.

L'« obsession » du mariage des filles aînées : comment Samira y fait face...

Pour Mme Belhoumi, le mariage de ses deux filles aînées – qui relevait très clairement de son domaine réservé – a été une constante et principale préoccupation. Elle s'est même muée, au moment de leur adolescence, en une priorité, frisant l'« obsession » aux dires de Samira. Mme Belhoumi s'est toujours évertuée à faire comprendre à ses deux filles aînées qu'elle ferait respecter scrupuleusement la norme du mariage précoce et endogame. Le respect des traditions est en quelque sorte redoublé « dans l'immigration » car le mariage des premières filles met en jeu, de manière décisive, l'honneur social de la famille tant au niveau local – dans ce que Leïla appelle la « communauté » (algérienne de la cité) – que dans la famille élargie « au pays », en Algérie. En effet, dans le quartier où la famille est installée de longue date (depuis 1977), le parcours des filles aînées est scruté de très près par le voisinage, c'est-à-dire les familles algériennes du coin : la logique du commérage y joue même à plein. L'évolution de Samira et Leïla s'est ainsi faite sous le regard des instances de contrôle social (celui surtout des mères de famille...) de la petite « colonie algérienne[2] » qui s'est reconstituée dans le grand quartier HLM de Sardan.

---

a Pour éviter toute lecture culturaliste de ce phénomène, rappelons que c'était aussi le cas, jadis, des filles de milieu populaire nées de parents français.

Samira, en tant qu'aînée, était la plus visée et, durant une grande partie de sa scolarité secondaire, a vu peser sur sa tête l'épée de Damoclès du mariage. Elle a donc su très tôt ce qu'il fallait faire pour, le plus possible, repousser l'échéance : non seulement effectuer un parcours scolaire sans faute – en quelque sorte le sanctuariser jusqu'au bac –, mais aussi trouver des soutiens pour contrer les projets déterminés de sa mère en la matière – celui de son père, qui a toujours privilégié la scolarité, et aussi par moments celui de ses professeurs[a] – et adopter en dehors de l'école un comportement exemplaire.

Après son bac (obtenu en 1989), il s'agissait pour Samira de repousser à nouveau les assauts de sa mère et, pour ce faire, de déployer une stratégie adaptée lors du choix de ses études supérieures. Elle aurait rêvé de faire des études de lettres à l'université mais, pour ses parents, il n'était pas question de laisser leur fille aînée « aller à la fac » pour y poursuivre des études aussi floues et aux débouchés tout aussi incertains. Sa marge d'action était fort limitée. Il lui a fallu se replier sur un métier « féminin » respectable – infirmière – qui correspondait parfaitement aux attentes parentales, comme elle le raconte ici lors de notre premier entretien :

> En fait deux, trois jours après cet épisode [*un projet de fugue, déjà évoqué au chapitre 2*], en début de terminale, j'ai pris le bus avec une fille, qui était avec moi en classe de première ou de seconde [...]. Et là, je lui dis : « Tu vas où ? » Elle me dit : « Je vais chercher un dossier parce que je vais passer le concours pour être infirmière. » Je lui dis : « Mais tu n'as pas fait une filière scientifique, toi ! Comment tu veux passer le concours pour être infirmière ? » Eh bien, elle me dit : « Il n'y a pas besoin de toute façon... Avec n'importe quel bac, tu peux passer le concours ! » Alors je lui dis : « Mais les études, c'est combien de temps ? » Elle me dit : « C'est trois ans »... Voilà, et puis pareil, elle aussi, elle venait du milieu

---

a On a vu que c'est son professeur de français (par ailleurs professeur principal de sa classe de troisième) qui va voir ses parents à leur domicile pour les convaincre de la laisser poursuivre ses études au lycée. Quand Samira avait quinze, seize ans, la perspective du mariage était déjà fortement dans la tête de sa mère dont il faut rappeler qu'elle s'est elle-même mariée à seize ans.

ouvrier... Elle m'a dit : « Bah, tu sais, si t'as les moyens, tu peux travailler pendant tes études et tout, c'est pas mal... En plus tu peux faire des nuits, tout ça. » Et puis dans ma tête, ça a fait « ding ding ding ! »... [*toute la phrase dite en riant*] de façon très, très, très rapide, hein... Et je l'ai accompagnée, j'ai pris un dossier, je me suis dit : « Ça, c'est sûr, je vais leur faire avaler ça ! C'est sûr qu'ils [les parents] vont accepter parce que le soin, infirmière, c'est forcément une femme... » Enfin, voilà je sais pas... J'étais sûre de moi... J'étais sûre de mon coup... Et, du coup, je suis rentrée à la maison et j'ai dit à mes parents : « Voilà, ça y est ! J'ai choisi ! Je vais passer le concours pour être infirmière... » Et là mon père était aux anges... [il a dit] « C'est très, très bien... En plus, c'est un métier de femme »... Et ma mère, elle, bien sûr, me demande : « Combien de temps ça dure ? » Alors je lui dis : « Trois ans... [*en anticipant les craintes maternelles*] mais je vais travailler en même temps [*rapporter de l'argent*]... Donc je vais pouvoir vous aider, tout ça »... Donc, ils l'ont accepté. Et voilà, comme ça, je me suis retrouvée à faire l'école d'infirmières...
(Samira, entretien, 11 juillet 2012.)

On voit bien ici l'aspect presque improvisé, très sexué aussi, de l'orientation postbac de Samira, même si somme toute assez caractéristique des bacheliers de première génération. La suite de l'entretien est aussi intéressante car elle indique que, pour « souffler » et respirer un autre air que celui de la famille, Samira va déployer sa propre stratégie de mobilité géographique, en organisant elle-même son exfiltration du domicile parental.

Et puis ce que j'ai fait, c'est que j'ai grugé aussi... C'est-à-dire que, au lieu de passer le concours à Préville, je l'ai passé de façon à intégrer un autre Ifsi de la région, voilà. Donc à G. [à 100 kilomètres de Sardan], comme ça je me suis dit je vais partir *vraiment* [*insistant sur « vraiment »*]... Et ils n'auront pas d'autre choix que d'accepter... Parce qu'ils ont accepté que je fasse cette formation. Donc ce qui m'a permis, dès l'âge de dix-huit, dix-neuf ans, de pouvoir partir de chez mes parents...
(Samira, entretien, 11 juillet 2012.)

Si la mobilité géographique et la décohabitation parentale de Samira peuvent apparaître en première lecture comme conditionnées par sa poursuite d'études supérieures, elles sont marquées par cet objectif majeur pour elle : desserrer l'étau familial qui la bride, tout particulièrement comme aînée de la fratrie. Le choix d'effectuer ses études à 100 kilomètres du domicile familial lui permet de couper avec la famille et répond à un besoin alors quasi vital pour elle : à dix-neuf ans, s'aménager enfin un temps à soi et un espace à soi, vivre de manière autonome, se libérer des chaînes de la forme de servitude inhérente au travail d'entretien d'une famille nombreuse. Ce besoin est d'autant plus pressant que Samira avait vécu jusqu'à ses dix-neuf ans dans un univers géographiquement très restreint[a] (« ma vie, c'était uniquement école-maison »).

L'entrée de Samira à l'école d'infirmières a, de fait, constitué un moyen légitime pour elle de repousser l'échéance du mariage. Le moratoire matrimonial avait toutefois une durée limitée : celle du cursus des études, c'est-à-dire trois ans, ni plus ni moins. Ainsi, au cours de sa troisième et dernière année d'études, la pression au mariage de sa mère est montée de plusieurs crans et s'est déclarée de manière manifeste. Pour l'illustrer, Samira raconte comment, un beau jour, elle a vu frapper à la porte de sa chambre d'internat à l'Ifsi un Algérien venant lui aussi du quartier de Sardan, sensiblement plus âgé qu'elle, et dont la mère était amie avec Mme Belhoumi. Il était venu, sur les conseils de la mère de Samira[b], tenter directement sa chance auprès d'elle. Assez estomaquée par l'arrivée surprise de ce soupirant, Samira dit l'avoir éconduit en douceur et de manière diplomatique car elle avait compris comment sa propre mère avait manipulé ce « malheureux ».

Samira va certes finir par céder à cette forte pression maternelle au mariage qui ne s'est jamais relâchée. Cependant, elle va le faire en reprenant largement la situation en main. Dans un premier temps, elle refuse tous les « bons partis » (notamment

---

a Ce qui est décrit là peut aussi se retrouver chez certaines filles de familles populaires en ascension sociale.

b Leïla, encore à la maison, informait sa sœur par courrier des tractations qui se tramaient sur place, dans son dos, et la suppliait de résister à ces offensives maternelles...

un médecin venant du bled et dont la sœur, qui vivait à Sardan, était l'amie de Mme Belhoumi) qui lui sont successivement proposés par sa mère (et autres «marieuses» du quartier) pour, dans un deuxième temps, finir par imposer son propre choix. Elle parvient ainsi à épouser son «amoureux», Hamid, un fils d'immigrés algériens comme elle, habitant la banlieue de l'Est lyonnais. Elle l'avait rencontré lors de ses vacances régulières en Algérie et fréquenté «en cachette» pendant quelque temps. Mais ce mariage ne durera même pas un an. Ce premier mari de Samira s'étant révélé être un toxicomane, il lui a suffi de faire constater ce fait par ses parents (en s'installant quelque temps à Sardan au domicile familial) pour que ces derniers demandent, en toute légitimité, le divorce aux parents du mari pris en faute. Une fois le divorce obtenu par consentement des parents des mariés, Samira sera en quelque sorte libérée de toute contrainte matrimoniale. Elle pourra venir travailler et habiter à Paris, en y menant ensuite à sa guise, pendant onze ans, une vie libre et épanouie de «célibataire» (ce qu'elle appelle aujourd'hui sa vie de «bourlingue»). Avant de se marier une seconde fois, en 2004, avec Areski, un fils d'immigrés kabyles installés à Paris, cadre commercial dans une grande entreprise à La Défense.

… et comment Leïla résiste

La contrainte du mariage à laquelle a fait face Samira pendant son adolescence et au moment de ses études va elle aussi s'imposer à Leïla. On pourrait dire qu'une fois l'aînée mariée (à vingt-deux ans) en respectant la norme de la communauté, l'obligation du mariage va mécaniquement se reporter sur le numéro 2 dans la fratrie féminine. Leïla se retrouve soudain en première ligne sur le front du mariage qui concentre encore toute l'énergie sociale de sa mère. Jusque-là, Leïla se sentait assez protégée de tout risque de mariage parce qu'elle était en phase d'études supérieures (DUT de carrières sociales) et entièrement investie dans son travail d'animation à Sardan. Or, en 1995, l'achèvement de ses études à l'IUT signifie, aux yeux de sa mère, la fin de la «récréation scolaire» et ouvre *ipso facto*

– à ses yeux – le moment des choses sérieuses, celui de la préparation au mariage. Leïla, qui a alors vingt-deux ans (c'est-à-dire l'âge de Samira lorsqu'elle s'est mariée trois ans plus tôt), est perçue par sa mère comme « mûre » pour le mariage.

Même si ce n'est pas dit explicitement lors des entretiens avec Leïla, on peut penser que, de nouveau, l'entourage des amies de quartier de sa mère a joué pleinement son rôle de force de pression. On comprend à travers les propos des sœurs aînées que les « copines » de sa mère qui viennent souvent « chez les Belhoumi » (« la cuisine était le QG de ma mère et de ses copines », ironise parfois Samira) commencent à faire mine de s'étonner du statut prolongé de célibataire de Leïla. Ce d'autant plus – et c'est un point important – que la majorité de ces mères algériennes habitant la même cité HLM ont des filles qui, elles, ne peuvent pas se prévaloir de faire des études supérieures et, plus précisément, ont dû arrêter leurs études professionnelles après l'obtention d'un certificat d'aptitude professionnelle (CAP) ou d'un BEP. Même si celles-ci sont alors plus jeunes que Leïla, elles sont biographiquement disponibles pour le mariage et ont alors de fortes chances d'être déjà mariées. Ainsi leur cas, par la vertu de la comparaison, fait apparaître Leïla, aux yeux de la communauté locale des femmes algériennes, comme étant « en retard » dans son calendrier matrimonial. Le groupe des « copines » de Mme Belhoumi a joué sans nul doute son rôle de force de pression en rappelant à cette dernière – insidieusement ou non – les règles du mariage endogame (particulièrement rigoureuses pour les filles).

On comprend, à travers le récit de Leïla qui va suivre, que celle-ci n'a pas vu « venir le coup », ou, plus précisément, qu'elle n'a pas bien mesuré qu'à ce moment biographique clé (pour une jeune femme de sa condition), elle était devenue en quelque sorte « vulnérable ». L'offensive de sa mère, soudaine et brutale, la prend au dépourvu, d'autant plus que cette dernière emploie les grands moyens en s'efforçant de jouer de toute la gamme du chantage affectif, en particulier des crises de tachycardie (au statut incertain, simulées ou réelles) pour faire plier sa fille. Le soutien de son père sera décisif pour Leïla dans cette difficile épreuve où il lui faut faire preuve à la fois de fermeté pour refuser les offres de mariage et de doigté – une forme de diplomatie affective – pour ne pas faire perdre la face à sa mère. Leïla sait bien avec le recul que celle-ci – avec l'histoire qui est la sienne (mariée à seize ans) et la pression sociale locale qui ne se dément jamais – a cru bien faire, pour ses deux filles aînées, en souhaitant faire respecter strictement les traditions en matière de mariage. C'est ce que Leïla raconte ici lors de notre premier entretien, à un moment où elle explique son arrivée à Paris pour poursuivre ses études universitaires « à la Sorbonne » :

> Moi [le mariage], je ne m'y voyais pas tout de suite. Me marier, faire des enfants... Et là, premier clash avec mes parents ! Parce que ma mère ne me comprenait pas... Elle m'avait toujours vue avec des garçons et ça ne l'avait jamais dérangée. Mais, par la suite, les copains, même très intégrés, se permettaient de passer par les parents pour faire des demandes [de mariage]... Et là je me suis rendu compte que ma culture arabo-musulmane était très présente... Le cul entre deux chaises, je l'ai vraiment eu à ce moment-là... Ça a été dur parce que mes parents ne me comprenaient pas... En fait ma crise d'ado, moi, je l'ai faite à vingt-deux, vingt-trois ans... Mon père a eu une fois un mot juste, parce que lui c'est plutôt « les études, l'emploi », alors que ma mère, curieusement, c'est plus : « Tu fais un bon mariage, tu fais des enfants, si tu veux bosser à côté c'est bien, mais la réussite, elle n'est pas dans le boulot. » Mon père, sur le quai de la gare, je me souviens, j'avais vingt-deux ans, je venais de finir l'IUT, j'avais postulé pour faire une licence sur Paris où j'étais reçue... Et, là, ma mère a fait une crise ! Du coup, ça a été un été où ça a été difficile... Parce qu'il y avait [chez moi] une forme de respect qui voulait qu'on ne pouvait pas claquer la porte et se barrer et puis, d'un côté, on comprend que ça fait partie de leur culture... On ne peut pas balayer quarante ans, cinquante ans de leur culture, en leur disant : « Écoutez, aujourd'hui c'est comme ça ! »... Et c'est mon père qui m'a dit [*trouvant la solution du dilemme*] : « Respecte ta mère... Mais fais tes choses par-derrière. » Il ne voulait pas que sa femme fasse des crises de tachycardie parce que sa fille ne voulait pas se marier... [*rires*] Mais, en même temps, lui, il comprenait mon besoin de liberté...
> (Leïla, entretien, 23 juillet 2012.)

Finalement Leïla tient bon, résiste aux injonctions maternelles et, avec l'aide discrète de son père, repousse aux calendes grecques tout projet de mariage. Profitant de l'alibi de sa poursuite d'études universitaires, elle met le cap sur Paris, s'inscrit « à la Sorbonne » (Paris-V) en licence de sciences de l'éducation. Le fait qu'elle s'installe chez sa sœur aînée en proche banlieue parisienne a aussi pour effet de rassurer ses parents, tout en donnant des gages de bonne conduite aux instances locales de contrôle des destins des filles Belhoumi.

À travers le cas de Leïla, on peut voir que la poursuite d'études devient un passeport pour repousser durablement l'échéance du mariage et autoriser un éloignement géographique durable et salvateur, à l'abri de toutes les formes, petites et grandes, de pression au mariage (elle se marie à trente-huit ans). En même temps, ce travail de mise à distance par Leïla sera toujours conjugué avec un ensemble d'aides – matérielles, financières, symboliques – qu'elle ne cessera d'apporter des années durant, de loin, à ses parents et à ses frères et sœurs cadets.

Repousser le mariage et la maternité

L'agrandissement de la taille de la fratrie a pesé lourdement sur la vie des deux sœurs aînées. Bon gré mal gré, Samira et Leïla ont dû endosser assez jeunes (vers dix, douze ans) le rôle de secondes mères, cumulant leur « métier d'élève » et les multiples tâches domestiques. D'ailleurs, lors du premier entretien, Samira n'en parle pas spontanément tant elle a longtemps intériorisé ce rôle qui lui était dévolu. Cependant, lorsque je la relance sur cette question, elle ose avouer à quel point cette expérience des maternités nombreuses de sa mère l'a profondément marquée, adolescente. Ainsi, lorsqu'elle a seize ans, l'annonce par sa mère d'une nouvelle grossesse (celle du huitième enfant, Nadia) lui fait soudain pousser un cri du cœur :

> Mais, à ce moment-là, moi, je lui ai dit : « Fais-toi avorter ! Moi je n'en peux plus ! Je n'en peux plus ! »... C'est horrible, quand j'y pense, de dire ça à sa propre mère...

Ce n'est pas sans remords que Samira se souvient avec précision de cette scène et de son audace d'alors – cette dernière est compréhensible, si l'on sait à quel point l'absence de maîtrise de sa fécondité du couple parental « retombait » *in fine*, et de manière très concrète, sur elle, et sur Leïla, à un moment où elle aspirait à être un peu moins rivée à la maison et délestée de la prise en charge de ses petits frères et sœurs.

Ce n'est pas du tout fortuit si les deux sœurs aînées de la fratrie vont différer le plus possible leur première maternité (trente-six ans pour Samira, quarante ans pour Leïla). En effet, elles ont vécu une partie de leur adolescence « dans les couches » (pour reprendre une de leurs expressions), ont eu conscience très tôt d'avoir déjà été, très largement, « mères » et ont éprouvé le désir de souffler et de profiter elles aussi de leur jeunesse. Lorsqu'il s'est agi de raconter de manière plus détaillée l'histoire de cet agrandissement familial en France, Samira et Leïla ont apporté plus tard (en décembre 2016-janvier 2017) des éléments neufs et intéressants qui permettent de moduler l'idée selon laquelle il y aurait eu une sorte de laisser-aller ou de fatalisme parental dans ces naissances successives. Avec le temps, cette question, au fond très intime, du contrôle des naissances a pu être davantage abordée en famille, notamment entre la mère et ses deux filles aînées qui ont longtemps été ses confidentes privilégiées. Celles-ci ont peu à peu appris que leurs parents auraient voulu en fait arrêter à cinq le nombre de leurs enfants.

Mme Belhoumi, même si elle était encore jeune (vingt-neuf ans) à la naissance de son cinquième enfant, se sentait fatiguée, usée même, par ses grossesses successives. Pour le sixième enfant, Samira me raconte qu'il avait même été question, un temps, qu'il soit adopté (de manière informelle) par la sœur aînée de Mme Belhoumi qui habitait à Sardan. Celle-ci, n'ayant pas pu avoir d'enfant, en avait déjà adopté deux auprès de son frère et de sa sœur en Algérie. Mais quand il avait eu connaissance de ce projet, M. Belhoumi était intervenu avec détermination et avait refusé tout net ; cet épisode avait ensuite donné lieu à des conflits récurrents entre les deux époux. De même, Leïla m'apprend que Nadia, la huitième enfant, aurait été conçue alors que sa mère était « sous stérilet ». Pour résumer, après la naissance du cinquième enfant, Mme Belhoumi s'est, à chaque nouvelle grossesse, posé la question de garder ou non l'enfant mais, à chaque fois, les deux parents auraient reculé devant la pression du groupe familial en Algérie et celle aussi des familles amies et voisines de Sardan.

Samira et Leïla comme « têtes de pont » de la fratrie à Paris

On a vu que c'est Samira qui s'est installée la première à Paris, en 1993, à l'âge de vingt-trois ans, après un départ précipité de chez elle pour accélérer la rupture officielle avec son premier mari. Lors des premiers mois de sa vie de jeune mariée à Vénissieux, elle avait en effet constaté que son mari, Hamid, était ce qu'elle appelle « toxico » et qu'elle était prisonnière d'une situation impossible (elle travaillait comme infirmière, faisait la cuisine et le ménage à la maison, tandis que Hamid continuait sa vie de « jeune de cité » sans travail). Elle avait alors mis au point une stratégie de rupture : quitter la région lyonnaise, retourner vivre dans sa région d'origine (où elle avait trouvé rapidement un travail d'infirmière) avec son mari, s'installer quelque temps au domicile de ses parents (en 1993, un jeune couple « maghrébin » avait alors du mal à trouver à Préville un logement à louer dans le secteur privé). Son époux y avait alors été en quelque sorte « démasqué » (sa pratique de consommation de drogue notamment), si bien que Samira avait pu négocier un « divorce à l'amiable » avec l'accord de ses parents, qui avaient ensuite démarché les parents d'Hamid et les avaient mis devant le fait accompli.

Cap alors sur Paris. Samira sait que, dans la capitale, il y a une pénurie récurrente d'infirmières et trouve d'ailleurs, dès le premier jour, un emploi dans une clinique privée du 6e arrondissement de Paris. Juste après ses premiers jours de travail, où elle donne toute satisfaction, ses directeurs lui proposent, pour qu'elle reste, la location d'un studio dans le quartier Latin à un prix abordable. Son appartement va être le lieu de rendez-vous de ses sœurs quand elles vont vouloir « monter à Paris ». Trois ans plus tard, Samira s'installe dans un deux-pièces à P., en Seine-Saint-Denis (près d'un arrêt de métro proche de Paris). Elle y accueille Leïla lorsque celle-ci, trois ans plus tard, vient effectuer ses études à la Sorbonne. Ce deux-pièces aura une longue histoire dans la fratrie, puisque Samira le laissera à Leïla, qui y habitera seule avant d'héberger quelques mois son frère Azzedine, qui, à son tour, le reprendra quand Leïla s'installera dans un plus grand appartement, en banlieue, plus proche de son lieu de travail.

En d'autres termes, la venue des deux sœurs aînées à Paris opère comme l'installation d'une tête de pont dans la capitale, qui va servir d'aimant aux membres de la fratrie ayant envie de grand large et de s'évader provisoirement de Sardan : les filles pour goûter aux plaisirs des magasins, des sorties et des spectacles de la capitale, les garçons davantage comme un sas provisoire de décompression par rapport à la « vie de quartier » et comme un lieu de ressourcement où on recharge ses batteries et on se change les idées. C'est le cas au moment des vacances des garçons, comme le raconte ici Azzedine :

> Samira, elle était déjà installée à l'époque à Paris et moi, toutes mes vacances, j'allais chez ma grande sœur... Oui, toutes mes vacances scolaires je les passais chez Samira... à Paris... Tout le temps, tout le temps, tout le temps... Elle, elle travaillait et, moi, je me baladais... J'en profitais, j'étais un peu chouchouté là-bas [*rires*]... Ah oui, avec ma sœur Samira, j'étais tout le temps dans ses pattes [*rires*]... Et puis, c'est vrai, c'était pas plus mal ! Parce que ça me permettait de pas être confronté à entre guillemets mes amis de cité, les copains qui vous entraînent à droite à gauche... Ça m'intéressait pas, ça, moi... Donc à l'époque, et puis j'étais pas mal sportif donc je faisais beaucoup de basket, je jouais au basket aussi donc... Et puis ici à Paris j'avais beaucoup d'amis dans le street-basket...
> (Azzedine, entretien, 7 octobre 2012.)

Pour les garçons de la fratrie, l'appartement parisien des sœurs a pu jouer un rôle de soupape de sécurité. Il a aussi fonctionné comme support logistique pour Rachid et Mounir quand ils sont montés à Paris pour chercher du travail comme vendeur (pour le premier) et facteur intérimaire (pour le second). Lors d'un repas de midi, Leïla m'a parlé de ces nombreux moments où elle avait hébergé ses frères quand ils étaient en galère. Samira m'a confié aussi un jour, en passant, comment elle avait offert à Paris l'asile à son frère Rachid, gravement menacé dans le quartier et qui était venu se réfugier chez elle.

Pour les sœurs cadettes, l'image des deux aînées installées à Paris était sans conteste celle de la « réussite ». Non seulement elles les percevaient comme ayant des situations professionnelles enviables, mais Samira et Leïla leur semblaient alors – au temps de leur long célibat – profiter à plein de Paris et de son offre culturelle et de loisirs : spectacles, concerts, musées, expos, etc. Quand les cadettes venaient voir leurs sœurs à Paris, elles en gardaient un vif souvenir et nourrissaient toutes le rêve de venir les y rejoindre. C'est d'ailleurs ce qu'elles feront tour à tour : Dalila pour y travailler comme infirmière (2009), Nadia quand elle réussira en 2010 son concours d'assistante sociale à Paris (où Leïla l'avait inscrite d'office), Nadia après sa réussite au concours d'entrée à Pôle Emploi en 2009.

Le mariage plus précoce des cadettes

Samira et Leïla disent toutes les deux, presque en chœur, que leurs sœurs Dalila et Nadia – mariées la première à vingt-huit ans, la seconde à vingt-six ans – ont eu la « trouille » de rester célibataires quand elles ont observé le retard au mariage – et surtout à la maternité – de leurs deux sœurs aînées. Elles ont voulu à tout prix éviter ce risque et ont en quelque sorte précipité les événements. Cette différence dans le rapport au mariage entre aînées et cadettes relève aussi d'une analyse générationnelle qui fera l'objet du dernier chapitre de ce livre.

Le cas de Dalila sera traité ici plus brièvement. Comme elle résidait à Montpellier lors des premières années de l'enquête, nous n'avons pas tissé une relation suffisamment régulière pour aborder avec elle une question aussi privée que celle de son mariage. Je ne connais pas les circonstances précises de sa rencontre avec son mari, sais juste qu'il est, comme elle dit, « du Sud », d'une ville proche de Montpellier, et qu'elle a dû le suivre quand il a obtenu une mutation dans cette ville – ce qui l'a coupée de ses relations très proches avec tous les membres de sa fratrie. D'origine algérienne comme elle, son mari a fait des études supérieures qui ont débouché sur un emploi de chargé de projets à Pôle Emploi. La règle du mariage endogame a été ici respectée.

C'est la benjamine, Nadia, qui va finalement exaucer tous les vœux maternels : mariage religieux et civil à Sardan, avec un musulman pratiquant. Jeune diplômée (DUT carrières sociales et licence de ressources humaines), elle s'est mariée en 2012 avec Toufik qui est, comme elle, d'origine algérienne mais qui possède des caractéristiques sociales bien différentes. Pour en dessiner un portrait sommaire, il n'a pas fait d'études supérieures (possède toutefois un bac pro), n'a jamais quitté son quartier de Sardan, habite encore après son mariage chez sa mère durant la semaine[a]. Dans ses pratiques hors travail, il ne manifeste pas, à la différence de Nadia, de « bonne volonté culturelle », préférant de beaucoup sortir avec ses copains de quartier. En d'autres termes, quand on parle de Toufik avec les sœurs de Nadia, celles-ci non seulement n'ont pas envie de s'étendre sur le sujet mais recourent à la même expression pour le qualifier : un « gars de cité » (parfois certaines ajoutent un « *vrai* gars de cité »). Cette expression parle d'elle-même et, bien sûr, n'est pas, à leurs yeux, vraiment laudative. En même temps, ce verdict social porté par les sœurs[b] de Nadia peut être considéré comme caractéristique du légitimisme (social et culturel) typique des migrants de classe qui ont réussi. Toute leur histoire, scolaire et professionnelle, les incite à ne pas pouvoir trouver d'intérêt à la vie d'un « gars de

a Nadia entretient avec sa belle-mère des rapports exécrables. Forte de ses diplômes, de son statut professionnel (cadre à Pôle Emploi) et des leçons de féminisme pratique de ses sœurs aînées, Nadia n'est pas du genre à se laisser intimider par sa belle-mère, qu'elle juge possessive avec son fils et intrusive dans leur vie de couple.

b Les frères ne sont pas moins réservés sur leur beau-frère, mais pour d'autres raisons que je n'ai pas pu creuser davantage.

cité ». De mon côté, j'aurais espéré pouvoir en parler autrement que de manière indirecte et rapportée, mais Nadia n'a jamais voulu me le faire rencontrer ni l'associer à l'enquête.

Nadia, qui connaissait bien sûr ces « différences » (terme qu'elle emploie souvent quand elle analyse la relation avec son mari) a longtemps hésité avant de se marier et céder à la demande, insistante et faite de longue date, de son « soupirant ». Elle se souvient même que, tiraillée par le doute, elle a jusqu'au dernier moment hésité à franchir le pas. Outre les sentiments amoureux qu'elle avait pour son futur mari, la volonté de « faire plaisir » à ses parents semble avoir été un facteur important dans sa décision finale. D'une part, c'est la « petite dernière » et aucune de ses sœurs ne s'est mariée à Sardan, encore moins avec un « gars du quartier ». Surtout, son mariage a donné l'occasion à sa mère de préparer et célébrer un « grand mariage », ce qui l'a comblée au plus haut point. La fête a eu lieu sur place (mariage civil et mariage religieux), une grande partie de la communauté algérienne locale était invitée ; elle a duré deux jours, était fort réussie, etc. D'autre part, Nadia, par son histoire d'adolescente tourmentée[a] ayant mis rudement à l'épreuve ses parents, a l'impression d'avoir contracté à leur égard une sorte de dette morale inextinguible. Elle est travaillée par un profond sentiment de culpabilité à leur égard, d'autant plus qu'elle a pris conscience du vieillissement de son père (il a soixante-dix ans le jour de son mariage). Quand je reviens avec elle sur le sens de ce mariage – une véritable énigme aux yeux de toute la fratrie tant l'attelage que forme ce couple est, dès le départ, apparu comme éminemment bancal et improbable –, Nadia me dit explicitement qu'elle a voulu « se racheter » aux yeux de ses parents, expier ses fautes et ses nombreux péchés de naguère. Ce facteur explicatif n'exclut pas d'autres pistes d'analyse, notamment la possibilité de voir, dans ce mariage, une volonté de la part de Nadia de garder un lien avec son univers d'origine.

a Elle m'a confié lors du premier entretien avoir passé sa première année de terminale à « fumer du shit ».

Retour «au quartier» de Dalila et sentiment de déclassement

Le clivage au sein de la fratrie Belhoumi – qui vouait en quelque sorte les filles à l'éloignement du domicile-souche de la famille et les fils (du moins deux d'entre eux, Rachid et Mounir) au maintien d'une proximité avec leurs parents – va s'atténuer avec le temps en fonction des aléas de la vie conjugale des sœurs cadettes. Dalila, infirmière, divorce trois ans après son mariage et son installation (avec achat de pavillon) «dans le Sud». Ce divorce, très conflictuel et compliqué, se solde pour elle par un fort isolement, des difficultés matérielles importantes (notamment pour la garde de sa petite fille, née en 2014) et la conduit, *in fine*, à un retour forcé à Sardan, à proximité du giron familial. Dalila trouve sur place un emploi d'infirmière intérimaire et loue un appartement à quelques centaines de mètres de chez ses parents. Cette proximité lui permet ainsi de bénéficier de l'aide matérielle, décisive, de sa mère qui va chercher tous les jours sa petite-fille à la crèche et s'en occupe avant le retour du travail de Dalila.

Pour cette dernière, ce retour au bercail constitue toutefois une véritable épreuve tant il a les apparences d'un déclassement, social et spatial. Elle est passée soudainement du statut de propriétaire de pavillon («avec piscine», précise-t-elle) à celui de locataire d'un appartement, mais aussi d'habitante d'un lotissement périurbain «dans le Sud» à résidente en «zone urbaine sensible» (ZUS). Ce qui apparaît sans doute, à ses yeux, comme le plus symptomatique ou traumatisant, est l'importance des transformations sociales de son ancien quartier, qu'elle redécouvre en quelque sorte, sept ans après l'avoir quitté. Dalila les résume ainsi, dès nos premiers échanges dans la voiture qu'elle conduit après être venue me chercher à la gare de Préville: «Ici, à Sardan, il n'y a plus que des filles bâchées [voilées] dans le quartier... C'en est choquant!» Ce qui l'afflige sans doute le plus dans ce tableau, c'est de constater la mutation de l'apparence physique et de l'univers mental de «filles» qui ont souvent été ses anciennes copines de classe ou de collège. Sans avoir pu accéder à l'enseignement supérieur, ces dernières sont, au fond, celles qui sont « restées au quartier », se coulant alors dans le moule maternel de « femmes au foyer ». Elles sont le plus souvent sans travail stable et vivent, selon Dalila, de divers types d'allocations, repliées sur elles, adhérant fortement au traditionalisme religieux qui s'est imposé dans ce quartier HLM (comme dans bien d'autres en France) et qui façonne désormais leur style de vie. Dalila, par son travail et son statut social (comme infirmière, elle appartient objectivement aux classes moyennes), ne peut qu'avoir tendance à se démarquer de ses anciennes congénères de la même classe d'âge qui ont rejoint les nouvelles classes populaires paupérisées des « quartiers ». Elle doit toutefois faire des concessions, comme celle qui consiste à emmener sa petite fille au parc de Sardan et ainsi côtoyer celles qu'elle appelle les « voilées ». Aux yeux de Dalila, le voile est d'abord et avant tout un enjeu symbolique en termes de valeurs sociales et culturelles. Le voile joue ici le rôle de condensateur symbolique. La réprobation des filles voilées du quartier opère comme une mise à distance (élective) d'un univers social et culturel.

Au moment des élections présidentielles de 2017, je propose à Dalila de faire un entretien par téléphone avec elle sur ce thème de la politique que j'ai déjà abordé avec toutes ses autres sœurs (et qui sera abordé plus loin aux chapitres 8 à 10). Elle accepte bien volontiers, mais assez vite la discussion va tourner autour de son nouveau statut résidentiel et de sa difficulté à s'adapter à son nouvel environnement social et géographique.

> – Dalila : Ça fait trois ans que je suis revenue à Sardan et c'est dur. Je regrette ni Paris ni Montpellier, mais je regrette d'être revenue dans ce communautarisme... qu'on le veuille ou non, ils [les Maghrébins]... [*silence, elle hésite sur le terme à dire...*]
>
> – SB : ... ont un droit de regard sur ta vie.
>
> – Dalila : C'est ça ! C'est exaspérant...
>
> – SB : Tu pourrais t'affranchir de ce communautarisme en te mettant à distance.
>
> – Dalila : Je voudrais bien mais je vis et travaille à Sardan... Même si je ne veux pas, ils s'imposent. C'est-à-dire que je vais les croiser

et ils vont sans aucune gêne poser des questions très indiscrètes... Et, le pire, si on ne répond pas, on est mal vu... Catalogué... Nous [des personnes comme elle] on est entre deux...

– SB: C'est qui ce «ils», c'est la génération de tes parents?

– Dalila: Non, c'est tous... ça reste de génération en génération. En fait, ceux de notre âge sont plus communautaires que nos parents. Nos parents, ils étaient bienveillants, c'était pour se rendre service, pour s'entraider... Tandis que maintenant, c'est malveillant, c'est plus pour observer et regarder ceux qui sont pas dans la norme. Et eux leurs normes, c'est les barbus, les voilées... Et moi, je suis contre ça, donc ça m'énerve! En plus, mes copines de Sardan, elles sont parties... Celles qui restent, c'est malheureusement... [pas la peine]... En ce moment, ma meilleure amie, c'est ma collègue qui a cinquante-trois ans, elle est fille d'Algériens. Elle vit juste à côté de chez moi, on est posées [socialement et professionnellement] et tout ça... Mais on n'est pas dans ce communautarisme. Et ce qui est marrant, elle a deux garçons et une fille, et elle a un garçon qui est à fond dans le communautarisme, il est resté dans le quartier... Et un garçon qui est ingénieur, il est parti sur Paris pour faire ses études. On voit souvent ça au sein d'une même famille...

– SB: Le critère central, c'est les études, même dans votre famille, les cinq sœurs vous êtes parties pour les études, et ça vous a ouvert extraordinairement.

– Dalila: Oui, parce que, sinon, tu es enfermée, tu ne vois rien d'autre... Et en y repensant, celles que je côtoyais et qui sont parties, elles sont effectivement parties avec les études...

– SB: Dans ton travail, tu es en contact avec cette population immigrée?

– Dalila: En fait, c'est ça le problème... Ils ne font pas le distinguo entre la professionnelle qui vient les voir et la «fille de»... Quand j'arrive, la première chose qu'on me dit, c'est: «Ah tu es la fille de...» Et là commencent les questions les plus indiscrètes du style: «Ah bon, mais tu es revenue, tu es divorcée, tu as un enfant, tu ne t'es pas remariée...» pfff! [*soupir d'énervement*]... C'est pour ça que je quitte cet emploi. Là, je suis sur un projet d'installation en libéral et c'est repoussé à l'année prochaine. [...] De toute façon,

> moi, je suis très peu à Sardan et les week-ends, avec ma fille, on va faire des balades sur les quais [de la rivière]... Je vis à Sardan mais je n'ai pas l'impression d'être à Sardan... D'ailleurs personne ne sait où j'habite parce que je l'ai voulu...
> (Dalila, entretien, 26 avril 2017.)

Ce moment biographique, qui voit Dalila coexister sur place avec cette fraction des filles du quartier ayant trouvé leur salut dans le mariage, se traduit immanquablement pour elle par le douloureux sentiment d'être mise en cause et jugée pour ce qu'elle est – à savoir une femme «libre» et émancipée de la tutelle du groupe – et l'impression diffuse d'un déclassement. Elle souhaiterait fuir au plus vite ce quartier, mais ce qui la retient c'est le besoin de l'aide de sa mère pour la prise en charge de sa fille. Car la perspective d'une vie avec un conjoint n'est pas, pour le moment, à l'horizon.

Dans un tel cadre, il n'est pas sans intérêt de comparer brièvement ces cas de mobilité, géographique et sociale, des cinq sœurs avec la situation presque symétrique de deux des trois frères.

En guise de contrepoint, les frères: mariage avec des «Françaises»

On verra dans la deuxième partie du livre que les trois garçons de la fratrie ont été orientés dans des filières de relégation du système scolaire (parfois dès le collège). Leur scolarisation s'est conjuguée avec le partage intermittent d'une culture (masculine) de cité qui s'est mise en place à la fin des années 1980 dans leur quartier. Ce double processus – relégation scolaire et forte sociabilité de cité – les rend plus captifs de leur quartier où ils vont, chacun à leur manière, chercher des ressources et des gratifications symboliques. Même s'ils sont investis à des degrés différents dans la culture de cité, s'ils vont essayer de se tenir à l'écart de ce qui tourne autour du trafic de cannabis, ils n'en participent pas moins aux activités collectives organisées avec les copains de quartier: foot, basket, bricolage autour de la «bagnole», sorties «en ville», «en boîte de nuit» et autres virées nocturnes. En tant que garçons, qui ont beaucoup plus de droits à la maison que les filles, ils bénéficient lors de leur enfance et surtout de leur longue adolescence d'une latitude d'action et de déplacement sans commune mesure avec leurs deux sœurs aînées. Ainsi, ils vont pouvoir librement sortir les week-ends, et lors des grandes vacances arpenter plus facilement et en toute « légalité » différents coins en France ou en Algérie.

Rachid, l'aîné, va en particulier beaucoup profiter de cette latitude. Comme il le raconte longuement dans ce premier entretien, il s'est en effet plongé très jeune dans ce qu'il appelle la « rébellion[a] » :

> – SB : Tu es d'ici... tu n'as jamais quitté la région ?
> – Rachid : Ah si ! Je l'ai quittée plus d'une fois... Mais je suis toujours revenu... En fait, je suis parti, j'ai fait quoi la première [fois] ? C'est Avignon... à côté d'Avignon, j'ai fait Bordeaux... j'ai fait Nantes... On va dire que j'étais vagabond... On va dire de l'adolescence à vingt-et-un ans, j'étais un peu rebelle... J'avais la rébellion [en moi] et je ne passais pas beaucoup de temps avec ma famille... J'étais plus dans la rue... Enfin je suis parti super tôt de la maison. J'ai été placé super tôt en foyer donc, après... [pour expliquer son nomadisme].
> [*Une demi-heure plus tard, dans l'entretien, on revient sur son parcours et la relation avec sa famille*]
> – SB : Et par rapport justement à toute ton histoire, ton passé à Sardan, quand tu es revenu travailler à Préville, tu habitais loin du quartier ?
> – Rachid : Ah non, chez maman-papa...
> – Dalila [*sa sœur cadette, qui assiste à l'entretien, ajoute en souriant*] : Il revient toujours à la maison...
> – Rachid : Oui, moi, je reviens toujours à la case départ... Toujours papa-maman... Même là aujourd'hui, si demain, voilà ça se passe très mal avec mon amie, y a toujours papa-maman... Nous on a... on peut pas se [séparer]... même si je pars pendant des années, je sais qu'il y a papa-maman... je sais que je reviendrai chez papa-maman, quoi qu'il arrive. Même si on s'engueule

a Qui l'a d'ailleurs conduit – on le verra en détail dans le chapitre 6 – à un emprisonnement de quelques mois à la suite d'un braquage (non armé) d'un bureau de tabac dans le Midi...

avec papa-maman... même si des fois on se dit des méchancetés... Y aura toujours papa-maman... Y aura toujours les frères, les sœurs. J'en ai pris conscience, qu'il faut qu'on garde ce... [capital]. En fait, on est comme les doigts de la main, moi j'ai perdu un doigt [jeune, dans un accident], je me rends compte que ce doigt-là était important et que, quoi qu'il arrive, on devait me l'enlever... donc non, même s'il est mort, il est encore là avec les autres. Même si, dans la famille, y a une «brebis galeuse», eh bien c'est comme ça, c'est pas grave, elle fait partie de ce lien[a]. (Rachid, entretien, 23 avril 2013.)

Pour les trois garçons de la fratrie, et pour Rachid en particulier, on peut remarquer la même constante: ils vont tous vivre le moment de transition professionnelle (plus ou moins long) qui sépare la sortie du système scolaire de l'acquisition d'une situation stable en ayant comme même pôle fixe le domicile parental. Celui-ci joue pour eux un rôle de «point d'attache», de refuge, de lieu de ressourcement et de réassurance affective aussi bien auprès des parents que de leurs sœurs. Il a clairement une fonction sociale d'aimant, ramenant toujours au bercail familial les fils plus ou moins égarés, notamment le fils aîné, Rachid, dont on verra plus loin (au chapitre 6) qu'il a eu le parcours le plus chaotique.

Cette fonction sociale et affective du domicile parental ne peut se comprendre qu'à la lumière des confrontations des trois fils à leur environnement social: institutions, police, et autres *gate-keepers* de toutes sortes qui refoulent à la porte d'entrée les «basanés» comme eux. Ces confrontations sont structurellement plus heurtées et, bien sûr, moins pacifiées que celles vécues par les sœurs.

L'absence d'une mobilité géographique durable – le départ loin de la «maison – des deux garçons les moins diplômés de la

a Samira commente ce passage dans les termes suivants: «On voit bien là l'influence des petites phrases de mon père: "*lhem min yarhnez, yrveh ri moulah*", c'est-à-dire "quand la chair pourrit, seuls les siens peuvent la supporter"... C'est intraduisible mais cela revient à une leçon de morale sur l'importance de la solidarité intra-familale (mon père compare toujours la famille aux dix doigts de la main).»

fratrie (Rachid et Mounir) s'explique, d'une part, par la moindre possibilité qui leur est donnée de négocier un diplôme à l'extérieur et, d'autre part, par la manière dont tous deux peuvent trouver dans le quartier de leur enfance des formes de reconnaissance et des ressources sociales et symboliques (un « capital d'autochtonie »). Sans compter le bénéfice de la chaleur affective lié à leur proximité du domicile parental. Cette proximité des parents semble, pour Rachid, rassurante à bien des égards. Par exemple, il me dit qu'il ne se passe pas une journée sans qu'il aille saluer sa mère chez elle. Ce fait corrobore les travaux sur les classes populaires, menés en France comme à l'étranger, qui ont maintes fois démontré l'importance, presque vitale pour ces milieux sociaux, de ce que Robert Castel a appelé la « protection rapprochée[3] », à savoir les multiples formes de solidarité matérielle et pratique qui sont fournies au jour le jour au niveau local, par leur entourage proche (membres de la famille, voisinage, intermédiaires sociaux au niveau local, etc.) – protection qui ne sert à rien de moins qu'à la survie sociale de la famille. Ce fait social, au sens durkheimien du terme, a de fortes chances de se manifester *a fortiori* dans le cas des familles « immigrées ».

La configuration géographique de la fratrie Belhoumi constitue ce qu'on pourrait appeler un beau cas d'inversion de la loi sociologique qui, dans les milieux populaires, tend à assigner aux filles une plus forte immobilité géographique, une résidence à proximité des parents leur permettant d'entretenir une relation privilégiée avec la mère[4] et, à terme, d'apporter aide matérielle et réconfort psychique aux parents vieillissants. Ici, les filles, notamment aînées, munies de leurs diplômes d'études supérieures, ont pu quitter Sardan pour assurer leur autonomie et se défaire de l'emprise familiale, tandis que les fils, socialement diminués par leur faible certification scolaire, ont trouvé un intérêt à rester près du giron des parents (« papa-maman », comme le dit Rachid de manière mi-amusée, mi-sérieuse) et de leurs cercles amicaux, autant de supports collectifs pour la construction de leur individualité.

*
**

En allant enquêter à un niveau microsociologique – à l'intérieur de la fratrie Belhoumi – nous nous donnons la possibilité de faire jouer les ressorts des différents types de mobilités qui y sont à l'œuvre et qui sont moins observables à un niveau macrosociologique.

L'enquête a ici mis en évidence la singularité de l'articulation entre trajectoires scolaires et mobilité géographique dans la fratrie Belhoumi, articulation qui s'est révélée très sexuée. Pour le dire plus précisément, la mobilité professionnelle intergénérationnelle des filles de la fratrie, permise par ce qu'on peut appeler leur « réussite scolaire », a produit en termes de mobilité géographique des effets centrifuges. Le processus de mobilité sociale vers les classes moyennes a produit pour elles un éloignement géographique du domicile parental qui s'est révélé non seulement durable, mais aussi salutaire pour leur autonomie. Il faut toutefois creuser davantage la différence entre les générations sociales dans la fratrie féminine : pour les aînées, la pression au mariage précoce a servi de puissante incitation à leur poursuite d'études et à leur quête d'émancipation sociale (dans toutes ses dimensions), alors que leurs sœurs cadettes ont vu cette contrainte-là se relâcher fortement.

Les garçons de la fratrie, du fait de leurs trajectoires scolaires en deçà du bac général ou technologique, voient quant à eux se réduire fortement les possibilités de bénéficier d'une mobilité géographique associée à la poursuite d'études supérieures. « Rester sur place » est alors le destin de deux d'entre eux et se conjugue de manière différenciée selon les ressources qu'ils peuvent tirer de leurs emplois ou de leur vie conjugale.

II

Les trois frères sous la protection bienveillante des sœurs aînées

Quand on regarde de près le parcours scolaire et la trajectoire professionnelle des trois frères – Rachid, Azzedine et Mounir – placés au milieu de la fratrie entre les deux blocs féminins, on constate que leurs scolarités ont été plus heurtées, parfois chaotiques, et finalement moins réussies que celles de leurs cinq sœurs. Aucun d'entre eux n'est parvenu à obtenir un bac général, deux ont effectué des études en LEP et l'aîné des trois (Rachid) a arrêté sa scolarité en fin de collège. Celui qui est allé le plus loin dans les études, Azzedine, le deuxième des garçons, a décroché un bac pro («vente-représentation») sans toutefois pouvoir continuer avec succès dans les études supérieures (échec à l'université, où il s'était inscrit en licence «administration économique et sociale», AES).

En ce sens, la scolarité des trois garçons de la famille Belhoumi correspond parfaitement aux résultats des enquêtes statistiques longitudinales sur les destins scolaires des garçons d'origine maghrébine[1]. L'enquête du Panel 1995 de la Direction de l'évaluation, de la prospective et de la performance (DEPP)[2], qui permet de suivre une cohorte d'élèves entrés au collège en 1995, montre que les garçons de parents maghrébins (qui sont ouvriers ou employés) ont, au moment de leur entrée en sixième, un retard scolaire sensiblement plus important (44 % ont au moins un an de retard) que les filles de même origine (30 %). Cet écart de quatorze points atteste, chez les garçons de cette génération, un plus fort décrochage dans les apprentissages scolaires à l'école primaire qui se traduit quelques années plus tard, presque mécaniquement, par leur orientation plus fréquente dans les filières de relégation du système d'enseignement français[a].

a Toujours selon les résultats de l'enquête Panel 1995, on constate que, sept ans après leur entrée en sixième, 11,3 % des enfants d'immigrés maghrébins sont sortis précocement du système scolaire (contre 6,8 % des enfants de Français d'origine), 38 % sont dans l'enseignement professionnel (majoritairement en LEP, très peu en apprentissage) contre 32,4 % pour les Français d'origine (dont un quart en apprentissage). Dit autrement, un quart seulement (24,5 %) des élèves d'origine maghrébine se retrouve en 2002 dans l'enseignement général contre 41,9 % des élèves dits « Français d'origine ».

5

Les trois garçons : de l'échec scolaire à l'intégration professionnelle

L'enquête, dans la durée, au sein d'une famille nombreuse comme celle des Belhoumi permet d'entrer au cœur de ce qui se trame dans la socialisation familiale – dans ce qu'on pourrait appeler le secret de l'éducation parentale – et de révéler ce qui se joue dans la socialisation différenciée garçons-filles. Elle devrait ainsi parvenir à lever une partie du voile sur ce mystère de la réussite scolaire, si nettement différenciée selon le sexe, dans la fratrie Belhoumi. Que se cache-t-il derrière cet échec scolaire, plus récurrent, des garçons de la famille ? Et, second mystère, comment rendre compte du fait que la faible certification scolaire des trois frères ait pu, dans le contexte de concurrence accrue sur le marché du travail, déboucher pour eux sur une insertion professionnelle durable ?

En effet, après des années adolescentes parfois difficiles (et, pour Rachid, tumultueuses), les trois fils Belhoumi se sont efforcés, peu après leurs vingt ans, de « se ranger » et sont parvenus à se stabiliser sur le marché du travail. Leur rêve social était d'une grande simplicité, et assez classique dans la jeunesse des milieux populaires : il s'agissait pour eux de « faire leur vie », tranquillement et paisiblement, dans leur pays. La conjugaison de leurs parcours scolaires, interrompus trop tôt (Rachid et Mounir) ou au milieu du gué (Azzedine), et d'obstacles intrinsèquement liés à leurs « origines » – nationale (« origine maghrébine ») et résidentielle (la cité, HLM), qui sont le support de divers types de discriminations – aurait dû conduire les trois garçons de la famille à rejoindre le groupe (qui n'a cessé de grossir) de leurs « congénères » (pour reprendre une expression de Samira) perçus comme « inutiles au monde[1] ». Car la majorité de ceux qui possèdent les mêmes caractéristiques sociales que les trois frères Belhoumi – patronyme maghrébin, même adresse (la cité), même absence de « signaux » positifs à faire valoir sur le marché du travail – stationnent durablement aux portes de l'emploi, alternant le plus souvent périodes de chômage et d'intérim. Or, pour les trois frères, il n'en a rien été. Comment percer ce double mystère ? C'est l'objectif de ce chapitre.

Les trois garçons face à l'enquête : entre intérêt et prudence

On a vu que le projet initial de l'enquête – raconter l'histoire ordinaire d'une famille algérienne ordinaire en France – rencontre dès le début les attentes implicites des membres de la fratrie qui, comme la majorité des enfants d'immigrés maghrébins en France, subissent et souffrent constamment des puissants effets d'amalgame engendrés par tous les épisodes terroristes et autres faits divers dans lesquels sont impliqués l'un des « leurs ». Les protagonistes de ces affaires sont, en règle générale, des jeunes hommes. Si les garçons de la famille Belhoumi ont été presque tous désireux de participer à cette enquête, c'est bien pour se démarquer de cette image du « jeune Arabe », délinquant et inassimilable, qui ne cesse en France de hanter l'imaginaire social et d'accabler les intéressés.

Ainsi Azzedine, le deuxième frère, qui habite la région parisienne, l'exprime en termes très clairs au tout début de notre premier entretien. Alors que je lui précise que sa parole sera anonyme, il me coupe aussitôt pour affirmer avec force :

> Anonyme, pas anonyme ! Moi, ça me dérange pas ! Il n'y a pas de problème ! Mais si ça peut aider d'autres personnes et si ça peut essayer de faire comprendre notre chemin, le chemin de nos parents et pourquoi on est là... qu'on n'est pas tous des voleurs, des dealers... ou des [je sais pas quoi]... Voilà, parce que, à l'heure d'aujourd'hui, c'est vrai que l'image qu'ils [les Français] ont beaucoup des immigrés... Enfin maintenant à l'heure d'aujourd'hui ce n'est même plus qu'ils ont une image impropre des immigrés, c'est que maintenant quand on

> dit « immigrés », ils pensent directement à Maghrébins... Je sais pas si vous l'avez remarqué... Mais tout le temps, tout le temps, ils font des amalgames...
> (Azzedine, entretien, 4 octobre 2012.)

Chez les trois frères, cette envie de témoigner de leur condition ordinaire, de s'arracher ainsi à ces puissants effets d'assimilation qu'ils ne cessent d'expérimenter dans leur vie quotidienne – jeune Maghrébin = menace = racaille = potentiel djihadiste, etc. – a été le principal vecteur de leur participation à l'enquête, de l'acceptation du pacte d'enquête qui leur a été proposé. Mais, de l'intention à sa réalisation, il y a toujours une marge. Comment s'est passée la négociation de ces entretiens ? Comment sont-ils parvenus à donner leur accord, à me rencontrer et me parler en face à face, devant le « sociologue » ? Le rôle de mon alliée d'enquête, Samira, au sein de la famille a été ici décisif. Elle n'a jamais souhaité entrer avec moi dans le détail du travail de conviction qu'elle a dû effectuer auprès de ses frères. Je sais juste qu'elle leur disait au téléphone ou par texto des phrases du type : « Stéphane aimerait bien te voir... pour son enquête. » Il se trouve que mes demandes d'entretien ont toutes été acceptées, sans difficultés apparentes.

Cependant, les prises de rendez-vous ont été plus compliquées avec les trois frères qu'avec les sœurs. D'une part, se dressait un obstacle matériel non négligeable : deux d'entre eux (Rachid et Mounir) habitaient à 400 kilomètres de Paris, près de chez leurs parents. D'autre part, n'étant pas portés comme leurs sœurs par une forme de proximité avec le monde culturel et aucun d'entre eux n'ayant fait d'études supérieures, la demande d'entretien pouvait être perçue par eux comme une situation d'examen, intimidante à bien des égards. L'effet de légitimité scolaire et culturelle jouait ainsi à plein dans l'enquête. Les cinq filles, on l'a vu, sont entrées aisément dans la logique de l'enquête. Participer activement à celle-ci leur permettait non seulement de manifester leur bonne volonté culturelle (décelable par le large éventail de leurs pratiques culturelles pour la plupart), mais aussi de se frotter (ou de se roder) à cet exercice de l'entretien sociologique, la plupart exerçant du reste des métiers dans le secteur de la santé ou de l'insertion professionnelle les amenant à mener régulièrement des entretiens professionnels. Les « garçons » sont à cet égard davantage « bruts de décoffrage », comme il m'a été dit parfois. Prenons les situations les unes après les autres.

L'aîné des trois frères, Rachid, est facile d'abord, plutôt hâbleur et il en a d'ailleurs longtemps fait son métier (« vendeur », puis « commercial »). Mais il se trouve quand même que le premier entretien réalisé avec lui, dans la maison qu'il loue dans un village à cinq kilomètres de la cité de son enfance, s'est effectué en présence de sa sœur cadette, Dalila – alors enceinte et de retour chez ses parents pour accoucher près de sa famille. Je me doute qu'il l'a embarquée avec lui pour l'épauler et ne pas avoir à répondre « seul » aux questions et, au fond, être rassuré dans ce qui constitue malgré tout toujours une épreuve : parler de soi à un étranger, qui plus est un « sociologue », ou en tout cas un « intello ».

Mounir, le troisième frère, s'il n'a pas réussi à décrocher son BEP (alors qu'il était un bon élève en primaire), est ensuite toujours parvenu à « mener sa barque », un peu à l'écart, passant assez vite de boulots d'ouvrier précaires à des emplois dans les services (dans le « technico-commercial ») et épousant une « Française ». Il a été peu impliqué dans l'enquête, parce qu'il était loin de Paris, mais aussi, sans doute, parce qu'il fréquente beaucoup sa belle-famille (son beau-père est ouvrier EDF et syndiqué à la CGT). Résultat : il s'est tenu prudemment à l'écart de l'enquête, comme si elle ne le concernait pas directement. Elle devait être, à ses yeux, l'une des dernières marottes de Samira, sa sœur aînée, qui aime bien « se faire des nœuds dans le cerveau ». Il n'y était pas pour autant hostile, juste indifférent. J'ai donc eu du mal à le rencontrer. Quand j'insiste (en 2014) auprès de Samira pour qu'elle m'aide à décrocher un entretien avec lui, Mounir obtempère, certes, mais à sa manière : en me donnant un rendez-vous, peu négociable, dans un café de la Porte de Clignancourt à Paris avec son jeune collègue de travail, « rebeu » comme lui (et avec lequel il est « monté un jour à Paris pour le boulot »). Le lieu n'est pas propice à la discussion, très bruyant lors de la pause méridienne ; l'entretien est donc difficile à mener, couvert par les voix, les éclats de rire des clients et autres sifflements de la machine à café. Il se révèle de ce fait incomplet et assez décevant. Mounir aura ainsi presque tout fait pour se soustraire à l'exercice de la confession biographique. Il m'a toutefois donné une clé pour comprendre sa réticence à se confier à moi. En effet, l'une des premières phases qu'il prononce lors de cet entretien est fort révélatrice : « Moi, l'école, ça n'a jamais été mon fort », comme s'il avait voulu d'emblée me « mettre au parfum » et m'expliquer pourquoi il se tenait à distance de l'enquête. Cette enquête est sans doute, pour lui, un « truc d'intellos », fait pour ses sœurs, mais certainement pas pour lui, qui a bien des caractéristiques d'un « gars de quartier » (même s'il n'emploie pas ce terme).

Enfin, le cas d'Azzedine, le deuxième frère, mérite attention. Habitant Paris depuis 2005, il est celui qui m'a accordé le plus d'entretiens (dès octobre 2012). Il est un peu le « protégé » de ses deux sœurs aînées ; une tendre complicité les lie et, comme Rachid, il manifeste à leur égard une grande admiration qu'il ne cessera de répéter tout au long de nos rencontres. Avec lui, les entretiens se sont tout de suite « bien passés », il racontait avec verve, et avec un œil proprement sociologique, ses tribulations professionnelles à la RATP (où il est chauffeur de bus) et ses découvertes de la vie banlieusarde (il habite le « 9-3 ») dans laquelle il ne trouve pas vraiment sa place et qui l'amène peu à peu à se penser comme un « Arabe provincial » (c'est son expression). La relation d'enquête avec lui semblait ainsi solide et bien installée et « rouler ». Or j'ai été profondément décontenancé lorsque, à la fin de notre quatrième entretien (en octobre 2014), l'enregistreur éteint, Azzedine m'a dit sur un ton enjoué : « Cette fois, [cet entretien] c'était *pour moi* ! » Surpris, je répète sa phrase de manière interrogative et il confirme ses dires : « Oui, avant [les trois premiers entretiens], c'était pour Samira... Mais celui-ci, c'est vraiment pour moi... Ça m'a fait du bien de te parler, ça m'a libéré[a]. »

---

a Ce que Samira confirme à la lecture de ce chapitre : « En effet, il m'a appelée après pour me dire que "ça lui avait fait du bien"... Parfois les uns et les autres

Comment l'interpréter ? Il est probable que, lors de nos trois premiers entretiens, il avait le sentiment d'accomplir son devoir de frère cadet grandement redevable à ses deux sœurs aînées. Il apportait ainsi sa modeste pierre à l'édifice collectif, porté par Samira, qu'était ce livre en préparation. Ce jour-là, lors du quatrième entretien, il s'émancipe soudain de ce devoir de mémoire familiale, à la faveur de cette relation d'enquête qui s'est installée entre nous. En deux mots, il se met à parler comme un « je », comme Azzedine Belhoumi, confronté à des « problèmes existentiels » – le sens du travail et de la vie, l'impossibilité d'avoir une « copine stable », ses moments de doute et d'angoisse, le besoin d'être apaisé et le fait de s'être remis à fumer du shit[a] – qu'il apprécie de pouvoir évoquer, ce jour-là, face à « Stéphane, le sociologue », comme il le dit parfois avec une gentille ironie.

Des scolarités avortées : liberté des garçons et effet de quartier

Comme on l'a vu précédemment pour les cinq filles de la fratrie, les conditions de l'enquête ont largement déterminé le type de matériau recueilli. Il n'est ni fortuit que l'enquête ait démarré avec les deux sœurs aînées ni sans importance que les trois garçons aient été rencontrés bien plus tard. J'ai donc interviewé les trois garçons après leurs quatre sœurs[b] qui, toutes, avaient évoqué avec moi certains aspects de l'histoire de leurs frères. Si bien que, lors des entretiens avec les garçons, j'avais bien sûr à chaque fois en tête les grandes lignes de leur parcours, notamment scolaire.

Rachid a arrêté ses études au collège, en fin de troisième technologique, après avoir redoublé deux fois à l'école primaire et

---

m'appelaient pour *débriefer*... On ne se disait certainement pas tout mais je pense que les entretiens ont probablement déverouillé certaines portes de non-dit »...

a C'est Samira qui me le dira quelques jours plus tard quand je reviendrai avec elle sur cet épisode.

b Dalila, la sixième enfant, habitait alors Montpellier et je n'ai pas pu l'interviewer la première année de l'enquête.

rencontré de grandes difficultés au collège. Azzedine, qui pouvait nourrir les plus grands espoirs en passant au lycée en seconde générale, s'est réorienté de lui-même en BEP (en lycée professionnel), puis a réussi un bac pro « représentation-vente ». Mounir a suivi des études en lycée professionnel après la troisième, en BEP de maintenance des systèmes mécaniques automatisés (MSMA), diplôme qu'il n'a d'ailleurs pas réussi à obtenir.

Compte tenu de leurs scolarités, qui se situent pour leur génération en deçà de la norme des études longues, je savais d'expérience que ce thème de l'école pouvait constituer, pour ces hommes trentenaires (ils ont de trente à quarante ans au moment de l'enquête) et dans cette phase de leur vie, un sujet épineux, voire douloureux. Car la place et le statut des garçons dans la famille semblent largement déterminés, et même fixés, par leur « casier scolaire ». Aujourd'hui, ce qui caractérise leur rapport à l'institution scolaire, ce n'est pas tant le sentiment diffus d'avoir échoué à l'école que celui d'y avoir gaspillé leur chance, d'avoir laissé passer là une occasion. Parler école avec eux, revenir sur leurs années de collège et de lycée, c'est, au fond, les amener à analyser leur propre « échec » scolaire. C'est les conduire, dans la dynamique de l'entretien, à se situer dans une « logique de l'aveu[2] », c'est-à-dire à devoir avouer à l'enquêteur qu'ils paient désormais au prix fort, dans leur vie professionnelle et de famille, leurs erreurs de jeunesse. La force du diplôme est aujourd'hui telle dans la société française que l'absence de titres scolaires reconnus est désormais, pour les intéressés, une forme de plaie qui a toujours du mal à cicatriser, qui tend toujours à se rouvrir à la faveur de tel ou tel déboire, de telle ou telle avanie dans la vie professionnelle. L'absence de « bon » diplôme, en particulier pour des individus sans capital social, se traduit le plus souvent soit par une fermeture des possibles professionnels, soit par une absence de promotion. Sans compter que, par une série de médiations, elle est souvent un handicap majeur à toute mobilité ascendante par le mariage ou la vie de couple.

Suivre de près le parcours scolaire des garçons de la fratrie n'a pas été un exercice aisé pour une double raison : d'abord l'école n'était pas au centre de nos entretiens (et j'ai sans doute parfois manqué de suite dans les idées ou d'aplomb pour leur faire évoquer en détail leur scolarité); ensuite, quand ils ont accepté d'en parler, les faits relatés sont restés entourés d'un halo, ont semblé souvent sujets à caution et surtout fortement empreints de reconstruction. Dans un premier temps, pour justifier leur scolarité écourtée ou avortée, ils ont tenu un discours bien rodé (commun à beaucoup de jeunes de leur génération et de leur origine), mettant en cause directement le système d'enseignement: que ce soit les enseignants ou les procédures d'orientation après le collège, ou que ce soit une volonté collective et mal intentionnée de vouloir à tout prix «leur» barrer l'accès aux études longues, les plus légitimes – les renvoyant à leur groupe d'appartenance, à savoir celui des «jeunes Maghrébins».

Cependant, dans un deuxième temps, après quelques relances plus précises, les garçons ont commencé à donner des éléments d'explication de leur destin scolaire et ont toujours fini par reconnaître, plus ou moins ouvertement, que l'école n'avait pas été leur priorité dans leur enfance et leur adolescence. Le groupe de copains passait avant et il n'était pas facile pour eux de lutter «contre le quartier» et ses affiliations obligées. Sans compter qu'à la maison ils bénéficiaient d'une latitude d'action sans commune mesure avec leurs sœurs aînées. On ne leur interdisait pas de sortir, ils étaient plus souvent dehors que dedans, deux d'entre eux (Azzedine et Mounir) vivaient beaucoup en groupe et subissaient sa loi, etc. Résultat: les devoirs passaient toujours «après». Cette organisation de leur temps libre après l'école était peu coûteuse en primaire (Azzedine et Mounir avaient d'assez bonnes dispositions scolaires et les résultats suivaient à peu près), mais elle a commencé à devenir pénalisante avec l'accroissement du niveau des exercices scolaires et du temps de travail à la maison demandé, c'est-à-dire en fin de collège (pour Mounir) ou en classe de seconde (pour Azzedine). Cette interprétation du destin scolaire des trois garçons de la fratrie, qui renvoie à une socialisation très différenciée entre garçons et filles dans la fratrie, a été soumise par courriel à Leïla dans la phase finale de l'écriture du livre. Elle a reçu une forme de validation avec sa réponse:

> Comme la plupart des filles d'origine maghrébine du quartier, nous avons fait un bien meilleur parcours scolaire que nos frères... L'éducation dans la toute petite enfance y est sûrement responsable pour une grande partie. Les garçons sortaient dès le plus jeune âge et passaient beaucoup de temps avec les copains sans investir leur temps dans les études... Petits, mes frères nous ont accompagnées à la bibliothèque et, dès l'adolescence, ils squattaient moins ces espaces... Je pense aussi qu'inconsciemment mes parents les laissaient tranquilles... [À leurs yeux], ils pourraient toujours faire un métier manuel. En plus, toujours dans cette concurrence dans la communauté [algérienne de la cité], les garçons en échec scolaire étaient légion... Seul Azzedine aurait pu faire de grandes études, il était même bon élève jusqu'à la fin du collège... Ma mère a dû le mettre au lycée privé pour qu'il assure au moins son bac [pro], qu'il a eu sans trop réviser et travailler... Mais les copains du foot, les premières virées, le chichon [haschisch] avec les copains ont eu raison de lui... [*smiley*]. (Leïla, courriel, 20 juillet 2017.)

Les causes de la moindre réussite scolaire des garçons dans la famille Belhoumi s'ancrent bien dans leur socialisation et, ce, à un double niveau. D'une part, en termes de socialisation familiale, les attentes scolaires des parents n'atteignaient pas le même niveau pour eux que pour leurs sœurs, un certain traditionalisme a pu opérer de manière inconsciente. Si l'objectif affiché pour tous était bien le salut par l'école, il n'empêche que de petits signes étaient émis, faisant prendre conscience aux garçons qu'un destin de travailleur manuel ne leur était pas interdit. D'autre part, en termes de socialisation résidentielle, la vie de quartier des garçons, la forte sociabilité locale et la pression constante du groupe des pairs (notamment des décrocheurs scolaires précoces sur les autres qui s'accrochent encore au collège) sont des forces contraires – et d'une grande puissance – au nécessaire ascétisme scolaire, alors qu'on sait que celui-ci est le meilleur gage de la réussite quand les épreuves montent d'un ou plusieurs crans à l'école.

Pour rendre compte de la moindre réussite scolaire des garçons, il ne faut pas oublier un élément majeur et trop souvent oublié de maints travaux sur l'école, trop scolaro-centrés[3], à savoir la question des conditions matérielles de scolarisation. Celles-ci sont souvent décisives. L'apprentissage scolaire présuppose, d'une part, des espaces dédiés au travail scolaire au domicile familial et, d'autre part, la possibilité de s'y adonner à temps plein. Sur le premier point, Samira me fait, un jour dans un mail, l'observation suivante :

> Il y a aussi les conditions du travail scolaire à la maison : un F4 pour 10 personnes vivant dans le même espace ; des allées et venues toute la journée avec le bruit qui va avec (entre les amies de ma mère, la famille du bled et les copains des uns et des autres, ça ressemblait à un hall de gare...) ; pas d'espace dédié au travail scolaire ; la notion même d'espace « privé » n'existe pas ; seul le DESIR d'apprendre comme pulsion de vie, peut permettre de résister à ces conditions...
> (Samira, courriel, 11 juillet 2016.)

En deuxième lieu, il faut avoir à l'esprit l'omniprésence de la question du manque d'argent dans la famille Belhoumi. Le fait est que, durant toute une partie de la vie familiale – quand le père a été mis en invalidité professionnelle et que la mère n'avait pas encore pris un travail (comme femme de ménage en collège) –, à savoir entre 1980 et 1994, les cordons de la bourse familiale étaient plus que serrés[a]. Les deux sœurs aînées et les trois garçons ont tous eu conscience que la seule solution était de se procurer de l'argent de poche par des petits boulots, pour « survivre » et surtout pour, dans l'adolescence, être habillés comme les autres. Compte tenu de la situation de précarité matérielle dans laquelle se trouvait la famille, tous les garçons ont commencé à travailler jeunes à côté de l'école. Rachid se souvient que, dès son entrée en sixième (alors âgé de quatorze ans), il allait très souvent « bosser » sur le marché de Sardan. Il assistait un charcutier qui l'avait « à la bonne », montait son étal avec lui dès 6 heures du matin et reprenait (ou non...) plus tard le

a La famille Belhoumi était d'ailleurs suivie régulièrement par l'assistante sociale du secteur. Les parents n'ont jamais caché à leurs enfants leur manque d'argent. C'était une donnée que tous les enfants, notamment les aînés, avaient intégrée tôt.

chemin du collège. Azzedine a lui aussi suivi ce même filon du travail sur les marchés. Mounir a fait de même, comme il le raconte dans cet extrait d'entretien:

> À l'âge de quinze, seize ans, pour être un peu indépendant, j'ai commencé à travailler dans les marchés... Dans une cité, c'est soit tu travailles honnêtement, soit c'est du trafic... Et dans notre famille on n'a jamais fait comme ça... Du coup, je gagnais [à l'époque] 50, 100 francs, en aidant à charger et décharger les camions.
> (Mounir, entretien, 22 octobre 2013.)

On peut aisément imaginer que cette mobilisation précoce des frères Belhoumi sur ces segments juvéniles du marché du travail a joué contre leur scolarité: d'une part, en termes de fatigue et de réduction du temps de travail scolaire disponible et, d'autre part, en termes de construction d'un autre avenir possible et de relativisation de l'importance de l'enjeu scolaire. Ils ont entrevu là qu'il y avait une autre vie, à côté et loin de l'école. Il ne faut pas oublier ici les effets de cliquet produits par le fait de pouvoir compter sur une petite autonomie financière leur permettant de s'acheter leurs «fringues», de financer leurs sorties avec les copains du quartier, sans compter le fait symboliquement important de ne plus passer localement pour des «crevards».

Quand Mounir «tente» allemand/latin au collège

Il convient de s'arrêter un moment sur le cas de Mounir, le troisième garçon de la fratrie, car il illustre bien la chaîne de processus qui conduit *in fine* à une certaine forme d'échec scolaire (il ne parviendra pas à obtenir son BEP de maintenance des systèmes informatisés). Or il avait été bon élève en primaire; Leïla, qui a suivi de près sa scolarité, estime aujourd'hui qu'il était à ses yeux, parmi les trois garçons, celui qui avait, dans son jeune âge, le plus de qualités intellectuelles et de dispositions scolaires, qui était le plus «doué» (scolairement). C'est d'ailleurs pour cette raison que Leïla avait choisi de lui faire prendre, en classe de sixième, l'allemand comme première langue (c'est le premier dans la fratrie à le faire), puis en cinquième le latin comme option. Ce choix allemand/latin est, on le sait, courant chez les très bons élèves des collèges de quartier (ZEP) ; il semble la meilleure solution pour éviter les mauvaises classes et les « perturbateurs » qui, pourrait-on dire, ne se risquent pas dans ce type de classes, dites péjorativement d'« intellos ».

Ayant peu de contacts directs avec Mounir, je demande à Leïla[a] quelles étaient les raisons de ce choix allemand/latin, atypique dans le quartier comme dans leur famille. Elle m'explique alors qu'au début des années 1990, le rectorat avait décidé de créer une section « arabe seconde langue » dans leur collège de secteur – par lequel tous les enfants Belhoumi sont passés –, ce qui a produit mécaniquement la fabrication de « classes d'Arabes » (c'est Leïla qui emploie explicitement cette expression). Lorsque Mounir, né en 1981, arrive en 1992 au collège du secteur, Leïla va anticiper les événements et tout faire pour lui éviter le risque de se retrouver dans une telle classe.

On mesure là que les sœurs aînées ont été, très jeunes (Leïla a dix-neuf ans en 1992), de redoutables « stratèges scolaires » pour leurs frères et sœurs cadets. Mais le fait est que cette stratégie scolaire va se heurter à un obstacle de taille : Mounir, ancien bon élève de primaire, va rapidement perdre pied au collège, lors des deux premières années. En effet, après la cinquième il sera orienté en classe de « quatrième techno », qu'on peut considérer comme une petite filière de relégation interne au collège conduisant tout droit au lycée professionnel. Mounir n'aura pas tenu scolairement bien longtemps au collège. On peut même faire l'hypothèse que le fait d'avoir été scolarisé dans de bonnes classes du collège en sixième et cinquième a pu lui être

a Après le départ de la maison de Samira pour l'école d'infirmières, en 1989, Leïla a pris le relais en matière de scolarité de ses cadets. Elle admet volontiers d'ailleurs que sa place a été chamboulée après le départ de Samira et qu'elle a dû alors assumer beaucoup plus de responsabilités à la maison. Avant cela, Leïla était moins portée sur l'activité scolaire en tant que telle de ses frères et sœurs que sur les achats des fournitures scolaires...

préjudiciable, car ses notes l'ont fait apparaître comme « mauvais élève » et il a dû très vite être étiqueté comme tel aux yeux des autres. Or les travaux de sociologie de l'éducation tendent à montrer que la place relative dans une classe joue un rôle non négligeable dans les parcours scolaires au collège[4]. En deux mots, pour un même élève de collège, il vaut sans doute mieux être « élève moyen » dans une mauvaise classe que « mauvais élève » dans une bonne classe.

Mounir sera lui aussi happé par la vie sociale du quartier, très intense pour les adolescents. Ainsi, lorsque je lui demande ce qu'il faisait « ado », à côté de l'école, Mounir avoue sa passion précoce pour la voiture et ses coûteuses logiques de copinage du quartier :

> On réparait des caisses... J'avais un acolyte qui était adepte des vadrouilles et qui faisait beaucoup de bêtises... Et c'est vrai que je le suivais... Mais, après, quand moi j'ai choisi le parcours du travail, lui était en prison...
> (Mounir, entretien, 22 octobre 2013.)

Le destin scolaire de Mounir s'est donc joué lors de ses deux premières années de collège. Mis sur une voie de garage scolaire (la « quatrième techno »), il a été ensuite, selon la logique scolaire qui mène des classes technologiques du collège au lycée professionnel, victime du « grand partage » qui, dans le système d'enseignement français, sépare les élus (qui vont en lycée général) des réprouvés (qui vont en lycée professionnel). L'arrivée au LEP du secteur a signé pour lui, d'une certaine manière, la fin de ses espoirs scolaires. Dans le LEP de son secteur géographique, il retrouve en effet de nombreux copains de quartier, qui y sont concentrés et qui donnent le ton dans l'établissement, mais surtout tous les garçons qui avaient été antérieurement le plus en échec scolaire et qui possédaient de bien moindres dispositions scolaires que lui. Il vit alors cette coexistence scolaire comme étant en quelque sorte contre-nature et ne peut y voir, à titre personnel, qu'un fort déclassement. C'est ce qu'il raconte, sur un mode désabusé, dans le seul entretien que j'ai fait avec lui :

– SB : Tu dis que tu as fait [à l'école] du professionnel, c'est bien ça ?
– Mounir : Comme 75 % des jeunes Maghrébins, on a tous été poussés vers des BEP maintenance ou technique... Comme souvent ça ressort dans les sketchs [à la Jamel Debbouze]... Là [au LEP], j'avais tous les derniers de la classe avec moi... Du coup, j'ai préféré couper à l'âge de dix-neuf ans.
– SB : Tu as eu l'impression d'être relégué......
– Mounir : Comme tout le monde, on est partis voir la conseillère d'orientation... Et elle nous a dit que le lycée professionnel était plus adapté à mon caractère... Alors que pas du tout ! Là où j'étais, c'était un monde bizarre, au lycée pro Curie, c'était vraiment très bizarre... Après je suis passé dans un autre lycée pro [privé], et c'était un peu plus sérieux...
– SB : Ça veut dire quoi des « gens bizarres » pour toi ?
– Mounir : Ben, des personnes déçues de la société... Qui n'en avaient rien à foutre... C'était l'âge un peu de l'insouciance... Mais, moi, je pensais pas que c'était ça le lycée professionnel... C'est vrai que j'ai été déçu... On apprenait vraiment les bases... J'avais vraiment l'impression d'être en sixième... C'était un BEP de maintenance de systèmes mécaniques automatisés. J'ai arrêté au BEP, d'ailleurs je n'ai aucune expérience dans la maintenance...
(Mounir, entretien, 22 octobre 2013.)

La scolarité de Mounir dans le lycée professionnel privé sera certes plus tranquille, mais le cœur n'y est plus, la motivation perdue, le moteur scolaire grippé. Il ne parviendra donc pas à décrocher son BEP de MSMA et ira tôt, à dix-neuf ans, tenter sa chance sur le marché du travail comme jeune intérimaire. Il commence également, au même moment, une vie de couple avec une jeune femme, Vanessa (titulaire d'un CAP d'esthéticienne, fille d'ouvrier EDF, « française », et qui a grandi en pavillon). Le cas de Mounir importe, car il met l'accent sur l'entrelacement entre des histoires individuelles comme la sienne et une histoire collective comme celle des jeunes d'origine maghrébine. Il est par exemple frappant que, pour rendre compte de son parcours scolaire, il évoque d'emblée la forte surreprésentation des jeunes Maghrébins en lycée professionnel (« comme 75 % des jeunes Maghrébins, on a tous été poussés vers des BEP »). C'est donc le moment de s'attarder sur cette question, elle aussi, très sexuée, de la discrimination et du racisme et de la manière dont elle a été évoquée par ces trois garçons...

Discrimination, racisme...
Les garçons en première ligne

Toutes les enquêtes montrent que les discriminations ethniques ou raciales comme le racisme sont des phénomènes sociaux profondément sexués[5]. En France comme aux États-Unis, les hommes les subissent incomparablement plus que les femmes, notamment sous leurs formes les plus violentes (crimes racistes, « ratonnades », etc.). Les faits sont avérés en France ; la discrimination, que ce soit à l'embauche (comme l'ont montré les enquêtes par *testing* des sociologues ou économistes du travail[6]), à l'entrée dans des lieux festifs (boîtes de nuit) ou lors des contrôles d'identité[7], touche en priorité les jeunes Noirs ou d'origine maghrébine et de manière privilégiée les jeunes hommes[a]. Dès lors, il n'est pas surprenant que les entretiens avec les trois frères de la fratrie aient été émaillés de propos qui relatent des scènes de racisme vécues dans leur propre vie quotidienne : au travail, dans le sport et surtout dans l'espace public.

Ils ont maintes fois fait l'objet de délits de faciès de la part de diverses institutions, mais surtout de la part de la police de Sardan, sachant que les deux aînés (Rachid et Azzedine) peuvent physiquement être décrits comme « de type méditerranéen » (une « gueule d'Arabe », comme le dira une fois Rachid). Mais ce qui m'a sans doute le plus intrigué dans leurs propos, c'est que Rachid et Azzedine, sans doute en lien étroit avec le mode d'éducation

---

a Cependant, la montée en France d'un islam politique dans les cités – avec, pour les jeunes femmes les plus militantes, un affichage ostentatoire des signes religieux dans l'espace public, conjuguée à la forte politisation autour de la loi sur la laïcité de 2003 (dite « loi sur le voile », perçue dans beaucoup de « quartiers », comme discriminatoire à l'égard des musulmans) – s'est accompagnée, dans une logique de spirale ou de cercle vicieux, d'une hausse sensible du niveau de discrimination à l'égard des femmes se revendiquant comme « musulmanes »...

parentale et peut-être avec un phénomène de génération, n'ont jamais souhaité se poser en « victimes » (du racisme, de discriminations...). Ils avaient même, dans un premier temps, à cœur de ne pas vouloir jouer de ce registre-là dans les entretiens. Car cette manière de justifier leur position scolaire ou sociale inférieure (ou « dominée ») en incriminant des discriminations subies leur était bien connue et même familière : ils l'avaient certainement entendu évoquer des dizaines de fois, comme une ritournelle du bas des blocs, un discours « en mode automatique » tenu par leurs copains de la cité quand il s'agissait de se raconter. Deux éléments d'explication peuvent être avancés pour rendre compte de cette forme de réticence des garçons à reprendre tel quel ce discours de dénonciation (devenu dominant dans les cités des quinze dernières années[a]).

Tout d'abord, le discours sur la France de M. Belhoumi était tempéré : d'un côté, devant ses enfants, il a toujours dit son admiration pour « la France des savants et des ingénieurs » au travail en Algérie ; de l'autre, il a toujours reconnu, comme le traduit ici Samira de l'arabe, « ce que la France porte comme misère du monde » ; Samira commente à mon intention : « C'est traduit de l'arabe *"frança cha rahi revda"*, phrase qu'il a répétée maintes et maintes fois et qu'il répète encore en parlant d'ingratitude et de folie quand il s'agit des jeunes qui commettent des attentats... » Samira poursuit alors (en marge du chapitre qu'elle a lu) :

> Les « tirades » inspirées de mon père, émaillées de réflexions presque philosophiques, nous ont servi de repères... il ne travaillait certes pas, mais il nous parlait beaucoup, beaucoup... Et c'est une nourriture inestimable...
> (Samira, entretien, 10 juillet 2013.)

Ensuite, cette réticence des trois frères à reprendre le discours de victimisation doit être aussi liée à l'exemple, très parlant et vivant, du parcours de leurs deux sœurs aînées. Samira et Leïla ont réussi leur scolarité et leur vie professionnelle sans

a Et dont il faut dire qu'il est statistiquement fondé...

avoir plus de ressources qu'eux au début et en ayant même des handicaps de départ qu'ils n'avaient pas (comme le surtravail domestique). On peut penser que la réussite de leurs sœurs, que les trois frères ne cessent de louer (c'est, au fond, celle de toute leur famille), les a freinés ou les a même empêchés de se livrer, face à moi, à cet exercice de dénonciation rituelle des discriminations.

Il est aussi fort probable que Samira et Leïla ont toujours veillé au grain en la matière. Comme elles me l'ont parfois raconté, elles ne manquaient pas d'intervenir – en réunion familiale ou en situation de tête-à-tête – pour ne pas laisser leurs frères entonner ce qui, pour elles, pouvait ressembler par trop à une forme de complainte[a]. Elles ne se privaient pas de leur demander de « balayer devant leur porte », en soulignant que, s'il ne s'agissait pas de nier l'existence de discriminations à l'égard des Maghrébins en France, il ne fallait pas non plus qu'elles servent de prétexte pour nier leurs propres responsabilités dans leurs situations professionnelles et sociales respectives. En d'autres termes, les deux sœurs jouaient à l'endroit de leurs frères le rôle de force de rappel qui visait à affirmer face à eux une sorte de réalisme sociologique les privant de cette ressource morale que constitue la dénonciation d'un racisme institutionnel s'opérant à leur encontre tous azimuts.

Cependant, il faut bien voir que la position des trois frères sur ce sujet n'est pas homogène et renvoie à leur mode de socialisation spécifique. Par exemple, on aurait pu s'attendre à ce que Rachid, avec son passé délinquant et ses passages nombreux et « musclés » dans les commissariats de police, fasse une belle place au racisme dans la société française pour expliquer son parcours et ses turpitudes. Il n'en a rien été. Pour en rendre compte, on

---

a Samira, quand elle lit ce passage, le commente de manière suggestive : « Ce qu'on ne leur a pas dit, c'est que moi (je ne sais pas pour Leïla) j'étais parfaitement consciente que j'ai aussi bénéficié de la part des "Français" (surtout les Françaises d'ailleurs) d'un comportement "protecteur" vis-à-vis des filles maghrébines (dominées, plus ou moins maltraitées)… Enfin à l'époque car, aujourd'hui, elles sont plutôt vues comme ambitieuses et prêtes à tout (*cf.* Rachida Dati). »

peut mentionner en première approximation qu'il n'a jamais été un vrai « gars de quartier », qu'il n'a pas participé activement à la « culture de quartier ». Il était à sa manière un marginal. Mais cela tient sans doute, comme Leïla me l'a fait un jour remarquer, à son passage en primaire par l'école Victor-Hugo (qui était mixte socialement), grâce auquel il a gardé nombre d'amis « français » qui occupent aujourd'hui des activités typiques des classes populaires françaises : certains sont gendarmes, pompiers, ouvriers qualifiés, etc. Du fait de sa génération et des zones de mixité sociale qu'il a côtoyées dans son enfance et au-delà, Rachid ne s'est pas construit dans l'opposition aujourd'hui fortement durcie entre, d'une part, le « nous » du monde de la cité et des enfants d'immigrés postcoloniaux et, d'autre part, le « eux » de tout ce qui est autre et extérieur à ce monde. À l'opposé, Mounir, qui a six ans de moins que Rachid, à défaut d'avoir été impliqué centralement dans la culture de cité, en a été fortement influencé. Ce n'est sans doute pas un hasard si c'est lui qui, parmi les trois frères, a été le plus enclin à reprendre, par moments, un discours relevant d'une forme de victimisation.

> – SB : Je trouve qu'il y a un aspect de génération important dans la famille. Les trois sœurs cadettes quand elles parlent d'elles-mêmes, font assez systématiquement référence à leurs origines alors que, pour les deux aînées, cette question n'apparaît pas beaucoup ou bien moins...
> – Mounir : Alors c'est ce qu'on dit souvent, à l'époque 1980-1986, on [les « jeunes d'origine maghrébine »] avait plus la cote qu'aujourd'hui... Après y a beaucoup de petits cons qui foutent la merde et malheureusement comme vous voyez, nous, on a le style vestimentaire des gars de cité... On en prend un peu sur la gueule, y a ça et le fait de se faire contrôler une vingtaine de fois en centre-ville ou dans la cité. Quoi qu'il arrive, dès qu'ils [les policiers] en voient un, ils le cataloguent... Et on doit toujours justifier qu'on n'est pas comme eux, même si on a les mêmes traits [physiques]... On sait qu'on est maghrébins mais, nous, on est insérés dans la société alors qu'eux, ils ne le sont pas... Du fait aussi qu'on cherche du travail, quand on va voir un employeur on parle convenablement et pourtant y a quand même cette barrière, c'est comme ça... Mais c'est à nous de se différencier des autres... On met souvent la barre

plus haut qu'un [autre]... Moi en tant que Maghrébin, je vais arriver à un entretien avec le même CV qu'un Français mais je sais que mon discours va être plus éloquent que le sien... Car quoi qu'il arrive, je vais devoir me donner deux, trois fois plus pour avoir le même résultat... Et ça, tout le monde le subit...
– SB : C'est ce que me disait tout à l'heure Driss [un de ses copains de boulot présent à l'entretien avec lui, ce jour-là] avec son expression « on a la dalle ! »...
– Mounir : Ouais, on a conscience de tout ça... Le truc, c'est de ne pas se décourager et d'y arriver...
(Mounir, entretien, 22 octobre 2013.)

On verra plus en détail, aux chapitres suivants, les destins scolaires de Rachid et Azzedine, mais on y retrouvera les mêmes constantes qui sont autant de lois sociologiques : pour les garçons ayant grandi en cité dans des familles nombreuses, il faut un cumul improbable de facteurs favorables – tant en termes de suivi scolaire familial que d'encadrement par l'institution scolaire – pour contrer la loi d'airain de la reproduction scolaire dans la France des années 1990-2000. Cependant, même si les trajectoires scolaires prédéterminent largement les trajectoires professionnelles des individus, ces dernières conservent une petite part d'autonomie qui peut être renforcée par l'adjonction, pour les intéressés, de ressources relationnelles et/ou de petits capitaux sociaux.

Quand les sœurs aînées aident leurs frères à s'établir sur le marché du travail

Les trois garçons de la fratrie, avec leurs parcours scolaires chaotiques, leurs études courtes et, pour Rachid et Mounir, l'absence de tout titre scolaire, auraient dû avoir, si l'on en croit toutes les enquêtes statistiques d'insertion professionnelle des jeunes peu ou non diplômés, de grandes chances de rejoindre la cohorte des chômeurs de longue durée ou des intérimaires permanents. Or il n'en a rien été. Ils ont pu s'établir durablement sur le marché du travail et faire leur vie, tant au plan professionnel qu'au plan matrimonial. Ce qui frappe, si l'on compare avec des données statistiques nationales, c'est la très faible place occupée par le chômage dans les parcours des trois garçons, pourtant globalement peu diplômés. Cela doit sans doute être mis en rapport avec leur mise au travail précoce, parallèlement à la poursuite de la scolarité de la plupart d'entre eux. On a vu qu'ils avaient tous trois expérimenté tôt les marges du monde du travail en démarrant, au moment de l'entrée au collège, « sur les marchés ». On a vu que, dès la sixième (à l'âge de treize, quatorze ans), Rachid allait ainsi y rôder tôt le matin (vers 5 ou 6 heures) pour se faire embaucher pour la demi-journée. Cette vie lui a d'emblée plu, il y aimait l'ambiance, la truculence des situations et des personnes, il y montrait aussi sa force de travail et sa bonne humeur et, en retour, il était reconnu pour son côté dur à la tâche, notamment par le boucher-charcutier qui l'embauchait régulièrement et qui appréciait ce « petit Arabe ». Les trois garçons vont ensuite tous commencer, au début de leur carrière professionnelle, par des boulots d'intérim à l'usine.

La mise au travail de ses fils dans des chantiers du BTP a beaucoup peiné M. Belhoumi, qui rêvait de meilleures situations pour ses fils. Leïla affirme l'avoir vu pleurer le jour où son fils aîné est parti pour la première fois travailler comme ouvrier « sur un chantier ». Compte tenu à la fois du modèle de réussite professionnelle qu'avait en tête leur père et de l'ambiance de racisme ordinaire qui sévissait sur les chantiers, les trois fils vont tous s'efforcer de trouver des solutions pour s'éviter un avenir d'ouvrier. Rachid et Mounir ont bifurqué assez tôt vers le « commerce » : ils sont devenus « vendeurs » et ont, dans un premier temps, très bien réussi dans cette voie, gagnant confortablement leur vie mais aussi « flambant » leur argent (achat de grosses cylindrées, de vêtements de marque, etc.). Dans sa période la plus faste sur le plan financier, Rachid part en Algérie en vacances et emmène ses parents avec lui en les faisant séjourner quelques jours dans des « palaces » en Espagne. Mounir, dans son métier de VRP, explique quant à lui comment, avec son copain Ali (un autre « rebeu » de la région nantaise), ils étaient utilisés comme « Arabes » pour pénétrer le marché des cités, « entrer dans les appartements » et vendre leurs produits (isolation thermique).

Azzedine, le cadet, se différencie de ses deux frères. Il était le plus doté scolairement (un bac pro), mais une longue phase de «mal-être» entre vingt et vingt-quatre ans va d'une certaine manière le «plomber» au niveau professionnel. Il interprète avec le recul cette mauvaise période de sa vie comme la conséquence directe de la mort au volant, en sortie de boîte de nuit, de son meilleur ami («c'était comme mon frère»), fils de commercial pavillonnaire, avec lequel il jouait au basket-ball au plus haut niveau régional. Ce drame l'a, selon lui, plongé dans une sorte de dépression «douce», un long moment de léthargie au cours duquel il s'est replié chez lui (chez ses parents), s'adonnant régulièrement à la consommation de cannabis.

Le fait notable dans sa trajectoire est qu'il va en quelque sorte «se réveiller» au moment précis où il voit se profiler la perspective du RMI (à l'âge de vingt-cinq ans). Il explique dans le détail, en entretien, que devenir RMIste aurait alors signifié pour lui endosser le statut modal de beaucoup de ses voisins de quartier ou d'amis d'enfance, se transformer ainsi, à ses propres yeux, en un *loser*, sombrer donc dans un destin social auquel il a toujours voulu échapper depuis qu'il a une forme de conscience sociale. D'où, comme un réflexe de survie, l'appel au secours[a] en direction de ses deux grandes sœurs de Paris qui vont aussitôt le soutenir, le guider, l'orienter. Il s'installe chez Leïla à Paris, consulte à son travail la liste de tous les concours de niveau bac qu'il peut passer. Il arrête son choix sur celui de la RATP et écrit en vitesse une lettre de motivation. Sans le lui dire, Leïla repasse derrière lui, réécrit sa lettre et l'envoie à la RATP. Un coup de pouce décisif, une fois de plus. Admis à passer des tests, il réussit les entretiens d'embauche, vient travailler à Paris et vit pour un temps chez Leïla, avant de trouver un petit appartement dans la proche banlieue nord de Paris.

---

a En lisant ce passage, Samira commente en marge: «Là encore, c'est mon père qui nous a dit un week-end où on est allé à Sardan: "Sauvez-le! Sauvez votre frère! Sinon il va être perdu!" (perdu dans le sens où avec le RMI, il risque de ne jamais plus se confronter au monde du travail) et en particulier à Leïla qui travaille dans l'insertion professionnelle.»

On a ici un beau cas de transfert de capitaux acquis au sein de la fratrie et l'exemple précis d'une modalité concrète de rattrapage de trajectoire (celle d'Azzedine) par sa sœur Leïla qui, elle, vit une ascension. On voit que l'absence de diplôme (ou la possession d'un petit diplôme) ne rime pas nécessairement, chez les enfants d'immigrés maghrébins, avec chômage prolongé[8]. Les trois garçons de la fratrie n'ont certes pas la stabilité professionnelle de leurs sœurs ni les perspectives de carrière ascendante des deux aînées. Mais ils n'en sont pas moins parvenus à décrocher des emplois assez stables dans le secteur commercial (pour le premier et le troisième) et dans le secteur public pour le second, devenu à vingt-cinq ans chauffeur de bus à la RATP.

À ce stade, il faut souligner que l'aide morale et psychologique proposée constamment par Samira à ses trois frères – elle m'a confié que pendant très longtemps elle les avait appelés presque chaque jour – tout comme l'aide à l'insertion professionnelle de Leïla, dont c'est le métier (elle a pour habitude de réceptionner tous les CV des membres de la fratrie et de les « corriger ») ont été d'un apport décisif dans leur parcours de stabilisation professionnelle. Sans oublier un autre élément à bien des égards déterminant : les appartements de Samira puis de Leïla à Paris ont offert, comme le dit Samira, un « espace transitionnel » (depuis l'appartement du 5e arrondissement, puis celui du 12e, et enfin celui de P., en Seine-Saint-Denis, passé à Leïla et qu'elle a ensuite laissé à Azzedine), c'est-à-dire un refuge, un lieu de repli pour se mettre à l'écart des turpitudes du quartier...

> Mes frères venaient passer quelques semaines, voire quelques mois, et repartaient un peu plus réparés... Par exemple j'ai amené une fois Rachid avec moi car il avait des histoires avec des « mecs du quartier qui voulaient sa peau »... Les trois ont fait plusieurs passages à Paris avant et après la venue de Leïla.
> (Samira, entretien, 18 juillet 2012.)

C'est bien pour toutes ces raisons que les trois frères ne sont pas avares en compliments et remerciements à l'égard de leurs sœurs aînées pour l'aide qu'elles leur ont constamment apportée :

Mounir : Mes deux sœurs [aînées] ont fait beaucoup de sacrifices, étant jeunes, pour nous éviter de sombrer dans la délinquance… C'est elles qui nous ont fourni tout ce qui est habillement, pour nous aider financièrement… Parce que, quand on vit dans une cité, la première des choses c'est le trafic de drogue… Et elles nous ont beaucoup aidés dans ce domaine… Et c'est peut-être pour ça qu'on n'a pas sombré… Moi, je pense qu'elles y sont pour beaucoup. […] On était gâtés, on avait Leïla qui était un « tyran » et Samira qui était plus douce, qui se souvenait des anniversaires… Elle était plus philosophe que Leïla, mais Leïla nous a aussi beaucoup aidés… Et même aujourd'hui elle aime tout diriger… C'est impressionnant ! Les deux, c'est les poumons de la famille Belhoumi… Samira c'est le cœur, pour ne pas dire le cerveau, et il y a, nous, les frères… Des petites bestioles qui se baladent autour…
(Mounir, entretien, 22 octobre 2013.)
Azzedine : Moi si j'avais pas eu mes sœurs… [*temps d'arrêt, il réfléchit*] Bah ouais j'aurais fait comme tout le monde… J'aurais pas fait d'études, je serais resté dans la cité, je me serais mis à dealer… Parce que, réellement, on vient d'une famille très, très modeste, donc forcément on peut… [dériver]… On nous laissait pas le choix. Et puis voilà, heureusement que, nous, on avait nos sœurs… Elles ont fait beaucoup… Moi, je prends souvent comme exemple ma grande sœur Samira [*long silence, ému*]… qui s'est privée dans sa jeunesse quand elle est venue ici à Paris travailler… Elle s'est privée de plein de trucs, pour aider nos parents, pour nous aider, nous [ses frères et sœurs]… Personnellement, je serai reconnaissant à vie à mes sœurs ! Parce que, sans elles, je ne serais pas la personne que je suis aujourd'hui : ouvert d'esprit, à pas me prendre la tête tous les jours en me disant : « Faut que je fasse voir que je suis le meilleur… » Alors que, non, il n'y a pas de raison…
(Azzedine, entretien, 7 octobre 2013.)

*
**

Les trois garçons, situés entre les deux groupes de filles de la famille, conviennent tous de la valeur d'exemple – souvent très inhibant – du destin scolaire de leur sœur aînée ainsi que de son soutien constant. Mais cela ne suffira pas à contrebalancer la double influence, négative sur le plan scolaire, de leur éducation familiale (la grande liberté accordée aux garçons par la mère) et du « quartier » : la force du groupe des pairs et ses sollicitations nombreuses en bas des bâtiments contredisent tous les efforts pour renverser leur destin de classe. En effet, la forme classique de sociabilité des garçons de cité des années 1980-1990 – les « petites bandes » ou les duos ou trios d'amis inséparables – les attire comme un aimant vers l'extérieur de la maison. Cette forte sociabilité de quartier, conjuguée aux « privilèges » éducatifs dont ils jouissent à la maison, va les priver de l'acquisition d'un minimum d'ascèse scolaire et de discipline temporelle, conditions nécessaires à la réussite scolaire.

6

Le fils aîné: de la chute au rétablissement

Rachid, le fils aîné (né en 1975), a joué, de manière indirecte, un rôle majeur dans l'enquête sur la famille Belhoumi. En effet, c'est surtout en pensant à lui, à son parcours tumultueux lors de sa longue adolescence, que Samira a souhaité me rencontrer juste après mon intervention lors de cette scène inaugurale du débat public de Monville. Rachid n'a été ni un caïd de quartier ni un chef de bande (il s'est tenu éloigné de tout trafic de drogue), mais un «franc-tireur», se disant lui-même très «bagarreur». Ce qui, de petites combines en petites affaires, l'a conduit, à l'âge de vingt-et-un ans, en prison pour «vol qualifié». Très touchée par l'histoire de son frère le plus proche (cinq ans les séparent, tous deux sont nés en Algérie), Samira voulait avant tout «comprendre»: d'une part, ce qui avait pu bien conduire son frère là où il en était arrivé, à savoir une incarcération qui signait un terrible échec non seulement pour lui-même mais aussi pour ses propres parents; d'autre part, et plus largement, pourquoi tant de garçons d'origine maghrébine, comme Rachid, avaient emprunté – et continuent d'emprunter – ce chemin de la délinquance et/ou de l'autodestruction[a], par divers moyens (dont la drogue).

De fait, Samira a croisé deux fois de près l'histoire de ces «garçons maghrébins»: avec Rachid, dont elle a vu se dérouler le parcours avec un cruel sentiment d'impuissance, et avec son

a Dans un commentaire d'une première version de ce chapitre, Samira réagit à ce mot d'«autodestruction»: «C'est exactement ça... Comprendre pourquoi la pulsion de mort est si forte chez les garçons d'origine maghrébine et surtout les Algériens...»

premier mari, dont on a vu qu'il était en fait sous l'emprise de la drogue («toxico»). Pour ce qui est du parcours de Rachid, on comprend bien qu'il détonne dans l'histoire de la famille Belhoumi qui avait si bien commencé avec celui sans faute des deux sœurs aînées. Comment expliquer la singularité de son parcours et sa pente déviante? Comment rendre compte de son rétablissement, d'une certaine manière, «miraculeux» (Samira me dira une fois au détour d'une conversation qu'il est, à ses yeux, un «miraculé»)? En quoi le cas de Rachid peut-il être considéré comme un analyseur pertinent des relations internes à la fratrie, à la fois dans les rapports aînés-cadets, entre ses frères et lui, entre ses sœurs et lui?

Rachid et son histoire: en parler ou pas à l'enquêteur?

Lors des entretiens, l'histoire de Rachid n'était jamais évoquée ouvertement par les autres membres de la fratrie, exceptée Samira. La discrétion était de mise sur ce sujet, il y avait même une sorte de pudeur, bien compréhensible: il s'agissait de ne pas en parler explicitement ou de taire ce qui avait été sans nul doute l'objet de drames familiaux. L'ombre de Rachid a longtemps plané sur la famille, notamment sur les deux frères qui le suivaient. Ces derniers ont dû, dans leur propre parcours, «faire avec» l'histoire de leur frère, avec sa mauvaise réputation à l'école comme dans le quartier. Il leur a fallu dans leur jeunesse prouver sans cesse qu'ils n'étaient pas comme leur frère aîné, montrer en actes, par leur comportement, qu'il ne fallait surtout pas les confondre avec lui. L'histoire de Rachid a donc particulièrement pesé sur leur destin. Par exemple, il n'était pas facile de passer après lui à l'école, comme le raconte ici Azzedine:

> [À l'école] Rachid, lui, il était plus dissipé... [...] Lui, à l'école, il avait fait beaucoup de bruit aussi. Mais surtout, on me voyait plus par rapport à mes sœurs que par rapport à mon frère... Et moi, je me détachais de ça, à chaque fois qu'on me parlait de mon grand frère, je disais bien: «Mon grand frère c'est mon grand frère et moi c'est moi... j'ai rien à [voir avec lui]... » Et ça

> depuis tout petit, hein! À chaque fois, tout le temps, ils [les enseignants] ont voulu faire croire que je marchais sur les traces de mon grand frère... Alors que non! Alors que, pour moi-même, malgré qu'on soit frère ou sœur, chaque être est différent et que c'est pas parce que mon frère a eu sa période [mouvementée], que je vais l'avoir aussi, quoi.
> (Azzedine, entretien, 7 octobre 2012.)

Dans ces conditions, on peut aisément comprendre qu'Azzedine et Mounir n'aient guère eu envie, en entretien, de s'appesantir sur son cas. Pour Samira, c'était quelque peu différent, car l'histoire de ce frère avait été pendant une dizaine d'années au cœur de celle de sa famille, une sorte de nœud familial, un point sensible de crispation. Or Samira avait à cœur de me raconter *toute* cette histoire familiale: sans faux-semblants, sans hypocrisie, dans son intégralité, sa crudité et sa complexité. Ainsi ne voulait-elle rien cacher sur ce sujet, m'ayant raconté l'essentiel à son propos dès notre deuxième entretien. Un autre facteur est intervenu dans la libération de la parole de Samira: elle avait vécu auprès de son frère des scènes qui l'avaient marquée, l'ayant fait entrer dans son intimité et mesurer l'importance de sa souffrance existentielle. Cela avait été notamment le cas dans les années les plus dures de Rachid (entre seize et vingt-deux ans), scandées par des moments de forte alcoolisation et de débordements en tout genre. Samira m'a, par exemple, raconté la première fois où Rachid, à seize ans, s'était «saoulé à mort». Il n'avait pas pu (ou osé) rentrer dans cet état chez ses parents et c'était son copain de beuverie qui était parvenu à le conduire jusqu'à la chambre de Samira, à l'école d'infirmières, située à 100 kilomètres de l'appartement familial. Celle-ci avait alors vu, pour la première fois, Rachid dans un «sale état», en proie à une grande phase d'agitation, délirant sous l'emprise de l'alcool. Ce qui l'a alors fortement marquée, c'est que, profondément ivre, il lui avait avoué les raisons de ses tourments personnels:

> Il [Rachid] me répétait sans cesse [en larmes]: «Papa m'a jamais aimé... Il m'aime pas!» Et moi, j'essayais de le rassurer... Mais en vain.
> (Samira, entretien, 16 juillet 2016.)

Le point de vue de Leïla à l'égard de l'histoire de Rachid s'est révélé assez différent. Au début de l'enquête elle n'était pas engagée de la même manière que Samira, n'étant pas spécialement demandeuse d'entretiens de type « récit de vie », préférant garder à l'abri du regard du sociologue un certain nombre de choses « privées » (ou qu'elle jugeait comme telles), qui ne regardaient qu'elle ou sa famille[a]. *A fortiori* elle n'a jamais voulu trop parler de Rachid, comme si elle se sentait tenue d'exercer, encore plus sur ce sujet, une sorte de « droit de réserve » familial. Entrait aussi, sans doute, dans sa prudence la crainte de se laisser aller à des propos un peu trop vifs à son égard. On sait qu'une fois Samira partie de la maison, Leïla, qui avait alors seize ans, avait dû prendre les affaires en main, non sans une certaine poigne (elle avait déjà fait ses premières armes dans l'animation et les centres de loisirs), s'efforçant de faire « filer droit » le reste de la fratrie. Ce qui n'avait pas l'heur de plaire à tout le monde. Vingt ans plus tard, Rachid tient des propos assez critiques sur Leïla, sur sa manière de vouloir alors « tout régenter ».

On peut d'ailleurs penser que s'est mise en place assez tôt dans la famille une économie des rapports affectifs entre frères et sœurs. Samira, la sœur aînée, a assez vite adopté le rôle de celle qui était dans la compréhension, tandis que Leïla a endossé en quelque sorte celui du gendarme. Par rapport aux frasques et inconduites de Rachid, cette dernière a toujours cherché à mettre des bornes, à le redresser, à « l'engueuler » vertement quand il le fallait. Mais, dans ce bras-de-fer avec son petit frère (deux ans les séparent), elle avait fort à faire car elle trouvait face à elle sa mère, dont elle dit (comme Samira) qu'elle a toujours été « derrière » son fils aîné (et chéri), qu'elle l'a toujours défendu,

---

a Un an après le début de l'enquête, nous avons rendez-vous, les deux sœurs aînées et moi, au café du Cinéma des cinéastes, place de Clichy à Paris. C'est la seconde fois que nous nous retrouvons ensemble. Nous discutons de la progression de l'enquête dans la famille, Samira et Leïla échangent entre elles et, à un moment donné, Leïla dit à sa sœur aînée, sur un ton mi-outré, mi-amusé: « Mais comment tu peux lui raconter tout ça, à Stéphane? Moi je ne pourrais pas »...

soutenu et encensé, se montrant coupable d'une trop grande mansuétude et d'une indulgence infinie[a].

Enfin, la position des trois sœurs cadettes à l'égard de l'histoire de Rachid est caractérisée par le fait qu'elles ont vécu, comme enfants, mais surtout de l'intérieur, ses multiples écarts de conduite et autres coups d'éclat. Au cours de l'un de nos entretiens, Amel s'est mise un jour à évoquer incidemment les frasques de Rachid, en insistant sur l'espèce d'extrême inquiétude et de tension psychologique qu'il faisait constamment régner au sein même de la famille. Il était notamment celui qui, très fréquemment, revenait tard dans la nuit à la maison, souvent saoul, en proie à de violentes crises existentielles qui, d'une certaine manière, ont effrayé Amel (comme ses deux autres sœurs cadettes). Cette dernière me confie ainsi, lors d'une digression en entretien, que si elle n'a jamais eu chez elle une ligne fixe de téléphone, c'est parce qu'elle a été traumatisée par les coups de fil reçus en pleine nuit au domicile familial («c'était pour Rachid...»); ils n'étaient jamais annonciateurs de bonnes nouvelles et réactivaient, à chaque fois, l'angoisse de la mère et de toute la fratrie.

Même s'il a été impossible d'aborder directement cette question avec le père de famille, on sait par des membres de la fratrie que la période délinquante de son fils aîné a fortement altéré les relations qu'il pouvait avoir avec lui. M. Belhoumi, comme beaucoup de pères immigrés, n'avait qu'une hantise: celle de voir un jour la police débarquer au domicile familial à la suite des délits d'un de ses enfants. Cette seule irruption de la police chez eux aurait ainsi sali l'honneur du père et de toute la famille. Rachid s'est ainsi «débrouillé» pour commettre ses plus graves impairs

---

a Un autre commentaire de Samira intervient à ce moment du texte: «Il y a un autre élément qui peut éclairer la difficulté de Leïla à exercer son autorité sur Rachid. Ma mère avait un discours paradoxal: "Leïla, tu es responsable de tes frères et sœurs en mon absence" / "Rachid, en tant qu'homme tu dois surveiller tes sœurs"... Ça rend un peu fou, non? Comment concilier le respect des normes culturelles du pays et la réalité vécue en France. Elle [la mère] n'a pas réussi à faire de choix clairs et l'arbitrage, c'était à nous de le faire... Parfois mes parents nous ont délégué leur autorité avec les responsabilités et les tensions qui vont avec, alors même que nous n'étions pas encore des adultes...» (Samira, courriel du 27 juillet 2017.)

loin de la zone de résidence de ses parents. Mais le fait est que le père n'est pas parvenu à sauver son premier fils de ses propres démons. Il avait, à ses yeux, tout essayé, notamment les châtiments corporels, mais en vain. La carrière délinquante de Rachid a été sans doute vécue par lui comme un échec particulièrement douloureux. Par la suite, le père a essayé d'adapter ses méthodes éducatives pour ses deux autres fils. On peut en avoir une preuve indirecte à travers ces propos de Mounir, le troisième frère :

> Dans notre communauté, y a beaucoup les papas qui tapent quand on fait de grosses bêtises... Et je me rappelle une fois, on avait fait une grosse bêtise avec mon ami et on avait fini au commissariat... Donc mon père était venu me chercher... D'habitude, je me ramasse une baffe et, là, il est venu me chercher et ne m'a rien fait... Il m'a juste dit : « Écoute, mon fils, maintenant tu es grand, je n'ai plus à te lever la main dessus, il faut que tu comprennes de toi-même »... Et depuis ce jour-là, je n'ai plus fait de bêtises. Ça m'a marqué, j'étais beaucoup immature, et ça m'a choqué... ça m'a donné une maturité, j'avais dix-sept, dix-huit ans. Il n'a jamais plus levé la main sur moi, ni haussé le ton, rien du tout ! Et d'ailleurs il n'avait plus de raisons car j'ai coupé court...
> (Mounir, entretien, 22 octobre 2013.)

Pour essayer de comprendre l'histoire de Rachid, il faut bien sûr revenir sur les principales étapes par lesquelles il est passé : de son échec scolaire au travail de vendeur, en passant par sa période trouble de délinquance.

De l'échec scolaire au sentiment d'être un « bon-à-rien »

Arrivé d'Algérie en France à l'âge d'un an, Rachid a connu des débuts à l'école difficiles. Ses sœurs aînées, Samira et Leïla, avaient laissé un beau et vif souvenir à leurs institutrices. Rachid, lui, détonnait par rapport à elles. Il a été tôt repéré par l'institution scolaire comme « turbulent », « hyperactif », avec « beaucoup de mal à se concentrer ». Il va redoubler deux fois au primaire et prendre un retard qui sera rédhibitoire pour la suite de sa scolarité.

Quand je le fais revenir brièvement sur ses années décisives d'école primaire, Rachid reconnaît avoir eu de grandes difficultés à l'écrit, mais ne souhaite pas insister sur ce sujet éminemment douloureux, il tend à minimiser ses problèmes de compréhension et d'acquisition cognitive pour, au contraire, mettre en avant ses qualités («j'étais très doué[a]»), comme si, vingt ans plus tard, sa scolarité avortée constituait une profonde cicatrice qui n'était toujours pas refermée. Il entend surtout se souvenir de l'état d'esprit dans lequel il se trouvait alors et qu'il résume par un seul mot: «rébellion». Cette disposition, qui peut aussi être la reprise par lui-même d'un qualificatif qui lui a été très tôt adressé (et qu'il a subi), l'a bien sûr fortement desservi dans son parcours d'élève de primaire – on sait que l'institution scolaire ne fait pas de cadeaux aux «fortes têtes». Rachid tend d'ailleurs à la mettre étroitement en rapport avec la relation, à la fois tendue et malheureuse, qu'il a entretenue, enfant, avec son père. Comme fils aîné, il était, dans son enfance, celui bien évidemment pour lequel les attentes de la part du père étaient particulièrement fortes. Or, pour des raisons qu'il est difficile à déterminer, il va très tôt, dès l'enfance, les décevoir, avec l'impression tenace chez lui d'avoir été toujours remplacé par ses sœurs aînées dans le cœur de son père. D'où un conflit qui a été particulièrement long et douloureux avec ce dernier, conflit qui s'est apaisé depuis que Rachid est devenu, depuis quelques années, très présent auprès de son père vieillissant et diminué.

> – Rachid: Moi, [à l'école] j'étais très doué, j'avais des facultés – tout le monde me l'a dit – de compréhension qui étaient énormes mais, moi, j'étais plus rébellion... [*petit silence*] Oui, j'étais plus rebelle... En fait j'écoutais pas spécialement à l'école mais... [*petit silence*] J'avais des lacunes à l'écrit mais c'est tout! Voilà, je n'avais que des lacunes à l'écrit...
> – SB: Ça fait deux fois que le terme de rébellion revient depuis le début de l'entretien... Mais dans ta propre histoire, est-ce qu'il

a On peut se demander si ce n'est pas ce qu'on lui disait, en particulier sa mère qui ne devait pas hésiter à le survaloriser. N'a-t-on pas tendance à dire, dans les milieux populaires (comme dans les autres milieux sociaux) que les garçons sont «doués», alors que leurs sœurs, elles, seraient juste «travailleuses»?

y a eu un moment qui a pu déclencher cette rébellion... soit à l'école ou dans le quartier, soit dans votre famille... Le sentiment d'avoir subi une injustice? D'avoir été maltraité?
– Rachid: Eh bien je dirais en fait, moi ce que je pourrais dire si je vais dans mes souvenirs, si je vais dans mes souvenirs lointains, je dirais qu'en fait j'étais le chouchou de ma mère, le protégé de ma mère... Mon père était beaucoup plus dur... était beaucoup plus sévère... On va dire que s'il y avait une connerie de faite, c'était obligé que ce soit moi, quoi! Ça ne pouvait pas être quelqu'un d'autre! S'il y avait une correction à donner, c'était moi qui la prenais, même si c'était pas moi. Et en fait, j'ai commencé à avoir une très grosse rébellion en fin de primaire... Oui, fin de primaire parce que j'étais exclu... Exclu dans le sens où quand il y avait des fêtes, des petites boums, j'étais rarement invité... Donc il a fallu toujours que je me batte, peut-être pas dans le bon sens... J'avais pas les bonnes armes en fait... Parce que je tapais! À l'école, je tapais les enfants! Les filles, je les emmerdais... Au lieu d'être copains, eh bien je les faisais chier! Et tout ça a fait qu'un jour, j'ai pété un plomb...
(Rachid, entretien, 23 avril 2013.)

Sa scolarité en primaire sera rythmée par ces conflits et mises à l'écart constants. Une éclaircie a eu lieu pour lui, en classe de CM2, quand Rachid a eu comme maître le directeur de l'école[a]. C'était, on l'a vu, un directeur «à l'ancienne», qui a toujours porté une grande attention au devenir de ses élèves. Il a pris sous son aile Rachid (qui avait alors déjà deux ans de retard) et lui a gentiment serré la vis. Alors qu'il avait été diagnostiqué comme un enfant «à problèmes», l'année de CM2 sous la férule de cet enseignant «sévère mais juste», selon la formule consacrée, s'est passée sans trop d'encombres. Ce maître, auquel les sœurs aînées rendent aussi hommage, a su s'y prendre avec Rachid, en alternant compliments et réprimandes. Cependant, l'entrée au collège va être d'une certaine manière fatale pour Rachid, pour au moins deux raisons. D'une part, privé de cette présence à la fois ferme et rassurante de son directeur d'école, privé de l'appui d'enseignants susceptibles de lui tendre une perche, il va

a Voir chapitre 2 («Effets de lieux: de la mixité en école primaire»).

«couler» scolairement. D'autre part, l'entrée au collège va être un moment où il va se sentir le plus pénalisé par le manque d'argent de la famille et où il va s'impliquer beaucoup dans son travail sur les marchés de Sardan:

> Et puis financièrement, tout le monde se foutait de nous... Car on n'avait pas les moyens, on n'avait pas de marques... Quand on arrivait à l'école, on avait des trucs de [naze]... Mais je comprends [maintenant] car on n'avait pas les moyens... Mes parents n'avaient pas les moyens. Donc, j'ai commencé très jeune [en sixième] à travailler...
> (Rachid, entretien, 26 juin 2013.)

Dans la période de ses 14-18 ans, Rachid n'a jamais fait partie d'une véritable «bande», il s'est toujours tenu à l'écart des groupes, préférant agir en solitaire. On peut trouver deux raisons à cette forme d'isolement: sa scolarité et son lieu de résidence. En premier lieu, on a vu précédemment qu'il a fréquenté l'école Victor-Hugo, où régnait une assez forte mixité sociale et où il s'est fait des «copains d'enfance» qui lui sont restés à vie. En second lieu, Rachid habitait avec ses parents dans un petit immeuble de quatre étages, calme et tranquille, ne comprenant dans sa cage d'escalier qu'une seule famille maghrébine (la leur). Le fait sans doute décisif de sa sociabilité à l'adolescence est qu'il habitait assez loin des tours et des grands immeubles du quartier de La Citadelle, habités par une majorité de familles immigrées. Or c'est dans ces secteurs géographiques que se concentraient les «mecs de cité tenant les murs», que se recrutaient les membres les plus actifs des bandes et que s'organisait le «trafic de shit».

Rachid se définit lui-même comme quelqu'un qui ne voulait pas frayer avec des bandes et qui, lorsqu'il a commencé la boxe (anglaise), entendait régler seul ses comptes en cas d'embrouille, avec ses propres poings. Il me raconte qu'il a passé une partie de sa jeunesse querelleuse à défier ses adversaires, à se mesurer d'homme à homme dans des combats de boxe, le plus souvent en bas des blocs, au vu et au su de tout le monde. C'est ce qui a peu à peu fait sa réputation localement: il ne fallait pas trop

« chatouiller » Rachid, il avait le « coup de poing redoutable ». Mais cela n'a pas toujours été le cas, comme il le raconte ici :

> [Moi] en fait, à l'adolescence, j'étais un « sauvage »... Je savais pas me battre, j'étais pas dans le coup, on va dire... J'étais plus au fond de la chaîne, le dernier maillon de la chaîne, on va dire, dans la cité. Un jour, j'ai fait ma rébellion ! Et après j'ai pris la place de la meute, chef de meute... Je me suis rebellé, il a fallu que je me batte... me batte... me batte... tous les jours, physiquement. [...] Dans la cité, enfin dans le quartier, c'est les poings qui parlent... Il faut dire ce qui est : je me suis trop battu étant jeune. [...] J'ai fait un petit peu de boxe... On ne pouvait plus m'arrêter, même s'ils étaient vingt [contre moi]... Je me suis pris des sacrées branlées... En fait, à l'adolescence, quand j'ai pris conscience que tant que la personne en face de moi était une personne physique, qu'elle avait des bras, des jambes comme moi, après ça pouvait être, quoi, quelques kilos de plus, ça me faisait plus peur, j'y allais tête baissée [...]. J'ai même été hospitalisé... On m'a déjà laissé sur le carreau parce qu'on m'a attendu en pleine nuit avec des battes de base-ball et ils m'ont retrouvé inconscient... Mais ça c'est vraiment ado, préado, on va dire jusqu'à l'âge de dix-sept, dix-huit ans, je faisais ma loi, même dix-neuf ans, je faisais ma loi, y avait personne qui, dans la cité, venait se frotter à moi...
> (Rachid, entretien, 23 avril 2013.)

Sans céder trop vite à des interprétations psychologisantes, il n'en reste pas moins que ce besoin permanent de bagarre[a], de montrer ou prouver sa virilité, n'est pas sans lien avec la faible estime de soi qui ne cessait, à cet âge, de le tarauder. Dès notre premier entretien, Rachid a tenu à évoquer les mauvais rapports qu'il entretenait dans son enfance avec son père. C'est

---

a Cependant, dans ces années-là, il n'était pas que querelleur et batailleur. Quand j'ai proposé une première version de ce texte à Leïla, où je qualifiais son frère de « caïd de quartier », celle-ci a souhaité corriger le tir et au téléphone m'a dit ceci : « Rachid, "caïd de quartier", non, ce n'était pas vraiment cela, je n'utiliserais pas ce terme... Lui, c'était surtout un très grand baratineur, avec un énorme bagout et une tchatche d'enfer... il avait toujours en tête des plans pas possibles... D'ailleurs le surnom que lui ont donné ses copains d'alors, c'était Rocquencourt, ce type qui a passé sa vie à monter des bateaux aux gens... »

d'ailleurs un thème qu'il a sans nul doute abordé à maintes reprises lors de ses entretiens avec les «psys» dans les diverses structures qui l'ont accueilli (en particulier un foyer d'accueil, à l'adolescence, quand ses parents n'ont plus pu faire autrement que de le «placer»). Et c'est ce schème du conflit nodal avec son père, peut-être alimenté ou validé par les psys, qu'il a par la suite cru bon d'adopter comme ce qui aurait été au principe de son entrée dans la carrière délinquante:

> Je pense qu'il y a un moment donné où j'ai baissé les bras... Et puis décevoir une fois, deux fois, trois fois et entendre tout le temps le père dire: «De toute façon c'est un bon-à-rien, il fera rien de sa vie...» Eh bien, à un moment donné, on baisse les bras, on n'a plus envie, on se dit: «Ben, ouais, je suis un bon-à-rien.»
> (Rachid, entretien, 23 mars 2013.)

Arrêt de l'école, placement en foyer, puis prison

À ce moment du récit de sa trajectoire par Rachid, il vaut mieux sans doute lui laisser le soin de raconter son histoire, avec ses propres mots, dits et non-dits, oublis ou élisions.

> Bon, j'ai arrêté l'école... [*il se reprend*] Malheureusement on m'a arrêté... à l'époque c'était en quatrième techno... Ils m'ont orienté là-dedans alors que ça ne servait strictement à rien... Parce que je m'en suis jamais servi, on m'a envoyé dans l'ébénisterie, ça m'a jamais servi... Dans la maçonnerie, ça m'a jamais servi... Je pense que c'était plus la facilité [pour eux]... Avant, à l'école, dès qu'il y en avait un qui faisait trop le chahut, qui n'écoutait pas trop, on le mettait tout au fond de la salle [*il parle de lui, bien sûr*]... Et puis on s'en débarrassait... Arrivés au bout de la cinquième, car c'était obligatoire [d'aller jusque-là], on savait pas trop quoi en faire... On avait un conseiller d'orientation qui ne savait pas du tout ce qu'il allait faire de ce bonhomme qui était là, qui était immigré [*lui, Rachid*], etc. Et puis on se disait: «Il nous fait chier» parce qu'il ne nous comprenait pas... Il ne comprenait pas. Donc on va le dégager du cursus scolaire parce qu'on peut maintenant le faire...
> (Rachid, entretien, 23 avril 2013.)

Quand Rachid entre en « quatrième techno », il regimbe (« là c'était encore plus la rébellion ») et assiste de moins en moins aux cours (« j'ai dû y aller, dans toute l'année, trois mois »). Il s'échappe et part, comme il dit, « dans toute la France, chez des amis, n'importe où... ». Il continue le même parcours en « troisième techno » (« ils m'ont fait passer quand même »). Pour le sauver, ses parents le placent dans un lycée privé – en suivant l'avis des conseillers d'orientation –, en internat. Mais cela se passe encore plus mal (Rachid ne souhaite pas entrer ici dans les détails). Résultat de cette longue dérive : « Ça a été le placement en foyer. » Il commence alors une longue carrière de fugueur (« j'étais tout le temps en fuite »), jusqu'au moment où il a, comme il dit, « craqué ».

> Je me rappelle d'une fois, j'ai pris le tram [à Préville], le premier tram qui arrivait et je me suis retrouvé à Limoges... Un matin, en milieu de matinée, j'ai été dans la première cité [du coin]... Je me suis posé dans la première cité, je me suis fait des pseudo-potes dans la cité et j'ai commencé un peu à virer, à faire des conneries et je suis resté là deux, trois mois. [...] Et, là, à Limoges, je commençais vraiment à faire tout et n'importe quoi... le deal... pour subvenir aux besoins... Un beau matin, je me suis levé, il y a eu une histoire aussi, je me suis battu dans la cité avec pleins de gars. [Là il fallait partir] j'ai pris un train et me suis retrouvé à Marseille parce qu'on avait de la famille et où j'ai rencontré une fille, Malika[a]. J'avais dix-huit ans, juste avant ma majorité... On s'est plu et on a eu notre histoire... À partir de là je me suis dit : « Tiens, je vais essayer de faire quelque chose de ma vie, en fait »... Oui, je vais arrêter les conneries, je vais arrêter de [zoner]... Mais y a toujours le démon qui nous rattrape...
> (Rachid, entretien, 23 avril 2013.)

Sans diplôme et avec son parcours erratique, Rachid n'a à dix-huit ans aucune perspective d'emploi stable. Il avait, au tout début, travaillé comme ouvrier sur les chantiers du BTP.

---

a Alors qu'il était depuis quelques années dans une relation assez stable avec Claire, une fille de Sardan (mais extérieure à la cité), il rencontre Malika (fille d'immigrés marocains) dans le Sud. Il vit quelque temps avec elle et ils ont très vite une fille, prénommée Monia, qui sera le premier des six enfants de Rachid.

Au grand dam de son père qui y voyait un cuisant échec, à l'opposé de ce qu'il avait rêvé pour ses enfants en France : le fameux « travailler avec un stylo » – précepte qu'il n'a cessé de leur répéter toute leur enfance. Cette vie de travail précaire par intermittence ne l'a pas empêché de continuer ses petits délits dans le cadre d'une carrière délinquante qui s'était en parallèle installée, l'« argent sale » des petites combines se substituant peu à peu à l'« argent propre » des petits boulots. Cette histoire ne pouvait que mal se terminer pour Rachid, comme elle le fait pour beaucoup d'individus ayant les mêmes caractéristiques sociales que lui (non diplômés, vie en cité, familles pauvres, parents immigrés) et qui constituent aujourd'hui – on le sait – la grande majorité de la population carcérale en France[1].

Le point d'orgue de sa carrière délinquante s'est déroulé en 1996 (il a vingt-et-un ans) dans le Midi, vers Marseille, où il a rejoint sa copine de l'époque, Malika, la mère de son premier enfant. Il y reste quelques mois, sans travail et dépensant vite toutes ses économies, de telle sorte qu'il a, à un moment donné, cruellement « besoin de monnaie », comme il dit. C'est alors qu'avec un acolyte il commet un vol dit « qualifié » dans un bureau de tabac, toujours près de Marseille, enfermant le gérant du magasin peu avant l'ouverture du magasin pour y dérober la caisse (soit un butin de 30000 francs à l'époque, environ 6000 euros). L'épisode était peu glorieux, et Rachid et son complice ont laissé suffisamment de traces dans l'opération pour être cueillis par la police quelques jours plus tard. Rachid est aussitôt emprisonné puis jugé. Il n'écope « que » de six mois de prison ferme car c'est sa première « grosse affaire ». Quand il me raconte ce hold-up et ses suites, j'avoue avoir eu du mal à comprendre le déroulement des faits, ne parvenant pas à démêler le vrai du faux dans son récit, si bien que je décide dans un premier temps de faire l'impasse sur le sujet. Le récit que m'en a fait Samira lors de notre deuxième entretien est sans doute plus important pour le propos de ce livre car il éclaire fort bien la mobilisation familiale qui se produit alors pour sauver ce qui est encore possible pour Rachid.

Samira a beaucoup aidé et assisté son frère lors de son incarcération. Juste après le méfait, elle était descendue (le genou dans le plâtre, elle était alors en vacances de ski en Savoie) avec ses parents dans le Midi, sollicitant des avocats sur place puis à Paris. Elle a sans cesse maintenu le lien avec Rachid, essayant en vain d'avoir un droit de visite en prison, lui écrivant régulièrement des lettres... Lors de ces premières semaines d'incarcération, elle le soutient ainsi matériellement, moralement et psychologiquement et fait tout pour lui éviter de lâcher prise. Rachid est le premier à reconnaître sa dette morale à l'égard de sa sœur, avouant par la même occasion la proximité qui le lie fortement à elle :

> Samira, elle sait tout de moi, en fait... Elle sait comment je suis... C'était *la* confidente, donc elle me connaît... Y a qu'avec Samira avec qui on pouvait discuter, même de ma haine intérieure... Y a qu'à Samira que je pouvais le dire, avant qu'elle se marie [en 2004] et qu'elle fonde sa famille, etc. On était vachement proches... Si on passait quinze jours sans se voir ou sans se parler par téléphone, y avait un manque...
> (Rachid, entretien, 23 avril 2013.)

Le salut par le travail, la respectabilité que donne l'« argent propre »

Avec le soutien sans faille de sa famille et de sa nouvelle compagne, Claire, Rachid va réussir à se rétablir par la suite et, malgré tout, à « faire sa vie ». Parmi les diverses raisons de cette sortie durable de la délinquance, deux raisons majeures : d'une part, « les femmes », comme il dit (et on y reviendra plus bas) et, d'autre part, sa mise au travail peu après ses six mois de prison. Il a pu et su, à la sortie de geôle, prendre un nouvel aiguillage qui lui a souri : les métiers de la vente et du commerce. Il a réussi à mettre le pied à l'étrier comme simple vendeur dans un magasin de prêt-à-porter, pour ensuite progressivement grimper les échelons de cet univers professionnel. Ce n'est pas un hasard si, lors de notre premier entretien chez lui, il n'a voulu parler que de cette histoire professionnelle « heureuse ». Il s'est efforcé dès le début de définir la situation, c'est-à-dire de fixer le périmètre de notre échange. Il savait alors sans doute que je « savais » – son passé, sa carrière de délinquant, ses six mois de prison dans le Sud, etc. – et n'a pas souhaité évoquer ce passé-là face à celui qui était encore pour lui un « étranger » ; de mon côté, je me suis bien gardé de lui en parler. Il a par conséquent décidé de consacrer presque exclusivement tout le temps de l'entretien à relater, par le détail, sa carrière professionnelle de « commercial », puis de chef d'agence. L'essentiel pour lui, lors de cette première rencontre, était d'offrir la meilleure « façade[2] » de lui-même. Il a en quelque sorte fait le tri dans sa propre histoire, évacuant d'emblée la part sombre et voulant au contraire me montrer l'autre face de sa personnalité – sociale, plus valorisante –, celle d'un « commercial ». Mais pas de n'importe quel commercial : de quelqu'un qui avait démarré au bas de l'échelle, juste après la prison, et qui, à force de travail, a su monter peu à peu les échelons de ce métier où les résultats obtenus (en termes de vente) jouent un rôle essentiel dans la mobilité professionnelle interne à l'entreprise. À ce titre, Rachid est lui aussi, quoique à une hauteur différente de ses sœurs, dans ce même idéal familial d'une ascension sociale. Voici des extraits du récit de sa trajectoire professionnelle.

> – Rachid : Le vrai premier boulot que j'ai eu, ça a été commercial. Ça s'est fait comme ça : j'étais à Sardan, je vois une annonce « cherche vendeur si vous avez besoin », etc. C'était à Préville, à peu près en [19]97 [il avait vingt-deux ans]. Je suis arrivé, je me rappelle, c'était M. Gauthier, le directeur que je remercie encore aujourd'hui parce que, lui, il a cru en moi... On a fait un entretien, je suis arrivé un peu normal comme on était habillé à l'époque, casquette et tout ! Et on a discuté, discuté, discuté... Et là il m'a dit : « Ce que je te propose, c'est de te redonner un entretien... Mais tu vas revenir, tu vas aller t'acheter un costume, te faire une coupe et tu reviens au bureau. » Je m'exécute, je me rappelle que j'avais été chercher un costume gris, une marque... Je suis revenu à l'entretien. Et, lui, il a cru en moi. De là il m'a fait un CDI avec une période d'essai... Je m'en rappellerai tout le temps car je savais lire, mais lire et écrire c'était pas encore mon truc... J'avais beaucoup de lacunes, on a commencé la formation et là je me cachais toujours... C'est-à-dire que quand on me

> demandait de lire à voix haute, quand je savais que ça allait être mon tour, je lisais [avant] plusieurs fois le petit texte dans ma tête pour essayer de l'apprendre avant de le lire... La formation s'est passée impeccable! Les écrits, je me débrouillais toujours pour écrire un peu comme les médecins, pour cacher un petit peu les fautes pour dire: «bon ben est-ce que c'est "ait", "ais", "e", "é"»... Et revenu sur le terrain, il me faisait confiance... Et il a bien fait d'ailleurs... Moi, grande gueule, je veux être le meilleur, etc. Et donc premier jour de terrain, j'avais appris tout par cœur, je m'en rappelle, je me levais *Connexion* [le nom de l'entreprise], je m'endormais *Connexion*... c'était vraiment du par cœur...
> – SB: Et tu vendais quoi?
> – Rachid: Une encyclopédie juridique... À l'époque, c'était un super bon travail, j'étais en costume... Mon père était aux anges, il me voyait en costume avec une mallette, pour lui c'était «mon fils, il a réussi.»... Il a toujours dit que mon meilleur travail c'était ça. Il me voyait en costume avec une mallette, il ne savait pas ce que c'était représentant VRP, pour lui c'est quelqu'un d'important. (Rachid, entretien, 23 avril 2013.)

Rachid raconte ensuite son premier jour «de terrain» qui se passe mal («j'arrive pas à vendre») et la manière dont son mentor, M. Gauthier, va lui apprendre sur le tas en lui dévoilant toutes les ficelles du métier. Il s'améliore rapidement, devient un «très bon vendeur», et même, dit-il, «meilleur vendeur région» puis «meilleur vendeur de France» dans son entreprise. Ce palmarès professionnel lui permet de monter dans la hiérarchie de l'entreprise et de passer à la direction régionale, où on lui confie une équipe. Celle-ci devient, toujours selon ses dires, «meilleure équipe de France», ce qui contribue à lui faire obtenir le titre de «manager». Il commente cette réussite professionnelle en ces termes:

> C'est là que je me suis dit: c'est la première fois de ma vie que je me suis senti [fort]... que je me suis aimé... Je me suis dit: «Mais en fait tu es capable de quelque chose», parce que je gagnais beaucoup de fric. C'était en francs donc à l'époque des 30 000, 40 000 francs donc il y a pas mal d'années, c'était extraordinaire... Mon père était aux anges... Après, quand j'étais directeur, ça a été [encore mieux]... Mon père, quand il allait au pays, il parlait de

> moi et c'était: «Mon fils, il est presque ministre!»... Oui, je crois que ça a été la plus belle période, où je me suis réellement senti aimé, où j'étais vraiment content de moi...
> (Rachid, entretien, 23 avril 2013.)

Dans la mesure où il commence à percevoir un revenu mensuel élevé, Rachid achète ses «biens de nécessité» à lui, à savoir une très belle voiture et des vêtements de marque[a]. Il est dès lors équipé pour pouvoir en toute légitimité – c'est son propre argent qu'il a gagné en travaillant – «parader» en voiture décapotable à Sardan, mais surtout «en ville», dans le centre chic de la préfecture de Préville. Il ne le fait pas discrètement mais avec une certaine ostentation, avec sans doute un air bravache qui exprime bien ce que l'exposition tapageuse de sa réussite matérielle peut signifier pour lui comme revanche sociale. Ce faisant, il n'est pas à l'abri des rondes de la police nationale qui flaire et suspecte assez vite ce type de comportements et d'individus. Rachid fait partie de la «clientèle» dont traite quotidiennement et principalement la police locale (sur place, il est comme on dit «bien connu des services de police»). La rencontre avec les policiers de la ville, sur fond de son comportement ostentatoire d'automobiliste, est là pour lui rappeler régulièrement la fragilité de sa position sociale et la rapidité avec laquelle son stigmate de «délinquant» (condamné par la justice de son pays pour un vol qualifié) pèse encore sur lui et sur son destin:

> – Rachid: Une fois, je me fais arrêter, j'avais le cabriolet, j'étais à Préville, musique à fond... Bon, on m'arrête et tout... Parce que j'avais mis la musique trop fort... Et on me met une amende... Amende que j'ai pas voulu payer... D'ailleurs je suis parti au tribunal, pour voir le procureur de permanence... Et à l'accueil on me dit: «Bah non, on peut pas vous recevoir.» J'ai dit: «Je m'en fous, même si ça coûte plus cher, je prends un avocat, je m'en fiche... J'ai de l'argent donc à la rigueur je m'en fous.» Et l'avocat qui passait par là [au tribunal], je le chope et on

a Il m'a avoué la souffrance particulièrement forte qu'a représenté pour lui, vers treize, quatorze ans, le fait de ne pas avoir du tout d'argent, notamment de ne pas pouvoir porter de beaux vêtements.

est retournés au commissariat... Le gars qui m'a mis l'amende est sorti, il a déchiré l'amende et me dit: «Mais on va se recroiser!» Et moi: «Pourquoi? C'est une double peine»... Tout à l'heure, je vous disais que si un Arabe, si un Maghrébin est dans une belle voiture il est automatiquement voleur ou dealer! Il peut pas être directeur, il peut pas être avocat, il peut pas être [bourgeois], c'est ça le [problème]...

– SB: Oui mais quand tu es dans ton cabriolet, décapotable, il y a bien pour toi une dimension de revanche aussi...

– Rachid: Bien sûr! Ah ben! Et puis je me pavanais... Forcément! Forcément! Forcément! Quand j'emmenais mes parents en vacances, je leur payais un grand hôtel, jamais en espèces, tout ça avec la carte bleue, voilà comme tout le monde, comme telle ou telle personne...

– SB: C'est bien, cette anecdote, le «jamais en espèces». Effectivement, les dealers à côté ils flambent en liquide...

– Rachid: Voilà, moi avec ma carte bleue, une fois j'avais mon American Express, voilà j'étais... [*Il cherche le mot juste*]

– SB: Respectable...

– Rachid: Voilà! Quand j'étais en Espagne et que j'ai pris un grand hôtel cinq étoiles avec une suite, mon père, quand il est monté, il a halluciné... Il m'a dit: «Mais c'est extraordinaire, c'est trop beau» et tout... Voilà, bah ça c'est, je dirais pas à la sueur de mon front parce que je suais pas beaucoup pour gagner, mais c'était honnête... De l'argent honnête...

(Rachid, entretien, 22 juin 2013.)

On pourrait bien sûr ironiser sur cette manière particulièrement maladroite socialement qu'a Rachid d'étaler sa richesse, de faire ostentation dans l'espace public de son statut – fût-il provisoire – de «nouveau riche». Mais il faudrait dire aussi qu'elle est, à bien des égards, typique de la forme que prend l'ascension économique en milieu populaire. Faute d'un minimum de capital culturel ou social qui permet à ses détenteurs de se sentir légitimes dans l'espace social, il reste la solution d'«étaler son fric». Ce n'est sans doute pas fortuit si la plupart des sœurs de Rachid vont toujours, lors de telle ou telle digression à son sujet, se moquer (gentiment) de son caractère «flambeur» – qui lui est comme consubstantiel.

«Trahi» par son orthographe: le retour du stigmate scolaire

Rachid a ainsi vécu, dans sa carrière de «commercial» entre vingt-et-un et trente-et-un ans, une belle aventure professionnelle. Celle-ci va lui permettre de très bien gagner sa vie et, en même temps, de retrouver une forme d'honneur social – sans oublier bien sûr les effets positifs sur l'estime que son père a pu avoir pour lui. Celui qui s'était longtemps perçu dans le regard paternel comme un «bon-à-rien» va pouvoir – un temps – se réhabiliter aux yeux de ses parents et en quelque sorte les «régaler» avec l'argent «propre» tiré de son travail stable et légal. La fierté tirée de sa réussite matérielle a affleuré à plusieurs reprises lors de nos divers entretiens.

Cependant, un jour de 2005, la belle aventure professionnelle de Rachid est stoppée net. C'est le jour où le stigmate scolaire ressurgit, de manière brutale et inopinée et où Rachid se voit contraint, pour sauver la face, de donner sa démission de son travail de chef d'agence à Bordeaux. Le fond de l'affaire est qu'il a été un jour démasqué au travail par un florilège de fautes d'orthographe contenues dans un fax qu'il avait dû envoyer en urgence, tard le soir (sans que sa secrétaire, alors partie du bureau, ait pu reprendre le texte et en corriger les fautes). Il a alors dû avouer au directeur de l'entreprise *Connexion* (à Paris) ce qu'il appelle la «supercherie» et, plus grave encore, ce qu'elle recelait: le fait notamment que, lors de son embauche dans la société, il avait allègrement «bidonné» son CV, inventant des diplômes (études supérieures) qu'il ne possédait pas...

> – Rachid: Quand je suis passé de vendeur à directeur stagiaire, j'ai pas eu besoin du français, j'ai pas eu besoin de l'écrit, j'ai pas eu besoin de tout ça... Car, moi, j'ai mon parler. Mais dès que je suis arrivé dans mon propre bureau, à gérer mon équipe, à essayer de [structurer], j'avais mes lacunes qui revenaient... Il fallait que je fasse des rapports... Donc de temps en temps j'allais trouver la secrétaire à lui dire: «Tu peux me taper ça? »... Ça passait en général mais, à un moment donné, quand j'étais en séminaire, ça ne passait plus! On s'est rendu compte de la «supercherie».

– SB: De l'imposture...
– Rachid: Voilà! Dans le sens où dès que j'écrivais une lettre, je faisais dix, vingt, trente, quarante fautes... Donc à un moment donné, là-haut, ils disent: «On a un directeur mais qui ne sait réellement pas écrire ou qui a des grosses lacunes»... Ce qui fait que je prenais peur et je me sauvais au lieu d'affronter la situation... Au lieu de dire: «Bon maintenant que je suis là, je vais prendre des cours»... Mais en fait j'abandonnais tellement j'étais [paniqué]... Je partais du jour au lendemain dès que j'étais découvert... Je partais, je laissais le bureau comme ça... [...] Quand j'avais une lacune il y avait toujours une personne pour m'épauler, mais quand je suis arrivé à Bordeaux, il a fallu que je fasse tout tout seul; les plannings, les rapports, envoyer les rapports... c'est là où ça s'est révélé que j'avais de très, très grosses lacunes et je me suis sauvé de Bordeaux. Du jour au lendemain...
– SB: Quel a été l'événement qui a déclenché ce départ soudain?
– Rachid: Un jour, on m'a demandé que je faxe un rapport complet d'incident puisqu'il y avait eu un incident dans la boîte avec l'ancienne directrice qui était venue... Je l'ai fait avec l'énervement, je l'ai faxé à la direction et on m'a faxé le même rapport corrigé. Le président de Paris m'a téléphoné: «Qui a fait le rapport? », je lui ai dit: «C'est moi», il m'a dit: «Tu as relu ton rapport? », j'ai dit: «Non, je sais pas, je l'ai écrit et envoyé», je lui dis: «Pourquoi? Qu'est-ce qu'il se passe?», il me dit: «Viens, on va en discuter.» Je raccroche. L'après-midi, il arrive de Paris à Bordeaux, il vient au bureau et me dit: «On va être francs, je crois que tu as de gros, gros problèmes.» Et moi, j'ai dit: «Oui mais bon, j'ai fait mes preuves, vous savez que j'ai fait mes preuves...» Il est peut-être venu pour m'aider, je sais pas trop mais avec l'énervement je me suis levé, j'ai tout balancé, je suis parti... J'ai tout laissé comme ça et je suis parti... Je pense, avec du recul, que j'aurais dû tempérer la chose, prendre des cours du soir, c'est tout, il n'y a pas mort d'homme...
(Rachid, entretien, 23 avril 2013.)

Rachid doit donc mettre un terme à son activité de commercial. Il ne s'étend pas sur le sujet, mais on peut pressentir qu'il s'est «grillé» sur ce segment professionnel où il avait, un temps, fort bien réussi. Après avoir enchaîné plusieurs petits boulots[a], il se décide à engager une formation « dans le social ». Il m'explique avoir voulu donner aux autres ce qu'il considère ne pas avoir eu, en tout cas transmettre son expérience de quelqu'un qui a dévié, emprunté le mauvais chemin, pour essayer d'aider les jeunes à trouver le bon. Mais il s'aperçoit rapidement qu'on lui met des bâtons dans les roues. Dans le centre d'hébergement (CHRS) où il travaille comme veilleur de nuit en avril-juin 2013, il n'obtient pas de titularisation et fait une découverte assez cruciale qui va le faire changer d'avis quant à sa réorientation professionnelle : à savoir que, « dans le social » (comme il dit), il faut pour « tenir[3] » avoir des croyances et des dispositions qui, si elles sont celles de ses sœurs Leïla et Amel, ne sont clairement pas les siennes. La suite de sa carrière professionnelle est assez sinueuse : après avoir abandonné son travail salarié, il monte avec son frère Mounir une petite entreprise liée au BTP, mais cela n'a pas marché et les deux frères se sont durablement fâchés ; depuis 2016, Rachid a repris la route, il sillonne tout le Sud-Ouest comme « vendeur » et revient le week-end à la maison.

Pour essayer de résumer le parcours de Rachid, on peut dire qu'il était, au fond, mal parti dans la vie compte tenu du cumul de handicaps qui étaient les siens – dont le handicap scolaire n'était pas le moindre. Mais il a pu, après chaque phase où il était « tout en bas », rebondir. On a vu le rôle éminent de la solidarité familiale sans faille qui a joué en sa faveur. Il est temps d'examiner un autre facteur décisif dans ce qui a pu jouer un rôle de ressort dans sa trajectoire professionnelle et sociale : « Il s'en est aussi sorti grâce aux femmes », comme me le disent en chœur ses deux sœurs aînées...

Quand Rachid était un « trophée » pour les femmes en quête de transgression

Rachid est décrit par ses frères et sœurs comme un « grand séducteur », ayant eu sans conteste ce qu'on appelle du

a Samira me dira que Rachid, durant cette période consécutive à ces années de commercial, s'est toujours débrouillé pour ne pas être souvent au chômage...

« succès auprès des femmes[a] ». Lors de notre troisième entretien, il insiste sur l'importance dans sa vie de ses conquêtes féminines, notamment quand il était adolescent. Et sur le fait que beaucoup de filles ont été attirées par lui pour sa figure de *bad boy* ou de délinquant, arabe qui plus est. Rachid estime que, pour certaines de ces filles en quête de transgression ou de frisson, « sortir » avec lui pouvait constituer comme une sorte de « trophée »...

> – Rachid : Moi, j'avais une petite bourgeoise qui venait me chercher, enfin une petite bourgeoise, une de Balmant [ville de la banlieue chic de Préville], maison avec piscine, qui venait me chercher là, dans la cité. Oui, comme toutes, on était des... [*il cherche le mot juste*]... On était des trophées... Réellement, pour ces filles-là, on était des trophées. C'était à quelle fille aurait le plus... [*il hésite*] le plus délinquant des délinquants... Quitte à se mouiller, quitte à faire une connerie avec le mec... Elle [la fille sortant avec un délinquant maghrébin], elle allait être tout le temps blanchie. Voilà, il y en avait plein de filles comme ça, et après y en a qui sont restées avec.
> – SB : En même temps, ce n'était pas rien pour toi d'être un trophée ?
> – Rachid : Non... Bien sûr que c'était valorisant ! Bien sûr que nous, entre mecs, on va pas se mentir, hein !
> (Rachid, entretien, 23 juin 2013.)

Compte tenu de ce qui a été déjà dit, on ne sera pas surpris d'apprendre que Rachid a longtemps eu une vie amoureuse et/ou de couple mouvementée. Pour le dire sans faux-fuyant, il n'était pas du genre « fidèle » quand il était en couple. Il sera, bien sûr, peu disert sur son histoire matrimoniale, histoire par ailleurs difficile à résumer tant elle est pleine de rebondissements. Assez jeune (vingt-et-un ans), il s'est installé en couple avec Claire, une jeune femme de Sardan, rencontrée en boîte de nuit. Celle-ci habitait en pavillon et était issue d'un milieu favorisé, ses parents possédant un beau patrimoine immobilier. La rupture avec Claire a été longue à se dessiner. Après de nombreuses

a Il avait aussi besoin de beaucoup d'argent de manière à pouvoir « flamber » auprès d'elles...

aventures, Rachid revenait toujours vers elle, qui jouait selon Leïla le rôle de « maman »[a]. Elle perdra la partie quand une concurrente – Armelle –, après un long combat, parviendra à conquérir Rachid.

Un autre point important dans l'histoire matrimoniale de Rachid tient au fait que les deux femmes avec lesquelles il a le plus longtemps vécu en couple – Claire (dont il a eu deux enfants, une fille et un garçon) et Armelle (trois garçons) ont joué un rôle important pour couper Rachid du quartier, de sa sociabilité masculine et de toutes les tentations qui pouvaient s'y trouver.

La troisième période de la vie matrimoniale[b] (à partir de 2004) de Rachid est celle avec Armelle. Quand ils se sont rencontrés, Armelle était serveuse dans un bar, puis elle a arrêté de travailler dès qu'elle a été enceinte de leur premier enfant (elle a ensuite travaillé quelques mois en tant que vendeuse en 2015). Le couple a décidé, début 2013, de fuir le quartier HLM de Sardan pour louer une maison à quelques kilomètres de là, à la campagne, de façon à éviter que ses enfants soient « contaminés » par les mauvaises manières du quartier, notamment les façons de parler des jeunes de cité d'aujourd'hui.

Lors de la fin du dernier entretien, Rachid raconte à demimot les déceptions de sa vie de couple. Au départ, Armelle était fascinée par lui parce que c'était un « flambeur », un « beau parleur », avec son côté latin ou méditerranéen. Par la suite, elle lui a souvent demandé de « se calmer », ce qu'il a accepté de faire.

---

a Samira confirme ce dire: « Claire a été présente pendant les périodes compliquées pour Rachid… Elle était très amoureuse de lui et a cédé à beaucoup de ses caprices. Elle avait beaucoup d'attentions pour lui. Par exemple, elle allait le chercher en discothèque au petit matin pour éviter qu'il rentre ivre en voiture. Elle lui achetait les vêtements de mode qu'il voulait, etc. Il l'a emmenée en Algérie durant l'été 2009 et ils avaient parlé à l'époque d'acheter une maison là-bas… Je pense qu'elle s'est lassée de ses infidélités, de ses beuveries et de toutes ses bêtises. Et elle l'a quitté après avoir réussi à "tomber enceinte" de son deuxième enfant… Nous n'avons plus de contact avec elle depuis qu'elle s'est mariée et a baptisé leur fils… Ça a mis en colère Rachid et les parents… » (Samira, courriel, 28 août 2017.)

b On a vu que la mère de son premier enfant (une fille) était, comme il dit, « du Sud » et s'appelait Malika. La mère de ses deux enfants suivants est Claire. Armelle est la mère de ses trois derniers enfants (tous des garçons).

Mais en se calmant, il a perdu ce qui faisait qu'il était «idolâtré» (c'est le mot qu'emploie Rachid pour qualifier la perception qu'avait Armelle de lui), c'est-à-dire son côté «canaille». Résultat, ils ont, selon lui, désormais une vie de couple sans éclat, terne, qui le lasse. S'il reste en couple, me dit-il, c'est uniquement pour ses trois garçons, qui constituent sa priorité et qu'il espère voir grandir dans de bonnes conditions. En 2016-2017, le couple «bat de l'aile» et est au bord de la rupture: Armelle, en juillet 2017, appelle à l'aide Samira pour essayer d'éviter la séparation avec Rachid qui, de son côté, a trouvé un nouveau travail de vendeur-représentant (il est souvent sur la route, sillonnant tout le Sud-Ouest). Armelle, pour se protéger, s'est décidée à reprendre une formation courte (quelques heures par semaine) d'assistante maternelle...

L'histoire de Rachid vue par ses sœurs

Je n'ai pas mené l'enquête dans la famille Belhoumi pour éclairer le cas, à bien des égards singulier, de Rachid, mais il est apparu, chemin faisant, qu'il constituait aussi un analyseur assez fin des rapports dans la fratrie. Son histoire, qui a longtemps alimenté la chronique familiale et nourri l'inquiétude ou l'angoisse de ses parents, a eu aussi pour effet collatéral de cristalliser les oppositions entre sœurs aînées et cadettes. À gros traits, on pourrait dire que Samira et dans une moindre mesure Leïla ont toujours cherché à le comprendre et ont même pu lui trouver des circonstances atténuantes – notamment le fait que, étant «bien connu des services de police» de Sardan, il a subi un «traitement de faveur» (sans ménagement) de la part des policiers. Si, par exemple, Rachid n'a jamais demandé la nationalité française, préférant rester fidèle à son «passeport vert» (algérien)[a], c'est parce qu'il a été, entre seize et vingt-et-un ans, dans la période déviante de sa jeunesse, confronté à des pratiques

a Alors qu'on a vu que Samira et Leïla ont mesuré dès le lycée l'importance d'avoir la nationalité française pour espérer devenir un jour institutrice ou infirmière.

policières violentes (il évoque des « tabassages » en garde à vue). On comprend mieux que la perspective de devenir français ne le faisait alors pas rêver.

Cependant, pour comprendre l'espèce de mansuétude des sœurs aînées à l'égard de leur frère, Leïla avance un autre argument qui est, à ses yeux, majeur : le fait que Rachid, n'a jamais cherché à contrôler ses sœurs, à leur dicter sa loi, à jouer au « garçon arabe » avec elles deux.

> Rachid a eu une crise d'ado qui a démarré très tôt (vers dix ans) et a fini très, très tard (à l'aube de ses quarante ans)... Du coup, il a vécu pas mal de trucs sympas, d'autres beaucoup moins sympas... Toute la famille en a bavé, ma mère surtout ! Mais s'il y a une chose à retenir chez mon frère Rachid, c'est que malgré son histoire, malgré le quartier, il a toujours été super ouvert, pas rétrograde... Même quand ses sœurs, jeunes ou moins jeunes, sortaient avec des garçons, je n'ai jamais vu mon frère péter un plomb et s'immiscer dans notre vie sentimentale... De notre côté, on a toujours été bienveillants avec lui et présents dans les moments difficiles. Mon père lui avait laissé peu de place (trop turbulent pour lui). Aujourd'hui, même si notre père est très fier de ses filles, il est accompagné dans son quotidien par Rachid, il est du coup devenu presque indispensable [dans la famille]...
> (Leïla, courriel, 21 mai 2017.)

En revanche, les trois sœurs cadettes, qui ont vécu comme enfants, à la maison, les moments durs de Rachid – et notamment ses périodes de « crise » – ont un jugement différent sur leur frère aîné. Il est, dans l'ensemble, plus sévère et parfois même sans concessions. Rachid, à leurs yeux, a non seulement pollué une partie de la vie de famille dans leur enfance, mais a surtout bénéficié d'un traitement de faveur de la part de leur mère qui leur paraissait sur le moment hors norme et profondément illégitime. Cette inégalité de traitement au bénéfice entier du frère aîné a, par exemple, nourri chez Amel (qui a neuf ans de moins que lui) un sentiment de colère et une sorte de féminisme pratique qu'elle exprime fortement dans cet extrait d'entretien :

– Amel : [Rachid], lui c'est la délinquance, c'est vraiment le...
– SB : Et, petite, ça t'a marquée, son histoire ?
– Amel : Pour tout dire, je faisais tout pour qu'on ne voie pas que c'était mon frère, je ne le calculais pas ! Mais vraiment ! [Dans la rue] il pouvait me faire ça [un geste de connivence], je lui disais : « Ouais, coucou, ouais... » Et je continuais, j'avais honte... J'avais honte parce que quand on est enfant, on nous cache beaucoup de choses, donc le temps de comprendre qui il était vraiment... Parce que je le trouvais faux... Oui, faux... Il n'assumait rien et je trouvais que, nous, on assumait tout... ne pas jeûner... [*elle hésite...*]
– SB : Tu lui reprochais de vivre selon son bon plaisir ?
– Amel : Voilà ! Mais d'un autre côté, en fait ce qui m'agaçait, ce qui m'ulcérait, c'est que pour ma mère, il restait *le* garçon ! L'unique ! Le parfait ! Il avait beau arriver à la maison complètement ivre, faire des scènes de malade, ma mère : « Non, c'est pas grave » et tout... Non, enfin, et je voyais mes deux sœurs [aînées] qui elles, réussissaient, faisaient tout, filaient de l'argent à mes parents et tout... et n'avaient pas ce [traitement de faveur]...
– SB : C'est une inégalité de traitement très forte...
– Amel : Mais c'est... c'est... [*ton de l'indignation, Amel ne trouve pas ses mots*] et donc je me disais : « Le gars [son frère Rachid], il va pas à l'école, il fait rien, il fait que des bêtises, il n'a jamais travaillé... Les filles, elles ont toujours travaillé très tôt, dès seize, dix-sept ans, elles ont toujours été bonnes à l'école, elles aident mes parents, elles font les démarches quand mes parents sont en Algérie... Elles font tout, jusqu'à nous acheter nos affaires scolaires et compagnie... Vraiment, elles se dédoublaient de nos parents au sens pur du terme. Parfois, j'ai même des lapsus en disant que ma sœur Leïla c'est presque « *Ma* », c'est le mot maman en arabe. Et lui, Rachid, lui qui est tellement imparfait, qui a tellement de défauts, [pour ma mère] il a autant de mérite que les deux autres... Je trouvais ça injuste ! Et, du coup, pour le punir, je ne le calculais pas... Je ne lui adressais même pas la parole... c'était à peine si quelqu'un, à l'extérieur, pensait qu'on était frère et sœur...
(Amel, entretien, 16 décembre 2015.)

⁂

L'histoire de Rachid invite à réfléchir, d'une part, sur les effets de la socialisation dans une famille nombreuse et, d'autre part, sur les conditions de sortie de la délinquance. À partir de ce qu'on peut penser comme étant des conditions semblables d'existence dans son enfance, il est frappant de constater que son itinéraire diffère, presque point par point, de celui de ses deux sœurs aînées. Deux facteurs ont été ici décisifs. Le premier est encore et toujours la carrière scolaire ; elle a été marquée dès le début, pour Rachid, par des difficultés relationnelles fortes (il reconnaît que, tout petit, à la maternelle, il « tapait sur les filles ») et l'échec de l'appropriation du langage écrit (le mot « illettrisme » n'a pas été prononcé, mais on peut imaginer qu'un diagnostic de ce type a pu être énoncé), dont on a vu les effets de longue durée dans sa carrière professionnelle. Le deuxième tient à ce qu'on peut appeler l'« insécurité affective[4] » de Rachid, fruit de la relation malheureuse entretenue avec son père dans son enfance. C'est sans doute cette insécurité qui va nourrir ce qu'il appelle sa « haine intérieure » et le pousser à multiplier faits et gestes (parfois violents) pour – peut-on penser – exister positivement aux yeux des autres. À ce cocktail déjà explosif, il faut ajouter, au moment de l'adolescence, sa confrontation à l'extérieur de la cité, au regard suspicieux à son égard et parfois à des pratiques qu'il ne pouvait percevoir que comme « racistes ». C'est notamment le cas quand, jeune apprenti serveur (à seize ans) dans un restaurant chic de la région, la patronne du lieu lui explique, comme une évidence, qu'elle préfère ne pas l'appeler en salle par son prénom (qui sonne trop arabe) et lui donne d'office un prénom français qui « passera mieux aux yeux de la clientèle »...

7

Chauffeur de bus à la RATP : l'apprentissage du travail et du syndicalisme

Azzedine, né en 1979, est situé dans la fratrie entre ses deux frères, Rachid (1975) et Mounir (1981). Son bac pro – diplôme le plus élevé des frères Belhoumi – lui a permis de tenter et réussir, à l'âge de vingt-cinq ans, le concours d'entrée à la RATP. Il y travaille, depuis 2004, comme chauffeur de bus et une grande partie des entretiens que j'ai menés avec lui (cinq au total) a porté sur le thème des conditions de travail, des rapports qu'il entretient avec la hiérarchie et ses collègues, des perspectives professionnelles qu'il envisage. Si j'ai souhaité centrer les entretiens sur ces thèmes, outre leur intérêt intrinsèque, c'est aussi parce que je considère que les nombreux travaux sociologiques sur les descendants d'immigrés en France[1] sont, dans leur ensemble, trop aveugles aux questions de travail et, plus encore, de syndicalisme. La forte demande, sociale et militante, d'élucidation des problèmes de discrimination et de racisme rencontrés par les descendants de l'immigration postcoloniale, a eu pour effet indirect de laisser en jachère ces objets de recherche tout aussi importants.

Ainsi, à partir de l'étude de cas consacrée à Azzedine, ce chapitre sera l'occasion de revenir sur des thèmes essentiels pour comprendre le destin social des enfants d'immigrés algériens, tels le mode de socialisation professionnelle (quand ils ont un emploi stable) et le type de « politisation » induit par l'apprentissage progressif des rapports au travail et la découverte de la vie syndicale en entreprise. L'entrée dans le monde du travail d'exécution, pour des jeunes ayant grandi dans leur enfance en cité, constitue une sorte d'expérimentation sociale *in vivo* : ce qui se passe dans un collectif de travail en milieu populaire[2] peut être analysé comme un laboratoire de rapports sociaux entre les « anciens » et les « nouveaux ».

La découverte de la RATP, un « gars de cité » au travail

On a vu précédemment la manière dont Azzedine a réussi, avec l'aide précieuse de Leïla, le concours de « chauffeur de bus » à la RATP. Cette entrée durable dans la vie active à un âge qui était, à ses yeux, « fatidique » – vingt-cinq ans, c'est-à-dire celui du passage au RMI, qu'attendent avec un mélange de fatalisme et de rage les « mecs de cité » – a marqué une étape décisive dans sa trajectoire sociale. Dès le premier entretien, Azzedine a évoqué à plusieurs reprises la hantise qui était la sienne, dans sa jeunesse à Sardan, de finir comme dealer de cité. Pour déjouer ce destin, il lui fallait s'en sortir autrement que par le trafic, par un travail honnête.

> [Quand j'étais jeune] la cité où on habitait, c'était vraiment « cité cité »... Je sais pas si vous avez vu là où on habite [*j'acquiesce*]. Juste en face de chez nous, il y avait un porche... Et à l'époque, désolé de l'expression, mais « toute la merde » était en face, quoi, toute la merde était en face de nous... Et moi, j'étais à ma fenêtre, je regardais cette merde-là... Et je me disais : « Hors de question que je devienne comme eux [*les petits dealers du coin*]... Quand je dis la merde, c'est tous les jeunes qui sont en bas, en train de passer avec leurs grosses voitures parce qu'ils ont vendu du shit... Parce qu'à l'époque c'était du shit, hein. Et voilà... Et ça, c'était pas pour moi ! C'était vraiment pas pour moi ! J'ai essayé, hein ! Et j'ai vu que c'était pas pour moi...
> (Azzedine, entretien, 7 octobre 2012.)

Par la réussite en 2004 au concours d'entrée à la RATP, Azzedine conquiert un statut professionnel et social durable. Il échappe aussi à un destin de *loser* qui le guettait et le menaçait. En effet, les quatre années qui ont précédé sa réussite au concours étaient faites de moins de hauts que de bas, avec des journées marquées par un profond décalage temporel avec le monde salarié (il se couchait toujours très tard et se levait tout aussi tard). L'entrée à la RATP opère à ses yeux comme un moment de réhabilitation sociale et symbolique et de forte remoralisation, comme il le confie au tout début de notre premier entretien:

> [Moi] je suis rentré à la RATP pour beaucoup de critères... Déjà parce que, à l'époque, agent RATP, c'était valorisant... Vraiment c'était valorisant agent RATP pour moi... [*il hésite*] Pour moi, qui me faisais tout le temps contrôler... Moi qui avais une [*il hésite encore*]... J'avais [alors] une sale estime de moi-même... Quand je me regardais dans le miroir, je ne me plaisais pas, quoi! Je me disais: «Ouais, je suis qu'un pauvre type!»... Je me prenais pour un pauvre type à l'époque... Eh bien, la RATP ça m'a remis du peps! Plus mes sœurs [*Leïla l'a accueilli deux ans chez elle, dans son appartement*]... Voilà c'est pour ça que je suis, que je serai reconnaissant à vie à mes sœurs, même si je ne leur dis pas tous les jours... Parce que, sans mes sœurs [Samira et Leïla], j'aurais été rien, quoi! Franchement j'aurais été rien! J'aurais peut-être pu basculer dans l'héroïne... si j'extrapole, oui, j'aurais peut-être pu basculer dans l'héroïne. Et c'est mes sœurs qui étaient là, qui étaient toujours derrière moi... (Azzedine, entretien, 7 octobre 2012.)

On comprend mieux, à partir des moments difficiles qu'Azzedine a traversés à la sortie de ses études, à cet âge charnière de 19-24 ans, pourquoi son entrée à la RATP a constitué un moment-clé de son histoire. Une fois franchie cette étape décisive que représente l'obtention d'un CDI, il va se confronter, pour la première fois de sa vie, à l'expérience du travail, sur la durée. Et cela pas dans n'importe quelle entreprise, mais à la RATP, une entreprise publique façonnée par une longue histoire syndicale et politique et en phase de modernisation. Il entre en outre dans un univers professionnel particulier, celui des «machinistes», marqué par une forte syndicalisation et une grande tradition de luttes, dont il ignore, au départ, à peu près tout. N'oublions pas ici que son père, en invalidité professionnelle depuis 1978 (Azzedine naît en 1979), n'a quasiment rien pu transmettre à ses propres fils de la culture ouvrière – tant la culture au travail que la culture syndicale et politique[a]. Par conséquent, Azzedine, à la

a À la différence de familles algériennes, notamment dans la région parisienne, où le père a été, comme travailleur immigré en France, syndiqué à la CGT (ou moins souvent à la CFDT). Par exemple, dans les témoignages des fils d'Algériens qui

RATP, découvre entièrement un nouvel univers de travail, les rapports sociaux qui s'y nouent et qu'il doit apprendre pas à pas à déchiffrer. Lors de notre premier entretien, en octobre 2012, il m'est apparu qu'Azzedine posait sur ce monde social qui lui était au départ étranger un regard étonné. D'où l'intérêt constant des descriptions de son univers de travail.

Azzedine, au début de sa carrière, s'investit entièrement dans son travail, répondant toujours présent et accumulant les heures. Célibataire, il choisit des horaires de nuit qui l'arrangent, faisant ce qu'il appelle les «petites nuits», c'est-à-dire qu'il démarre son service à 18 heures et finit vers 1 heure du matin. Son métier lui plaît: non seulement le fait de conduire (il a toujours été «branché voiture», comme me dit Leïla), mais aussi tout ce qui, dans son travail, s'apparente à une relation de service, comme le rapport direct avec les usagers (faire du «lien social» au travail). Il aime, comme il dit, «rendre service». Ses premières années à la RATP sont, pour lui, de belles années professionnelles. D'une part, il trouve dans son travail une forte reconnaissance sociale qui contraste avec la période morose de ses 20-25 ans, où il se sentait un «inutile au monde», et, d'autre part, il s'épanouit pleinement dans une forte sociabilité professionnelle où les collègues de la même promotion deviennent *ipso facto* des amis:

> – Azzedine: [Non seulement j'évite le RMI] mais surtout... Et puis surtout, j'ai l'impression de servir à quelque chose. Par rapport à ça, j'ai l'impression de servir à quelque chose même si dans le [regard]... Enfin, peut-être pas dans le regard de tout le monde mais dans le regard de beaucoup de personnes, bah pour eux, être chauffeur de bus c'est synonyme d'avoir raté ses études... Non, je suis désolé, ce boulot-là il m'a [élévé]... Il m'a pas mal [aidé]... Il m'a amené beaucoup de choses, beaucoup de choses [...]. Et puis les collègues, c'est une famille... C'est une famille comme moi qui suis venu ici alors qu'il fallait refaire toute ma vie de A à Z... ça m'a

---

ont été des acteurs de la Marche pour l'égalité et contre le racisme (dite «Marche des Beurs») de 1983, on retrouve très souvent cette filiation entre l'engagement syndical ou politique de leurs pères (parfois au PCF et ou même au FLN pendant la guerre d'Algérie) et leur propre engagement dans cette Marche et par la suite dans les différentes formes prises par le mouvement beur.

> beaucoup aidé d'avoir beaucoup de collègues, parce qu'on est collègues, mais on est aussi une grande famille... On traînait ensemble, on faisait tout ensemble, on faisait vraiment tout ensemble... Des gens avec qui je suis rentré dans la même promo...
> (Azzedine, entretien, 7 octobre 2012.)

Par ailleurs, dans son travail de nuit, où les usagers sont souvent plus agités que dans la journée et où une petite partie de la clientèle du bus ressemble par certains côtés à celle de la police, Azzedine sait mobiliser un savoir-faire professionnel tiré des enseignements de sa vie passée en cité. Il sait, par expérience, qui il a en face de lui et surtout comment désamorcer les situations conflictuelles pouvant déboucher sur la violence. Ayant lui-même vécu dans sa jeunesse bon nombre de contrôles de police ou de bus (dont certains ont dérapé), il connaît intimement les ressorts sociaux de la violence et la manière d'éviter des effets de spirale. Il sait que les paroles ou gestes de mépris à l'égard des jeunes (potentiels trublions) ou une posture autoritaire de la part de tout détenteur de l'autorité publique peuvent engendrer une (contre-)violence et le déclenchement de phénomènes non rattrapables. Armé de cette connaissance sociale, il se révèle être un fervent partisan de la méthode douce dans son bus. Voici ce qu'il me dit tandis que nous discutons de la violence au travail, de ce qu'il voit à la RATP :

> – Azzedine : Mais pour moi la violence, elle ne vient pas toute seule... gratuitement... Moi, je pars du principe où, que ce soit la petite mémé, le petit jeune ou le riche ou le pauvre... je donne du respect... Je donne le même respect à chaque personne, c'est normal... Parce que moi j'aimerais bien qu'on me donne ce respect-là [...]. Et c'est vrai qu'au travail on est un peu psychologue aussi avec les gens parce qu'il y a beaucoup de gens qui [ont besoin de soutien]... La petite mémé qu'on prend tous les jours au même endroit, on est peut-être la seule personne à qui elle va parler, qui va lui faire un sourire... Mais si dès le départ, j'adopte une attitude de méchant, de mesquin, de vicieux... Non, je peux pas, je peux pas... Parce que déjà, on part sur un mauvais rapport et je ne suis pas moi-même. [...] Sur Paris [où il travaille] il n'y a pas toute la violence qu'il y a dans les

quartiers entre guillemets, parce qu'il y a violence et violence... Il y a beaucoup de gens qui la cherchent aussi. [...] Moi, comme je le dis encore beaucoup, les gens [*les chauffeurs*] qui se font agresser dans leur bus c'est parce que c'est des gens qui ont mal parlé à un moment... Moi, quand je vois des jeunes un peu virulents dans le bus, je vais pas adopter l'attitude [dure, autoritaire]...

– SB : Dans ces cas-là, tu sors de ton siège et tu vas les voir ?

– Azzedine : Je sors de mon siège, je vais les voir et je leur donne du respect : « Excusez-moi messieurs... pourriez-vous faire un peu moins de bruit parce que ça gêne un petit peu tout le monde » [*imitant son ton d'apaisement*], voilà, tranquillement... Je suis pas là à vous faire la morale... Alors qu'il y en a d'autres, ils n'ont pas de tact, ils vont arriver et vont dire : « Oh tu t'es cru où ? Tu t'es cru chez ta mère ? » Eh bien le petit jeune, tu lui dis ça, je suis désolé mais pour le petit jeune, ça passe pas, il se sent agressé... Et quand il va se sentir agressé, il va répondre par quoi ? Ben par une agression. Mais si dès le départ je le respecte en tant que personne, il me répondra en tant que personne et ça se calmera... En plus, il y a des degrés dans la violence, je sais pas, moi, je l'ai connue la violence... J'ai vu des gens se faire tirer dessus, j'ai vu des choses [terribles], j'ai vu des morts devant moi... À l'heure d'aujourd'hui, je me dis qu'est-ce que la violence ? C'est quoi une violence verbale ? Moi, le mec qui vient, qui m'insulte, je le regarde et je lui dis : « Ouais bah écoute... Toi, tu t'es trompé de colère, mec ! Tu t'en prends à moi alors que, moi, j'y suis pour rien, je suis qu'un ouvrier comme tout le monde, hein, je suis un chauffeur de bus, je suis pas là à prétendre que, parce que j'ai la cravate, le costume, je suis la RATP... Et je suis pas la police...

(Azzedine, entretien, 7 octobre 2012.)

Le rapport au travail d'Azzedine va toutefois changer au fil du temps et devenir moins enchanté quand il va commencer à subir les désagréments de sa vie professionnelle à contretemps (« je rentrais chez moi, je me couchais à 6 heures du matin. Et je me levais à 16 heures... Et puis j'avais pas de projets, j'avais pas de nana, c'était tout le temps pareil »). Et surtout quand va se poser pour lui la grande question de la promotion professionnelle, des moyens de « monter » à la RATP pour un simple machiniste.

Conflits au travail : apprendre à « ne plus se laisser faire »

Sept mois après le premier entretien, je revois Azzedine, en mai 2013, à la même terrasse de café de Paris, proche de la place des Abbesses. Ce qui me frappe alors, c'est qu'il a beaucoup maigri[a]. D'ailleurs, il me dit assez vite dans la discussion avoir perdu 20 kilos lors de ce qu'il appelle sa « dépression » (qui a duré les deux mois de février-mars). Celle-ci semble due à la conjugaison de deux événements qui sont survenus peu avant : sur la scène professionnelle, de graves conflits au travail avec son « chef » et, sur la scène de sa vie privée, la séparation au début de l'année avec sa compagne (une employée de la RATP, d'origine algérienne comme lui, déjà mère d'un jeune enfant).

Examinons ici plus en détail la nature des conflits récurrents qu'Azzedine vit avec son « chef » (l'équivalent d'un contremaître à l'usine). De petits incidents ont déjà jalonné sa carrière professionnelle à la RATP. Le premier conflit sérieux au travail semble avoir tourné autour de la perception de son identité « maghrébine » de la part de ses chefs (qui sont uniquement de parents français et eux-mêmes souvent fils d'employés de la RATP). Il a eu pour objet le port d'un keffieh[b] : son chef lui a demandé de l'enlever, mais Azzedine a refusé, ce qui lui a valu un rapport assez « salé ». Le deuxième conflit a eu pour objet un accident du travail : lors d'une manœuvre de déblocage de porte dans son bus, il s'est cassé le bras au travail et a fait l'objet d'un arrêt maladie de trois mois. Or le rapport du « cadre de service » a contesté le cadre professionnel de cette fracture, ce qui lui a aussitôt valu quatre visites de contrôle à son domicile du service médical de la RATP.

Cependant, le conflit le plus sérieux, qui a pris vraiment une mauvaise tournure, s'est déroulé début 2013 au moment de son

---

a Cheveux coupés très courts, jeans, tee-shirt, lunettes de soleil de type Ray-Ban, Azzedine arrive ce jour-là avec, dans les mains, le livre de Jacques Donzelot *Faire société* dont il me dit qu'il l'avait beaucoup apprécié, lors de sa première année d'AES à la faculté de Préville, qui n'a pas eu de suite.

b Foulard traditionnel arabe popularisé par Yasser Arafat lorsqu'il était leader de l'Organisation de libération de la Palestine (OLP).

entretien annuel d'évaluation (EAE). Cet entretien a son importance, puisqu'il conditionne fortement les chances d'obtenir une promotion professionnelle. Après l'entrevue, Luc, son « chef », écrit un rapport et le donne à lire à Azzedine. Or ce dernier y découvre des remarques consignées qu'il juge fausses et inappropriées, notamment celle lui recommandant d'éviter à l'avenir d'avoir, lors de son travail, des « discussions prolongées avec des jeunes femmes ». En conséquence, Azzedine, comme c'est son droit, refuse de signer cet entretien. Il s'ensuit une violente altercation verbale avec son chef, qu'il n'est pas sans intérêt de relater par le menu (c'est, bien sûr, la version d'Azzedine) :

> Moi, j'ai pas signé l'EAE [entretien d'évaluation]. [Mon chef] : « Pourquoi tu refuses de signer ? » Et, moi, je lui dis ouvertement : « Je suis pas d'accord avec tout ce que tu me reproches »... Et après si vous voulez, j'ai commencé à m'emporter... [*petit silence, réfléchissant*] Je me suis pas emporté dans le sens méchant... Moi, j'ai jamais manqué de respect... Si vous voulez, avant [*au travail*], j'acquiesçais, je ne disais rien... [*ou je disais*] « Ouais, ouais, ouais »... Je ne disais rien parce que j'évitais [le conflit]. Et puis, là, je suis rentré dans le conflit, dans le sens où je me suis dit : « Cette fois, je vais pas me laisser faire ! » Et je lui ai dit [à son chef] ce que je pensais de lui ! Mais d'une manière un peu soutenue... Et, lui, il ne m'a pas compris... Parce que je pense que, honnêtement, entre lui et moi, je vais pas dire qu'il me jalousait dans mon élocution ou dans ma façon d'être... Je vais pas dire qu'il me jalousait, mais si vous voulez, il s'est rendu compte que, à chaque fois que je faisais des rapports, tout était bien tourné, que je ne faisais pas de fautes d'orthographe... Par exemple, un truc tout bête, j'étais là en train de corriger ses écrits. Alors il me donne mon EAE pour le relire... Et, là, je lui dis : « Ah ben non, Luc, là, ça va pas ! Première phrase, il y a six fautes ! »... Vous voyez à quel point on en est arrivés ! Et puis je lui faisais comprendre : « Mais comment t'as fait, toi, pour devenir chef ? »... Je lui ai fait bien comprendre : « On t'a mis chef parce que, à un moment donné ou un autre, t'as eu un piston... T'aurais pas eu ce piston, t'aurais jamais été chef »... Et je lui ai dit ouvertement : « Comment, toi, tu peux te permettre de juger mon travail alors que, toi-même, dans ton travail, t'es même pas clair ?... Moi aussi

> [si je veux] c'est facile de critiquer ton travail... Bah regarde, t'es chef, t'es censé tout connaître, tout savoir»... Et je lui dis: «Bah regarde, un truc tout bête, ce rapport-là, il va bien remonter en haut... Mais ton chef à toi, quand il va lire ce rapport-là et qu'il va voir toutes les fautes que t'as faites, qu'est-ce qu'il va penser, lui, même s'il te le dit pas? » Si vous voulez, je pense que je l'ai rabaissé... Et c'est parti dans la confrontation... Alors là, le truc le plus facile pour lui, ça a été quelques petites insultes envers moi, des petites insultes gentilles, quoi...
> (Azzedine, entretien, 7 mai 2013.)

Ce conflit au travail est riche d'intérêt et d'enseignements. Il faudrait bien sûr, pour l'éclairer au mieux, bénéficier du point de vue de l'autre partie et d'une connaissance fine des relations de travail dans ce dépôt de bus. À défaut, il convient d'être prudent, mais il reste possible de livrer quelques pistes d'interprétation. Tout d'abord, ce conflit correspond à la première forme de rébellion ouverte d'Azzedine au travail, après huit ans d'activité professionnelle au cours desquels il dit s'être montré un employé modèle (notamment par sa présence), travailleur et docile. Ensuite, il laisse apparaître une sorte d'arrière-fond sociologique au désaccord entre les deux hommes. Dans un premier temps, le grief du chef à l'égard d'Azzedine, qui est à l'origine du conflit et de la montée de tension, a pu apparaître aux yeux de ce dernier comme ayant pour cause un préjugé sur les «Maghrébins». Le chef, au fond, en lui reprochant de trop discuter avec des «jeunes femmes» sur son lieu de travail, ne ferait finalement que reprendre un stéréotype bien ancré dans l'opinion publique: celui du «garçon arabe» à la fois macho, hâbleur, dragueur, enclin à toujours manifester (*via* ces formes de drague ouverte dans l'espace public) une «masculinité agressive[3]». Ce reproche du chef gagnerait toutefois à être replacé dans le nouveau cadre de travail qui s'est imposé à la petite maîtrise (les «chefs») de la RATP au cours des années 2000, à savoir gérer désormais l'arrivée de nombreux chauffeurs de bus d'origine maghrébine ou africaine et originaires des cités du 93, le mot d'ordre honorable de la RATP étant d'intégrer ces derniers au travail[4].

En outre, ce reproche de drague au travail, consigné dans le rapport écrit (EAE), constitue aux yeux d'Azzedine, une accusation de mauvais comportement au travail alors qu'il se veut exemplaire dans l'exercice de son activité professionnelle. On peut penser que si sa réaction a été, cette fois-ci, si vive, s'il refuse fermement de signer son EAE et décide d'aller au *clash* avec son chef, c'est sans doute parce qu'il s'est vu, par cette accusation de comportement déplacé au travail, réduit une fois de plus à la seule identité de « Maghrébin » et de « mec de cité ». Sa manière de riposter – et, d'une certaine façon, de reprendre l'avantage dans l'interaction – sera de déplacer, au cours de l'altercation, la question du « racial » vers le « social ». Il a ainsi à cœur de dévoiler dans l'altercation qui l'oppose à son « chef » ce qui, à ses yeux, sous-tend véritablement leur opposition : leur différence de niveau scolaire et de niveau de langage. Azzedine, en employant cet argument massue de la légitimité scolaire dans le face-à-face de la querelle, a ainsi toutes les chances de retourner la situation à son avantage, au moins le temps de l'échange. C'est bien lui, Azzedine – un Maghrébin d'origine – qui se permet de « reprendre » le chef, Luc – un « bon Français » – sur ses fautes d'orthographe et sa manière de parler et d'écrire.

On peut d'ailleurs assez aisément présumer qu'à son travail Azzedine ne devait perdre aucune occasion de faire remarquer à son chef ses lacunes en matière de compétences écrites et orales, prenant ainsi un malin plaisir à le mettre en difficulté, si possible devant les autres machinistes. Ce conflit autour de l'EAE n'est sans doute pas un événement isolé dans leurs relations ; il ne fait que cristalliser et porter à sa plus haute intensité la petite « guéguerre » que les deux hommes ont pour habitude de se livrer au travail. Ce qui pouvait relever chez Azzedine de la « taquinerie » au travail prend, lors de ce moment important et solennel que constitue un entretien d'évaluation pour un salarié d'exécution comme lui, un tout autre sens : celui d'une mise en cause frontale et directe de la compétence de son chef, une entreprise de délégitimation de son statut par la mise au jour de son talon d'Achille : le français et l'orthographe. On peut observer que cette situation est en fait symétriquement inverse de celle vécue par son frère, Rachid, « trahi » par son orthographe[a].

À travers ce conflit, Azzedine dénonce aussi les règles implicites de la promotion professionnelle à la RATP qui lui paraissent accorder un poids important aux petits capitaux sociaux dans l'accès aux postes de la « petite hiérarchie ». Exclu de fait de ce mode d'accès, Azzedine réagit, avec virulence, à ce qui lui semble un déni de justice. Or suspecter son « chef » d'occuper ce poste par « piston » constitue dans cet univers professionnel, de la part d'un « subordonné », une grave accusation qui suscite en retour une montée de tension, un ensemble d'insultes et l'irruption dans le bureau du « grand chef » qui vient apaiser la situation. À travers cette scène, on comprend qu'Azzedine n'a aucune prudence tactique et, d'une certaine manière, « se grille », en le sachant peut-être. De fait, il ne se fait plus beaucoup d'illusions sur la structure hiérarchique de son univers de travail et se fait philosophe :

> [À cette occasion] je me suis rendu compte que tous les chefs qu'ils ont mis, c'est même pas des chefs qui sont là à nous donner envie... Ils sont juste là pour nous fliquer. En vrai... C'est des gardiens plus que des chefs... Et je me dis quoi ? Je me dis que si je rentre dans ce délire-là, à rentrer tout le temps dans la confrontation, je ne peux être que perdant.
> (Azzedine, entretien, 7 mai 2013.)

Au dépôt de bus, coincé entre les « Le Pen » et les « barbus »

Un autre élément intervient négativement dans la perception qu'a Azzedine de son travail à la RATP : l'« ambiance » qui règne au dépôt de bus, qu'on peut considérer comme l'équivalent d'un atelier d'ouvriers dans une entreprise industrielle. Au fil du temps, elle se dégrade et pèse de plus en plus à Azzedine, qui s'aperçoit qu'il ne parvient pas à trouver vraiment sa place

a Voir chapitre précédent.

dans la sociabilité au travail. Il décrit à gros traits le dépôt comme une sorte de champ magnétique constitué de deux pôles opposés – les « anciens » (souvent des « mecs de la CGT ») – et les « nouveaux » (dont un petit nombre de « barbus ») – qui l'attirent et le repoussent à la fois.

La position d'entre-deux d'Azzedine doit beaucoup à ses caractéristiques sociales. Elles sont, pourrait-on dire, hybrides. En effet, d'un côté, s'il peut être considéré comme un « jeune de cité », il n'en est pas néanmoins un représentant typique : il a grandi à Sardan, dans une petite banlieue, en province, c'est-à-dire dans un univers social bien éloigné de la culture de cité de Seine-Saint-Denis. D'un autre côté, s'il porte un prénom et un nom « maghrébins » et s'il possède bien un physique « de type méditerranéen » (qui fait qu'il peut être étiqueté comme « Arabe »), il a toujours veillé à ne pas vivre que dans le seul monde des « rebeus » ; dans son enfance à Sardan, il a toujours été entouré d'amis « français » qu'il a surtout rencontrés dans sa pratique du sport en club (foot puis basket-ball) et qui, eux, ont grandi en pavillon et non en cité (ce qui *in fine* fait beaucoup de différences sur leur mode de socialisation).

Le caractère composite de la personne sociale d'Azzedine fait qu'il sait ne pas pouvoir être rangé facilement dans un camp ou dans un autre. Ainsi, il n'est assimilable ni aux jeunes machinistes ayant grandi dans les cités « dures » du « 9-3 » ni aux machinistes de parents français, souvent héritiers d'une lignée de travailleurs à la RATP. Résultat, au cœur de ce champ magnétique que constitue son dépôt, il oscille, selon les conjonctures syndicales et politiques et les circonstances (notamment les incidents au travail), entre ces deux pôles, qu'il s'agit de décrire désormais plus en détail.

À l'un de ces pôles, on trouve les « anciens », ceux qu'Azzedine tend à appeler les « mecs de la Cégette [CGT] » tant ceux-ci sont majoritaires parmi les plus âgés des machinistes de son dépôt. Ces derniers savent se défendre au travail et dégagent une force collective ; à ce titre, ils pourraient attirer Azzedine et même avoir sa sympathie. Mais, à les côtoyer au travail, il leur trouve deux défauts, à ses yeux, rédhibitoires : d'une part, ils lui paraissent « butés » (comme il le dit), ou « limités » (comme il le laisse entendre) ; d'autre part, plus grave encore, ils lui paraissent « un peu lepénistes ». Si dans un premier temps de nos échanges, Azzedine euphémise leur tropisme Front national, c'est qu'il ne veut pas trop s'appesantir sur l'atmosphère frontiste de son milieu de travail. Toujours pour ne pas tomber dans ce qu'il appelle la « victimisation » (sa hantise est de pouvoir être confondu avec le « mec de cité » qui joue au « z'y va », « feignant et geignard »...).

> – Azzedine : [Moi] je ne leur donnais pas de crédit [aux « mecs de la CGT »]... Pour moi, ils avaient un discours un peu erroné... Parce que, la plupart, ils étaient un peu butés... Franchement ! Faut dire ce qui est ! À l'heure d'aujourd'hui, c'est axé sur quoi ? Enfin ! Je vais pas rentrer dans ce système-là [*veut dire la dénonciation rituelle par les enfants d'immigrés des ouvriers qui votent Front national*] mais ils étaient un peu lepénistes, quoi ! Un peu... Ils sont là, ils étaient un peu lepénistes... ils n'étaient qu'entre eux... ils donnaient pas envie...
> – SB : [*en souriant*] Un peu [lepénistes] ou beaucoup ?
> – Azzedine : Beaucoup ! [*sur un ton plus assuré*] Enfin, je dis « un peu » parce que je veux pas... je cherche pas [à me plaindre ou me faire plaindre]... C'est même pas que je suis poli, c'est que je cherche pas à rentrer dans ce délire-là mais je me dis... [*hésite assez longuement*]. (Azzedine, entretien, 7 mai 2013.)

Surtout, pour Azzedine, le plus blessant ou le plus dur à vivre au dépôt de bus est de « sentir » au quotidien cette hostilité sourde et diffuse des « anciens » (qu'il assimile aux « mecs de la CGT ») à l'égard de jeunes comme lui, enfants d'immigrés maghrébins. Le racisme se manifestait avant plutôt à couvert, de manière cachée, presque honteuse. Or aujourd'hui, selon Azzedine, il est plus ouvert, il se dissimule moins : il se devine, « se sent » dorénavant dans un ensemble de petites interactions de la vie quotidienne. C'est le cas par exemple avec ce qu'il appelle (de manière fortement suggestive) des « bonjours pas sincères ».

> – SB : Mais comment ça se manifestait [ce « beaucoup lepénistes »] ?
> – Azzedine : Ah ça se manifestait par exemple... [*il cherche*] Par exemple un truc tout bête... Maintenant, le problème, c'est qu'avant ça se cachait... Et maintenant, ils le font ouvertement, quoi ! Les bonjours pas sincères, quoi... Enfin, moi, j'appelle ça

> des «bonjours pas sincères»... C'est «bonjour», on se serre la main, on se regarde dans les yeux ou c'est des bonjours comme ça... On me donne le moignon de la main... Combien de fois j'ai eu des altercations avec certains collègues, enfin des «anciens» sur des bonjours... Enfin, moi, je sais pas, je te respecte, respecte-moi! Dans ce cas-là, je dis même pas bonjour... Et maintenant, ils le disent ouvertement! C'est la vérité! Faut le voir, faut dire ce qu'il est... Ils le disent ouvertement...
> (Azzedine, entretien, 7 mai 2013.)

Cette manière de dire bonjour lors du début de la journée de travail sans respecter les formes traditionnellement en usage dans cet univers de travail masculin – une poignée de main franche et virile – a pour effet de dénaturer le rituel d'interaction que constituent les salutations qui se font au dépôt au moment de la prise de poste. Il s'agit ni plus ni moins d'une manière pour le groupe établi (les «anciens») de ne pas reconnaître l'autre – ici l'enfant d'immigré maghrébin membre du groupe des *outsiders* – comme un égal et d'afficher un acte de défiance, volontairement blessant et provocateur, à l'égard de machinistes comme Azzedine. Dans ce même registre, on peut penser que l'observation directe des relations de travail entre machinistes donnerait lieu à la description ethnographique fine de toutes ces petites démonstrations de mépris et d'ostracisme de la part des «anciens» à l'égard de ces «nouveaux venus» au dépôt de bus – majoritairement des jeunes de cité maghrébins ou «blacks».

Tout laisse penser que ce type de pratiques de mise à distance du groupe dominant du dépôt de bus, outre leur aspect blessant et humiliant pour ceux qui en sont les victimes, contribue à instituer peu à peu un mur infranchissable entre les deux parties au travail: d'un côté, les «anciens», pour la plupart «mecs de la CGT», «Français» et «beaucoup lepénistes» et, de l'autre, les nouveaux machinistes, pour beaucoup issus de l'immigration, «basanés», qui ne sont clairement pas les bienvenus au club de la RATP d'antan[a].

---

a Nul doute que les attentats survenus à Paris en 2015 et Nice en 2016 ont renforcé le clivage «Français/immigrés» (ce dernier terme comprenant les enfants d'immigrés maghrébins et africains) et durci la frontière sociale et morale à l'intérieur du groupe de travail des machinistes. Rappelons que Sami Amimour, l'un des

Mais Azzedine ne doit pas seulement affronter l'hostilité ouverte des «anciens»: il doit aussi se battre désormais sur un autre front, celui des plus jeunes que lui, recrutés plus récemment, qui viennent pour la plupart des cités du «9-3» et qui sont presque tous «noirs» ou «rebeus» (comme il dit). Ces derniers auraient dû être, par affinité sociale élective, ses copains de travail. Et ils l'ont été au début de sa carrière. Mais, parmi les tout nouveaux arrivés, on trouve désormais un petit nombre de «barbus» (c'est son expression) qui exercent sur lui un fort effet repoussoir. Ils sont, dit Azzedine, tout entiers dans la religion, souvent dans l'ostentation de leur pratique et dans la «provocation». En outre, comme lui-même est perçu comme maghrébin, donc «musulman», les barbus qui font sans cesse du prosélytisme au travail auprès de leurs coreligionnaires, cherchent toujours à «l'embarquer dans leurs salades» (ce sont ses termes), c'est-à-dire dans des histoires qui ne le concernent guère. Azzedine les tient fermement à distance, notamment pour éviter les plus désastreux effets d'amalgame[a].

Une envie d'«évoluer», voire de quitter le cocon de la RATP

Coincé entre les «mecs de la CGT» qui penchent vers le Front national et les «barbus» du dépôt qui lui font un peu honte, on comprend que la situation au travail d'Azzedine comme «jeune Maghrébin» ne soit pas des plus confortables. Du côté de ses relations avec la hiérarchie, il est en conflit structurel avec son chef direct et paye sans doute sa manière plus que franche de «dire les choses» à ses supérieurs. Du côté de ses relations avec ses collègues de travail, il peut être suspecté soit par les «anciens» d'appartenir au clan des jeunes de cité, soit par les «barbus» d'être un traître à la cause musulmane intégriste.

---

tueurs du Bataclan (13 novembre 2015), un enfant de Drancy, bachelier littéraire, avait été quelques années chauffeur de bus à la RATP en Seine-Saint-Denis.

a En mai 2013, il me dit que la DRH de la RATP est «en plein sur ce chantier de l'islamisation». J'ajoute alors sur mon journal de terrain que je tiens approximativement: «Ce point serait à creuser...»

Lors de notre deuxième entretien, il revient longuement sur le besoin qu'il a ressenti de faire le « point sur sa vie » à l'occasion de ses trois mois de congé maladie. Cela a été comme une « renaissance » au cours de laquelle il a pu « se ressourcer », un maître mot qui résume bien son état d'esprit d'alors.

> [Après ce conflit avec mon chef] j'ai demandé à changer de ligne parce que, après, il y a eu le fait que je me suis cassé le bras... Je suis resté encore en arrêt pendant deux mois avec mes problèmes... j'ai fait une dépression... je sais pas si ça se voit mais j'ai perdu énormément de kilos... j'ai perdu 20 kilos et puis à ce moment-là, cette dépression m'a fait du bien parce que ça m'a permis de [*hésite*]... comme une renaissance... ça m'a permis de renaître entre guillemets au fond de moi-même parce que je me suis vraiment posé les questions existentielles... de la vie, de comme je vous disais, de pourquoi on est là ? Est-ce qu'on est là pour se prendre la tête au travail ? Non, et ça m'a donné encore plus envie de chercher autre chose.
> (Azzedine, entretien, 7 janvier 2014.)

Neuf ans après son entrée à la RATP, il a désormais l'impression de « stagner », de s'encroûter, de se laisser gagner par la routine et la vie par certains côtés « pépère » de l'agent RATP qui, à l'approche de quarante ans, commence à compter les années qu'il lui reste à effectuer avant la retraite. Effrayé par cette perspective, il veut réagir à temps contre la progressive léthargie professionnelle qui le gagne, éviter de se satisfaire d'être un employé à statut et ainsi tout faire pour ne pas rester au niveau du simple « machiniste » qu'il est. En d'autres termes, il a en lui une envie de sursaut, comme une réaction d'orgueil sur le mode de « je vaux mieux que ça »...

> L'année dernière [2012-2013], j'ai eu énormément de problèmes... Santé, physique, moral... Je suis arrivé à un point où je me suis posé des questions existentielles... Celles de la vie quoi... Pourquoi est-ce que je suis là ? Est-ce que j'ai un but dans ma vie ? J'en suis arrivé, par exemple, à dix ans [de travail] à la RATP... Est-ce que j'ai évolué intellectuellement ? Non ! [*sur un ton sans appel*] Je me suis rendu compte que c'est même pas que je n'ai pas évolué... Pire, c'est que ça m'a rendu fainéant ! Ça m'a

> vraiment rendu fainéant dans le sens où, à la RATP, on nous met tellement dans un petit cocon, du genre: « Attention ! Si tu démissionnes, tu ne vas pas retrouver ailleurs... La RATP, c'est bien, c'est une grande famille, c'est ci, c'est ça »... Mais, après, on reste « lobotomisés », dans le sens où ça nous donne pas envie d'aller chercher plus loin...
> (Azzedine, entretien, 7 janvier 2014.)

Dans cette volonté de rompre les amarres et de quitter un jour la RATP, il est aidé par l'un des chefs de son dépôt avec lequel il a de bonnes relations. Ce dernier lui conseille un jour de « faire un Fongecif[a] », car, lui dit-il, « il n'est pas fait pour ce milieu ». Il s'est, comme il dit, « remis dans les livres », vient à notre rendez-vous avec *Faire société*, de Jacques Donzelot, et revient avec moi sur son désir de reprendre des études:

> – SB: Tu aimerais reprendre des études alors?
> – Azzedine: Ouais... Je me rends compte, je ne vais pas dire que j'ai raté ma vie, mais je me rends compte que c'est pas fait pour moi [ce boulot]... Je ne suis pas épanoui dans ce travail-là. Malgré tout, malgré qu'il y ait des valeurs humaines dans ce travail... Le travail en lui-même, j'aime bien... Le fait d'être dehors, faire un peu le psychologue entre guillemets parce que c'est aussi un travail de psy... Faut dire ce qui est... Les gens nous racontent un peu leurs problèmes... J'aime bien ce contact-là. Mais je me rends compte que j'ai pas envie de finir comme ils finissent, quoi... comme ils sont... stéréotypés dans la tête, en me disant [ci ou ça...].
> (Azzedine, entretien, 7 janvier 2014.)

En fait, Azzedine a compris qu'il n'a presque aucune chance de « monter » dans la hiérarchie de la RATP, pour aux moins deux raisons. La première tient au fait que les perspectives de promotion professionnelle interne des machinistes y sont particulièrement minces (la RATP emploie 14500 machinistes et il existe très peu de postes de contremaître disponibles chaque année). La deuxième renvoie à son « dossier » et aux conflits

---

a Le Fonds de gestion des congés individuels de formation (Fongecif) permet d'entreprendre une formation continue *via* un congé individuel de formation.

qu'il a pu avoir au travail avec sa hiérarchie et à la réputation de « grande gueule » qu'il a acquise dans son secteur de travail.

> – Azzedine : Moi, c'est ce que je disais à ce RH-là [directeur des ressources humaines] : « Vous pouvez prendre mon dossier du début où je suis rentré jusqu'à maintenant, jusqu'à cette fameuse journée-là [*le conflit lié à son EAE*], j'ai tout le temps fait mon travail correctement... J'étais à l'heure... J'étais jamais en retard... J'ai jamais été absent, j'ai tout le temps été courtois avec tout le monde... Mon seul défaut, et je lui ai dit ouvertement, mon seul défaut c'est quoi ? C'est que j'ai une trop grande gueule... À la RATP, le problème c'est qu'ils n'aiment pas les grandes gueules dans le sens où quand je dis ça, c'est, surtout ce qui les énerve le plus dans tout ça, c'est que si j'avais une grande gueule, si j'étais simple d'esprit et si je savais pas parler, ok ça passerait... Tandis que, là, ils se rendent compte que j'ai une grande gueule, que je connais mes droits et que je sais sur quel terrain aller, sur quel terrain ne pas aller... [...] Quand on regarde bien chez nous, au dépôt, y a aucun chef noir ! Y a aucun chef arabe ! Enfin arabe, même pas de confession, d'origine... Y en a aucun, mais vraiment aucun.
> – SB : Et il y a combien de chefs ?
> – Azzedine : Dans leur équipe, il y en a peut-être soixante et chez nous on est 800 machinistes...
> – SB : Et *grosso modo* il y en a combien d'origine immigrée ?
> – Azzedine : Je vais pas me prendre la tête... Je vais rentrer dans le délire de 33/33/33 [%]... Un tiers arabe, un tiers français, un tiers noir, quoi.
> (Azzedine, entretien, 7 mai 2013.)

Pour Azzedine, cette envie de changer de cap et de vie, d'envisager une autre perspective professionnelle que la RATP se comprend mieux si l'on quitte la scène professionnelle et si l'on va regarder ce qui se passe parallèlement du côté de la scène familiale, au sein de sa propre fratrie, et notamment en ce qui concerne l'évolution de la situation professionnelle de ses deux frères (celle de ses sœurs est clairement, pour lui, du domaine de l'inatteignable). C'est en effet le moment où son frère aîné, Rachid, effectue quant à lui une formation pour espérer devenir un jour éducateur, passant ainsi du commercial au « social ». C'est aussi celui où son frère cadet, Mounir, poursuit sur une belle lancée sa carrière professionnelle de vendeur en devenant représentant en éoliennes et chef d'agence d'une nouvelle PME en énergie verte qui commence à « bien tourner ». Azzedine, lui, en cette période du printemps 2013, ne peut que constater qu'il « stagne » dans sa vie, à tous les niveaux, alors même qu'il avait des capacités à l'école[a] (qu'il juge sans doute supérieures à celles de ses propres frères).

> Et ce qui m'a énervé réellement dans tout ça [son malaise au travail], c'est que ça m'a un peu écarté de ma famille, quoi ! Parce que j'ai eu énormément de mal, parce que j'ai vu autour de moi, enfin c'est pas par jalousie, ni par hypocrisie mais j'ai vu dans ma famille par exemple, entre guillemets, tout le monde a évolué… Dans le sens où tout le monde a commencé à se poser, à se marier, à avoir des enfants… Et je me dis : « Et, moi, dans tout ça ? » Est-ce que c'est moi le problème ? Est-ce que c'est moi qui me prends beaucoup trop la tête ? Ou est-ce que c'est mon travail qui pèse beaucoup sur ce que je pense ? Parce que ça m'avait rendu fainéant dans le sens où j'allais au boulot, j'amenais mes soucis avec moi, je les emmenais chez moi…
> (Azzedine, entretien, 7 janvier 2014.)

De la CFDT à SUD : la découverte désabusée du syndicalisme à la RATP

Dans son dépôt de bus, Azzedine vit de multiples situations de tensions et de contradictions, qui semblent propices à des formes d'engagement syndical, comme nous l'a appris depuis longtemps la littérature sur le syndicalisme d'atelier[5]. L'une des premières choses qu'Azzedine découvre avec étonnement dans son travail à la RATP est l'omniprésence du fait syndical (ce que d'autres peuvent appeler la « puissance syndicale ») qui imprègne profondément les rapports au travail. Il apprend assez vite qu'il n'est guère possible de s'en tenir à l'écart et il se

a Il a eu la curiosité d'aller regarder ses bulletins scolaires d'antan et il constate le gâchis qui a été le sien au niveau scolaire.

sent progressivement obligé de s'intéresser au minimum à la vie syndicale, lui qui l'ignorait antérieurement. Il découvre aussi, assez médusé, le paradoxe apparent qui voit le syndicat majoritaire (la CGT) – qu'il perçoit au départ comme « contestataire » – développer pourtant un « dialogue » régulier avec le patron, la RATP. Dans un premier temps, il tend à interpréter cette pratique classique du « dialogue social » par la CGT comme le signe d'une trahison des dirigeants syndicaux à l'égard de la « base » des machinistes. À travers l'extrait d'entretien qui suit, on devine le long travail de tâtonnement qui a été le sien – et qui se traduit notamment par le caractère parfois assez confus et crypté de ses propos – pour essayer de comprendre la complexité des positions syndicales au dépôt :

> Eux [au syndicat], ils ont des idées qui ne sont pas les miennes forcément... Et puis, demain, si on est [à la RATP] contre les idées syndicales, on se rend compte qu'en vrai, on est rejeté [au travail]... Entre guillemets on est rejeté dans le sens où ils vont pas nous écouter, nous qui sommes les employés de tous les jours... Ils [les dirigeants syndicaux] vont plus écouter le patronat, [c'est-à-dire] ce qu'ils [les patrons] veulent et ce qu'ils veulent pas... Et maintenant j'ai plus le sentiment qu'ils [les patrons] sont main dans la main avec le syndicat... Enfin les syndicats, ceux qui sont bien placés [à la CGT] profitent du système plus que nous, quoi ! En vrai ils [les syndicats majoritaires] nous défendent sans nous défendre, quoi ! Tout simplement...
> (Azzedine, entretien, 7 janvier 2014.)

Au début de sa carrière professionnelle à la RATP, Azzedine se syndique à la CFDT. Il dira par la suite que c'était pour de « mauvaises raisons » : « Je m'étais syndiqué à la CFDT plus par rapport entre guillemets à des collègues potes que par rapport à des idées, tout simplement. » De fait, à la section syndicale CFDT de son dépôt, il rejoint ceux qui sont ses amis au travail, presque tous des jeunes, enfants d'immigrés comme lui, ayant grandi en cité. C'est donc surtout une manière de retrouver un entre-soi amical dans un univers professionnel où il s'est senti, au début, assez profondément étranger, sans partager de mêmes codes sociaux :

– SB : Quand tu rentres au boulot à la RATP, t'as plutôt copiné avec des gens de la CFDT, mais est-ce que t'avais aussi des copains de la CGT ou non ? Comment ça s'est passé ?
– Azzedine : J'ai fait le choix plus ou moins par... Pas par amitié mais parce que si vous voulez, on est amené à avoir des copains « collègues »... Déjà, dès le départ, à la RATP, c'est un peu spécial parce qu'on n'arrive pas à mettre la barrière entre amitié professionnelle ou amitié personnelle. Est-ce qu'on est amis ou est-ce qu'on est collègues ? À l'arrivée, on n'arrive pas à mettre cette barrière-là... Et, moi, je suis rentré à la CFDT parce que j'avais des amis qui m'en ont parlé et qui m'ont dit : « Ouais, c'est bien, faut se syndiquer ! Faut se syndiquer... Faut se syndiquer... » Donc je suis rentré avec les personnes avec qui j'avais le plus d'affinités, on va dire. Et la plupart, ils étaient à la CFDT et il faut dire ce qui est aussi, je vais aller encore plus loin dans ça, on voit des collègues, je parle même pas de confession, je parle d'origine, c'est même pas d'origine parce que, à l'arrivée, on est tous du même endroit, mais je me dis que je suis rentré [à la CFDT] parce que j'avais des potes rebeus qui sont rentrés à la CFDT... Parce que c'était plus facile pour moi... [*petit temps de réflexion*] Non, parce que, à l'arrivée, je suis rentré dans un syndicat pour de mauvaises raisons, tout simplement... Des raisons amicales, pas du tout par communautarisme mais par facilité, quoi ! Parce que je voyais que, dans ce syndicat, il n'y avait que des Blacks, que des Rebeus.
(Azzedine, entretien, 7 mai 2013.)

L'adhésion d'Azzedine à la CFDT se fait, au fond, sur un malentendu. Azzedine ne connaît qu'approximativement l'histoire syndicale française et très peu la nature des positions syndicales de la CFDT des années 2000. Dans un premier temps, si la CFDT l'attire, c'est sans doute par un « effet de champ » syndical : ne pas être marqué CGT dans la « boîte », assurer une stratégie de détachement pour pouvoir espérer « monter », sans avoir non plus à se coltiner le travail syndical qui, à la CGT, peut constituer une assez forte barrière à l'entrée. Mais, dans un deuxième temps, en fréquentant davantage le monde syndical de l'atelier et en suivant l'actualité, Azzedine découvre les positions timides de la CFDT, notamment en cas de conflit et de grève, qui ne cadrent pas avec sa conception de la lutte sociale, qui doit être frontale et obstinée face aux « patrons ». Il va donc assez vite prendre ses distances avec ce qui a été son premier syndicat à la RATP :

> Je sais qu'il y a eu pas mal de grèves à l'époque, quand on a un syndicat qui est... [*hésite sur le terme, se reprend deux fois*] quand sur quatre partis [*veut dire syndicats*] y'en a trois qui vont appeler à la grève et qui vont aller jusqu'au bout... Et y'en a tout le temps un [*en fait, la CFDT*] qui va appeler à reprendre le travail ou qui va [négocier].
> (Azzedine, entretien, 7 janvier 2014.)

Le fait même que, presque neuf ans après son entrée à la RATP, Azzedine utilise le terme de « partis » pour dire « syndicats » en dit long sur la distance qu'il continue d'entretenir avec le monde syndical. S'il a pris sa carte CFDT, s'il peut se déclarer « syndiqué », il ne sera pas un « militant », jamais inscrit sur une liste d'élus ni comme délégué du personnel ni comme membre du CHSCT ou du comité d'entreprise.

La deuxième découverte qu'il fait du syndicalisme à la RATP est, à ses yeux, la plus déroutante ou consternante : c'est celle de la profonde division des forces syndicales. Or, au fil du temps et des grèves, il se rend compte que le manque d'unité des syndicats se révèle *in fine* très coûteux dans la construction du rapport de forces face à l'employeur. La critique par Azzedine de cette impuissance syndicale va se prolonger dans une critique – elle aussi classique dans la génération des salariés d'exécution qui a grandi après les Trente Glorieuses et le temps du syndicalisme offensif des conquêtes sociales – des représentants syndicaux. Il dénonce chez eux un double discours : d'un côté, les délégués appellent les syndiqués et salariés à la grève et, de l'autre, grâce à leur statut, ils peuvent se permettre de ne pas en payer le coût économique (« ils se mettent en relève syndicale »).

> [De toute façon] on se rend compte que les syndicats, ils mangent à tous les râteliers. Donc ils sont là en période de grève, ouais faut « grèver », faut « grèver »... Donc nous on est là, on grève, on perd de l'argent, tandis que, eux [*veut dire les permanents*],

> ils se mettent en relève syndicale. Vous voyez donc après, c'est pour ça que, après, moi, j'ai pas cherché à comprendre ou à pas comprendre... Donc maintenant moi je vais au travail, pour moi je le prends... c'est bête d'en arriver là... mais je le prends comme si j'allais à l'usine quoi, je pose mon cerveau à la maison, je viens, je fais mon travail correctement, je suis aimable avec tout le monde au volant de mon bus et je rentre chez moi et puis je remets mon cerveau... et puis voilà tout simplement.
> (Azzedine, entretien, 7 janvier 2014.)

Il faut aussi bien voir que la perception d'Azzedine et sa lecture du monde syndical à la RATP sont étroitement liées à l'évolution du travail et de l'emploi à la RATP. Lors de ces années d'enquête (2012-2017), il se dit très frappé par la détérioration des conditions de travail et du statut à la RATP. Il insiste beaucoup sur un point qui lui paraît symptomatique de cette dégradation liée à la forte restructuration que connaît son entreprise : les licenciements commencent à apparaître, le statut des nouveaux embauchés est beaucoup moins favorable, la guerre est à ses yeux déclarée par la direction pour rogner sur les acquis sociaux, notamment contre ceux qui sont appelés en interne les « un cinquième », c'est-à-dire ceux qui ont eu la possibilité de cotiser pour six ans de retraite en travaillant cinq ans (ce qui n'est pas un mince avantage social). En d'autres termes, la RATP n'est plus aujourd'hui ce havre de paix professionnel que certains imaginent de l'extérieur.

L'aggravation des conditions et des relations de travail sous l'effet de la « modernisation » engendre une forme de radicalisation syndicale et politique d'Azzedine. Après avoir quitté la CFDT, il reste quelque temps sans affiliation syndicale et, pour ainsi dire, orphelin de la cause de la défense des salariés. Mais, à la lumière de toutes les (petites ou grandes) atteintes au droit du travail qu'il ne cesse de constater, il va devenir en quelque sorte mûr pour une action syndicale plus radicale car, aussi sur un plan plus personnel, il mûrit politiquement (on le verra se rapprocher de plus en plus des positions de Jean-Luc Mélenchon lors de la campagne présidentielle de 2017).

Son passage au syndicat SUD au début de l'année 2016 se fait dans des conditions qui valent la peine d'être relatées.

Elles montrent bien comment le «positionnement» syndical d'Azzedine dépend étroitement de son identification à des figures sociales qui lui paraissent incarner un système de valeurs (un ethos) proche ou conforme au sien. Même s'il n'est pas un «vrai» gars de cité, il a gardé de son passé et de son histoire de Sardan un sens du combat social et de la loyauté qu'il retrouve entièrement dans la figure du délégué SUD de son dépôt de bus dont il évoque ici l'action en même temps que la personnalité sous-jacente:

> [*Pour expliquer son engagement récent à SUD*] Si tu veux, j'étais dans un terminus, j'étais en train de lire une note de SUD, d'un collègue à nous, d'un représentant syndical de SUD qui est parti porter plainte au commissariat... Parce qu'on refusait de lui donner deux heures syndicales, choses qui sont d'ordinaire un dû... Donc il est parti [au commissariat], il a fait la démarche d'aller porter plainte. J'ai trouvé ça touchant qu'il aille faire la démarche d'aller porter plainte, de revenir avec le dépôt de plainte, de le photocopier, de l'afficher dans tous les terminus en disant comme quoi: «Regardez ce qu'on nous fait!» J'ai trouvé qu'il allait [bien], qu'il avait du répondant par rapport aux autres! Parce que les autres, c'était du bla-bla, du bla-bla, du bla-bla... Et, à la fin, y a rien! Rien du tout!
> (Azzedine, entretien, 13 janvier 2016.)

Un «Arabe provincial» à la capitale

Jusqu'alors le parcours d'Azzedine a été raconté du seul point de vue de l'emploi et de son travail de machiniste. Tout ce qui tourne autour du hors-travail a été laissé volontairement de côté. Or la question de son adaptation à Paris et à la vie en proche banlieue mérite qu'on s'y attarde. Il est le seul des trois frères à avoir quitté Sardan et le monde de la cité pour se confronter avec le monde social de la capitale et de la proche banlieue, où il réside. Ce déracinement géographique a été régulièrement évoqué lors de nos divers entretiens qui ont assez souvent tourné autour des multiples contradictions de sa position d'«Arabe» à Paris.

Lorsqu'il s'installe à P. (dans le deux-pièces déjà évoqué, précédemment occupé par Samira, puis Leïla), il découvre les us et coutumes d'une cité de Seine-Saint-Denis. Après avoir noué des relations amicales avec certains de ses habitants, il s'éloigne progressivement de ce milieu et s'en démarque, ne supportant pas ce qu'il appelle la « mentalité » qui y règne. Il est notamment ulcéré par les remarques ou quolibets des « jeunes hittistes[a] » du coin qui le méprisent d'aller travailler et de « courber l'échine » (selon eux) à la RATP. Au fur et à mesure des rebuffades des uns et des autres, il se découvre en région parisienne comme un « Arabe provincial » (c'est son expression, dite « hors magnéto »), par moments tenté par le retour dans sa chère province et développant de fortes amitiés avec des Antillais de son immeuble (il va même jouer au foot dans un club d'Antillais de Paris).

La perception qu'on peut avoir de lui à la capitale comme « Arabe » ne le surprend pas. Il a eu l'habitude, dans sa jeunesse à Sardan, des contrôles d'identité au faciès de la part des policiers locaux. En montant à Paris et en ayant acquis le statut d'agent RATP (« fonctionnaire », comme il dit), il croyait toutefois s'être mis à l'abri de ce type de pratique arbitraire et humiliante : il n'en est rien. Lors de notre premier entretien, il raconte un contrôle d'identité au faciès dans le métro qui l'a plongé dans un abîme de perplexité et une colère noire :

> – Azzedine : Même aujourd'hui à Paris j'ai eu des [histoires]... Je vais dire un truc encore pire que ça, habillé RATP ! Habillé RATP ! [*ton de voix incrédule*] Sauf que comme on aime bien être discrets, on ne met pas la veste RATP, donc on met une grosse veste à nous [par-dessus l'habit RATP]... Et là, une fois assis dans le métro, à Barbès, à l'arrêt Barbès, je suis assis dans le métro, je vais pour prendre ma prise de service à Gare du Nord... Je suis assis dans le métro, les flics sont à l'arrêt Barbès, les flics en train de faire des contrôles d'identité. Le flic rentre dans le wagon, wagon plein, hein ! Moi assis, avec mon petit baladeur, avec mes écouteurs, on me regarde : – [moi] : « Oui, pardon, qu'est-ce qu'il

a En jargon algérois, ceux qui, chômeurs permanents, « tiennent les murs » de la ville.

y a?» – «Veuillez sortir du wagon s'il vous plaît»... Donc moi je regarde autour de moi, je me dis il y a peut-être quelque chose, et je vois que je suis le seul à sortir... Je dis au flic: «Mais pardon, il y a un problème?» [*sur un ton de politesse*]. Il me dit [*imitant le ton sans ménagement du policier*]: «Contre le mur!» Et là, il me palpe... «pièce d'identité!» Je lui sors ma pièce d'identité, française... Alors il regarde ma pièce d'identité dans tous les coins, pour voir si c'est une vraie, une fausse... Après dès que j'ouvre ma veste, bah il voit cravate RATP et tout... Et le mec, il me dit quoi? Il me dit: «Mais Monsieur... Fallait me dire que vous étiez de la RATP...» Je sais pas, c'est pas marqué sur mon visage, je lui dis: – «Vous avez fait un contrôle à quoi? au faciès?» – «Non, vous avez pas le droit de dire ça.» – «Bah pourquoi alors?! Pourquoi vous avez fait un contrôle?» Il me dit: «Vous, vous avez le [profil recherché]...» Après il m'a raconté une histoire: «Vous avez le type de la personne qu'on recherche», alors que quand on regardait contre le mur, il y avait que des Reubeus et des Blacks, quoi!
– SB: C'était il n'y a pas longtemps?
– Azzedine: C'était il y a cinq, six mois. Mais finalement j'y ai le droit tout le temps, j'y ai le droit tout le temps quoi qu'il arrive, que je sois en voiture, à pied, que j'aille dans une gare pour prendre mon train, j'y ai toujours le droit! Toujours! Oh je sais pas, apparemment j'ai une tête de délinquant donc [*rires*], je sais pas... Mais bon, c'est un peu lassant parce qu'on se dit, quoi on se dit: voilà on fait tout pour... On nous a déjà préservé dès l'enfance pour tout faire... [*hésite, se reprend*] pour ne pas se faire voir entre guillemets parce que mes parents avaient une peur bleue de la police... Voilà et je me dis à l'heure d'aujourd'hui moi qui travaille, moi qui suis fonctionnaire, j'estime faire mon boulot proprement, avoir une certaine mentalité dans ma vie d'aujourd'hui... et voilà je paye mes impôts comme tout le monde, je fais tout comme tout le monde entre guillemets... et même à l'heure d'aujourd'hui, on nous considère comme ça, je me dis: «Mouais, voilà je me dis, c'est dommage.»
(Azzedine, entretien, 7 mai 2013.)

La récurrence des contrôles au faciès qui le visent en personne n'est (malheureusement) pas une surprise pour Azzedine. Ce qui en revanche l'étonne le plus dans sa vie à Paris est sa découverte de ceux qu'il appelle les «Arabes du 93». Il sent que ces derniers, tant au travail que sur son lieu de résidence, ne l'acceptent pas entièrement. En premier lieu, il déplore d'abord que la religion soit si présente ou opérante dans la façade affichée par ses coreligionnaires, alors qu'elle relève pour lui de la vie privée (lui-même se dit croyant, fait le ramadan, n'en fait pas mystère mais jamais n'affiche ses croyances religieuses). En second lieu, Azzedine ne comprend pas pourquoi ceux qu'ils appellent les «Parisiens» (pour désigner des Arabes parisiens) ne cessent de lui rappeler son étrangeté, son côté provincial. C'est, à ses yeux, une manière de le rabaisser en usant de cet argument de Parisiens sûrs d'eux et dominateurs à l'égard des provinciaux:

> – Azzedine: Moi, les Parisiens [au sens large des Arabes de région parisienne et des jeunes du 93], je les appelle les bipolaires... Ils sont soit dans un extrême, soit dans un autre...
> – SB: C'est quoi les deux extrêmes?
> – Azzedine: Eh bien, les deux extrêmes pour moi, bon, on va parler de religion [musulmane]... Soit dans l'extrême dans le sens où ils ne font rien, ils n'en ont rien à foutre [de l'islam], soit ils sont dans l'autre extrême, ils sont extrémistes, ils sont à fond dedans... Et on dirait qu'ils marchent avec des œillères... Ils arrivent pas à avoir un juste milieu... Je pense aussi que c'est le fait de leur histoire... sur Paris et la banlieue, ils [les jeunes du 93] sont vachement communautaires parce qu'ils sont tout le temps entre eux... Tandis que nous [les «jeunes rebeus» comme lui], en province, on était mélangés... À l'école, on était mélangés, même si y a des petites cités, ça reste petit, c'est pas... Juste à côté de chez nous, on avait des champs... Moi, mes amis ils étaient de tous bords alors que ici, non... Ici, c'est vachement communautaire... Ici, ils sont vachement: les Noirs avec les Noirs, on va dire les Arabes avec les Arabes, les Juifs avec les Juifs et encore les Français avec les Français. Ils sont pas mélangés, moi j'ai remarqué ici... C'est pour ça qu'ils n'ont pas d'ouverture d'esprit, ils sont tout le temps à rejeter l'autre du fait qu'il soit différent, qu'il ne vienne pas du même endroit, qu'il n'adore pas le même Dieu... Alors que c'est le même, qu'ils n'ont pas la même façon de voir les choses. Donc forcément ils se sont réfugiés entre eux... Et je vois qu'il y a même un communautarisme entre Parisiens... enfin entre Parisiens, entre banlieusards contre les provinciaux quoi.

– SB : Tu le sentais dans les relations de travail ?
– Azzedine : Que ce soit dans les relations de travail ou dans les relations avec mes amis... J'ai eu plein de fois des altercations, enfin des altercations verbales avec des amis où on parlait d'un sujet et puis la seule phrase qui m'était dite [pour clore la discussion], c'était : « Oh lui ! Le mec de Préville ! » À leurs yeux, j'ai compris que je serai tout le temps le mec de Préville, on peut pas passer la barrière d'ami-ami franc et respectueux, on se respecte quoi, on a une forme de respect.
(Azzedine, entretien, 7 mai 2013.)

*
**

À travers la trajectoire professionnelle d'Azzedine, on touche de près à un fait majeur de ces deux dernières décennies pour les enfants de milieu populaire : l'imposition de la norme scolaire de type études générales et longues dans les univers professionnels et mentaux. Par exemple, la lecture que fait Azzedine de son passé scolaire est arrimée à l'évolution de son travail, à ce regret vif de ne pas être allé assez loin scolairement, de ne pas avoir assez travaillé lors de ses études, ne pas avoir choisi la bonne voie. Dans les milieux professionnels traditionnellement syndiqués, on voit bien que l'engagement qu'on pourrait dire « sacrificiel », qui a fortement existé en milieu ouvrier à la CGT (mais aussi en partie à CFDT) et qui pouvait être un substitut à la carrière professionnelle, n'est plus de mise... Enfin, on voit bien à travers le cas d'Azzedine que, aujourd'hui, sans cette ressource symbolique que constituait la lutte syndicale politique et dans un contexte de différenciation des carrières professionnelles dans les familles populaires, il est de plus en plus difficile de se satisfaire d'une position de subalterne.

Épilogue à la deuxième partie

Les parents en filigrane

La question qui vient sans doute à l'esprit, une fois qu'on a décrit les itinéraires scolaires et professionnels des trois frères, est la suivante: comment ces derniers ont-ils fait pour ne pas tomber du « mauvais côté », pour réussir malgré tout à se maintenir à flot ? On a fortement souligné le rôle de soutien – matériel, moral et parfois psychologique – des deux sœurs aînées, en laissant dans l'ombre d'autres causes possibles. Après sa lecture de la première version de ces trois chapitres consacrés aux frères, Samira ajoute un facteur explicatif qui est de la plus grande importance: le propre rôle des parents, notamment du père, pour « border » socialement et mentalement les trois fils. Comme aînée de la famille, Samira a bien observé son père pendant toutes ces années, elle l'a vu agir à sa manière. Elle livre dans le courriel suivant un témoignage infiniment précieux pour mieux faire pénétrer le lecteur « à l'intérieur » de cette famille.

> [Sur ces trois chapitres] je pense que l'essentiel est dit… Mais peut-être pour comprendre les raisons qui expliqueraient qu'ils sont passés entre les gouttes (drogues dures ou intégrisme religieux), la mixité du réseau de connaissances (moins de crétinisme de l'entre-soi maghrébin) mais aussi le rôle de mon père qui leur parlait beaucoup… Je me souviens d'une scène durant laquelle mon père a demandé à Rachid de venir s'asseoir près de lui (il avait quinze, seize ans), il nous a fait sortir du salon et lui a « expliqué la vie »… J'étais derrière la porte et je l'ai entendu lui parler du sida notamment… J'étais à l'école d'infirmières à l'époque et je peux vous dire que ça m'a vraiment étonnée, surtout quand on pense aux représentations sur cette maladie à l'œuvre durant cette période…

> Je pense que les enjeux autour de la parole du père sont multiples et souvent négligés... Encore aujourd'hui « il fait son tour », comme il dit... En fait il appelle (nous lui avons acheté un portable depuis au moins sept ans) tous ses enfants surtout Azzedine et Amel, qu'il sait seuls [célibataires], pour échanger quelques mots... Et surtout mon père n'a jamais vraiment eu de filtre comme les gens de la ville. Il dit ce qu'il pense de la manière la plus directe, voire crue... Et, en arabe dialectal je ne vous dis pas l'effet de la langue dite maternelle... Pour moi, elle est la langue paternelle... Ou alors je l'ai lu ailleurs ? Elle parlait à notre cœur... Elle nous touchait... Parfois ça nous blessait même... Mais, là, il avait atteint son but car ça créait un électrochoc... On avait cette petite musique entêtante qui nous poursuivait plusieurs jours... [...]
> Il ne faut pas non plus oublier le rôle de notre mère dans ses multiples démarches pour les maintenir dans le système scolaire, quoi que ça ait pu lui coûter en énergie dans ses démarches auprès des travailleurs sociaux pour obtenir des aides financières. Elle n'a jamais « lâché le morceau » jusqu'à leur majorité et, ça aussi, ça a permis de les éloigner du risque de la drogue dure et du fondamentalisme, je pense...
> (Samira, courriel, 7 septembre 2017.)

Dix jours après avoir reçu ce courriel de Samira, je rencontre Leïla dans une brasserie parisienne. Le rendez-vous est pris pour discuter des quatre premiers chapitres du livre (que je lui ai fait parvenir par courriel) et ce que j'appelle « son » chapitre (le chapitre 8, sur la fratrie ancrée à gauche, largement par son intermédiaire). Au cours de la discussion, je mentionne ce texte de Samira qu'elle a rédigé pour attirer mon attention sur le rôle de son père quand il prenait Rachid à part dans le salon et lui « expliquait la vie ». Cette anecdote invite Leïla à prolonger le sujet et proposer une analyse complémentaire – de type sociologique – sur le soubassement social du rôle éducatif de son père. Leïla insiste quant à elle sur les effets durables et, en quelque sorte, bénéfiques pour les enfants du statut d'« invalide » qui a été celui de M. Belhoumi depuis 1978. De ce fait, c'était un père très présent à la maison. Surtout, contrairement à beaucoup d'autres pères immigrés maghrébins du quartier, il n'a pas été, dit-elle, « cassé » par le travail et/ou par l'alcoolisme (qui sévissait aussi chez nombre de pères algériens). Il n'a pas été non plus « humilié » (autre terme de Leïla) au travail. Par conséquent, il était – quand les trois frères étaient enfants et que lui-même était encore assez jeune – physiquement et mentalement plus disponible que les autres pères, plus *à l'écoute* de ses enfants. Il était aussi tendanciellement moins dans le ressentiment à l'égard de la France ou contre les Français. Leïla, avec précaution, me fait comprendre que, par un certain côté, cette invalidité professionnelle du père a été une chance pour les enfants, même si cela peut paraître paradoxal. C'est difficile de le dire en ces termes crus, mais c'est bien ici le sens de ses propos.

Pour illustrer cette présence paternelle au domicile familial, Leïla se rappelle d'un exemple typique du fonctionnement singulier de la vie domestique chez ses parents. C'est ce qu'elle appelle le salon « ouvert » (adjectif qu'elle emploie à dessein) – elle veut dire par là ouvert aux enfants et à la discussion. Elle compare aussitôt avec d'autres intérieurs de familles maghrébines de Sardan où elle avait coutume d'aller : là, le salon était – ou lui apparaissait comme – un « sanctuaire », c'est-à-dire le domaine réservé du père de famille (réservé à son repos ou à « sa TV »), un lieu clos, silencieux, protégé, où les échanges entre générations (père-fils notamment) étaient rares ou impossibles et bannis. Cette situation a toutefois changé chez les Belhoumi au milieu des années 1990 avec l'apparition des chaînes de TV arabes qui a eu comme effet immédiat de fermer le salon aux enfants. Situation qui n'est pas non plus irréversible. Lors de la semaine de vacances qu'elle a passée en août 2017 chez ses parents, Leïla a observé que son père avait pris bien garde de mettre systématiquement la TV sur les chaînes françaises, pour mieux accueillir ses enfants et petits-enfants (avec lesquels, me précise Leïla, son père fait l'effort de parler français...).

III

Le rapport au politique et à la religion dans la fratrie

Je souhaite revenir, dans cette dernière partie du livre, sur le rapport au politique et à la religion des membres de la fratrie de la famille Belhoumi. Dans un premier temps, cette question n'a pas été au centre des entretiens avec les uns et les autres, et il n'est pas sans intérêt, à ce stade du livre, de se demander pourquoi. Je proposerai volontiers deux éléments de réponse. En premier lieu, la définition de la situation d'enquête, celle qui lui a donné son sens et sa ligne directrice, ne s'y prêtait pas particulièrement. Au départ, il s'agissait de contribuer à une sorte de contre-histoire des enfants d'immigrés algériens en France, *via* la production et l'écriture de l'histoire singulière de la famille Belhoumi. En second lieu, la « politique », au sens classique de ce terme – c'est-à-dire de politique instituée (élections, vote, parti, etc.) –, n'a jamais été un thème très présent dans la famille Belhoumi. Ce fait n'a rien d'extraordinaire, c'est même un « fait social » assez classique, déjà bien documenté dans la littérature sociologique sur les familles immigrées en France. Cependant, cette question n'était pas à proprement parler absente de nos premières discussions, notamment avec les deux sœurs aînées. La donne va changer à partir des attentats djihadistes de janvier 2015 à Paris : la question du terrorisme « islamiste » s'est alors invitée dans l'enquête. Les thèmes qui ont alors été évoqués ou débattus, lors de ces entretiens répétés dans les années 2015-2017 ou lors de nos fréquents échanges par courriels ou textos, ont bien souvent abordé cette question de la « politique ». On y évoquait surtout l'action des gouvernements français successifs, les personnages des présidents Sarkozy ou

Hollande, puis, à partir de l'attentat de *Charlie Hebdo*, la question de la religion dans la famille et des usages différenciés qui en ont été faits dans la fratrie Belhoumi.

8

Quand les sœurs aînées ancrent la fratrie « à gauche »

Les travaux de science politique[1] qui ont pu mobiliser des enquêtes s'appuyant sur l'origine nationale des votants ont montré que les enfants de Maghrébins (du moins ceux qui se déplaçaient aux urnes, cette précision étant essentielle) ont voté majoritairement « à gauche » lors des élections présidentielles de 2007, en faveur de Ségolène Royal, un vote qui était surtout contre Nicolas Sarkozy et ses appels à « mater » les jeunes des cités peu avant les émeutes de 2005. Cet ancrage à gauche es descendants d'immigrés maghrébins s'est confirmé en 2012 avec le vote pour François Hollande qui a été le fait d'une grande majorité (78 %) d'entre eux. La fratrie Belhoumi s'inscrit dans ce « courant collectif ». Deux traits semblent la caractériser au plan politique.

D'une part, les membres de la fratrie, à défaut d'être des « militants », votent régulièrement aux élections nationales et locales (ceux qui vivent à Paris ou en région parisienne ont continué pendant longtemps à voter à Sardan), les frères se distinguant davantage par un vote plus intermittent (surtout Rachid). En la matière, les sœurs aînées veillent au grain et poussent à l'accomplissement du devoir civique[2]. Elles jouent au sein de la famille un double rôle : celui de « leaders d'opinion » avant les élections et celui d'« institutrices de la République » le jour des élections, quand elles battent le rappel des troupes familiales et réaffirment avec force le caractère « sacré » du droit de vote.

D'autre part, les huit enfants de la fratrie peuvent être considérés comme se situant « à gauche » de l'échiquier politique (tout au moins au début de notre enquête...). Ils le sont de manière très différenciée, selon leur degré de politisation, lui-même étroitement corrélé à leurs parcours scolaires et aux niveaux de diplôme obtenus. Le fait est qu'en mai 2012, tous les membres de la fratrie qui sont allés voter (seul Rachid ne s'est pas déplacé) ont mis un bulletin François Hollande dans l'urne, sans trop d'hésitation face à la perspective d'un second mandat de Nicolas Sarkozy. Faute d'une transmission politique explicite des parents, cette forte unité politique de la fratrie apparaît comme le fruit d'un long et constant travail de type politique mené – *via* SMS, coups de téléphone, discussions informelles avec les uns et les autres – par les deux sœurs aînées, véritables consciences politiques de la famille. Cependant, et c'est ce qui est aussi intéressant dans l'enquête, cette unité politique ne va pas résister au quinquennat Hollande (2012-2017) au cours duquel je l'ai vue se craqueler, puis se fissurer.

Du côté du père, un regard oblique sur la politique en France

Que signifie précisément être enfant d'immigrés algériens sur le plan politique ? On peut partir d'un des rares textes d'intervention politique qu'a écrits Sayad, au moment de la constitution du « mouvement beur » au début des années 1980 et qui s'intitulait : « Exister socialement, c'est exister politiquement[3] ». Sayad insistait sur la nouveauté de ces processus que constituaient tant l'engagement des Beurs dans un mouvement social que leur prise de parole dans l'espace politique. C'était un moment décisif qui voyait la « deuxième génération » (celle des enfants d'immigrés) marquer et incarner une rupture fondamentale par rapport à la situation de domination sociale et politique de leurs parents. Les enfants d'Algériens qui avaient grandi en France (et qui étaient pour beaucoup de nationalité française) rompaient soudain le silence parental qui était la norme en matière politique, s'affichaient dans l'espace public avec un mélange de rage et de fierté, s'engageaient en pénétrant avec fougue et pleins d'espoir dans l'arène politique.

Cette vision globale peut être nuancée en fonction des histoires de chacun. Certains pères algériens ont pu par moments s'impliquer comme travailleurs en usine dans des combats syndicaux (à la CGT) ou dans le combat nationaliste (FLN ou messalistes pour les plus âgés), mais la majorité d'entre eux (notamment ceux qui étaient d'origine rurale) s'est tenue à l'écart en France de tout ce qui tourne autour de la politique. D'une part, parce qu'ils sont de nationalité étrangère et de fait non citoyens en France et que leur citoyenneté a pu s'exercer dans leur pays devenu indépendant en 1962. D'autre part, parce que « s'intéresser à la politique », « discuter politique » en milieu populaire suppose en général d'y avoir été initié, puis incité par une tradition politique familiale de manière à contrebalancer le sentiment d'illégitimité culturelle lié à cette pratique sociale[4].

On peut transposer cette analyse dans la famille Belhoumi. Le père, immigré de travail, et la mère, longtemps requise par les tâches d'entretien de la famille, se sont tenus assez éloignés de la vie politique française au sens étroit du terme. Ils ont, aux dires de leurs enfants, toujours eu une attitude à l'égard du pays d'accueil qu'on retrouve de manière classique chez beaucoup d'immigrés maghrébins : prudence et discrétion, l'essentiel étant de ne pas se faire remarquer, de ne pas créer de troubles (« on n'est pas ici chez nous »). Cette attitude pourra par la suite être interprétée par certains enfants, et surtout par les garçons, comme étant le signe qu'ils ont, ici comme là-bas, « courbé l'échine ». Il semble ainsi difficile de mettre en rapport l'ancrage à gauche des enfants avec une transmission politique explicite de la part de leurs parents.

Cependant, à la (re)lecture du matériau patiemment accumulé lors de cette enquête, et à la lumière des travaux récents de politistes sur les rapports ordinaires au politique[5], on peut nuancer ce constat de l'indifférence à la politique de la part des parents Belhoumi. Certes, la politique « française » n'a pas été pendant longtemps au cœur de leurs préoccupations. Mais ils ne s'en désintéressaient pas et gardaient un œil attentif à ce qui pouvait leur arriver en tant qu'immigrés, notamment face à la menace du Front national. M. Belhoumi a appris à se faire sa propre opinion « politique » à partir de ce qu'il entend et perçoit sur le petit écran. En recoupant les témoignages de ses enfants, il n'hésite pas à ciseler un jugement bien senti en quelques mots (presque toujours en arabe dialectal) sur tel ou tel personnage politique. Ce type d'expression, qu'il ira répétant à tel ou tel de ses enfants au détour d'une discussion, n'est pas censé « faire autorité », car chacun sait qu'il n'a pas la légitimité pour le faire et qu'il y a des avis plus autorisés, à la maison, pour s'exprimer sur ces questions de haute politique, mais Samira a plaisir à rapporter, dans nos entretiens, ces jugements derniers du père.

On pourra en donner deux exemples, éloignés dans le temps. Le premier illustre le regard distancié, voire un brin ironique, qu'il porte sur les « affaires françaises » avec, comme critère principal, la prise en compte de leur intérêt bien compris d'immigrés en France. Un jour, Leïla, commentant par courriel la manière dont elle avait vécu le moment de la Coupe du monde de football en France en 1998, conclut son propos par le paragraphe suivant :

> À la victoire des Bleus, j'ai dit à mon père : « Dommage que les Brésiliens aient perdu ! » Il me répond : « Je m'en fous des Brésiliens ! Chirac est le plus heureux des hommes, il annonce que désormais la carte d'identité sera gratuite [en France]... C'est ça l'essentiel pour nous... C'est ici qu'on vit, donc voir les Français heureux et acclamer un Algérien (Zizou), c'est bon pour nous »...
> (Leïla, courriel, 29 juin 2016.)

Le deuxième exemple a lieu lors des jours qui suivent les attentats des 7-9 janvier 2015. Selon Samira, M. Belhoumi a alors eu une trouvaille verbale typique qui veut à peu près dire, dans son langage vernaculaire, que la France était désormais un pays « tout bancal, tordu » (le mot en arabe est « *hajoua* »). Il voit aussi l'évolution de ce pays où il habite à travers les transformations de son quartier, ne cesse de tenir des propos peu amènes sur les jeunes qui y traînent et qui lui paraissent peu éduqués, malpolis, etc., fustigeant chez leurs parents un laisser-aller éducatif, dénonçant cette forme de renversement des valeurs et des hiérarchies qu'incarne à ses yeux la toute-puissance des enfants de ses voisins de cité. Il s'agit là d'un topos classique tenu par ceux qui estiment avoir été de « bons » immigrés, choqués par les comportements inciviques de ceux qu'ils considèrent comme des « mauvais » immigrés. Comme père de famille, il a été progressivement préoccupé par la dégradation de la situation sociale en France qu'il pouvait observer de chez lui (dans son voisinage HLM de Sardan) et à travers les informations télévisées, en particulier la question du chômage des jeunes, les effets induits par leur désœuvrement sur la vie quotidienne dans son propre quartier. Cette inquiétude était elle-même nourrie et renforcée par le fait que, lors de la première moitié des années 1990, son fils Rachid empruntait le chemin de la délinquance. Au détour d'une discussion sur la politique à la TV, Samira a souhaité insister sur la manière dont son père a été en quelque sorte travaillé assez tôt par cette inquiétude :

> – Samira : [Chez nous, les journaux télévisés] ce n'était pas une obligation, mais c'est vrai que c'était, j'ai envie de dire, le seul moment où on regardait la télé avec mes parents. C'était aussi un moment de partage. Mon père faisait tout le temps des commentaires et on rebondissait sur ses commentaires...
> – SB : Qu'est-ce qui vous a marqué comme actualité sociale et politique dans les années 1980 ? De quoi on parlait dans la famille ? Mitterrand, Chirac... Vous avez des souvenirs ?
> – Samira : Non, je ne me souviens pas trop... Je me souviens juste d'une phrase de mon père... En fait, dans ces années-là, on avait de plus en plus dans les infos des choses autour de la délinquance, etc., etc. Et un jour, mon père – et ensuite, c'est revenu régulièrement chez lui... – dit : « Bah, oui, la France, elle nous a fait venir, elle croyait qu'on allait repartir et puis maintenant elle est coincée... Comment elle va faire avec tous ces jeunes [désœuvrés] ? » L'air de dire... Il avait l'air presque d'accord avec les Français... Je me souviens lui avoir dit : « Enfin, Papa, c'est normal, on est des Français... On a des copains aussi dans ce pays, on a le droit... » Moi c'était l'école, je voyais bien, à partir de la classe de cinquième, on parquait [les mauvais élèves] et on ne s'en occupait plus... Ce qui fait que je lui ai dit : « L'école républicaine, elle doit nous instruire. » Et il me répond comme ça : « Oui... Mais on est beaucoup ! Ils ne savent plus comment faire. » J'avais presque l'impression qu'il trouvait

> des circonstances atténuantes à la France [...] Lui trouvait que Mitterrand était bien...
> (Samira, entretien, 18 juillet 2012.)

Si la politique française ne figurait sans doute pas au centre des discussions familiales, on peut voir, à travers ces petits exemples, qu'elle n'était pas entièrement absente de l'horizon parental, mais qu'elle surgissait par la bande: non pas sur des thèmes légitimes de politique (au sens de jeu politique classique), mais à l'occasion de thèmes de société. M. Belhoumi ne se privait pas de donner son opinion: ce n'était certes pas un «avis autorisé», mais il suffisait pour marquer les esprits de ses enfants.

En revanche, sur la question algérienne, les parents avaient davantage de marge de manœuvre. D'une part, comme dans beaucoup de familles immigrées en France, l'arrivée des paraboles dans les HLM au milieu des années 1990 a eu pour effet direct, et majeur, d'installer à demeure les «chaînes arabes», tournant presque en continu dans l'appartement familial. M. Belhoumi s'est mis à davantage écouter ces programmes et à suivre davantage l'actualité politique en Algérie et au Moyen-Orient, l'actualité politique française s'en trouvant comme reléguée à l'arrière-plan.

Par ailleurs, comme Algériens, les parents Belhoumi ont toujours gardé un œil sur ce qui se passait «au pays» et se sont efforcés de voter pour les élections nationales. Ce qui se passait en Algérie a pu même constituer un vecteur indirect de politisation des enfants de la famille. Au cours de la période d'effervescence politique qu'a connue l'Algérie en 1988-1992 (les émeutes d'Alger de 1988, la période de démocratie qui a suivi, la montée de l'intégrisme religieux et du FIS, le coup d'arrêt au processus électoral en 1991), les «questions de politique» dans la famille affleuraient, notamment la question de l'islam politique. On a vu que Mme Belhoumi avait un beau-frère (mari de sa sœur) qui s'était engagé dans les combats du FIS et qui se faisait fort de rappeler à ses nièces (les filles Belhoumi), lors de leurs vacances au pays, la stricte obligation du respect des normes en matière de tenue. Les enfants, en observant les réactions des parents à cette montée en puissance des normes religieuses dans la vie quotidienne, ont perçu leur embarras. Adeptes d'un islam traditionnel et paisible, M. et Mme Belhoumi n'étaient pas des soutiens ou des partisans du FIS, tout en pouvant être assez critiques du pouvoir en place et de la nomenklatura algérienne. Quelles que soient les réserves qu'il ait pu avoir à l'égard du régime algérien, M. Belhoumi est toujours allé régulièrement voter lors des élections dans son pays, sans trop y croire, certes, mais avec le sentiment du devoir accompli. Sur le tard, il va même inciter ses filles à aller voter aux élections algériennes, en tant que « binationales ». Voici le point de vue d'Amel sur ce sujet :

> Je me rappelle du film, *Le Gone du Chaâba*, de l'arrivée des grands immeubles, de tout ça, je n'avais pas tout compris, le comment... Parce que mon père n'avait jamais parlé ouvertement de sa vie, de politique... Il en parle plus maintenant quand il y a les élections nationales algériennes... Et même il pousse à ce qu'on aille se mettre sur les listes en tant que binationaux pour aller voter... Une fois, à Sardan, je le voyais aller voter [pour les élections algériennes] et tout... Et il m'a regardée, genre : « Bah, tu ne vas pas voter ? » Je lui ai dit : « Mais moi je ne me sens pas légitime à aller voter pour un pays où je ne paie pas d'impôts, où je ne vis pas... L'Algérie, ce n'est pas mon [pays]... » [*imitant le ton ferme qui a été alors le sien*] C'est tout ! Et ça n'est pas allé plus loin dans l'échange.
> (Amel, entretien, 17 décembre 2015.)

Ce détour par l'Algérie, et plus précisément par la situation politique dans ce pays, a eu pour vertu de montrer le versant algérien de la politisation familiale. Tournons-nous désormais vers l'aspect le plus important : le versant français, du pays dit d'accueil. Ce sont les enfants qui, en grandissant et en fréquentant le lycée puis l'université, vont progressivement ramener « la politique à la maison » et l'imposer comme un thème de discussion légitime dans les repas et les week-ends. Ce sera l'œuvre des sœurs aînées, qui vont peu à peu opérer une sorte de travail de socialisation politique en retour en direction de leurs parents.

Quand les sœurs aînées donnent le ton politique dans la fratrie

Si les deux sœurs aînées ont développé un intérêt pour la politique, c'est en lien étroit avec leur trajectoire scolaire/universitaire et leur socialisation extrafamiliale qui leur ont donné en quelque sorte le droit de s'y intéresser, en leur fournissant la compétence sociale pour s'emparer de cet objet qui, par sa complexité apparente, tient à distance ceux qui sont dépourvus de capital culturel.

L'ancrage à gauche de Samira et Leïla, a été en quelque sorte « naturel », d'un double point de vue : d'abord comme filles d'immigrés maghrébins à qui la droite française pendant très longtemps n'a pas fait de cadeaux – du tandem Charles Pasqua (ministre de l'Intérieur) et Robert Pandraud (ministre délégué à la Sécurité) en 1986 à Nicolas Sarkozy (élu président de la République en 2007), en passant par le Jacques Chirac du discours de 1991 sur « le bruit et l'odeur », alors qu'il était maire de Paris et président du RPR ; ensuite comme enfants ayant grandi dans une ville historiquement communiste dont la municipalité offrait aux enfants de classes populaires (qu'ils soient français ou étrangers) des avantages en termes de loisirs et d'éducation populaire loin d'être négligeables. Cet ancrage naturel à gauche dans l'enfance et l'adolescence s'est ensuite affermi et a pu se construire idéologiquement au fur et à mesure de leur vie professionnelle (dans la santé et le « social »), de leurs lectures comme de leurs diverses implications dans la vie citoyenne et/ou dans des réseaux de sociabilité amicale et professionnelle. D'où leur attachement profond aux « valeurs de gauche » comme l'égalité entre citoyens, le partage des richesses et la redistribution sociale, la solidarité avec les démunis, la priorité à l'éducation, l'égalité dans les rapports entre sexes et tout ce qui tourne autour du « progrès social ».

Comme cet ancrage politique des deux sœurs aînées à gauche n'a pas pu venir directement des parents, il convient d'en chercher la sociogenèse dans leurs propres trajectoires (scolaires, sociales, professionnelles) de « premières de cordée » de la fratrie.

Toutes deux, par la force de leur exemple et la légitimité sociale qu'elles incarnent, donnent le ton en matière politique dans le reste de la fratrie. Bien sûr, les aînées n'ont pas imposé un choix politique à leurs cadets mais il s'est plutôt agi de leur part d'un travail, long et continu, d'encadrement et d'éducation politique de leurs frères (tendanciellement moins versés en politique) et de leurs sœurs (moins hostiles *a priori* mais peu formées politiquement). Les cadets de la fratrie, garçons ou filles, sont tout à fait disposés à reconnaître le poids politique de leurs sœurs aînées et à admettre que leurs voix ont toujours pesé particulièrement en ce domaine. Celles-ci n'ont jamais hésité à faire entendre leurs arguments, moins d'ailleurs dans les réunions de famille (où on ne parle pas politique ou très peu) que lors de discussions informelles avec leurs autres frères et sœurs. Si bien que les cadets les ont suivies quand il fallait glisser un bulletin dans l'urne.

Leïla a longtemps été la gardienne des valeurs de gauche dans la famille. Comme « chef politique » de la fratrie, c'est elle qui, dans les discussions, prend le plus la parole. Elle est la plus informée, la plus à même de répondre à des questions techniques, celle aussi qui a la plus grande légitimité pour donner un avis autorisé et ainsi inciter ses frères et sœurs à aller voter. Elle va être, si l'on peut dire, le *leader d'opinion* de la fratrie. Quand elle n'a plus voté à Sardan (à partir de 1996), elle ne se privait pas d'appeler ses frères sur place pour leur demander d'« aller voter », sous-entendu pour le candidat de gauche aux élections nationales et pour la mairie communiste aux élections municipales. Essayons de comprendre les raisons qui ont fait de Leïla une « femme de gauche ».

Leïla : une éducation politique à Sardan, ville communiste

Leïla est appelée par son frère Azzedine la « tête politique » de la famille et il le dit d'ailleurs avec un certain respect dans la voix. Pour retracer la genèse de son intérêt pour la politique, il faut remonter à ses années d'adolescence car, comme elle le dira, dans un courriel : « Pour la politique c'est vrai que je baigne un peu dedans depuis toujours.» Par bien des côtés, elle ressemble aux militants de cité tels qu'ils ont été décrits et analysés par Olivier Masclet[6]. On a vu que Leïla a pris très tôt, et en toute connaissance de cause, le chemin opposé à celui de sa sœur aînée en cherchant à échapper le plus possible à l'espace domestique et aux différentes sortes de servitude familiale, en explorant le plus systématiquement possible le «dehors», en se glissant dans les échappatoires licites, autorisées par les autorités parentales, à savoir le sport, le centre de loisirs et tout ce qui tourne autour de l'animation. Et à Sardan, dans la ville communiste où elle a grandi, les activités organisées ne manquaient pas, peu chères et donc accessibles aux enfants des familles nombreuses et à faibles ressources comme les Belhoumi.

Dès l'âge de quinze, seize ans, elle s'est engagée corps et âme dans l'animation auprès des jeunes de sa ville, toujours partante pour animer tel ou tel camp ou colonie de vacances. Ainsi, elle s'est retrouvée naturellement plongée dans le milieu associatif de Sardan, et, lui-même étant fortement imbriqué à la politique, elle s'est mise à fréquenter par osmose le milieu des jeunesses communistes, des militants du PCF et celui des compagnons de route, plus ou moins proches, du «Parti». Elle a beaucoup, comme elle dit, «frayé» avec les communistes de la ville, se souvenant avec bonheur de sa participation précoce et régulière aux «fêtes de l'Huma» locales. Elle a ainsi baigné très jeune, dès les années du collège, dans la culture communiste de Sardan. Parmi les exemples qu'elle donne en entretien de cette imprégnation infra-politique par le PCF, on peut citer des événements liés à la politique internationale, comme la lutte contre l'apartheid dans la seconde moitié des années 1980 (journées d'hommage à Mandela), ou encore les manifestations de solidarité avec des pays d'Amérique latine sous dictature ou avec le peuple palestinien.

Leïla est, de fait, très tôt plongée dans ce monde de la culture communiste avec, du côté de la culture légitime, les longues discussions/débats et les films au cinéma d'art et d'essai de la ville et, du côté de la culture populaire, la fréquentation des ouvriers de la ville, notamment lors de la Fête de l'Huma locale.

Ce n'est donc pas un hasard si, dès notre premier entretien (juillet 2012), elle met l'accent sur sa différence avec Samira, à savoir la force de sa socialisation à l'extérieur de la famille qu'elle a, au fond, choisie :

> – Leïla : Moi, j'ai vécu à Sardan, puis à Saint-Denis, et après à Bagnolet [*rires*]. Ça se répète ! Que des villes [communistes]... Et donc pendant que Samira était très studieuse à l'école, moi, je passais mes mercredis, samedis et puis mes dimanches au patronage [laïque]. Les animateurs du patronage, c'était des animateurs qui étaient plutôt dans le mouvement communiste... Jeunesse communiste... Et donc, sans m'en rendre compte, j'étais imprégnée de cette culture... Et moi, j'adorais ensuite être bénévole sur la ville... s'occuper des stands, organiser des défilés, c'était naturel pour moi, ça ! Ce qui fait que vers seize, dix-sept ans c'est aussi naturellement que j'ai passé le BAFA... Samira, elle n'a pas passé le BAFA... C'est important tout ça... [...] Moi, j'ai fait de l'animation, très jeune... Et, là, pareil, le choix s'est plutôt porté sur les Francas [association reconnue d'utilité publique et agréée par différents ministères] et les Ceméa [centres d'entraînement aux méthodes d'éducation active] comme mouvements [d'éducation populaire]... Parce que je m'y retrouvais et qu'on était tout un réseau, un groupe de jeunes qui, au même âge, passaient les mêmes choses... Nos rites, c'était ça [...].
> – SB : Et toi, qu'est-ce que ça t'a apporté le patronage ou la rencontre avec ces animateurs ?
> – Leïla : D'abord au niveau de ses *droits*... À l'époque, c'est vrai que le mot animation était au sens noble du terme. On n'animait pas que du loisir... On avait une vraie conscience [sociale et politique]... On montait des expositions sur Mandela... C'était vraiment à l'époque... l'apartheid... Les relations Nord-Sud, on cherchait des financements pour le peuple palestinien. Voilà, moi, j'ai vraiment baigné dans cet univers avec des animateurs qui étaient tous des militants [politiques] [...]. On a vraiment vécu l'ascenseur social à travers l'animation... Je pense plutôt communiste pour commencer et puis, après effectivement, c'était plus laïque... Et tout ce qui est éducation populaire, Ceméa, etc. Moi, j'ai plus baigné dans ce monde-là. Mais c'est vraiment [là où] on se situe... Et en tant que « fille d'ouvrier » et pas du tout en tant qu'« enfant de l'immigration », ou « enfant

de l'immigration maghrébine» [...]. Car Sardan, c'est beaucoup d'ouvriers d'État. Moi j'ai grandi avec ces ouvriers et avec une forte population issue de l'immigration portugaise... Beaucoup de Portugais, dont quelques-uns parmi les animateurs... Mais c'est vrai que, dans les animateurs, c'était plutôt des enfants de cadres communistes de la ville mais aussi des enfants d'enseignants et d'instituteurs. D'ailleurs, je dois peut-être aujourd'hui ma carrière dans l'insertion sociale et professionnelle à un des animateurs qui, à un moment donné, était conseiller en insertion sur Paris et qui est devenu formateur pour les jeunes comédiens [...].

– SB : [...] Pour revenir à ces moments de ton adolescence, dans cette confrontation ou découverte de la culture communiste, il y a des sorties, des lectures... ? Sur quoi tu étais portée ? Le théâtre ?

– Leïla : Moi je n'étais pas trop portée sur le théâtre. Moi, ce qui me bottait vraiment, c'était la politique, l'humanitaire, monter des expos sur Mandela, monter des expos sur la Palestine... Tenir des stands... C'est vraiment ça qui me bottait... Et puis, un plus tard, c'était tenir... à Sardan, on a une fête qui dure trois jours, c'est une espèce de petite fête de l'Huma... Et moi, très jeune, j'ai tenu les bars de ces fêtes-là pour pouvoir côtoyer un peu les artistes... c'était bénévole [...]. Et mes parents n'étaient même pas au courant, je pense ! [*rires*] Ma mère je pense que oui... elle ne savait même pas ce que je faisais de mes journées...

– SB : Ça serait difficile aujourd'hui d'imaginer une jeune fille de cité, de dix-huit ans, issue de l'immigration, servant des bières dans un bar...

– Leïla : Oui, ça s'est un peu perdu... Moi j'ai eu la chance de grandir en province, avec un vrai mélange, pas qu'une communauté maghrébine... [...]

– SB : À partir de quand est née chez toi cette conscience politique ? C'est au collège, au lycée ? Est-ce qu'il y a eu un événement ? Je ne sais pas, sous Mitterrand puis Chirac, Pasqua-Pandraud, la mort de Malik Oussekine...

– Leïla : Ouais, projet Devaquet ! Je me souviens, ma première manifestation c'était contre la loi Devaquet [1986]. Alors que, moi, j'étais minot [elle avait treize ans]... Sauf que j'étais avec les plus grands. Je traînais avec les plus grands des jeunesses communistes. C'était ma première manifestation, je découvrais, et après je les ai toutes faites ! Ouais, projet Devaquet... C'est loin... Au moment de cette loi, j'avais pas vraiment de conscience politique... Après, ce

> qui m'a marquée [*réfléchissant, elle cherche dans ses souvenirs*]... Oui, Pasqua-Pandraud avec les « Voltigeurs » [policiers en moto armés de bâtons, deux d'entre eux ont tué Malik Oussekine le 6 décembre 1986]... Et je me suis bien rendu compte qu'avec mes parents, là, je n'avais plus le droit de sortir... Il y avait une inquiétude... Mais, sinon, quel moment je pourrais marquer? Oui peut-être entre la quatrième et la troisième. Avec le bicentenaire de la Révolution, monter des choses, tenir des stands... Le bicentenaire, pour moi, c'était plutôt festif... Et le premier gros souvenir, c'est peut-être le premier voyage pour la fête de l'Huma à Paris... Avec les cars et tout ça... Et là on parlait politique, on parlait de luttes, on parlait d'usines... on parlait de se battre... Et c'est à ce moment-là que [ça a cheminé]... Mais moi j'écoutais tout ça, j'enregistrais, on ne va pas dire que j'étais militante, mais aujourd'hui je le ressens, je n'ai pas choisi de travailler et de faire ce métier par hasard... (Leïla, entretien, 23 juillet 2012.)

Leïla va rester, comme elle me le dira à plusieurs reprises, profondément imprégnée de cette première socialisation politique qu'elle a connue à travers les structures de l'encadrement de la jeunesse et la culture communiste locale à Sardan.

Avec le PCF, « pas de bague au doigt! »

Cependant, le fort et continu engagement associatif de Leïla n'a jamais débouché sur une adhésion ou une prise de carte du PCF ou même sur un mandat d'élue à Sardan[7]. Il est frappant qu'elle n'évoque pas spontanément ce point en entretien. Il a fallu que je la relance à plusieurs reprises pour parvenir à percer ce qui me paraissait un petit mystère: sa non-adhésion au PCF. J'avais bien sûr en tête, sur ce point, les résultats de l'enquête de terrain d'Olivier Masclet sur la ville de Gennevilliers[8] (pas si éloignée de la ville communiste où travaille aujourd'hui Leïla). Cette enquête, qui fait autorité sur le sujet, montre comment les militants de cité « beurs » du milieu des années 1990, alors qu'ils étaient très proches du PCF, n'ont toutefois jamais réussi à s'y faire une place, à y entrer véritablement. Quand je relance Leïla sur le sujet, elle consent à en parler, mais sans vouloir aller au bout de son analyse, comme si la réponse qu'elle donne lui paraissait aller de soi et ne pas mériter plus de commentaires. Elle reconnaît avoir toujours été bien traitée et pleinement acceptée par le milieu communiste local (qu'elle connaissait de près par ses activités d'animation) avec lequel elle a toujours gardé de bonnes relations. Il n'en reste pas moins qu'on ne lui a jamais, dit-elle, « rien proposé », au sens de bon poste professionnel ou de place sur une liste de candidats du PCF au conseil municipal. Sans doute aurait-il fallu aussi qu'elle montre plus d'allégeance en prenant sa carte d'adhésion au Parti.

Dans nos entretiens, Leïla prend bien garde de ne pas mettre en rapport cette sorte de mise à l'écart (ou de tenue en lisière) avec une quelconque forme de *discrimination* ou de *racisme*. Pour elle, ce n'est pas le sujet et ces termes dénonciateurs (aujourd'hui très usités) ne correspondent pas aux processus sociaux, plus locaux et plus « subtils », qui peuvent expliquer qu'on ne lui ait rien proposé. Ils ne cadrent pas non plus avec la personnalité sociale, amicale et chaleureuse de ces militants communistes auxquels elle tient encore à rendre hommage et pour qui elle garde respect et sans doute même une certaine tendresse.

En fait, ayant observé de près le système d'action communiste local, elle a assez vite compris le jeu politique qui s'y jouait et a su très tôt à quoi s'attendre. À plusieurs moments-clés de son parcours dans l'animation et dans le service jeunesse de la ville, elle aurait été tentée de postuler à un emploi sur place, notamment une fois détentrice de son DUT « carrières sociales ». Mais elle a bien compris que sa candidature allait toujours passer après celles, plus soutenues, des enfants des élus locaux et/ou membres émérites du PCF qui tenaient d'une main ferme les rênes du pouvoir local.

> – SB : Mais avec toute ton histoire à Sardan, tu n'avais pas eu envie à un moment de te frotter à la politique, par exemple de prendre ta carte au Parti communiste local ?
>
> – Leïla : Le problème avec tout ça, c'est qu'avec l'âge on se rend compte aussi qu'on est utilisé et qu'on ne fera jamais vraiment partie des cadres qui organisent... On vous veut bien en « petites mains », mais, à un moment donné, on se rend compte que ce

sont toujours les «enfants de» qui ont des responsabilités, qui décrochent les postes à la ville... Et ça, je m'en suis rendu compte assez tôt. Par exemple, moi, j'avais passé mon BAFA comme tout le monde... Mais sur des directions de colonies [de vacances], par exemple, ce n'était jamais des enfants issus de l'immigration qui avaient ces postes-là...
– SB: Et tu avais postulé?
– Leïla: Je n'avais pas postulé, mais j'avais émis le vœu de... Et là on me disait que les postes étaient pris... Après, moi, j'ai eu la chance d'être repérée par Jeunesse et Sports [par une déléguée qui travaillait à la direction régionale de ce secteur]... Car contrairement à Samira, j'ai beaucoup bénéficié des aides au départ de Jeunesse et Sports. Par exemple, une fois, pour aller rendre visite à Samira, j'avais fait un dossier avec une copine pour dire qu'on voulait découvrir Lyon et ses lumières. Et puis on nous a payé tout le voyage. L'inspecteur de Jeunesse et Sports, qui était une inspectrice, m'aimait bien... Et, du coup, quand j'étais à l'IUT, chaque été, elle m'embauchait en tant que technicienne pour Jeunesse et Sports... Donc c'était bien payé... Et du coup on n'était pas que dans notre quartier... Et, là, ce n'était pas que notre ville qui nous embauchait... Et je pense que ça [ce soutien de Jeunesse et Sports], ça m'a reboostée... Pour la première fois, je me suis dit: «Tiens, je suis une vraie technicienne, je peux vendre mes compétences ailleurs.» C'est aussi le problème des villes communistes, l'ascenseur social c'est bon, mais on ne se cantonne qu'à certains postes... C'est-à-dire que, à un moment donné, quand on postulait pour d'autres postes que de l'animation, on n'était même pas reçus...
– SB: Est-ce que, plus tard, tu as pu chercher des explications? Ou pu le «porter en débat», comme on dit?
– Leïla: Je n'ai pas porté en débat, mais il y a eu un moment donné où je décroche mon DUT et un poste de permanent se libère au service jeunesse de ma ville... Je m'entendais très très bien avec le directeur du service jeunesse... Je savais donc qu'il y avait un poste qui se libérait, une personne qui partait sur une autre mairie et moi ça faisait quelques années que je bossais avec eux... Ça me semblait légitime que ce soit moi qui obtienne ce poste-là... Parce que je venais d'être diplômée, ça faisait cinq ou six ans que je bossais avec eux... Mais ça ne s'est pas fait...
(Leïla, entretien, 23 juillet 2012.)

Ce n'est pas dans la nature de Leïla de se plaindre, d'entrer en conflit avec des anciens amis ou alliés, de vouloir à tout prix se faire une place localement. La relation entre les enfants d'immigrés maghrébins et l'appareil du PCF dans les villes communistes n'a jamais été simple, elle a été surtout pleine de malentendus. Trois ans plus tard, je reviens vers elle sur cette question dans un long courriel :

> – SB : Du côté du PCF et des militants de Sardan, tu n'as jamais été « approchée » pour être sur la liste des élus au conseil municipal au milieu des années 1990 ? Tu semblais avoir toutes les caractéristiques sociales pour...
> – Leïla : Au milieu des années 1990, ce n'était pas encore la mode d'afficher les minorités visibles. Nous n'étions pas encore un slogan et on ne pensait pas du tout à nous comme un pouvoir ou un poids électoral, surtout en province. Peut-être qu'en Région parisienne ou dans une grande métropole, mon destin aurait été autre... Aujourd'hui encore le maire de Sardan (Monsieur D.) ne partage que très peu son pouvoir avec ces Indigènes de la République [que nous sommes].
> (Leïla, courriel, 6 juillet 2016.)

Quelques mois plus tard, en novembre 2016, j'ai l'occasion de remettre cette question sur le tapis, mais sous une autre forme. En effet, à l'occasion d'un séminaire de master 2 intitulé « Sociologie politique des générations immigrées », que j'animais alors à l'université de Nanterre, j'ai donné à lire aux étudiants des entretiens que j'avais moi-même réalisés dans les années 2000 avec des enfants d'immigrés algériens. Notamment avec ceux qui étaient entrés en politique par la Marche pour l'égalité des droits et contre le racisme (dite Marche des Beurs) de 1983 et le mouvement social qui l'accompagnait. L'un d'entre eux, que j'appelle ici Abdel, né en 1966 (père éboueur, mère femme de ménage, il a arrêté ses études en terminale B) – a grandi dans une ville de la banlieue rouge (conquise par le PCF dans l'entre-deux-guerres). Il me raconte, dans cet extrait d'entretien, le mélange particulier de distance et de proximité qui présidait à la relation entre les « Beurs » (il revendique haut et fort ce terme) et le PCF au niveau local :

> – SB : Une partie des jeunes issus de l'immigration avait la dent dure contre le PCF sur le thème : « Ils n'ont pas fait ci, ils n'ont pas fait ça »...
> – Abdel : Moi j'ai envie de dire... [*hésite*] Moi, je flirte avec le PC... Oui, c'est bien ça, c'est un flirt [*long silence*]... D'ailleurs depuis tout le temps ! C'est un flirt... Je ne mettrai jamais une bague [*rire un peu jaune, silence*]... Ça c'est sûr, je ne mettrai jamais la bague parce que j'ai toujours pensé que l'histoire du PCF [*hésite*]... Je ne vais pas revenir sur la Seconde Guerre, la Résistance... Sur la Résistance, je n'ai pas de souci là-dessus... Par contre, ils ont un rapport colonial, et encore aujourd'hui qui est néocolonial fort... fort [...].
> (Abdel, entretien, 7 juillet 2007.)

Cet extrait, quand je le relis pour préparer ce cours, me fait aussitôt penser aux propos que m'avait tenus Leïla en entretien et à l'histoire de ses rapports au PCF dans sa ville de Sardan. J'ai le réflexe de le lui transmettre immédiatement, par courriel, en lui demandant si elle souhaite le commenter. Elle me répond, dans la soirée même, par ces quelques lignes :

> Effectivement ça me parle... trente ans après le PCF, la gauche nous propose toujours un flirt et rarement un vrai mariage... [*ponctué d'un smiley ironique, « en pleurs »*].
> (Leïla, courriel, 18 novembre 2016.)

Même si Leïla a été repérée comme une jeune impliquée et de valeur par les élus locaux et autres personnalités qui gravitent autour du système d'action communiste, elle n'aura donc pas été distinguée parmi ses pairs et ne sera jamais considérée localement comme une potentielle élue locale. On ne lui demandera jamais rien car il faut déjà servir en premier les enfants de l'endocratie locale (et peut-être même d'abord les garçons, elle a ainsi un double désavantage pour la politique). D'ailleurs, Leïla, pour avoir grandi dans ce type de communisme municipal et côtoyé de près ses principaux acteurs, connaît la « règle du jeu ». Elle n'emploie pas de grands mots pour expliquer ou justifier son non-accès aux positions professionnelles, intéressantes et enviables à ses yeux, dans le domaine du « social » qui se trouvaient à portée de main. Si elle ne songe alors pas à protester contre cet oubli, c'est sans doute parce qu'elle sait tout ce qu'elle doit à cette mairie communiste – en termes de loisirs, d'ouverture culturelle et de formation citoyenne – et à bon nombre de personnes dans son orbite qui l'ont formée socialement et politiquement. Elle ne veut pas leur faire du tort et ruer dans les brancards. Elle n'entend pas non plus jusqu'au bout rester fidèle à ce système car, à vingt-trois ans, il lui reste une carrière professionnelle à effectuer sans aucun capital social de départ. La seule solution qu'il lui reste consiste donc à quitter Sardan pour Paris, partir sans faire de vagues, sur la pointe des pieds, en profitant de son bon niveau d'études (DUT de carrières sociales) pour aller plus haut scolairement, viser une maîtrise.

La constitution progressive de ce socle politique va ainsi conduire Leïla à choisir des études supérieures qui tournent autour du «social», sa vocation si l'on peut dire. Une fois sa maîtrise de sciences de l'éducation en poche, elle va chercher un emploi qui soit pleinement en accord avec ses valeurs politiques. Après avoir travaillé au service jeunesse d'une ville communiste de Seine-Saint-Denis, elle a cinq ans plus tard décroché un emploi de «chef de projet» (et un statut de cadre territorial) à la Mission locale de cette même ville. Avant d'avoir un enfant sur le tard (à quarante ans), elle s'est toujours efforcée, dans son emploi de «cadre de l'insertion professionnelle», de définir son poste de travail de manière large et politique, en proposant dans chacun des secteurs où elle officiait des activités sociales et culturelles. Par exemple, elle s'est toujours débrouillée pour proposer aux «gamins des quartiers» (souvent des ados) des sorties et des voyages collectifs, qu'elle essayait d'organiser le plus possible à l'étranger, avec un certain art pour obtenir des financements variés dans différentes structures publiques. Elle a ainsi accompagné des groupes de jeunes en Allemagne, au Canada et aux États-Unis.

Dans son travail, elle a toujours lutté pour éviter de «faire de l'occupationnel» et pour, au contraire, injecter le plus possible dans ses missions du «social» et du culturel: de l'«éducatif». Car tel a été pendant longtemps son credo, le même depuis ses longues années d'animation à Sardan: donner une seconde chance aux

« gamins », leur tendre la main, essayer par ces gestes et attitudes de briser en eux l'armure derrière laquelle ils se protègent et donnent le change, tant dans la cité qu'à l'extérieur. Même si elle est toujours restée discrète sur les tribulations de son frère le plus proche, Rachid, le fait de l'avoir vu de près, au domicile familial, dériver vers la délinquance a été sans aucun doute, pour elle, une expérience sociale marquante. On peut supposer qu'elle a intégré celle-ci dans sa réflexion sur les meilleures manières de faire son travail d'« accompagnement vers l'emploi ».

Le rapport au « populo » : la différence avec Samira

À la fin de notre premier entretien (juillet 2012), une fois le magnéto éteint, je commente un peu les propos que Leïla vient de me tenir et lui fais remarquer à quel point son parcours (et surtout sa manière d'en parler) diffère de celui de Samira. En deux mots, lors de son premier entretien, elle a tout de suite « parlé politique » en inscrivant immédiatement – et aussi naturellement – son histoire dans celle de sa ville et de la culture communiste locale. Je lui fais même remarquer que Samira n'avait d'ailleurs pas employé une seule fois le mot de « communiste » dans ses deux premiers entretiens. Leïla, tout en pensant à voix haute, affirme que Samira a, selon elle, toujours cherché à se distinguer des milieux populaires et lance cette phrase clé : « Moi, le populo, ça ne me fait pas peur, j'aime bien... j'y suis attachée »... Ces mots me frappent, je les note aussitôt sur mon journal de bord. Même si cette manière de parler lui permet de marquer sa différence avec sa sœur aînée, figure centrale dans la famille et à côté de qui elle a dû se construire une personnalité propre, elle n'en est pas moins instructive. La question est la suivante : comment rendre compte de cette différence dans le rapport au monde populaire entre les deux sœurs qui ont, dans leur enfance et dans leur famille, partagé tant de choses en commun ?

Pour l'expliquer, il faut sans doute revenir à leur mode spécifique de socialisation. Si leur socialisation familiale a été semblable, il n'en va pas de même de leur socialisation en dehors de la famille, et notamment de leur socialisation scolaire et résidentielle. La première différence renvoie à la socialisation scolaire. Samira a tout fait, après la classe de troisième, pour éviter le lycée de son secteur géographique qui était plutôt populaire dans son recrutement. Elle a choisi l'option arabe troisième langue pour pouvoir entrer dans le lycée « bourgeois » du centre de la grande ville proche de Sardan et y fréquenter des personnes d'un autre milieu social que le sien. À l'opposé, Leïla n'a pas voulu jouer ce jeu-là en matière scolaire. Elle a choisi d'aller en 1988 dans le lycée de son secteur qui était – elle le rappelle avec une pointe de fierté dans la voix – le « premier à partir en grève » quand des mouvements lycéens commençaient à se dessiner dans l'agglomération de Préville. Ensuite Leïla a poursuivi des études à l'IUT de carrières sociales où elle a retrouvé bon nombre de ses homologues (filles et garçons souvent de même origine populaire) passés, comme elle, par les métiers de l'animation, exercés notamment dans les quartiers populaires. Elle s'y est retrouvée très à son aise, de plain-pied avec ses camarades d'IUT, partageant avec la plupart d'entre eux la même fibre sociale et le même penchant naturel à gauche.

Samira a une histoire, au fond, très différente de celle de Leïla. D'une part, elle a grandi à Sardan mais loin de ce qui passait dans cette ville (associations, sport, politique, etc.) et encore plus loin de l'orbite communiste dans laquelle a constamment évolué Leïla. D'autre part, elle n'a pas pu fréquenter les bancs de l'université ou de l'IUT. Elle a dû choisir une orientation professionnelle courte, une fois son bac ES en poche, de manière à être rapidement opérationnelle sur le marché du travail : la santé et l'Institut de formation en soins infirmiers. Or l'Ifsi, en règle générale, n'est pas un haut lieu de politisation ; les élèves infirmier-e-s y sont fort occupé-e-s par le travail à fournir, sans compter qu'ils n'ont pas la même liberté de manœuvre qu'à la fac et sont assez surveillés. En outre, Samira a dû travailler à côté, multipliant les gardes le week-end pour financer ses études et avoir enfin un peu d'argent de poche, mais aussi pour aider financièrement, chaque mois, ses parents. C'est aussi la première période de sa vie où elle découvre la liberté et peut vivre loin de sa famille en s'affranchissant des strictes normes qui lui étaient imposées en tant qu'aînée de la fratrie. Même si elle ne souhaite pas évoquer trop en détail cet aspect de sa vie, c'est à l'Ifsi qu'elle se met à fréquenter les cafés, les boîtes de nuit, et comme elle dit, « les garçons », etc. Tout à la joie de découvrir ces moments de vie frivole, qu'elle n'a pas connus lors de son adolescence à la maison, elle n'a pas eu à l'esprit de s'intéresser à la politique et ne semble pas avoir non plus été invitée à le faire par des ami-e-s de cette période. Résultat : durant toutes ses années d'étudiante, Samira a été loin de tout groupe un peu militant et n'a pas, non plus, été investie dans une quelconque forme de militantisme politique.

Une fois infirmière à Paris, elle a eu ce qu'elle appelle ses années de « bourlingue » – entre son arrivée à la capitale (octobre 1993) et l'année de son mariage (2004) –, au cours desquelles elle s'est beaucoup cherchée : d'une part sur le plan intellectuel et religieux (par le biais du soufisme, des cercles de discussion avec des étudiants venus du Moyen-Orient) et, d'autre part, sur le plan « matrimonial ». Au travail, à l'APHP, elle a bien pris, à un moment de sa carrière professionnelle, sa carte à la CFDT mais, a assez vite cessé toute activité syndicale. Cependant, c'est au travail, à l'hôpital, qu'elle découvre au jour le jour les dégâts des réformes du nouveau management public. Sur sa page Facebook, la majorité des *posts* qu'elle publie ou des articles qu'elle partage est consacrée à ce thème de la dégradation des conditions de travail à l'hôpital qui la hante. C'est d'ailleurs ce qui la fait aujourd'hui douter de la pérennité de son investissement dans ce métier et rejeter au plus haut point ce qu'elle ne nomme pas l'idéologie néolibérale, mais dont elle voit bien les effets désastreux dans son quotidien de travail.

Le rapport au politique de Samira passe désormais par les lectures nombreuses qu'elle effectue, notamment sur la Toile, et par son expérience de parent d'élèves dans un collège public du 19e arrondissement de Paris, dans le quartier en voie de gentrification où elle habite. En 2016/2017, sa fille aînée est scolarisée en CM2 dans l'école publique de son secteur. Cela fait donc cinq ans que Samira observe avec attention le comportement du petit groupe de mères, représentantes d'élèves (comme elle), auquel elle s'est peu à peu agrégée. Ces autres mères d'élèves, qu'elle désigne comme des «vraies bobos», ont choisi l'école publique tout en développant une forme d'intervention systématique dans le fonctionnement de l'école. Cette expérience de l'école d'aujourd'hui, conjuguée à un partage intermittent de la sociabilité de ces femmes parisiennes qui, «bien nées», sont toutes artistes, graphistes, profs (avec des emplois du temps bien moins serrés que le sien), l'a fait pénétrer intimement dans la froide mécanique des choix scolaires et des stratégies de reproduction sociale de ces familles parisiennes. Cette découverte est pour elle un véritable choc qui l'a profondément marquée et lui a ouvert les yeux sur des pratiques dont elle ne soupçonnait pas le degré de calcul et parfois le cynisme. À l'occasion de l'envoi que je lui fais d'un texte susceptible de l'intéresser, paru dans le Club de *Mediapart*, intitulé «Un parcours scolaire français» et qui raconte à gros traits l'histoire de l'auteur, Christophe Lemardelé, historien qui se considère comme un miraculé scolaire des années 1970, Samira prend le temps de me répondre par un texte qui dit bien l'état de sa réflexion sociologique sur la société française, ce dans un contexte particulier, celui de la levée de boucliers provoquée par la réforme du collège proposée par la ministre Najat Vallaud-Belkacem:

> [Ce texte] dit beaucoup de vérités inaudibles par nos élites... Je suis très attachée à la culture française mais je pense qu'on est dans un système trop élitiste qui laisse trop peu de place à ceux qui ne sont pas du sérail... Je suis hallucinée par la «guerre autour du latin et du grec» alors que des milliers de mômes sortent du système scolaire sans être en capacité de remplir seuls des documents administratifs... C'est du même niveau que les bobos de l'école de mes filles qui se battent pour «un jardin éducatif sur le toit de l'école» et non pour l'hygiène des toilettes... Alors que certains enfants sont obligés de se retenir toute la journée «pour faire à la maison»... L'intérêt des castes dominantes qui ont du pouvoir (financier, influence, réseau...) prime sur l'intérêt du plus grand nombre et de ceux qui sont vraiment dans de grandes difficultés sociales... J'ai l'impression qu'on ne veut pas les voir

> et donc reconnaître que c'est vers eux que l'attention doit être portée quand on envisage des réformes... Et il y a des éléments de son récit qui sont entrés en résonance avec des choses que j'ai effectivement vécues... La chanson de Brassens [« Les copains d'abord »] que j'ai été la seule à avoir apprise en cinquième... (Samira, courriel, 20 mai 2015.)

Ainsi, la comparaison des parcours « politiques » des deux sœurs aînées ne manque pas d'être instructive. D'une part, le compagnonnage de route de Leïla avec les communistes de Sardan en dit long sur l'évolution du recrutement social du PCF et sur les « rendez-vous manqués » entre « le Parti » et les générations issues de l'immigration. Si bien que la « tête politique » de la famille s'est en quelque sorte employée à « politiser l'action sociale » dans le cadre de son métier, mais sans devenir elle-même élue. D'autre part, si Samira prend bien garde, à la différence de sa sœur cadette, de mettre de la distance avec le « populo », elle se démarque tout autant des « bobos » de son quartier parisien; elle n'est pas dans la lutte ouverte mais déploie bel et bien une conscience critique des rapports de classes. Moins « politisée » que sa sœur, Samira a un « sens social » qui, sans être converti en langage idéologique « pointu » ou en affiliation partisane revendiquée, traduit une certaine lucidité sur sa position sociale et confine à une « prise de position ». Ainsi cette comparaison dévoile les logiques sociales de deux constructions politiques distinctes en partant d'une même matrice familiale et en montrant le rôle propre des autres instances et expériences socialisatrices.

Les frères à distance de la politique

Les trois frères se tiennent tous plus ou moins à distance du fait politique, avec même un net rejet de la « politique », au sens institué du terme. L'aîné, Rachid, le moins scolarisé, y est sans doute le plus réfractaire, tandis qu'Azzedine marque sa différence par un intérêt plus marqué pour la question syndicale au travail et les l'actualité des relations internationales et, spécialement, celle du conflit israélo-palestinien. Ce qui les distingue fortement de leurs sœurs aînées est sans doute la manière dont ils s'informent de l'évolution du cours du monde. Leïla lit tous les jours *Libération* au travail, en jetant un œil aussi sur *L'Humanité*, et a eu longtemps pour habitude de commenter cette lecture de presse avec ses collègues de travail à la Mission locale, à l'occasion des pauses-café en début de journée. Samira, elle, ne peut pas vraiment lire au travail, mais elle a bien quarante-cinq minutes de transport en métro par jour qu'elle met à profit pour lire la presse gratuite ou parfois *Libération*. Elle a été par ailleurs longtemps lectrice de *Marianne*. Toutes deux sont grandes utilisatrices d'Internet qu'elles regardent de préférence aux journaux télévisés.

Pour les frères, le tableau est différent. Même si Azzedine lit souvent *Le Parisien*, notamment au café, les trois frères s'informent quant à eux du cours du monde presque uniquement par les réseaux sociaux, en allant picorer sur des sites d'information non labellisés. Ils partagent aussi beaucoup de liens sur Facebook (où les trois sont assez actifs) et reçoivent beaucoup de suggestions de liens de la part de leurs « copains ». Ils ne sont pas les derniers à relayer des *fake news* ou à faire passer directement leurs coups de sang sur Facebook. Leurs sœurs aînées, quant à elles, ont tendance à se méfier de leurs *posts* quand l'actualité est « chaude » au Proche-Orient et en Israël, ou en France (lors des attentats des djihadistes). Elles savent que Rachid et Mounir (à un degré moindre Azzedine) ont un penchant prononcé pour tout ce qui relève de la « théorie du complot ». Leïla veille au grain sur la Toile, joue au gendarme en leur demandant – le plus souvent par l'humour – de retirer leurs posts.

Pour donner un exemple, Azzedine, après l'attentat de Londres du 22 mars 2017, revendiqué par Daesh, a fait passer un *post* où deux dessins mis côte à côte suggéraient fortement un lien de causalité entre la destitution par l'axe politique Obama/Sarkozy du colonel Kadhafi et cet acte terroriste, comme si l'Occident était *in fine* responsable peu ou prou des attentats des djihadistes en Europe. Leïla lui a demandé de retirer ce *post*, mais cette fois, Azzedine n'a pas voulu lui obéir (comme il le fait habituellement) en lui disant qu'il n'était plus un enfant mais un adulte responsable... Une fois, Leïla dira d'Azzedine : « [Lui], il a toujours eu ce côté "la société est pourrie, les politiques sont corrompus..." Un peu réac... »

Il faut bien voir que cet exemple du « contrôle » politique de Leïla sur ses frères se fait aussi sur fond de reconnaissance de sa supériorité en la matière. Ce n'est pas un hasard si c'est Azzedine lui-même qui donne à sa sœur un titre de noblesse en l'appelant la « tête politique » de la famille. Pour illustrer comment l'ascendant politique de Leïla s'exerce, citons Mounir qui dit bien comment peut s'exercer le processus de « remise de soi » et sur quel fond d'illégitimité scolaire et culturelle ce dernier opère :

> – SB : Par rapport à la police, le rôle des forces de l'ordre, même sur la politique locale, est-ce que tu as eu envie de rejoindre une asso ou de faire changer les choses ?
> – Mounir : Ma philosophie, je sais que je ne changerai jamais rien... Que ce soit à Préville ou en France... C'est des personnes qui sont au-dessus... Elles sont dotées de capacités intellectuelles et tout... Moi, je changerai rien du tout, je suis un petit grain...
> – SB : Mais la vie politique locale, ou nationale, tu t'y intéresses un peu ?
> – Mounir : Pas du tout ! Je vote quand même, comme tout le monde... C'est mon devoir de citoyen, mais ça sert à rien !
> – SB : La période Sarkozy et les émeutes 2005, comment tu as vécu ce moment ?
> – Mounir : Lui [Sarkozy], c'est un bon commercial, il sait quoi dire et à qui le dire. Après, c'était quand même le ministre de l'Intérieur... Il a failli embraser la France avec ses bêtises... Ça reste un président ce qu'il va dire, ça va passer par le Parlement, c'est pas lui qui gère la France...
> – SB : Tu regardes les interventions à la télé du président ?
> – Mounir : ... [*fait non de la tête.*]
> – SB : Tu t'informes comment ? Tu lis les journaux ?
> – Mounir : Souvent j'écoute, parce que j'ai pas la prétention de dire que je connais, car je suis mal informé...
> – SB : Et avec tes sœurs, vous ne parlez pas de...
> – Mounir : [*coupant*] Jamais de politique ! Jamais de religion ! Après, si mes sœurs disent qu'un tel est bien, elles ne peuvent avoir que raison...
> (Mounir, entretien, 13 octobre 2013.)

Pour saisir le poids du parcours scolaire et universitaire sur le rapport au politique, il est pertinent de comparer ces propos de Mounir avec ceux d'une de ses sœurs cadettes, Amel, qui a trois ans de moins que lui (tous deux ayant par ailleurs une grande complicité).

Amel et son entrée ratée en politique à la « fac de socio »

Amel, septième de la famille, seule des cinq sœurs à être encore (en 2017) célibataire après des études de sociologie à l'université, a réussi le concours d'entrée de l'école d'assistantes sociales à Paris, obtenant son diplôme d'État en 2010, à l'âge de vingt-six ans. Elle travaille depuis à Paris comme assistante sociale. On se souvient peut-être qu'Amel a été assez vite définie dans la famille comme la « mini-Leïla ». Si un écart d'âge (onze ans) la sépare de Leïla, elles partagent ensemble la même expérience marquante dans leur jeunesse des métiers de l'animation, le même type d'activité professionnelle et le même style d'engagement dans le métier (elles ne travaillent pas « dans le social » par hasard), sans compter qu'elles ont en commun les mêmes goûts culturels (musique, voyage, expos, etc.) et un même rapport au monde. Lors de leurs six premières années de cohabitation résidentielle, Leïla et Amel ont partagé beaucoup de spectacles musicaux, de rencontres, de voyages, etc. Amel est ainsi entrée dans les cercles amicaux de son aînée, dit avoir beaucoup appris à leur contact, partageant ce même souci de s'ouvrir au monde, de faire des rencontres. La musique a beaucoup compté pour les deux sœurs : elles ont profité le plus possible de la pléthorique offre parisienne en la matière, allant très régulièrement aux concerts, et se rendant fréquemment à des festivals dans les différents recoins de France. Amel a aussi pris de sa sœur son goût des voyages : elle n'a pas hésité très jeune à voyager, soit en groupe dans le cadre de l'animation, soit avec des amis, sac au dos et en se baladant... Deux de ses destinations préférées sont l'Irlande et le Portugal.

Reste une énigme : pourquoi Amel, malgré sa forte proximité avec Leïla, dont on a vu qu'elle était la « tête politique » de la famille, est-elle restée si distante à l'égard du « politique », notamment du jeu politique et des élections ? Pourquoi a-t-elle si rarement voté depuis qu'elle est majeure, c'est-à-dire depuis 2002 ? Pourquoi n'a-t-elle pas voté aux élections présidentielles d'avril-mai 2002 (elle vient alors d'avoir dix-huit ans) ? En d'autres termes, alors que la transmission de la sœur aînée à sa cadette a très bien fonctionné du point de vue de toutes ses dispositions sociales, pourquoi cela n'a pas été entièrement le cas, pendant longtemps, dans le rapport à la politique ou au politique ?

Avant d'aborder cette question avec elle en entretien, j'émets l'hypothèse que cette mise à distance de la politique serait liée à son propre parcours scolaire et universitaire. En effet, Amel, on l'a vu, n'a pas pu accéder à la filière générale, au bac ES (économique et social) de ses sœurs aînées, de telle sorte qu'elle a dû en quelque sorte « se contenter » d'un bac technologique STT. Cette orientation scolaire par défaut au lycée a eu un double effet. D'une part, elle a fortement diminué ses chances d'accéder à l'IUT de carrières sociales qui avait été depuis longtemps son objectif assez clairement affiché et qui était la formation par laquelle était passée sa sœur Leïla. D'autre part, elle l'a privée des enseignements de culture générale qui sont le propre des filières du lycée général, notamment les SES, l'histoire, la philosophie, etc. Cette absence de « base » en culture générale – « base » qui ne peut être acquise la plupart du temps qu'au lycée pour les élèves de milieu populaire – va être préjudiciable à Amel lors de ses premières années universitaires. Consciente des lacunes qui sont les siennes – notamment dans ce qu'elle appelle elle-même le « lexique » (c'est-à-dire l'étendue du vocabulaire) –, elle sera, lors de ses quatre années universitaires (AES puis trois ans de sociologie), tenaillée par un assez profond sentiment d'illégitimité culturelle. Certes, elle va continuer un travail d'apprentissage culturel par des lectures buissonnières, conseillées par ses sœurs ou, comme elle dit, les « gens de la Fnac », mais au moment d'affronter des épreuves liées à la possession du capital culturel le plus légitime, elle va découvrir l'étendue de ses limites ou de ses failles.

Revenons à cet entretien sur la politique avec Amel qui a lieu dans un café du Nord parisien un soir de décembre 2015. Amel raconte une sorte de scène inaugurale qui peut être analysée comme celle de son entrée ratée en politique à l'occasion de sa première tentative de participation à un débat à la faculté de sociologie, alors qu'elle y est étudiante en première année.

> – SB : Ce que tu racontes de la fac semble passer beaucoup par les profs, ce qu'ils attendent de vous, etc., mais dans une vie étudiante, même si je sais que ça a beaucoup changé, et notamment dans les facs de sociologie, il y a quand même de temps en temps des films militants, des groupes politiques qui se constituent... Tu n'as jamais été dedans ?
> – Amel : C'est très sélect pour y entrer... c'est... [*cherche le mot juste*]... C'est costaud ! J'ai tenté une fois, je me suis fait recaler pour deux, trois mots... Je me suis sentie humiliée, je n'y retournerai pas... C'était à un café-débat à la fac, à Préville...
> – SB : Et c'était sur quoi, tu t'en rappelles ?
> – Amel : Le débat, oui... « Qu'est-ce que la démocratie ? »... Le mot démocratie...
> – SB : Tu y étais allée toute seule ou avec une copine ?
> – Amel : Non, j'ai été avec des copines de fac que je ne connaissais pas des masses, pas plus que ça. Non, c'est élitiste et c'est [fermé]... [*petit silence, puis, invitée à raconter l'histoire, se lance*]. En fait, il y avait un chouette garçon qui nous avait dit : « Ouais, il y a un discours, vous allez discuter... par contre c'est sans alcool, c'est juste du café ou du thé, des choses comme ça, pour discuter, allez-y, venez, on va discuter »... Lui, c'était un jeune, un jeune... [*cherche le mot juste, je lui souffle « étudiant »*]... étudiant comme nous, dans la même branche. Et, bon, on y va un peu [timorées]... On se sent quand même plus fragiles que les autres... On y va donc... On reste quand même en retrait une bonne partie du débat... Et c'est quand justement ils demandent de faire une espèce... ils demandent à chacun de... [*cherche le bon terme, je lui souffle « tour de table »*]... oui, un peu, un tour de table... « Qu'est-ce qu'on entend par le mot démocratie ? » Et, là, les trois premiers [qui parlent] vont piocher dans le latin « démocratie »... Là, on se regarde toutes entre nous, on se dit : « Ouh là là ! Où est-ce qu'on est tombées ? Parce qu'arrive à notre tour... [*imitant sa mine déconfite*] Et, à notre tour, bah, nous, à part de pouffer comme des

gamines qu'on était... On n'avait pas d'argumentaire... On n'avait pas de définition... On n'avait pas de lexique... On n'avait pas de transmission des parents... Pas de transmission de... Qu'est-ce que les mots signifient ? Qu'est-ce que ça veut dire... Quel philosophe ? Qui a dit quoi ? Pourquoi ? Parce qu'en plus ils allaient piocher dans des choses [*sur un ton d'admiration*]... On sentait vraiment que, chez eux, le bac, ce n'était pas que le bac L... Littérature... C'était qu'en plus, ils avaient déjà pas mal de bagages... Bon, bref, on s'est ratatinées... On a eu les rires... [*se reprend*] Non, pas les rires, mais les sourires hautains... On s'est éclipsées au bout de quarante minutes à peine... On est ressorties et on n'y est plus jamais retournées...
– SB : Mais personne n'est allé vous « récupérer » après, pour discuter un peu avec vous ?
– Amel : [*écartant la question et comme pour elle-même*] Il n'y avait même pas de Maghrébins, y avait pas de Blacks. Non, y avait pas tout ça !
(Amel, entretien, 15 décembre 2015.)

On comprend aisément qu'il a été difficile pour Amel, dans ses premières années universitaires, de se remettre d'une telle scène traumatique, de ce qu'elle appelle elle-même une « humiliation ». Certains interprètes pressés jugeraient important de mettre en exergue la dernière phrase de l'extrait d'entretien (« il n'y avait même pas de Maghrébins, y avait pas de Blacks ») pour dénoncer le fait que ces étudiantes « issues de la diversité » auraient été, ce jour du débat, victimes de la barrière raciale ou, pour aller un cran au-dessus dans la logique d'explication racialisante du monde social, qu'elles auraient été ainsi « racisées ». Or une lecture différente peut mettre l'accent sur les facteurs classiques de l'auto-exclusion politique[a].

---

a Un collègue politiste, à la suite de la lecture de cette partie du chapitre, me fait le commentaire suivant : « Ce récit me rappelle certaines AG [assemblées générales] étudiantes à L., dominées par des philosophes marxisants ou néo-situationnistes qui, par leur "lexique", leur hexis, leurs tracts et affiches esthétisants, tiennent à distance des novices pourtant demandeurs d'une formation politique... Combien d'étudiants passent à côté d'une réelle politisation dans ces circonstances... Pas en premier lieu à cause de réflexes d'autocensure (certains s'aventurent dans les réunions et projections, risquant même une prise de parole) mais bien de phénomènes de monopolisation du discours autorisé par les mieux dotés. »

Au principe de ce qui a rendu possible cette scène, on trouve cette différence majeure existant parmi les étudiants entre, d'une part, ceux qui possèdent des compétences politiques toujours fortement liées aux compétences scolaires (posséder un vocabulaire élargi, un « lexique » comme dit Amel, oser et savoir prendre la parole en public) et langagières (articuler et construire un discours) les autorisant à discuter politique et à débattre politiquement et, d'autre part, ceux – en l'occurrence celles – qui sont dépourvus de ces compétences parce qu'ils souffrent d'une absence de culture générale et de lectures de type politique (presse, lectures militantes, essais politiques, etc.). Ce n'est d'ailleurs pas par hasard si Amel et ses camarades (ce ne sont pas ses « amies », il faut bien le remarquer) arrivent en groupe pour affronter la situation et surmonter l'intimidation culturelle, à la fois attendue et crainte, qui est inhérente à ce type de circonstances. Amel, échaudée par cette expérience cruelle qu'elle retrace douze ans plus tard comme si elle datait de la veille même, restera donc en retrait de toute activité politique à la fac et, parallèlement, à l'écart de tout ce qui tourne autour de la vie politique nationale.

Mais il n'y a pas de fatalité sociologique en la matière. La réussite d'Amel au concours d'assistantes sociales et son arrivée à Paris vont littéralement la transformer. Elle va se frotter à la culture politique plus constituée de ses amis apprentis travailleurs sociaux, continuer les discussions avec Leïla et faire ainsi un travail d'apprentissage politique sur le tas. Le contexte politique de la première moitié des années 2010 va aussi affermir son processus de politisation, notamment avec les attentats de 2015. Ce n'est sans doute pas pour des raisons purement matérielles qu'elle va se décider à devenir assesseur dans un bureau de vote pour les élections régionales de décembre 2015. Or cette expérience va se révéler fondatrice pour elle, comme elle le raconte bien dans ce texte qu'elle m'écrit le soir du premier tour.

Tenir un bureau de vote à Paris, une expérience politique fondatrice

Au mois de décembre 2015, Amel se retrouve assesseur dans un bureau de vote du 18e arrondissement de Paris où elle travaille. C'était au départ, pour elle, une manière, comme elle dit, de « mettre du beurre dans les épinards ». En effet, son budget personnel est serré : elle doit payer le loyer d'un joli studio dans le 14e arrondissement de Paris qui lui dévore le tiers de son salaire. Célibataire, elle paye des impôts non négligeables et, par ailleurs, consacre la plus grosse partie de son budget aux sorties et aux dépenses culturelles (concerts, cinéma, CD et livres...). En d'autres termes, elle a un besoin impératif d'avoir régulièrement des petites rentrées d'argent annexes à son salaire, de telle sorte que, quand son service, qui dépend de la mairie de Paris, lui a fait cette proposition d'être assesseur d'un bureau de vote, elle n'hésite pas une seconde.

Dès le premier dimanche, elle découvre, de par son statut municipal, isolée des élus de différentes étiquettes, la difficulté de la tâche, à savoir être toute une journée coincée dans un bureau de vote, sans pouvoir bouger. Comme j'habite à huit stations de métro, je lui ai apporté un en-cas à 17 heures. En échange, si l'on peut dire, j'ai l'idée de lui demander d'écrire (de m'écrire), si possible à chaud, un texte où je lui suggère de consigner des « choses vues », ses observations, ses remarques sur cette « journée particulière », c'est-à-dire dans le jargon de l'ethnographie un récit d'observation). Elle se prend au jeu et, le soir même, m'adresse un courriel de quatre pages où elle me fait part de ses impressions qui ont été vives et qui lui ont donné envie de se poser face à l'ordinateur et d'écrire.

> Quelle aventure humaine et citoyenne, je ne pense pas avoir pris compte de la force physique et mentale que l'on doit avoir pour tenir une journée (7 heures-22 heures).
> Pour être totalement honnête j'ai souhaité y participer pour mettre du beurre dans mes épinards et continuer ma vie parisienne avec de petits jobs de temps en temps. Plusieurs de mes collègues ont également participé et on s'est tous inscrits sur le 18e pour découvrir un nouveau visage du public que l'on accueille.

J'ai demandé à être 1er agent et comme je suis électrice parisienne j'ai également dû être secrétaire (donc quelques signatures, assumer le rôle de président en son absence et maintenir l'ordre et le règlement durant la journée...). Dès l'ouverture et comme je m'y attendais nous avons eu beaucoup de personnes âgées, quelques jeunes retraités mais pas les plus âgés non plus (autour de 50-70 ans) donc très polis et très motivés pour voter. D'ailleurs les deux premières heures on se sent plus fonctionnaire de mairie que agent des bureaux de vote. Mais à partir de 10/11heures je découvre une nouvelle population plus homogène et très bienveillante envers nous. Je commence à observer les personnes plus attentivement. Plusieurs me font de grands sourires et m'interpellent directement pour des renseignements sans adresser un regard au président (d'ailleurs comme par hasard un homme grand costard cravate et deux assesseures à sa droite et gauche... Ça m'a bien fait rire car les gens l'ont pris en grippe juste pour sa tenue vestimentaire et sa droiture. J'ai pas accroché jusqu'au bout, je le pensais droitiste... raccourci vite fait, j'avoue, mais en fait il est très écolo [...]). Je crois que j'ai l'œil qui pétille et un pincement au cœur quand je remarque l'âge des personnes et cette mamie (née en 1927 quand même) qui m'a touchée, elle était tellement fière de me voir lui dire « a voté », elle s'est assise sur le banc et m'a dit qu'elle était contente et fière de voir une femme à ce poste.
Pendant l'heure qui suit, je bombe le torse et je suis fière d'être là. Tellement contente de faire un devoir citoyen et en même temps je sais que je porte en moi l'histoire de la France (jeune encore un peu, femme, issue de l'immigration) mais je n'observe ni un geste ni une parole déplacée à mon égard. Au contraire les gens nous remercient d'être là (merci à vous pour nous permettre de voter). Wouah ! C'est donc ça le sentiment d'appartenir à un groupe, à une société, c'est donc ça se sentir comme les autres. Alors on aurait dû nous le dire plus tôt ou nous forcer à des actions citoyennes car ça restaure notre ego et on se sent pleinement français et citoyen de la cité.
D'ailleurs ces sourires, ces petits mots, ces attentions particulières avec les familles c'est toute la journée, et je m'attends à des résultats très rouges, naïvement, comme si les électeurs de la droite le portent à leur visage. Non mais je suis assez surprise que ces personnes qui ont défilé devant moi toute la journée qui ont

été gentilles, bienveillantes, humaines dans l'échange sont des personnes qui votent pour des idées xénophobes et homophobes. Je comprends pas, je dois être très naïve quand même pour imaginer que ces personnes qui m'ont dit bonjour, qui m'ont accueillie, qui m'ont fait sentir leur égale, ont en fait voté pour un parti qui justement exprime que moi, Amel, 1er agent je ne suis pas une Française comme les autres mais une Française musulmane et que peut-être si je fais des erreurs dans la vie, on va me retirer mon identité française, on va me rejeter et on va chercher mon identité culturelle.
Alors je me pose une question. Ces personnes à qui j'ai dit « a voté », à qui j'ai tamponné leur carte d'électeur et à qui j'ai souhaité une bonne journée, savent-elles réellement la différence entre Français musulmans et immigrés ?
D'ailleurs j'ai honte quand, même des personnes de quatre-vingt-dix et même cent deux ans, viennent à bout de forces voter car c'est un acte fort pour elles... Elles se sont battues pour. Savoir que les jeunes ne se mobilisent pas, c'est très décevant car ces jeunes, hein ! J'ai vu leurs pères et leurs sœurs aînées venir mais les enfants des immigrés, aucun ! Aucun sur un arrondissement comme le 18e sur deux portions de rues que je connais par cœur et, sur la liste, ils représentent bien 10 à 15 %. Ah ! Ils sont capables de manifester pour la Palestine, d'aller à un match de foot par milliers mais pour revendiquer leurs droits et faire en sorte que leur quotidien s'améliore, y a personne ! Et c'est pas faute de les motiver (8-20 heures en *non stop* quand même), à deux pas de chez eux (moins de 700 mètres pour n'importe quel bureau de vote) un dimanche. J'aimerais connaître leurs arguments. Et débattre juste qu'on m'explique pourquoi ça ne les intéresse pas. Parce que la région, c'est la formation, c'est le transport, l'emploi... Bref c'est quand même une bonne part de leur quotidien.
C'est très brouillon ce que je dis mais ça m'a donné à réfléchir et j'ai envie de faire des choses dans le sens citoyen et pour marquer mon identité professionnelle. Lundi, j'ai pris la liste de mes jeunes de dix-sept ans et j'ai mis une croix. Mon travail consiste à les préparer à être autonomes et indépendants... Je vais y ajouter à être citoyens. Je vais leur demander de s'inscrire sur les listes pour obtenir leur carte d'électeur comme on leur demande leur document de la journée d'appel (service militaire qui aujourd'hui équivaut à une journée dans une caserne). Je me

> demande aussi pourquoi on n'a pas une journée « obligatoire » pour les jeunes majeurs dans des actions citoyennes.
> Il est 22 h 34. Je suis devant Arte et là, je crois que j'ai pu dire ce que j'avais à dire.
> (Amel, courriel, 8 décembre 2015.)

Amel a fait, ce premier jour en tant qu'assesseur, une sorte de découverte : se sentir utile, considérée par les autres, et aussi éprouver une fibre civique. Elle a découvert la « grandeur » du vote et son aspect symbolique. Elle a surtout été frappée par tous ces « mercis » qui lui ont été adressés lors de ce dimanche de vote. Elle en a été touchée et en garde un souvenir ému. Son courriel me semble un document très utile pour approfondir la discussion sur l'intégration des immigrés dans cette période post-traumatique, après les attentats du 13 novembre 2015.

⁂

Les raisons de l'ancrage « à gauche » de la fratrie doivent beaucoup à la transmission du capital politique de Leïla à ses frères et sœurs mais ne s'y réduisent pas. D'autres données, de type contextuel, doivent intervenir dans l'analyse. Par exemple, la figure de Nicolas Sarkozy en 2007-2012 a cristallisé les rancœurs des membres de cette fratrie qui se sont sentis en permanence agressés par les piques et saillies de ce président (que Samira juge « clivant »), peu avare en accusations de toutes sortes contre l'immigration postcoloniale, source de tous les maux sociaux. Ainsi tous les votants dans la fratrie ont contribué à élire François Hollande aux élections de mai 2012.

Or le quinquennat de la présidence Hollande a été, quant à lui, source d'une très forte désillusion dans la fratrie, faisant voler en éclats l'espèce de consensus politique qui y régnait. Ce consensus n'a, en fait, pas survécu à l'implosion idéologique du PS, à la faiblesse des politiques publiques en termes de défense des classes populaires, au débat sur la déchéance de la nationalité, mais aussi à l'omniprésente question de l'islam dans le débat politique faisant suite aux attentats de 2015.

9

Quand Nadia passe « à droite » : mobilité sociale ascendante et rapport au politique

La gestion politique des attentats de 2015 n'a pas été le seul facteur de l'éloignement de la fratrie à l'égard du PS. Une fissure politique s'est peu à peu creusée au sein de la fratrie durant le quinquennat du président Hollande (2012-2017). D'un côté, les trois frères – et ce n'est pas une surprise – sont plus que jamais sur une ligne anti-*establishment* et d'opposition aux élites politiques. De l'autre, si les sœurs démontrent une certaine forme de fidélité à la gauche – avec un plus grand attrait pour La France insoumise chez celles qui sont le plus investies dans leur métier du social (Leïla et Amel) –, l'une d'entre elles va cependant opérer une déviance (politique). Au cours des deux années qui ont suivi l'élection de 2012, Nadia, la « petite dernière » de la fratrie, a progressivement glissé à droite. Elle a d'abord fréquenté les réseaux militants de l'UMP, puis a fini par prendre sa carte LR (les Républicains) vers la fin de l'année 2015. Elle m'envoie ce jour-là, de manière presque triomphale, un SMS sans commentaire, constitué de la seule photo de sa carte LR. Comme si elle voulait me signifier, par ce geste, qu'elle avait franchi le Rubicon, affirmé sa prise d'autonomie, voire son insoumission, à l'égard de ses sœurs. Nadia opère là une rupture éclatante avec la doxa politique familiale. De fait, la transgression n'est pas mince : le parti LR est alors présidé et incarné par Nicolas Sarkozy.

Cette volte-face politique de Nadia m'a bien sûr intrigué. Il y avait, dans sa trajectoire antérieure, des signes avant-coureurs, mais j'ai voulu mieux comprendre les ressorts sociaux de son adhésion à l'UMP (devenue en mai 2015 Les Républicains). En même temps, il était frappant que, du côté de Samira et de

Leïla, cette forme de rupture politique de Nadia avec le reste de sa fratrie ne soit pas vraiment prise au sérieux. Leïla m'a souvent dit: «Mais Nadia, elle est comme ça, opportuniste...» Comme si son changement de camp politique n'était pas fondé en raison. Si ce constat n'est sans doute pas faux, il n'épuise pas pour autant l'analyse. Ne peut-on pas essayer de mettre en rapport la nouvelle appartenance politique de Nadia avec les formes particulières prises par sa mobilité sociale ascendante, son appartenance à la «classe moyenne» (qu'elle met en avant dans les entretiens), le rapport distancié qu'elle entretient avec le groupe des laissés-pour-compte de la société française qu'elle côtoie quotidiennement au travail ou dans l'espace résidentiel? Ne peut-on pas aussi interpréter son virage à droite comme une manière pour elle d'acter son passage de l'autre côté de la barrière sociale et de se démarquer fortement et symboliquement du groupe, perçu comme menaçant, des désaffiliés sociaux? Pour comprendre la trajectoire politique de Nadia, il faut revenir en premier lieu sur sa trajectoire sociale et ce que j'avais coutume d'appeler, dans nos échanges avec ses sœurs, son énigme sociologique.

Les contradictions d'un couple improbable

La relation d'enquête avec Nadia n'a pas été banale. Si le premier entretien était à forte teneur biographique (de même que pour les autres sœurs), ceux qui l'ont suivi sont toujours plus ou moins survenus dans des moments de «crise» pour elle: crise de couple (en janvier 2013, seulement quatre mois après son mariage, puis en octobre 2015), moment de forte déstabilisation après son retour en province (en juillet 2016). Ce qui a caractérisé ces entretiens avec Nadia, c'est leur extrême liberté de ton. Lors de notre dernière entrevue, en avril 2017, elle me répète ce qu'elle a dit à ses sœurs pour qualifier la teneur de nos entretiens: «Moi, je lui dis tout, à Stéphane.» Ce qui oblige l'enquêteur à réfléchir à la place qui lui est attribuée par l'enquêtée. C'est sans doute celle d'une autorité morale (un «professeur d'université») susceptible de la guider et de l'orienter quand elle se sent « perdue » ; c'est aussi parfois celle d'un thérapeute de substitution à qui elle confie, sinon ses tourments les plus intimes, du moins les contradictions les plus fortes qui la traversent et la « travaillent », qu'elle ne parvient pas à résoudre par elle-même. C'est le cas, tout particulièrement, de sa vie de couple, éminemment « compliquée », et sur laquelle il convient de mettre l'accent en premier.

On a vu (chapitre 4) que Nadia est mariée depuis 2012 avec Toufik qui est, comme elle, d'origine algérienne et a grandi à Sardan. Je ne l'ai jamais rencontré. Nadia, en la matière, « cloisonne » beaucoup, comme on dit : il y a, d'un côté, sa vie publique – le travail, ses amies, ses sorties, etc. – et, de l'autre, sa vie privée. Et les deux ne coïncident presque jamais. Sa vie de couple, vue de l'extérieur, semble une succession de compromis et d'arrangements, eux-mêmes fruits de longues et permanentes négociations. La première preuve de cette assertion est que, pendant les trois premières années de leur mariage, les jeunes mariés n'ont pas vraiment vécu ensemble, sauf pour les vacances et les week-ends. Nadia a continué à travailler à Paris et Toufik à Préville où il a, dit-elle, une bonne situation. Il est « détective privé » (*dixit* Nadia lors de notre premier entretien). Comme cette expression est assez mystérieuse, je vais plus tard chercher à en savoir un peu plus auprès d'autres membres de la fratrie. Ils m'apprendront qu'il est, plus exactement, « chargé de recouvrement » des créances de clients indélicats ou impécunieux dans une société de services. Ce qui lui assure un train de vie confortable. Nadia me dira un jour qu'il touche de 4000 à 5000 euros par mois, avec des pointes à 7000 euros en fonction des primes d'intéressement.

Cette situation peu banale de non-cohabitation du jeune couple a perduré après la naissance de leur premier enfant, Badhel, née un an après leur mariage (2012). Ce thème était délicat à aborder directement en entretien mais j'ai assez vite cru comprendre que cette vie à distance du couple avait des avantages pour chacun d'entre eux : ils gardaient leur précieuse autonomie et surtout minimisaient les possibilités de conflit, inhérentes à leurs différences de dispositions sociales et culturelles sur lesquelles il faut ici insister.

Nadia est une jeune femme diplômée (DUT carrières sociales et licence de ressources humaines) et urbaine, très attachée à son apparence (elle est bien consciente de son côté *fashion victim*, poste régulièrement sur Facebook des photos d'objets de luxe – vêtements, meubles, bijoux...). Elle est, comme le disent ses autres sœurs, «dans la séduction» (et ce n'est pas péjoratif dans leur bouche), avec une forte volonté de rupture avec son milieu d'origine (on y reviendra...). Toufik, son mari, est bien différent. Comme évoqué précédemment (voir chapitre 4), il n'a pas fait d'études supérieures (possède un bac pro), n'a jamais quitté son quartier de Sardan, habite encore chez sa mère durant la semaine, a gardé sa même bande de copains. Dans ses pratiques hors-travail, il ne manifeste aucune forme de bonne volonté culturelle, à la différence de Nadia. Comme me le dira crûment celle-ci, lors du deuxième entretien: «Je m'aperçois qu'en fait, on n'a rien en commun.»

En octobre 2015, j'effectue un long entretien (de près de trois heures) avec Nadia, à son domicile, à C. (proche banlieue du sud-ouest de Paris). Son appartement, un trois-pièces de 80 mètres carrés, est situé dans une résidence privée au centre-ville. Elle le loue environ 1200 euros par mois: un vaste salon clair et deux chambres (l'une pour elle ou le couple, l'autre pour sa petite fille); c'est son mari qui paye son loyer. De son côté, Nadia paye la crèche de sa fille et toutes les courses pour la semaine. Elle gagne 1900 euros net (sur quatorze mois et demi) comme cadre intermédiaire à Pôle Emploi. L'appartement est meublé de manière sobre et moderne: dans le salon, un grand canapé d'angle, pas de livres, un très grand écran TV et, derrière sur la table de verre, un splendide ordinateur Mac (lorsque je lui en fais compliment, Nadia me précise aussitôt qu'il lui a été offert pour la fête des mères et que «ça vaut 2000 euros»). Nadia me fait ensuite visiter l'appartement en me montrant notamment son balcon qui donne sur le jardin intérieur. Quand je la rencontre, Nadia est en arrêt maladie (deux semaines au total) et sous cachets pour dormir, à la suite d'une violente altercation avec son mari quand il est monté la voir à Paris. Le week-end s'est très mal passé entre eux. La tension dans le couple tourne autour de leur vie séparée. Toufik habite toujours chez sa mère dans sa cité de Sardan. Nadia et lui se voient le week-end mais cela fait deux mois que Toufik n'est pas « monté ». Sa fille le réclame sans arrêt. Tous les matins, Nadia envoie par son portable une photo de leur fille à son mari. Depuis quelques mois, la relation se tend entre les deux.

C'est Samira qui a aménagé cet entretien avec Nadia, pour lui donner l'occasion de faire le point sur sa vie : je suis, à ses yeux, une personne susceptible de lui donner des pistes ou de la renforcer dans telle ou telle de ses convictions. L'entretien va prendre trois directions. Tout d'abord, nous allons aborder les tensions de sa vie de couple depuis plusieurs années et surtout de sa vie de jeune femme salariée de vingt-neuf ans, élevant seule (la semaine) sa fille de deux ans[a]. Ensuite nous avons évoqué différentes questions relatives à son rapport à la culture, son goût pour les musées et la culture légitime. Enfin, dernière partie, la plus intéressante pour notre propos dans ce chapitre, nous avons parlé assez longuement de son rapport au politique. En effet, elle m'apprend assez vite dans la discussion qu'elle est désormais une transfuge politique, devenue « sympathisante » UMP dans sa ville de banlieue ouest de Paris depuis mai 2015. Elle a franchi le Rubicon en passant de gauche à droite officiellement, notamment à travers le rapport qu'elle a noué directement avec le maire de la ville où elle réside.

Hollande et la gauche : un déficit de « charisme » et la taxation des classes moyennes

Lorsque commence cet entretien, je sais son passage à l'UMP plus ou moins amorcé. En effet, j'ai pu voir sur Internet que Nadia a fait partie des personnes (portant majoritairement des patronymes maghrébins) qui ont félicité publiquement le

a Le matin, elle se lève à 6 heures, emmène sa fille à la crèche familiale, puis se rend à son travail en train. À 18 heures, elle récupère sa fille, si bien que, le soir venu, elle n'a qu'une envie : rester tranquille. Épuisée, elle se couche tôt. Mais depuis quelques mois, elle a du mal à dormir.

maire sur sa page Facebook pour avoir salué ses « compatriotes musulmans » lors de la fête de l'Aïd. Cependant, le « virage à droite » de Nadia a été préparé par différents événements et va se faire en deux temps. D'une part, Nadia a été profondément déçue par François Hollande. Elle a voté pour lui en 2012 mais, au fil de l'exercice de son mandat de président, il lui est apparu comme sans ressort, sans dynamisme, incarnant à ses yeux une gauche « molle », qu'elle a envie d'opposer à une droite « d'action » c'est-à-dire entreprenante, efficace, résolue, etc. Elle reproche à Hollande son manque de « charisme », un mot-clé chez elle pour éclairer son rapport au politique et qui correspond à sa propre capacité de s'identifier ou non à des personnages politiques qui portent haut le verbe politique, ont le sens du combat. Elle se définit d'ailleurs, à plusieurs reprises dans l'entretien, comme une « aventurière », une « guerrière » qui se trouve en affinité avec la posture martiale, volontiers agressive et belliqueuse, de Nicolas Sarkozy.

> – SB : Dans la manière de te définir, tu as dit tout à l'heure : « Moi je suis aventurière et guerrière »... En fait dynamique... J'ai l'impression que, en creux, il y a aussi ça dans la gauche qui t'énerve...
> – Nadia : Elle est molle ! Elle est molle ! Alors, moi, je ne suis pas complètement d'accord avec tout ce que fait l'UMP... Il y a des choses bonnes et il y a des choses moins bonnes... Des choses qui me plaisent et y a des choses qui ne me plaisent pas... mais au moins on échange, on discute. Ce qui est intéressant quand je discute avec la plupart des personnes que j'ai rencontrées de l'UMP, c'est qu'on peut ne pas être d'accord mais c'est construit, il y a un débat, il y a des arguments derrière, chacun a ses arguments... On n'est pas d'accord, certes, mais on peut discuter, on peut échanger... Moi, ce que j'aime bien dans les personnalités comme Sarkozy ou autres, humainement c'est pas [le top]... voilà... Mais c'est ce côté [fonceur] : « J'y vais, je suis sûr de moi... » François Hollande, en termes de charisme, zéro quoi ! C'est mou ! Il n'a pas l'étoffe d'un président... Alors l'autre [Sarkozy], il était peut-être de petite taille et tout ça, mais il avait ce côté vaillant, il va au combat... L'autre [Hollande], planté là, c'est un peu [tristounet]...
> (Nadia, entretien, 4 octobre 2015.)

Nadia dit avoir pour principe dans la vie de ne pas subir, de ne pas se laisser porter par les événements, de se construire dans l'adversité et les oppositions. En d'autres termes, elle se donne en apparence l'allure d'une personne qui ne se laisse pas faire. On pourrait dire qu'à cette aune, la gauche ne peut que la décevoir structurellement, alors que, à droite, l'imaginaire de l'action et de la puissance semble avoir plus de chances de la séduire et de lui parler. Comme si l'indécision, l'irrésolution et l'impuissance qui semblent gouverner sa vie privée (notamment un mari qu'elle n'a pas vraiment choisi ou qu'elle choisit sans le vouloir) devaient trouver une sorte de compensation dans la sphère politique où elle tend à projeter ses manques et ses fantasmes de pouvoir et de maîtrise de la situation. En ce sens, Nadia exprime assez bien la propension des individus faiblement politisés (même si elle est assez informée et impliquée) à raisonner davantage en termes éthiques et esthétiques qu'en termes proprement politiques.

Son passage à droite a aussi des raisons proprement économiques. Sa critique principale du bilan de François Hollande porte sur la hausse des impôts dont elle s'estime victime en tant que membre de la « classe moyenne ». Un autre reproche qu'elle fait à Hollande et au PS tient aux « mesures sociétales » qu'ils ont prises, et en premier lieu, le « mariage pour tous ». Elle n'ose pas se livrer entièrement sur ce point, reste prudente, ne se déclare « pas contre mais... » (elle sait qu'elle parle à un sociologue qu'elle doit juger « progressiste »). Elle ne mentionne pas non plus explicitement le rôle de son mari qui a dû être important sur ce point.

> – Nadia : J'ai été déçue par le gouvernement de Hollande... Très très déçue... Toutes les mesures qui ont été prises, je ne me retrouve pas dedans.
> – SB : Avant tu votais à gauche, on va dire, presque par tradition familiale ?
> – Nadia : Exactement...
> – SB : Mais qu'est-ce qui t'a déçue plus précisément chez Hollande, quelles sont les mesures qui t'ont le plus énervée ?
> – Nadia : Alors déjà sur le rythme scolaire, au niveau de l'éducation je ne suis pas du tout d'accord... Je pense qu'ils ont fait ça

pour créer de l'emploi, tout ce qui est animation sociale, culturelle et tout mais ça pénalise plus finalement la classe moyenne qu'autre chose... puisque c'est la classe moyenne qui ne peut pas aller chercher ses enfants à ces heures-là de sortie... qui est obligée de payer parce que, forcément, ceux qui n'ont pas [les moyens], ils vont avoir les aides pour pallier. Mais ceux qui, comme moi, sont dans le juste milieu, ils vont devoir payer encore... Donc pareil au niveau des tranches des impôts, au niveau des aides sociales.
– SB : T'as eu l'impression de payer plus d'impôts ?
– Nadia : Ah oui ! Pour le couple, ça a bien augmenté. [...] Bon, les impôts, ça, on l'a vu... Y a ça, y a la classe moyenne, enfin la classe moyenne... Par exemple, nous [son mari et elle] on est dans la moyenne... on n'a plus la CAF [les aides de la Caisse d'allocations familiales], tout ça... on n'a plus rien en fait... Parce que, maintenant, c'est soumis aux revenus... Je trouve ça dégueulasse... Moi j'ai rien pour ma fille... les 180 euros là, qu'ils donnaient pour chaque enfant, jusqu'aux trois ans, je ne l'ai pas et ils l'ont enlevée. Bon, après, le mariage pour tous, chacun ses idées, je suis ni pour ni contre... Moi je pense qu'ils n'auraient pas dû faire le mariage pour tous, enfin le mariage pour les couples hétérosexuels et le Pacs [pacte civil de solidarité] uniquement pour les couples homosexuels. En gardant le même truc mais pas le même intitulé. Parce que voilà, mari et femme, le Pacs c'était très bien mais ils n'auraient pas dû élargir le Pacs aux couples hétérosexuels, ils auraient dû vraiment le garder pour les homosexuels avec les mêmes avantages que le mariage mais voilà, qu'il y ait une distinction, après...
(Nadia, entretien, 4 octobre 2015.)

Pour résumer le rapport de Nadia au politique, on peut avancer que le type de politisation qui est le sien ne passe pas en premier par les « idées », l'adhésion à un programme idéologique ou le partage de valeurs sociales ancrées dans une culture politique, comme c'est le cas, on l'a vu, pour Leïla. Si la politisation à droite de Nadia peut sembler réactive, elle renvoie aussi, dans ses sourdes déterminations, à sa propre trajectoire sociale d'accès à la « classe moyenne ». Accès contrarié par la politique fiscale de François Hollande, dans la mesure où le durcissement de la politique budgétaire de la première partie du quinquennat

(2012-2015), qui visait à redresser les comptes, a touché en priorité les classes moyennes. En ce sens, elle perçoit la politique de la gauche comme étant susceptible d'entraver son propre parcours de mobilité sociale ascendante. Qui a comme caractéristique principale d'avoir été le fruit de son « beau mariage » avec Toufik, qui a déposé dans la corbeille de la mariée une belle dot salariale.

Un autre élément du virage à droite de Nadia est ancré dans son expérience professionnelle de cadre à Pôle Emploi, où elle observe tous les jours ce qui lui semble être la « générosité » du système de protection sociale français. Elle a, dès notre premier entretien, dénoncé la logique de l'« assistanat » à l'égard des « petites classes », dont elle voit les effets pervers tous les jours : trop de gens n'ont « pas envie de travailler... ».

La découverte du milieu social UMP et de la force des « réseaux »

Ce jour d'octobre 2015, Nadia va aussi me raconter son « entrée en politique ». Tout commence le jour où elle se lance sur Facebook et écrit au maire de C., très actif sur ce réseau social. Ce dernier repère vite en Nadia une possible recrue (de la « diversité ») et cherche à la faire tomber dans son escarcelle, l'encourageant à venir dans des réunions. Là, elle découvre l'univers social et culturel des militants et sympathisants UMP, cherche peu à peu à y faire sa place. Dans un premier temps, elle est assez discrète, à l'écoute des débats. Si elle est conquise par les prises de position du maire qui semble très soucieux de caresser dans le sens du poil les électeurs « musulmans » de sa ville, elle s'aperçoit très vite qu'il y a, comme elle dit, « deux UMP ». D'une part, la « gauche de l'UMP » dans laquelle elle se situe clairement et, d'autre part, l'UMP qui est, comme elle dit, « entre la droite et l'extrême droite ». Dans cette dernière fraction, on trouve un certain nombre de militants qui sont adeptes des thématiques du Front national. Comme on peut s'y attendre, elle se retrouve en porte-à-faux dans ces réunions de l'UMP.

– SB : Et les premières fois où tu débarques dans des réunions UMP, comment ça se passe ?
– Nadia : Moi j'arrive... entre guillemets dans ma tête je n'ai rien à perdre... donc j'arrive plutôt confiante. Comme c'est lui [le maire] qui me présente, ça va... C'est une réunion pour discuter un petit peu de tout et rien... de ce qui se fait en ce moment, les projets de loi, les pour, les contre... C'est une réunion d'adhérents de l'UMP.
– SB : Et, là, on te présente comment ?
– Nadia : [*coupant*] Non, non, personne ne se présente individuellement... Par exemple, c'est la personne qui va vous « introduire », qui va vous présenter à quelques personnes... Et, après, à vous de discuter un petit peu avec tout le monde. [...] Ils sont tous assis dans une salle, chacun discute avec les uns, les autres, y a le café, y a tout ça... Et après, lui [le maire] prend la parole... Il est sur une estrade, les autres sont assis... Et quand par exemple il y a eu Nicolas Sarkozy, c'était plutôt juste derrière le théâtre, dans la grande salle, dans une espèce de salle des fêtes où là, il y a eu une séparation avec l'estrade, tout ça. Mais c'est plus du discours descendant et après il y a un échange en fait, au fur et à mesure...
– SB : La réunion se passe bien pour toi, tu fais connaissance avec des gens ?
– Nadia : Ouais, ouais, j'ai même rencontré sa femme [celle du maire] là-bas et tout. [...] C'est vrai que je trouvais que, avant même par exemple de le demander en ami sur Facebook, je trouvais que le maire, ce qu'il faisait, c'était bien... Par exemple pour la journée de la femme [Journée internationale des droits des femmes], il avait fait plein d'animations au niveau de la mairie et tout, avec des personnes de la mairie qui gardaient les enfants pour que, justement, les mères aillent faire des ateliers-soin, etc. Un jour, il a fait la gratuité, il y avait une espèce de fête foraine sur la place de la mairie, il a fait la gratuité pour tout le monde toute une journée. Il y a pas mal de petits trucs qui faisaient que je le trouvais sympa. Et après, c'est vrai qu'au-delà de ça, humainement, je le trouve sympathique. Un peu charmeur, machin, mais sympathique... Quand il y a un truc que je ne comprends pas ou autre, il ne va pas me regarder avec un regard « t'es bête »... justement il va m'expliquer, mais moi je vais lui dire, direct, que je ne sais pas, je ne vais pas lui mentir...
– SB : Et maintenant tu as pris ta carte de l'UMP ?

> – Nadia : Non, j'ai pas encore pris ma carte [*hésite*]... En fait, je me suis prise un petit peu le bouchon avec un membre de l'UMP... Enfin, lui, il aurait pu aller au FN, ça aurait été la même chose... Et là, c'était récemment, sur les événements là, la personne [le « terroriste »], le Thalys, tout ça là... Et au début je me suis pris la tête avec lui sur Facebook, parce que le maire a posté un truc : « Bonnes fêtes de l'Aïd pour tous nos compatriotes musulmans. » Et lui, il a dit : « Ah ! il ne manquerait plus que ça, de leur fêter une bonne fête ! » Alors que lui [le maire], c'est vrai, s'il y a une chose qui est bien [chez lui], c'est qu'il souhaite les fêtes des musulmans, des juifs, des chrétiens, il n'en loupe pas une... Et on peut vérifier sur des années et des années, il le fait tout le temps. Et donc, sur Facebook, chacun lui répondait à chaque fois : « Non, mais attendez, il le fait tout le temps. » Et là, le type, il dit, il répond : « Oui, c'est bien de leur donner autant de place, ils vont finir par nous manger, déjà qu'ils nous posent des bombes. » Enfin c'était vachement violent... ça m'a choquée... Et là je lui réponds, je prends mon temps pour lui trouver une réponse étoffée, en lui disant déjà qu'il vient ternir un petit peu le geste que le maire a fait... parce que ce type disait : « Oui, l'islam, c'est une religion qui prône le massacre, la guerre », tout ça. Je lui dis : « Non, non », il parlait du Coran, je lui dis alors : « Je vous invite à le lire », et il me dit : « Je l'ai lu », et je lui dis : « Alors je vous invite à retourner sur les bancs des écoles républicaines, parce que vous n'avez pas dû le comprendre. » Et donc voilà, on a eu un échange assez vif et puis après je l'ai vu, parce que Facebook, on a les photos, on a tout, j'ai vu qui c'était... Moi je savais qui il était, lui, il savait qui j'étais. Donc je l'ai bloqué [sur FB], tout ça, après j'en ai parlé avec Renaud [le maire], je lui ai dit : « Je ne veux pas en entendre parler », parce que voilà, c'est un discours de haine.
> (Nadia, entretien, 4 octobre 2015.)

Il ne faut pas sous-estimer l'intérêt matériel qui sous-tend le parcours politique de Nadia. Son besoin pressant de desserrement de la contrainte budgétaire lui fait saisir cette opportunité d'entrer à l'UMP pour négocier une place en crèche pour sa fille, voire à terme un appartement type HLM dans la ville. Pour atteindre cet objectif, il lui faut à tout prix se constituer « du réseau », comme elle dit, puisque « ça marche comme ça dans la vie sociale ».

– Nadia : Je ne sais pas si vous connaissez [la politique], mais c'est un peu comme les francs-maçons. Ils [les gens de l'UMP] ont un réseau de dingues… Là par exemple je l'appelle [le maire] pour une demande de logement ; une demande de logement, ça prend combien de temps ? Là, entre nous, je suis sûre que je vais l'avoir rapidement, je vous le dirai de toute façon. À partir du moment où je vais le voir, lui, dans son bureau avec le maire-adjoint du logement, directement ils vont me proposer un truc. Tout marche comme ça aujourd'hui… On est dans un monde où tout marche avec le réseau… Eh bien pourquoi pas nous en servir ? Nous, on a toujours été mis de côté, les Arabes d'un côté, les gens de cité d'un autre côté… et pour une fois qu'on peut rentrer dedans et partager un peu avec eux, on ne va pas se priver ! Non, je sais que quand il m'a appelée et qu'il m'a dit de passer à son bureau, direct, je l'ai dit à Samira… Elle me regardait « T'es trop forte… » Parce que je leur ai dit : « Voilà, aujourd'hui, j'ai essayé de faire les trucs » ; c'est comme ma demande de crèche, j'ai essayé de faire le truc correctement, en renouvelant ma demande, un an et demi d'attente, un an et demi et ça reprolongeait encore alors que j'étais enceinte de six mois quand j'ai fait ma demande… Faut arrêter ! […]
– SB : Tu as l'impression, vu d'ici, de C., avec ton maire, Sarkozy, etc., tu as l'impression de gens qui…
– Nadia : [*coupant*] Oui, ils sont plus puissants, plus sûrs d'eux… Plus de charisme, plus de place, plus de [tout]…voilà ! […] Au final, je me suis rendu compte que je suis pas tant gauche gauche que ça… Bien évidemment sur la question des migrants, tout ça, ça me parle, ça me touche… Bien évidemment il faut faire quelque chose, mais… sur certains points, je ne suis pas forcément d'accord [avec la gauche], je suis pas forcément d'accord. En France, on est trop sur un système d'assistance, et du coup ce système d'assistance, il faut peut-être penser à le remettre à jour et à passer sur un système d'assurance. Parce que toutes ces aides qu'on a, c'est bien, je ne dis pas, il y en a qu'en ont besoin, nos parents en ont besoin, et grâce à ces aides-là, nos parents, je dis pas mais on est en déficit, on a du mal déjà… voilà. Pour éviter que la classe moyenne ait toujours à pâtir de ça, il faut peut-être limiter, voilà… Peut-être qu'on peut donner le RSA mais la personne qui touche le RSA fait des travaux, et peut-être que ces travaux-là, par exemple ça va être gérer des espaces verts de… je sais pas ; montrer qu'on lui

> donne mais que, derrière, elle fasse quelque chose, pas qu'elle vienne et qu'on lui donne comme ça [sans rien en contrepartie]. (Nadia, entretien, 4 octobre 2015.)

Avec le recul, on peut analyser l'entrée à l'UMP de Nadia comme une transposition dans le champ politique de son porte-à-faux social, qui est éminemment lié à son parcours de déplacement dans l'espace social. Elle ne peut plus suivre la gauche, à ses yeux à la fois trop laxiste ou généreuse dans sa gestion du social et dans les aides qu'elle accorde aux laissés-pour-compte (chômeurs, personnes touchant le RSA...) et trop dure fiscalement à l'égard des « classes moyennes ». Le passage à droite peut ainsi s'analyser comme une manière de s'arracher définitivement à son monde social d'origine et de repousser durablement la menace de déclassement social qu'elle ressent en tant que jeune accédante au monde des classes moyennes. En entrant dans un parti comme l'UMP où, dans cette ville assez cossue de la banlieue de Paris, elle fréquente nombre de militants qui appartiennent au monde des cadres supérieurs et de la bourgeoisie installée, Nadia reprend ainsi la main sur son destin, consolide son ancrage dans le haut de l'échelle sociale, pénètre le milieu social d'aspiration : celui-là même dont elle a rêvé dans sa jeunesse quand elle fréquentait un des grands lycées « bourgeois » de Préville. À l'âge de trente ans, la « petite Nadia », venant des quartiers, s'ouvre peu à peu les portes de la « vraie » bourgeoisie. Au prix, certes, d'une transgression de la norme politique familiale illustrée par le parcours exemplaire de ses sœurs aînées. Ce faisant, elle s'affranchit d'un long passé, de cette fidélité de classe qui a longtemps assigné les enfants d'immigrés maghrébins à devoir se penser comme des forces supplétives « naturelles » de la gauche en France.

En province, la rencontre au travail de la « France profonde »

Nadia va finalement quitter Paris en mars 2016, après maints atermoiements. Si elle franchit ce pas, c'est pour deux raisons majeures: d'une part, offrir des conditions de vie meilleures à sa fille de trois ans et, d'autre part, pouvoir enfin cohabiter durablement avec son mari. En attendant de faire construire une maison (ils ont déjà acheté un terrain), elle obtient de résider dans un appartement d'un immeuble assez chic de Préville et surtout à distance raisonnable de Sardan. Dans sa demande de mutation, elle n'a pas obtenu ce qui était son premier vœu, à savoir un poste de conseillère dans une agence Pôle Emploi de Préville. Il n'y avait pas de poste disponible, si bien qu'elle s'est résolue à accepter une place dans une ville moyenne de 60000 habitants, Flaville, distante de 70 kilomètres de son lieu d'habitation, où elle se retrouve en quelque sorte exilée[a].

Lors de mon séjour à Préville aux archives (à la fin du mois de mai 2016), j'apprends par Dalila, elle aussi revenue habiter Sardan, que le retour de Nadia dans sa région est très difficile, qu'elle regrette beaucoup d'avoir quitté Paris (ce que me confirme Leïla). Je conviens donc avec Nadia de faire un entretien sur son «retour aux sources». Après plusieurs rendez-vous manqués, une opportunité s'offre de la voir avant ses vacances d'été, près de son lieu de travail, lors de son temps de pause de midi. L'entretien a lieu au buffet de la gare, désert. Elle est, comme c'était prévisible, fort désireuse d'évoquer sa situation actuelle, faite alors de maintes tensions et frustrations. À la fin de notre entrevue d'une heure, au moment de se quitter, elle me remercie, concluant par une boutade qui résume fort bien le contenu de notre entretien: «Discuter avec vous, ça m'a fait comme une bouffée de Paris...»

En fait, Nadia a longuement hésité à revenir habiter sa ville natale. Elle savait qu'elle allait y «perdre», comme elle dit, non seulement dans son travail – elle s'occupait à Pôle Emploi Paris du reclassement en emploi d'une catégorie sociale assez favorisée et à Flaville a affaire à une population démunie faite de chômeurs de longue durée –, mais aussi dans ses activités de loisir et ses réseaux amicaux. Cependant, elle n'imaginait certainement

a Tous les matins, elle se lève vers 6h15 pour déposer sa fille de trois ans chez sa mère puis filer à la gare, y prendre un TER pour être au travail à 8h45, 9 heures.

pas que ce retour en province allait être aussi difficile à vivre concrètement. Au cœur de cet entretien, on trouve le récit par Nadia d'un double déclassement : celui vécu au travail *via* la rencontre physique des chômeurs de la « France profonde » et celui ressenti dans les divers domaines de la sphère du hors-travail (loisirs, amis, lieux, etc.). On se centrera ici sur le premier.

Dans son nouveau travail à Pôle Emploi à Flaville, elle est dans cette agence la seule « Maghrébine » (comme elle dit) parmi les cadres de la structure, ce qui contraste sensiblement avec son ancienne agence à Paris. En premier lieu, elle découvre la rudesse des rapports de certains de ses collègues de travail avec les immigrés du coin. Elle avait oublié à Paris, ville cosmopolite, la prégnance des préjugés raciaux et des attitudes ouvertement racistes qu'on peut aujourd'hui trouver dans les petites villes, notamment au sein de ces zones de contact particulières que sont les guichets des institutions sociales comme la CAF ou Pôle Emploi.

En second lieu, Nadia fait la connaissance, dans cette agence de province, d'une « clientèle » – qu'elle ignorait à Paris et qu'elle n'imaginait sans doute pas – composée d'une majorité de ruraux et d'habitants des quartiers populaires (ZUS) de la ville. Ces derniers comprennent non seulement le public classique de jeunes chômeurs, mais aussi des mères de famille, des hommes trentenaires ou quadragénaires, considérés comme difficilement « employables ». Elle découvre jour après jour au guichet de Pôle Emploi et au contact de cette « clientèle » la « France profonde » (aujourd'hui la « France pauvre ») qui lui paraît non seulement très démunie sur le plan matériel, mais aussi de plus en plus vindicative face aux agents au guichet (même si Nadia a un statut de cadre, elle est facilement assimilée dans son travail aux simples agents). C'est peu dire que cette découverte des « exclus », de la face de plus en plus sombre de notre pays, dans des interactions directes au guichet, ne l'enthousiasme guère.

> – Nadia : [Là en passant de Paris à Flaville] je passe du coq à l'âne... Parce que j'avais affaire à des cadres et là je suis avec [*hésite sur le bon terme à employer*]... Déjà [parmi les demandeurs d'emploi] il n'y a quasi aucun cadre... Enfin rares, rares, rares sont

les cadres… Ou alors ce sont ceux qui sont en fin de carrière et qui viennent d'Île-de-France ou de Bordeaux et qui se rapprochent de leur famille… Il y a ça et puis il y a beaucoup, je grossis le trait, mais c'est ça quand même, des agriculteurs, des ruraux… Donc pas mobiles [pour la recherche d'emploi], maîtrise de la langue française mais avec leur langage à eux, pas de niveau d'études, etc.
– SB : Tu te retrouves plongée dans ce qu'on appelle la « France profonde »…
– Nadia : Oui, mais vraiment ! Mais vraiment ! C'est dingue ! Ça me change de Paris… là je suis dans une autre vie… et quand j'ai demandé ma mut' [mutation], je l'ai fait sans en avoir réellement conscience, j'ai pas mesuré l'impact. Aujourd'hui par exemple, si je faisais un retour en arrière, jamais j'aurais quitté mon boulot à Paris… Jamais ! Jamais de la vie ! Jamais je l'aurais quitté parce que c'est ce que j'aimais faire, j'étais reconnue, voilà. Mon équipe de direction savait ce que je valais… Voilà, j'étais bien. La population, ça me correspondait, ils m'apportaient autant que je leur apportais, c'était vraiment [bien]… Là aujourd'hui, je ne trouve plus d'intérêt à ce que je fais…
(Nadia, entretien, 13 juillet 2016.)

Il faut aussi savoir que Nadia, contrairement à ses sœurs Leïla et Amel, n'a jamais eu la fibre sociale. Elle a toujours été fascinée par « tout ce qui brille » (pour reprendre ici une expression de l'une de ses sœurs à son sujet). Ainsi elle a toujours rêvé de pouvoir vivre dans un cadre bourgeois avec le style de vie qui lui serait associé. Bref, il semble y avoir toujours eu, chez Nadia, une forte propension à se démarquer des plus pauvres – notamment des « cas sociaux » –, c'est-à-dire à vouloir rompre clairement avec cet univers social qu'elle a en quelque sorte trop connu dans son enfance dans le quartier de la Citadelle. En outre, pour Nadia, le fait d'avoir un patronyme maghrébin singularise sa situation professionnelle dans son agence de province.

Gérer les usagers : « voilées » et « barbus »

Le plus compliqué pour Nadia, dans son travail, c'est de se savoir attendue, et même courtisée, par les membres de la « communauté maghrébine » de Flaville inscrits à Pôle Emploi.

Au sein de cette dernière, elle a été vite repérée comme la « Maghrébine qui descend de Paris », la nouvelle agent de Pôle Emploi qui pourrait sans doute mieux les aider, faire un geste, agir pour eux. Or, par ses dispositions, Nadia est aux antipodes de ce type de comportement dit « communautaire » qui, depuis longtemps, la rebute profondément et tend à lui faire honte. Elle est devenue au fil du temps une adepte du « quand on veut, on peut » et ne supporte pas cette logique de l'« assistanat » qui fait pourtant partie, paradoxalement, du quotidien de son activité professionnelle. Elle n'est sûrement pas la bonne personne à qui s'adresser pour tenter d'obtenir de petits passe-droits au nom d'une supposée appartenance à la même « communauté maghrébine » (ou « musulmane »). Elle pourrait même être celle qui entend faire respecter l'ordre républicain dans la structure :

> – Nadia : Moi, je pense que le problème vient qu'on est trop sur un système d'assistance alors qu'on devrait reprendre un petit peu un modèle d'assurance, dans le sens où on en fait trop toujours pour les mêmes... Donc, du coup, on les assiste trop et on les enferme dans cette case... Et ils n'en bougent pas [...]. Là, par exemple, [à Pôle Emploi] on faisait le recrutement de la gendarmerie, donc c'est des recrutements en nombre en fait. Et il y a une nana qui vient, c'était juste après les attentats, au mois d'avril 2016... C'est intéressant quand même... Qui vient voilée, complètement voilée... Pour [ce qu'on appelle] l'information collective. L'adjudant en charge de recrutement regarde ma collègue et il fait [*imitant son ton sévère*] : « Ça, vous me la virez tout de suite ! » Et elle lui dit : « Ça ne va pas être possible » et tout... Et moi je sors au moment où la nana justement sortait, comme j'entendais un petit peu ce qu'elle disait, j'ai vu comment elle était, etc. Je lui dis : « Mais, franchement, là c'est chercher quand même... Vous venez à un recrutement de la gendarmerie, après les attentats, voilée ! » Elle me dit : « C'est mon droit d'être voilée. » Je lui dis : « Bah c'est leur droit aussi de refuser les personnes voilées. » [...] Moi, des fois, quand je les reçois en entretien et qu'elles sont voilées, je leur dis : « Alors avant de commencer l'entretien, votre voile, vous êtes prête à l'enlever si vous trouvez du travail ou pas ? » Si elles me disent non, je leur dis : « Au revoir, vous allez être radiée. » [...] Et il y en

a même une, directrice d'agence de banque, qui a fait une rupture conventionnelle parce qu'elle était en congé maternité et, durant son congé parental, elle a décidé de mettre le voile... Elle a dit: «Je ne l'enlèverai pas et puis faire des crédits c'est péché» et tout et tout... Elle touchait plus de 3000 euros par mois et elle se retrouve avec rien du tout... Mais, moi, je leur en veux de leur débilité, ça me saoule!
– SB: Tu arrives à garder ton calme...
– Nadia: [*coupant*] Mais elles le prennent encore plus mal... Parce que si ça avait été une collègue française qui lui avait dit ça, elle n'aurait pas bronché... Mais comme je suis maghrébine..., Comme là par exemple, pendant ramadan j'ai convoqué beaucoup de gens [à Pôle Emploi]... Il y en a qui venaient, il y en a qui ne venaient pas et tout... Il y en a une qui est venue jusqu'à l'agence avec son mari et elle me dit: «Ah merci, merci...», et elle me dit en arabe: «C'est toi la fille de Paris qui vient d'arriver ici? » En fait, ici, c'est un petit patelin, ils se sont tous donné le mot qu'il y avait une Arabe qui travaillait à Pôle Emploi... Et, moi, ça, ça m'a choquée.
– SB: Elles espéraient de ta part un traitement de faveur...
– Nadia: Ah! Bien oui! Oui, oui... Ils veulent tous passer avec moi. Quand il y a l'accueil, ils peuvent attendre une demi-heure, mais ils veulent tous passer avec moi... Je vais leur dire exactement la même chose, mais ils veulent passer avec moi... C'est un truc de dingue. Et la première semaine où j'étais là, j'ai demandé tout de suite ma mutation... Je croyais que j'allais tomber en dépression, je ne mangeais plus... La première fois où j'étais à l'accueil, c'était mon huitième jour d'agence, je suis précise tellement ça m'a marquée... Là je vois un mec venir avec sa tenue de religieux (djellaba, khamis) et une grosse pastille au niveau du front, c'est ceux qui prient beaucoup et qui ont de la croûte sur le front et tout... Plus une barbe comme ça... Et quand il me parle, il ne me regarde pas. Je lui dis [*sur un ton poli*]: «Excusez-moi, Monsieur, je ne comprends pas ce que vous me demandez.» Moi, je voulais juste qu'il lève la tête pour pouvoir le voir... Et là il répète un petit peu plus fort mais comme ça [*imitant sa tête toujours baissée*], il ne voulait pas me [regarder]... Je lui dis: «Écoutez, Monsieur, quand vous serez décidé à lever la tête et à me parler correctement, je pourrai accéder à votre demande. Pour le moment, excusez-moi, je ne comprends pas.»

> Et donc je le voyais marmonner, il m'insultait en arabe en fait... Il marmonnait, il m'insultait, il montait en pression et tout, c'est... Je lui dis : « Je vous demande de patienter un instant », je vais voir une collègue et je lui dis : « Tu prends le relais, je vais prendre une pause. » Et c'est elle qui s'en est occupée... [*Elle précise ensuite le « cas »*] Lui, il est né en France... Il n'est pas vieux, trente-huit ans... Je ne comprends pas. Non, non, lui, il n'y a rien à faire ! Rien à faire ! N'importe quel employeur, même pour nettoyer le sol et être tout seul, il n'y a personne, vraiment personne le prendra. Ah non ! Et ils ne viennent que pour leur RSA.
> (Nadia, entretien, 13 juillet 2016.)

On comprend que ces quelques mois de travail passés à Flaville ont été pour Nadia une expérience sociale éminemment déstabilisante. Elle a eu deux effets : d'une part, la décider à tout mettre en œuvre pour obtenir sa mutation dans la grande ville de Préville et, d'autre part, la renforcer dans ses nouvelles convictions politiques, à orientation plus libérale, pour lutter contre ce qu'elle perçoit sur son lieu de travail comme un détournement systématique de l'État providence. À ce sentiment d'être déclassée au travail à Flaville va dans le même temps s'ajouter celui du déclassement résidentiel ou, plus exactement, celui ressenti dans la sphère du hors-travail.

La présence religieuse dans le quartier : un indice de déclassement résidentiel

Même si Nadia a pris bien garde de ne pas revenir habiter à Sardan, la ville populaire de son enfance, il n'empêche que les passages réguliers chez ses parents et chez sa sœur Dalila (dont elle est très proche) la font replonger par moments dans son ancien quartier. Tout comme Dalila, Nadia est consternée par l'espèce de régression multiforme que connaît le quartier de son enfance. Elle ne cesse de constater combien le fossé s'est dramatiquement creusé au sein de sa classe d'âge ou des membres de sa génération sociale. Fossé entre, d'une part, la fraction des enfants de la cité qui, comme elle et ses sœurs, ont « réussi » – à savoir qui ont achevé des études supérieures, obtenu un emploi stable, accédé aux classes moyennes ou supérieures en quittant bien sûr le quartier – et, d'autre part, la fraction de ceux qui sont restés cloués dans le quartier et le vivent comme une relégation sociale et spatiale. Ce sont ceux et celles qui sont peu ou pas diplômés, mais aussi ceux qui ont des « petits bacs » et/ou qui ont fait un petit tour à la fac où ils ont mesuré leur distance à la culture universitaire et leur absence de « niveau » pour espérer y réussir. Ils se retrouvent à vingt, trente ans sans les bonnes certifications scolaires, sans emploi stable et sans grande perspective professionnelle.

Face à cette situation de non-insertion professionnelle durable ou prometteuse, beaucoup sont tentés par la fuite dans le mariage avec une fille ou un garçon « du bled » et/ou un(e) coreligionnaire – mariage qui va se faire toujours de manière assez précipitée, comme dans un sentiment d'urgence. Pour la fraction du groupe des jeunes d'origine maghrébine, reléguée socialement et spatialement, on pourrait dire que désormais exister socialement, c'est exister religieusement ou matrimonialement. Gérard Mauger[1] a bien montré par où passent aujourd'hui les vecteurs de respectabilité dans les classes populaires : le mariage (et ce n'est pas nouveau...), mais aussi la montée d'un certain type d'identité religieuse (avec cette idée qu'on a une « morale », voire une « pureté », qu'on est « en règle ») qui peut s'apparenter à une compensation de la relégation sociale et à un mode d'affirmation pour des groupes privés d'autres instances de dignification (travail, sociabilités locales, etc.). Par ailleurs, cette précipitation dans le mariage existe aussi pour les jeunes femmes d'origine maghrébine du quartier qui peuvent, grâce à lui, conquérir un statut social respectable (mère de famille...) et percevoir ainsi des revenus sociaux adaptés et non négligeables (*cf.* le statut de mère isolée en cas de divorce ou d'union cachée). Elle donne aussi aux garçons du quartier la possibilité de contenter, à bas coût, leurs mères qui sont soucieuses, parfois avides, de les placer sur le marché matrimonial et, en même temps, de donner le change à l'extérieur[a].

a Il faudrait aussi pouvoir calculer le taux de divorce dans ces milieux.

Mais, aux yeux de Nadia, « parisienne » pendant six ans, frottée de culture légitime (expos, visites, patrimoine...) et habituée progressivement à une forme de vie mondaine à Paris comme dans ses nombreux voyages exotiques (Cuba, Thaïlande, Dubaï, Mexique, etc.), le signe de déclassement le plus vif et tangible est sans doute la confrontation régulière avec la nouvelle (et forte) visibilité de la religion musulmane dans son ancien quartier, à Sardan. Ce qui se traduit non seulement par la forte présence dans l'espace public de femmes (très) voilées et d'hommes (très) « barbus », mais aussi et surtout par l'omniprésence du thème de l'islam dans les conversations de ses anciennes copines de quartier – celles qui sont « restées à quai ». Avoir vécu sur place le mois du ramadan, au mois de juin 2016, l'a beaucoup marquée, comme l'illustre le récit qu'elle m'en fait, à chaud, quelques jours après la fin de cette période de jeûne :

> – Nadia : Mais [ce retour chez moi] c'est particulier... c'est vraiment particulier... Surtout le fait de revoir des gens avec lesquels j'avais « grandi » au collège, tout ça. Et quand je les vois, mais je suis au bout de ma vie ! La moitié [des garçons], ils sont barbus... La moitié des filles, elles sont voilées mais voilées complètes... Vous discutez avec eux, ils n'ont aucun sujet de conversation, ils se réfèrent tout le temps à la religion... la religion... la religion... la religion... [*imitant leur voix soumise*] « Oui mais tu sais Dieu, il a dit... Oui mais tu sais. Oui, attends, tu fais ça et c'est [péché]... » C'est affolant... Y a rien ! C'est vide ! C'est creux ! Franchement !
> – SB : Mais justement, j'en ai parlé hier, avec Amel, de cette question-là. Les copines que t'avais en classe qui sont aujourd'hui complètement dans la religion, tu as essayé de parler un peu avec elles pour comprendre ?
> – Nadia : Oui, oui... j'ai essayé de parler avec elles... [*réfléchissant*] En fait, il y a deux catégories. Y en a c'est le paraître, je pense que c'est une sorte de protection pour montrer que « voilà, je suis bien » et tout, exemple... [*hésite*]...
> – SB : ... pour dire : « Je suis en règle »...
> – Nadia : Voilà, exactement, c'est ça ! Il y en a une partie, c'est ça... Et il y a une autre partie de, excusez-moi du terme, de débiles paumées... qui ne comprennent rien... qui ont une vision

> complètement déformée de la religion, qui se rattachent à ça parce qu'elles ont rien d'autre. La plupart de celles que j'ai vues, elles sont sans emploi, elles sont le plus souvent soit séparées, soit seules... Et aussi elles n'ont pas fait d'études ou alors elles se sont arrêtées [tôt]... Elles n'ont rien qui les raccroche à la réalité, qui les raccroche à la société, rien ! Vous essayez d'avoir un débat politique ou, même pas politique, sur la loi Travail[a]... Elles ne suivent même pas l'actualité... Elles disent : « Oui, non, c'est le gouvernement, de toute façon, la Syrie... » Ils sont en boucle sur les mêmes sujets... Franchement, je ne comprends pas... D'ailleurs, je ne côtoie personne [...]. Mais, c'est vrai, toutes ces filles voilées [dans mon ancien quartier] c'est saisissant...
> (Nadia, entretien, 13 juillet 2016.)

Ce qui est sans doute le plus saisissant, à entendre Nadia, tient à la manière – qu'elle considère agressive – dont ces jeunes du quartier, devenus « religieux », entendent imposer au quotidien leurs normes de comportement aux autres membres de la communauté. Le premier ramadan qu'elle vit dans son ancien quartier depuis son retour en province est à cet égard un véritable choc. Selon elle, non seulement la surveillance mutuelle y est continuellement à l'œuvre, mais elle va de pair avec des comportements de provocation à l'égard des « Français », des membres extérieurs à la communauté, qui continuent d'habiter la Cité de la citadelle...

> – Nadia : Ce qui m'a le plus frappée, pendant le mois du ramadan... [...] On est tous censés être dans une paix intérieure, s'intéresser aux pauvres, à celui qui est dans le besoin... Eh bien c'était [pas ça]... Moi, ce mois-là, vivant à Sardan, enfin c'est la première fois depuis des années que je faisais le ramadan ici... Et c'était l'horreur ! Parce que, bah, comme ils [les jeunes du quartier] ne font rien, ils ne travaillent pas, toute la journée c'était des motos, des scooters, des machins, ça faisait longtemps que je n'avais pas vu ça, moi ! C'était des voitures stationnées, ils discutaient entre eux alors que, nous, on est là derrière à attendre... Encore que nous, on a un petit peu ce respect dans le sens où, comme les

---

a La loi El Khomri fait alors, en juillet 2016, l'objet d'âpres débats et sera votée un mois plus tard.

familles se connaissent entre elles, qu'on a encore nos grands frères [pour monter au créneau], quand on klaxonne et ils voient que c'est nous, ils se décalent... Mais je voyais, par exemple mes voisins, des Français, ils klaxonnaient mais eux, ils pouvaient attendre dix minutes, un quart d'heure... « T'es pas content, c'est la même chose ! » Et ça rend fou, ça rend raciste. Parfois on peut comprendre un petit peu... Moi je me mets dans la position de quelqu'un, c'est différent puisque j'ai des origines maghrébines, tout ça, mais je me dis un Français lambda, il voit ça ! [*gros soupir*] Nous, c'est vrai qu'on mange tard avec le ramadan mais on n'est pas obligé d'imposer notre rythme aux autres, c'est le savoir-vivre, la collectivité... C'est-à-dire qu'il y a des gens qui travaillent, qui se couchent tôt pour travailler tôt, machin... Et, là, les scooters et les motos, les machins à 1 heure, 2 heures du matin, ce n'est pas possible ! À un moment donné, il y a un manque de savoir-vivre... Et puis tout le monde se juge les uns les autres, alors que normalement ce mois-là [du ramadan] personne n'est censé juger quiconque, tout le monde se juge. Je me rappelle quand mon père il était à l'hôpital, il voulait un McDo et donc je vais au McDo de Carrefour, là où il y a tout le monde [du quartier] bien évidemment... C'est marrant parce qu'il y a deux entrées à Carrefour et puis il y a le McDo au milieu, eh bah tout le monde passe par le McDo pour entrer à Carrefour, alors qu'ils sont censés être à jeun [*sourire*]... Alors qu'il y a deux autres entrées... C'est du voyeurisme, c'est pour voir qui est à l'intérieur... Est-ce qu'il y a des gens qui mangent et qui sont de communauté musulmane ? [...]
[*On évoque ensuite la condition des nouveaux habitants des HLM de Sardan : « beaucoup de blédards » et de familles au RMI ou RSA.*]
Et pour revenir à la religion, en fait leur quotidien [à ces jeunes du quartier], il est conditionné par ça... C'est-à-dire que comme ils ne travaillent pas, ils n'ont rien à faire, le matin ils se regroupent tous entre eux. Ils vont parler de quoi ? Eh bien ils vont parler de religion. L'après-midi ils n'ont rien à faire, ils vont se retrouver entre eux à la mosquée. Le soir, na-na-na... En fait, comme leur vie n'a aucun sens, ils lui donnent du sens à travers la religion... Et aussi ils se donnent une reconnaissance avec ça vis-à-vis de leurs parents. Par exemple, il y a des groupes qui sont à fond dans la religion, avec des convertis qui, par exemple, vont faire le prêche auprès de jeunes, dans les cités du coin...

– SB : Oui, c'est du prosélytisme religieux... mais est-ce qu'ils se revendiquent par exemple tablighs ou salafistes[a] ?
– Nadia : Moi je pense que c'est la première étape. Je pense, mais je ne sais pas... On ne rentre pas directement en disant « on est Daech » machin, mais en étant en boucle sur la Syrie, machin, sur la Palestine machin, en étant en boucle sur « ouais les racistes, Le Pen », ceci, cela... En se victimisant tout le temps en boucle, eh bien forcément, ils finissent à un moment donné, comme ils n'ont rien et qu'ils ne se raccrochent qu'à la religion, à transformer à leur guise et en fonction de leur intérêt, les paroles ou les écrits du Coran...
(Nadia, entretien, 13 juillet 2016.)

*
**

Le passage « à droite » de Nadia, qui pouvait au départ avoir un caractère opportuniste (obtenir plus rapidement une place en crèche pour sa fille, un logement plus grand et moins cher en banlieue parisienne), peut aussi être analysé autrement, notamment en mobilisant la ressource de l'analyse des trajectoires sociales. En tant que transfuge de classe, Nadia a plus de chances d'endosser une vision du monde individualiste, valorisant les facteurs purement individuels de la réussite sociale et fustigeant la pesanteur de l'État social. On a vu que son expérience au travail à Pôle Emploi, notamment par le biais de la rencontre régulière de sa clientèle professionnelle constituée de chômeurs de longue durée et de ce qu'elle appelle des « assistés », tendait à renforcer sa vision libérale du monde social.

Il aurait fallu sans doute creuser plus loin du côté du couple – son mari, Toufik, vote – dit-elle – en fonction de son seul intérêt matériel (il a ainsi voté François Fillon au premier tour de la présidentielle de 2017) – pour comprendre aussi son virage

a Ce sont deux courants dits fondamentalistes de l'islam contemporain qui, au-delà de leurs différences, prônent une pratique littérale et rigoriste de la religion avec, en France, un prosélytisme actif auprès des jeunes, notamment dans les banlieues.

à droite. Tout en précisant – et c'est très important – que son orientation à droite n'est pas entièrement stabilisée. Comme membre de LR (elle a désormais sa carte), elle est allée voter Sarkozy aux primaires de la droite, en novembre 2016, mais elle n'a pas voté Fillon au premier tour des présidentielles de 2017 pour des raisons de morale politique (« lui, c'est voleur »). Elle n'a pas voté non plus pour Emmanuel Macron (« pur produit du capitalisme », dit-elle) et a, contre toute attente, fait comme sa sœur cadette Amel et finalement voté Jean-Luc Mélenchon – car « lui défend le peuple ». Est-ce une ultime pirouette politique de Nadia qui ajoute un nouvel élément à son énigme sociologique ? Adhérente d'un parti de droite et votant pour la gauche de la gauche, femme libre et émancipée et pourtant mariée à un « gars de cité » traditionnaliste sur bien des sujets (notamment celui de la religion, il tient à manger hallal) et assez prompt à disqualifier ses belles-sœurs (notamment Amel) comme étant « javellisées », c'est-à-dire passées du côté des « Français »... Ou bien ce qui semble incohérent ne l'est pas tant que cela si l'on tient compte des catégories d'entendement politique de Nadia : elle est sensible au « charisme », à l'« assurance », à l'énergie, à une certaine fermeté dans le discours (*cf.* son point de vue sur son maire, sur Sarkozy, etc.). En outre, il n'est pas impossible que la dégradation de l'image publique de LR – avec notamment le scandale de l'emploi fictif de Pénélope Fillon, le mauvais score au premier tour de la présidentielle (19,9 %), les divisions internes qui se sont accentuées avec l'accès au pouvoir du mouvement La République en marche lancé par Emmanuel Macron – joue un rôle dans la « crise » de l'adhésion de Nadia à ce parti et, plus largement à ce camp politique.

Si on suit l'analyse de Daniel Gaxie sur les rétributions (symboliques) de l'engagement[2], on peut penser que Nadia, dont la politisation prolonge le désir d'ascension et d'installation sociale, ne trouve plus dans LR « tout ce qui brille ». Cette appartenance n'est peut-être plus de nature, dans l'état actuel du champ politique, à renforcer son estime d'elle-même et à alimenter ses projections sociales. De plus, elle travaille à mettre à distance ses origines populaires tout en restant fidèle aux siens (dette vis-à-vis de ses parents, mariage destiné à les rassurer, etc.) : il se pourrait (mais cela reste à vérifier) qu'elle trouve dans la France insoumise de Jean-Luc Mélenchon, ne serait-ce que temporairement, un objet d'identification positive. Voilà un parti qui parle « au nom du peuple » sans être le parti des classes populaires et qui met au centre de son discours la « religion de la République ».

Au fond, les différentes prises de position politiques de Nadia sont-elles une énigme ou plutôt une bifurcation ? On ne peut comprendre la logique de sa trajectoire en apparence contradictoire qu'en en reconstruisant les étapes successives et aussi, de façon « synchronique », les différentes sphères dans lesquelles elle évolue. Comment trouver de l'unité dans ce déplacement social et ce « tiraillement » entre différentes appartenances (familiale, conjugale, professionnelle, etc.) ? Après tout, les trajectoires de politisation « planes » et cohérentes ne sont peut-être pas plus fréquentes et moins énigmatiques que celles qui, comme ici, traduisent une diversité d'expériences et d'influences sociales propres aux changements de position (sans compter les recompositions de l'offre et du contexte politiques), quand le statut social se trouve « décristallisé ».

10

À l'épreuve des attentats djihadistes de 2015

Les attentats meurtriers de janvier 2015 – *Charlie Hebdo* (le 7 janvier) et l'hypermarché casher de Vincennes (le 9 janvier) – ont, si l'on peut dire, percuté de manière frontale l'enquête sur la fratrie qui suivait jusqu'alors paisiblement son cours. Tout le projet de l'enquête (et du livre qui devait en être l'aboutissement) était en creux bâti pour lutter contre les représentations sociales dominantes sur les musulmans (ou les Arabes), celles-là mêmes qui allaient inonder les médias pendant les semaines qui ont suivi ces tragiques événements. La « sidération » qui a suivi ces attentats dans toute la France a été aussi partagée par la grande majorité des familles maghrébines (comme de nombreux articles de presse l'ont alors bien suggéré). Dont, bien sûr, la famille Belhoumi, où chacun – parents comme enfants – a immédiatement compris que l'immense fracas et l'onde de choc médiatique provoqués par ce drame ne pouvaient que se retourner contre « eux », c'est-à-dire (comme ils disent alors tous) « les Arabes », ceux qui vivent en France. Ils étaient, une fois de plus, pris au piège et cette fois-ci, d'une manière inéluctable. Aucune porte de sortie n'était envisageable. En effet, les frères Kouachi, auteurs de la tuerie à *Charlie Hebdo*, étaient non seulement d'origine algérienne (comme les enfants Belhoumi), mais étaient aussi et surtout des « enfants de France », nés en France et ayant grandi dans une cité du 19e arrondissement de Paris (avant leur placement en foyer par l'Aide sociale à l'enfance). Or, par leur attentat meurtrier contre le journal satirique, ils ont attaqué l'un des piliers de la République : la liberté de la presse, le droit au persiflage et au blasphème, l'humeur antireligieuse si forte en France depuis la Révolution française, la laïcité, etc.

Ces journées des 7 et 9 janvier 2015 ont bien eu pour les enfants Belhoumi – en tout cas pour les deux sœurs aînées – la force d'un «tsunami», comme me le dit Leïla dans l'entretien réalisé quelques jours plus tard. Son effet a été accentué par la polémique nationale qui a éclaté, lors des jours suivants, mettant en cause l'allégeance nationale des enfants de l'immigration postcoloniale, accusés de ne pas avoir «été *Charlie*», de ne pas avoir respecté la minute de silence dans les écoles/collèges/lycées de la République», bref d'avoir manqué de solidarité nationale à un moment crucial de l'histoire de «notre pays» – qui est aussi le leur, on l'oublie trop souvent.

Allons voir, ou tentons d'aller voir[a], de plus près ce qui s'est passé au sein même de la fratrie Belhoumi lors de cette semaine tragique. Il s'agira surtout de donner la parole à ceux – ces enfants d'immigrés maghrébins – qui ont été beaucoup «parlés» dans ces moments d'actualité chaude, sans avoir eu beaucoup d'occasions de prendre la parole par eux-mêmes.

Les «trois sœurs» sous le choc

Dès la nouvelle de l'attentat contre *Charlie Hebdo*, le matin du 7 janvier, avec l'annonce du nombre et du nom des personnes tuées, les deux sœurs aînées s'envoient des textos. Samira est profondément atteinte: au début de l'après-midi, elle m'appelle au téléphone – ce qu'elle fait rarement (nos échanges passent la plupart du temps par texto ou courriel) – pour partager sa stupeur, sa peine et aussi ses craintes, sa frayeur même. Extrêmement choquée et traumatisée par cet événement, elle me dit «avoir une énorme boule au ventre, qui ne passe pas».

a L'enquête n'a pas été menée explicitement sur ces journées, elle est donc incomplète, je n'ai pas recueilli les points de vue de tous. Les Parisiens de la fratrie ont pu être contactés plus vite, ceux qui habitent Sardan n'ont pas été vus. Des «infos» intéressantes ont pu être collectées par SMS, mail... Les plus riches données sont sur les pages Facebook des membres de la fratrie (ils en tous une), mais j'ai eu quelque scrupule à les utiliser.

Je me souviens de cela et non de la teneur exacte de ses propos, car je n'ai pas pris de notes juste après notre discussion (comme cela m'arrivait fréquemment), ni non plus le soir ou deux-trois jours plus tard. Je n'hésite pas à avouer que j'ai été moi-même « pris » par l'événement[a] et que j'ai ressenti moi aussi un énorme choc, une très grande tristesse, avec une pensée émue pour ces hommes et femmes (journalistes et policiers) lâchement assassinés ce matin-là. J'ai eu, sur le moment, le vif sentiment que cet attentat était un « moment politique » sombre et grave qui nous faisait entrer dans une autre séquence historique (il y aurait un avant et un après 7 janvier 2015). J'ai d'ailleurs appelé tout de suite des amis sociologues (comme Michel Pialoux) pour partager avec eux cette terrible nouvelle. Et, cet après-midi-là, comme beaucoup de personnes (qui, matériellement, le pouvaient), je suis resté à mon bureau les yeux rivés sur l'ordinateur pour suivre, avec une avidité inquiète, le déroulement des événements sur divers sites d'information. Bref, il m'a fallu un certain temps pour me « ressaisir », revenir à mon métier de sociologue, m'efforcer de raccrocher la « grande Histoire » (les attentats) et la « petite histoire » (celle de la famille Belhoumi), le macro et le micro, etc. C'est-à-dire enquêter à nouveau auprès des membres de la fratrie.

N'ayant pas eu l'occasion de faire un entretien avec Samira juste après l'attentat de *Charlie Hebdo*, je lui ai demandé, au moment d'écrire ce chapitre, de faire par écrit un récit détaillé de cette journée tragique du 7 janvier 2015 :

> Je travaillais dans mon bureau, quand une collègue est venue nous annoncer (à ma collègue de bureau et moi-même) qu'il y avait eu une tuerie dans les locaux de *Charlie Hebdo*. Dans les secondes qui ont suivi, j'ai pensé en moi-même : « C'est le journal satirique qu'on achète parfois avec Areski, mon mari, quand le dessin de Une nous faisait rire (dont celle avec le prophète qui dit : « C'est dur d'être aimé par des cons »[b])... c'est Cabu avec sa

a Lorsque j'étais lycéen, au milieu des années 1970, *Charlie Hebdo* était l'une de mes lectures préférées et j'étais un grand admirateur des dessins de Cabu.

b Au moment des caricatures suédoises de Mahomet, la Une de *Charlie Hebdo* du 8 février 2006 est constituée d'un dessin de Cabu qui montre le prophète

> tête d'enfant qui ne veut pas grandir... c'est aussi mon ancien collègue des urgences Patrick Pelloux qui m'avait portée et mise dans le bac où nous faisions décontaminer le matériel... c'était nos moments de régression pour décompresser de la tension inhérente au travail dans un service d'urgences parisien... En allant chercher des informations sur le Net, je prends la mesure du séisme qui vient de s'abattre sur nous (Français) et comme je n'ai pas les mots pour exprimer mon choc, je vais vomir dans les toilettes qui se trouvent à quelques mètres de mon bureau. Ensuite, je me souviens vous avoir appelé pour partager mon choc et ma douleur mais aussi dans l'espoir que vous auriez les mots; ces mots savants, cette théorie qui me permet de prendre de la distance, moi qui suis tellement sensible; cette infirmière qui vit toujours en moi et dont l'empathie reste intacte malgré le règne du cynisme...
> En rentrant à la maison plus tôt que d'habitude (il m'était impossible de poursuivre le travail après cette tragédie), je retrouve Areski [son mari] aussi sonné que moi et nous essayons de trouver les mots pour expliquer l'«inexplicable» à nos filles. Sofia, ma fille aînée [âgée de dix ans], dont l'une des passions est le dessin, a répété à plusieurs reprises: «Comment peut-on tuer quelqu'un pour un dessin ? » Nous n'avions pas vraiment de réponse mais nous avons insisté tous les deux sur la dimension sacrée de la vie humaine.
> (Samira, courriel, 25 juillet 2017.)

Leïla, elle, n'a peut-être pas été aussi choquée, mais n'en a pas été moins marquée: *Charlie Hebdo*, c'est pour elle une partie de sa jeunesse, de son ancienne vie d'animatrice et de tout un passé social et politique, comme elle me le dit en entretien:

> [Moi] j'ai grandi avec *Charlie Hebdo*! Parce qu'il y avait *L'Huma*, *Charlie* et *Fluide glacial* quand je travaillais [comme animatrice] à Sardan.
> (Leïla, entretien, 18 janvier 2015.)

Samira, Leïla et Amel, les trois sœurs parisiennes, ont beaucoup échangé durant les trois-quatre jours de cette semaine

---

se bouchant les yeux avec les mains et déclarant: «C'est dur d'être aimé par des cons» – le titre de la Une étant «Mahomet débordé par les intégristes».

tragique, ont beaucoup lu d'articles sur les sites d'information. Les deux aînées ont aussi surveillé ce qui se passait alors sur la Toile, notamment sur Facebook, pour essayer de réguler les prises de parole de leurs frères dont elles savent par expérience qu'elles peuvent être « cash » (c'est leur mot), c'est-à-dire à leurs yeux très spontanées et souvent irréfléchies. Comme évoqué précédemment (*cf.* chapitre 8), Leïla a dû souvent monter au créneau pour calmer le jeu.

N'ayant pas la possibilité de rencontrer Amel, pour un entretien, dans un court délai, après les attentats, je lui propose de m'écrire un petit texte relatant la manière dont elle a vécu ces journées des 7 et 9 janvier, mais aussi celle du 11 janvier, jour de la grande manifestation parisienne qu'il était aisé de percevoir, sur le moment, comme « historique ». C'est ce qu'elle fait deux jours après cette manifestation (à laquelle elle a elle-même participé avec Samira et ses deux filles).

> J'ai pris le temps de réfléchir à votre demande concernant mon « vécu » des événements de la semaine dernière. Pour revenir à ces attentats et aux émotions que j'ai ressenties, je dois me poster derrière mon écran d'ordinateur, un fond musical, et ne rien lire sur les médias pour vraiment décrire le plus juste possible « Mon Vécu ». J'ai appris par le pur hasard la tuerie des journalistes de *Charlie Hebdo*. Comme tous les jours, je fais mes emplettes du midi au Carrefour à proximité de mon bureau. À la caisse, j'entends deux vieilles femmes dire qu'il y a « quelque chose dans le 11e, y a beaucoup de policiers »... Une des femmes dit que c'est des musulmans et qu'ils ont crié « Allah Akbar ». À ce moment, je dis à ma collègue : « On dit toujours c'est des musulmans et après on se rend compte que ce n'est pas vrai, comme l'histoire du type au couteau dans un commissariat [à Noël 2014]. » En fait je n'avais pas envie que ce soit encore une histoire avec des musulmans. Chaque fois qu'il arrive un événement, je n'ai pas envie de me dire : « Encore des Arabes, des musulmans »... ça ne s'arrête jamais... (une honte souvent quand on va chercher les origines de la personne, j'ai l'impression qu'on montre du doigt la communauté alors que l'histoire de chaque personne est unique). Mais finalement on finit par avoir honte d'appartenir au même groupe que celui cité. Finalement, après mon repas,

je scrute les réseaux sociaux et effectivement je vois une vidéo... Eh oui ! C'est encore des personnes qui crient « Allah Akhbar ». Moi, le journal [*Charlie Hebdo*] je n'ai jamais accroché avec leur humour et je n'ai vraiment pas apprécié la Une avec le prophète qui porte une bombe (toute la symbolique et la polémique des phrases du Coran et la bombe...).
Le soir même j'échange avec Samira qui, elle, est remontée comme une pile face aux événements... Moi j'oscille entre (très honnêtement et un peu honteuse de vous l'avouer...) « ils l'ont cherché » et la crainte des répercussions sur mon quotidien.
Après l'échange [avec Samira] je suis convaincue que c'est une position humaine et républicaine à avoir face à ces événements. Je prends conscience de la dure réalité plusieurs heures après les événements, quand je suis dans mon chez moi et que je continue à lire les articles de presse et que je comprends que plusieurs personnes sont mortes pour avoir dessiné... Je sens une peur et une colère s'installer progressivement le lendemain des attentats, il faut aller au travail et j'ai peur que les familles [*qu'Amel reçoit à son travail*] utilisent cet événement pour légitimer leur violence (physique et verbale) envers moi [*comme « Maghrébine »*]. Comme si une soupape vient de sauter...
Et s'ajoute à ça une nouvelle fusillade [*le 8 janvier, une jeune policière est tuée à Montrouge par Amedy Coulibaly, qui va le lendemain opérer la prise d'otages de l'hyper casher de Vincennes*]. Là je commence à sentir que nous allons avoir une journée compliquée. D'ailleurs je commence même à passer plusieurs heures sur les journaux papier et web pour comprendre et avoir les dernières informations (nous avons également droit à la présence d'une équipe de policiers municipaux dans nos locaux). J'éprouve une réelle crainte de répercussions et une reprise des événements par les extrêmes (je pense à ce moment à mon père qui va prier dans la mosquée de Préville).
Parallèlement je m'énerve et manque plusieurs fois de rompre des liens avec des amis proches car ils me demandent assez naïvement : « Qu'est-ce que tu en penses ? Tu te rends compte ? » Bah oui je suis écœurée et j'ai peur comme tout le monde, je n'ai jamais vécu de guerre, ni d'événement traumatisant et j'appréhende la suite... Et sans le dire mes amis veulent que j'affirme haut et fort que je ne cautionne pas (je ne suis pas amatrice du journal mais je ne suis pas une terroriste et rien ne justifie

> l'assassinat). Je crie réellement et virtuellement sur ma page FB [Facebook] : « Il n'y a pas d'amalgame, c'est des terroristes », point final. C'est un soulagement de le dire, même si ça ne devrait pas l'être. Mais ça m'a permis de me situer personnellement, pour mes amis et mes connaissances, et ça m'a permis de me sentir citoyenne à part entière. Parallèlement j'observe aussi le rapport de ma famille face à ces événements, et je me pose des questions : « Ai-je vécu ces événements différemment de mes frères parce que je suis à Paris et j'ai senti la peur d'être au mauvais endroit au mauvais moment ? Pourquoi mes frères adhèrent-ils aussi vite à une théorie du complot et pourquoi sont-ils aussi virulents alors que moi je réaffirme mon amour de la patrie et ma croyance aux valeurs républicaines ? » (J'efface même plusieurs commentaires et supprime des amis de FB car je trouve honteux et inhumains leurs commentaires et je n'ai pas la force ni les mots pour les ramener à la raison. Je sens en moi monter une vraie envie militante de rappeler aux terroristes que je crois en ma République et à la liberté. Je sais que je participerai aux manifestations... (Amel, courriel, 13 janvier 2015.)

Il est frappant que, à la différence de ses sœurs aînées, Amel ait pu un moment penser – elle le confie avec un mélange de sincérité et de honte rétrospective – que les victimes de *Charlie Hebdo* l'avaient « bien cherché », reprenant cette vulgate qui semble avoir été très répandue sur les réseaux sociaux et dans une fraction de la « génération de cité ». C'est – on le devine entre les lignes – le recadrage de Samira, avec tout le poids de son autorité morale, qui va faire vaciller Amel et la convertir assez vite à la thèse de l'attentat comme atteinte la plus grave aux valeurs de la République et lui faire renoncer à sa lecture précédente de l'événement.

Les deux autres sœurs cadettes, Dalila et Nadia, ne se sont pas trop manifestées lors de ces journées historiques. Comme toutes deux ont longtemps été les plus influencées par la « culture de quartier » (selon Leïla), on peut faire assez aisément l'hypothèse qu'elles auraient été sur la même longueur d'onde qu'Amel dans sa première réaction, en reprenant ce même thème du « on ne caricature pas le prophète », « *Charlie Hebdo* l'a bien cherché ». Il se trouve que Dalila était alors en pleine phase de divorce ;

« cela se passait très mal » avec son mari, elle était si absorbée et préoccupée par ce problème privé que, à Sardan où elle habite à nouveau, elle n'a pas suivi de près ces événements. Quant à Nadia, elle était au moment des attentats de Paris en vacances pour trois semaines en Thaïlande, très loin des événements. Si loin même qu'une malheureuse coïncidence s'est produite comme le raconte ici Leïla lors de notre entretien du 18 janvier 2015 :

> Nadia est en Thaïlande actuellement, elle se retrouve à faire du tir et elle met sur Facebook des photos avec un commentaire : « J'ai réussi 8 balles sur 10 »... Elle a mis ça le jour même où ils [*la presse*] ont extrait les photos de Hayat Boumedienne [*l'épouse d'Amedy Coulibaly*] en train de tirer à l'arbalète. Je lui envoie un mail pour lui dire : « Tu me vires tout de suite ces photos ! Je t'expliquerai plus tard. » Elle a retiré les photos et me renvoie un mail en me demandant ce qui se passe. Je lui dis qu'il faut suivre les infos...

Lors d'un entretien dix mois après les événements, Nadia est revenue sur la manière dont elle les avait vécus. Elle ne pouvait pas « se dire *Charlie* » comme Amel (sa plus proche sœur en âge), mais elle ne pouvait pas non plus ne pas condamner ces attentats. Ne serait-ce que parce que, à ses yeux, ils ont contribué à ruiner les longs et durs efforts de ses parents pour leur intégration en France.

> – Nadia : Moi, je n'étais pas là [les 7-9 janvier 2015], j'étais en Thaïlande, enfin je l'ai vu sur CNN et après je me suis mise sur les réseaux sociaux. Je ne sais pas quoi vous dire parce que ça me désole... Ce qui me désole le plus quand je vois ça, au-delà des morts, au-delà de ce que ça représente, tout ça, moi je ne suis pas là à revendiquer « Je suis *Charlie*[a] » et tout ça, contrairement à ce qu'ont pu faire Amel et d'autres... Moi, la première chose qui... c'est égoïste ce que je vais vous dire... Mais la première chose qui me vient, c'est : « Putain ! Nos parents se sont tués à la tâche pour s'intégrer et, eux, en un instant, ils ont tout... [bousillé] » Nos parents, ils ont mis des années et des années... des dizaines d'années même

---

a Cette formule a été lancée avec succès sur les réseaux sociaux le soir même du 7 janvier 2015. Elle a été adoptée comme un signe de ralliement lors de la grande manifestation du 11 janvier à Paris et a été ensuite reprise internationalement.

à essayer de... à courber le dos pour rentrer dans les cases et se faire plus ou moins accepter... Et eux, en l'espace d'un claquement de doigts, même pas une génération, ils ont tout foutu en l'air...
– SB: Eux, c'est les frères Kouachi et compagnie?
– Nadia: Exactement! Tous ces intégristes-là qui n'ont rien compris à l'islam, puisqu'ils ont rien compris! Je suis sûre, on leur pose la question, qu'aucun n'a lu le Coran. Dans le Coran il est dit qu'il n'y a que Dieu qui peut donner ou enlever la vie, donc si t'enlèves la vie à quelqu'un, tu sais que tu ne vas pas aller au paradis, tu vas aller en enfer... Enfin, je veux dire, c'est une question de logique... Le djihad, il ne te dit pas d'aller tuer des innocents... Le djihad, tu dois le faire toi-même, contre tes démons, donc si tu comprends ça... Je pense que c'est des esprits faibles, déjà à la base, qui ont été [manipulés]...
– SB: Et qu'est-ce qui fait, par rapport à Amel, les différences entre vous? Qu'est ce qui fait que toi, tu n'aurais pas eu envie de dire «Je suis *Charlie*»?
– Nadia: Non voilà, je suis ni Charlie, ni Kouachi, ni... Je suis personne, je suis Nadia, je garde mon identité, je ne vais pas me rallier à une cause... Moi, *Charlie Hebdo*, j'ai jamais aimé ce journal, je le trouvais très très limite, il a toujours fait dans la provoc'. Je ne dis pas qu'il l'a mérité, attention! Mais ce que je dis, c'est que je n'ai jamais aimé, ce serait hypocrite de dire «Je suis *Charlie*» ou d'aller m'abonner au journal, je n'ai jamais aimé, je ne l'ai jamais lu donc... Et je trouvais que ce qu'ils faisaient, c'était très limite donc voilà. Pas en tant que musulmane, mais en tant qu'individu. Parce qu'ils traitent un petit peu de toutes les religions, je les trouvais très limite... Faire leur beurre sur de la provocation, je trouvais ça... C'était un journal très satirique, moi je n'aime pas du tout...
(Nadia, entretien, 4 octobre 2015.)

La manif du 11 janvier: «Je suis fière, ivre de la joie des gens qui m'entourent» (Amel)

Pour les trois sœurs parisiennes, la participation à la grande manifestation silencieuse du 11 janvier 2015 est apparue, en tout cas sur le moment, comme une évidence. Elles y sont allées dans un grand élan, sans état d'âme. Samira et Leïla[a] y emmènent leurs enfants (de deux, six et neuf ans), car il leur importe qu'ils participent eux aussi à ce grand jour de recueillement et de communion républicaine. Ce jour-là, les trois sœurs ont voulu dire qu'elles « étaient *Charlie* », sans hésitation aucune. Elles ont aussi voulu réaffirmer, une énième fois, leur attachement à leur pays et à ce que Samira n'hésite pas à appeler les « valeurs républicaines ».

> Quand l'idée d'une manifestation a été lancée pour les défendre [les valeurs républicaines], je n'ai pas hésité une seconde. Non seulement, j'allais participer à ce rassemblement mais j'allais aussi y emmener mes filles pour leur transmettre de manière concrète l'importance de lutter pour préserver la liberté de penser... Ce fut une journée inoubliable, d'autant que j'ai été rejointe par Amel, qui, au début des événements, était presque sceptique face au fameux « Je suis *Charlie* ». Mes filles avaient dessiné une pancarte (je vais la prendre en photo et vous l'envoyer) et étaient fières de la brandir et de crier « liberté », suivies par ma belle-mère. Je la voyais sous un jour nouveau. Ce n'était plus ma belle-mère mais une femme comme moi qui a aussi dû se battre pour s'émanciper. Elle m'a raconté alors que son mari l'avait battue à plusieurs reprises avant d'accepter « qu'elle sorte de la maison pour travailler ». La liberté n'était pas un mot dénué de sens pour elle. J'ai ressenti un profond respect pour cette femme et même quand nous avons des désaccords, je garde en mémoire cette fameuse marche aux cris de « liberté ».
> (Samira, courriel, 27 juillet 2017.)

Amel, dans son récit de cette même manifestation, qu'elle a écrit presque à chaud (deux jours après), évoque avec une belle acuité l'atmosphère très particulière de cette journée.

> La manifestation du dimanche avec ma sœur [Samira] et mes nièces est juste une bouffée d'air... Je regarde autour de moi, plusieurs générations et j'aime dire aux petites [ses nièces] : « Vous faites votre première manifestation et j'espère que ça ne sera pas la dernière, bravo ! »... Je suis fière, je suis ivre de la joie des gens

a Compte tenu de la foule, Leïla n'est pas parvenue ce jour-là à rejoindre ses deux sœurs (Samira et Amel).

> qui m'entourent, personne n'est triste, on se parle, on se dit des blagues et on chante *La Marseillaise*... Je rentre de la manifestation autour de 20 heures, fatiguée mais soulagée... J'avais peur et, là, je me sens soulagée, j'ai vu mes concitoyens... Les regards, les sourires sont là et ils sont même plus forts que ces pancartes. Les émotions ont été fortes et le moral est au top...
> Petit bémol [le lendemain], le lundi en fin de journée après 20 minutes de petites frayeurs dans le métro. Comme à son habitude, le métro s'arrête brusquement avec un petit éclair... Dans la rame, il y a un silence pesant qui règne... Les regards sont suspicieux, inquiets jusqu'à ce que le métro reprenne. L'euphorie de la veille s'est un peu dissipée.
> Au final, ces événements m'ont fait mûrir, je viens d'apprendre et de comprendre qu'il faut un recul pour mettre des mots sur ses émotions et ne pas se laisser inonder d'informations. J'ai appris par l'acte ce que veulent dire les mots *rassemblement* et *unité*. Je sais que j'appartiens à la République française et ce peu importe ma confession et mon parti politique. J'ai également appris que rien n'est acquis, qu'il faut continuer de se battre pour maintenir nos droits et ne pas céder face à la violence.
> J'espère avoir répondu à votre demande, je ne suis pas une littéraire, mon écrit n'est pas fluide...
> (Amel, courriel, 13 janvier 2015.)

Ce simple récit suffit sans doute à infirmer l'« analyse » (les guillemets s'imposent particulièrement) d'Emmanuel Todd[1] de cette grande manifestation qui aurait été, selon lui, celle exclusivement de « bobos », Parisiens, « Blancs », etc.

Les autres frères et sœurs : « pas trop *Charlie* »...

Comme je n'ai pas établi des rapports d'enquête aussi étroits avec les frères qu'avec les trois sœurs de Paris, je ne me suis pas senti autorisé lors de ces événements à leur demander leur avis. Et, de leur côté, ils avaient sans doute le sentiment que ceux-ci avaient peu à voir, étaient extérieurs, à l'enquête en cours sur leur famille ; aucun d'entre eux, et en particulier Azzedine, que j'ai le plus vu, n'a cherché à communiquer avec moi lors de cette période. Mais, un an plus tard, alors que je prépare un exposé pour une conférence au Musée de l'histoire de l'immigration (6 janvier 2016), je cherche à construire un tableau des pratiques culturelles et du rapport au politique des huit enfants de la fratrie[a]. Je m'aperçois chemin faisant que j'ai plusieurs «trous», notamment pour les trois frères et les trois sœurs cadettes. J'envoie donc le courriel suivant à Leïla et Samira:

> Pour être pédagogue, j'ai construit des tableaux comparés des huit membres de la fratrie Belhoumi. Pour le rapport à la politique, j'ai fait une ligne sur «*Charlie or not Charlie*». Les 3 sœurs: «manif le 11 janvier.» Rachid: «pas Charlie», Azzedine: «pas Charlie», Mounir: je pense idem [...] Dalila: j'ai mis [sur le tableau] «peu Charlie» [...]; Nadia: «pas Charlie»... Qu'en dites-vous?
> (Stéphane, courriel, 11 janvier 2015.)

Leïla répond vite, et de manière assez détaillée, à ma question:

> Assez juste... Cependant le fait d'être pas ou peu Charlie pour la fratrie vivant en province tient surtout au fait qu'ils se sentent assez éloignés de ce qui s'est passé à Paris, comme si c'était un problème parisien qui ne concernait plus que les Parisiens... À la différence des événements du 13 novembre [2015: attentats à Saint-Denis, dans les 10e et 11e arrondissements et au Bataclan] où ils ont immédiatement cherché à savoir si nous étions en sécurité et si nous avions des amis ou des connaissances parmi les victimes...
> Seul Azzedine ne s'est pas senti «Charlie»... Mais il a toujours eu ce côté «La société est pourrie, les politiques sont corrompus»... Mais quand on creuse et que l'on pousse la discussion [avec lui], il reconnaît être plutôt «Charlie»... j'avoue qu'aujourd'hui [un an tout juste après cet attentat], même, moi je ne me sens pas Charlie... Enfin [avec] la définition qui en a été faite [...].
> (Leïla, courriel, 12 janvier 2016.)

On peut aussi tenter d'écrire un possible scénario de ce qui s'est passé dans la tête des trois frères au moment des événements de janvier 2015. Sur un sujet d'actualité aussi chaud, les

a Voir ce tableau en annexe.

réseaux sociaux incitent chacun à exprimer vite son point de vue, un peu comme un cri de colère. Je n'ai pas pu avoir accès aux posts Facebook des frères en janvier 2015 mais je sais par leurs sœurs que ce qui a semblé guider leur prise de position, c'est avant tout une posture qui se veut à contre-courant : *contre* la vague qui montait d'heure en heure pour affirmer sa solidarité et « être Charlie », *contre* les nombreux appels à la morale républicaine et à la lutte contre « les Musulmans », *contre* ce qui devait, à leurs yeux blasés, traduire le « politiquement correct » des grands médias nationaux qui se faisait au détriment des « Musulmans ». Ce faisant, ils ont cherché à affirmer un « quant à soi », une attention oblique contre un discours venu de l'extérieur avec ses présupposés et ses fausses questions. Surtout, ils ont voulu marquer leur défiance à l'égard de cette très puissante injonction à l'unité nationale qui a surgi lors de cette semaine de janvier 2015. Comme si celle-ci pouvait à elle seule, et à ce moment-là, effacer comme par miracle tout le reste, tout le passé, tout le passif du passé. Leïla me paraît avoir bien senti cette réaction d'orgueil blessé de ses frères « pas [tout de suite] Charlie » quand elle cherche à interpréter la soudaine promotion par son frère Rachid (pourtant assez « mécréant » dans son genre...) de la figure controversée de l'islamologue Tariq Ramadan :

> Rachid, il allait poster [*sur FB, en janvier 2015*] des trucs qui viennent du site de Tariq Ramadan. [...] Tariq Ramadan est venu faire une conférence à Saint-Denis, il y avait plus de 300 personnes, et parmi ces 300 personnes, beaucoup de jeunes diplômés, garçons, d'origine maghrébine... Je rejoins les garçons [*ses trois frères*] quand ils me disent qu'ils placent toute leur fierté derrière cet homme-là... Parce que c'est le seul qui arrive à tenir des discours cohérents devant des assemblées... Ils font référence à lui parce que c'est le seul qui tient tête... Il est très écouté par cette jeunesse, c'est là où nos politiques ne sont pas assez intelligents pour [le voir]...
> (Leïla, entretien, 18 janvier 2015.)

Pendant cette période postattentats, Leïla et Samira ont renforcé leur rôle de vigie sur l'intense activité de leurs frères sur Facebook. Toutes deux ont cherché à les convaincre, à force d'arguments puisés dans leur culture historique et politique, de la justesse de leur point de vue. Non sans parvenir à des revirements, comme celui de Mounir, relaté ici par Leïla :

> [Au moment de l'attentat de *Charlie Hebdo*] là, mes petits frères... [*hésite*] Mounir, il a l'humour un peu gras à la *Charlie Hebdo*, mais un peu trop... Il a commencé à délirer. Sur son Facebook, une de ses copines qui vivait en Nouvelle-Zélande explique que même là-bas, en Nouvelle-Zélande, il y avait une prise de position [condamnant l'attentat]. Et là, il y a mon frère qui titillait... Et là, je lui envoie [un message privé] : « Écoute, tu fermes ta gueule ! » Il me dit : « C'est bon ! Et la liberté d'expression ? » Je lui dis : « La liberté d'expression, c'est entre nous. Sur ton mur [FB], tu ne sais pas comment tes paroles peuvent être interprétées, les gens ne te connaissent pas, ils peuvent remonter des choses. » Il me dit : « Mais t'es parano ! » Je lui dis que non, on entend plein de choses, des choses fausses et des choses vraies. [...] Avec Mounir, on a pas mal échangé. Un moment donné, il a écrit sur son mur [FB] : « C'est bon, j'ai compris, je suis *Charlie*. » J'appelle alors Samira pour lui demander si elle l'avait appelé. Elle me dit : « Non, pourquoi ? » « Parce que c'est une provoc envers nous, en disant c'est bon »... [*rires*] Mais Rachid et Mounir, eux, ils ont arrêté [leur délire-provocation]. Rachid, il allait poster des trucs qui viennent du site de Tariq Ramadan... Et nous [Samira et elle], on a fait un peu les dictateurs, on a dit : « Ne parlez pas de ça ! » Je ne sais pas, je me suis dit que ça risque de les desservir... Mais en fait les desservir pas seulement en termes de boulot, on sait pas comment on peut se servir d'erreurs de jeunesse ou de *posts* qu'on fait à la va-vite. (Leïla, entretien, 18 janvier 2015.)

Pour comprendre le point de vue de Leïla sur ces événements, il faut avoir en tête qu'elle ne peut les interpréter qu'à la lumière de sa longue expérience professionnelle en banlieue nord de Paris auprès d'un public qui a des caractéristiques sociales proches de la plupart des djihadistes français.

Les attentats vus de la Mission locale de l'emploi

Leïla travaille depuis quinze ans à la Mission locale (ML) de Monville en Seine-Saint-Denis. Elle connaît donc fort bien le «public» qui a l'habitude de fréquenter cette institution chargée, à titre principal, de l'insertion professionnelle des jeunes de dix-huit à vingt-cinq ans. Ce sont des garçons et filles majoritairement peu diplômés, passés par des filières d'études professionnelles, ayant grandi dans des familles populaires principalement maghrébines ou africaines (pays du Sahel). Le public de la ML n'a jamais été une «clientèle» facile[2], car elle vit son entrée sur le marché du travail de manière différée et en pointillés à travers une succession de stages et de mises à l'épreuve professionnelles. Les conseillers ou chargés de projet (comme Leïla) de la ML doivent les accompagner dans ce difficile apprentissage de l'entrée sur le marché du travail.

Si Leïla s'est si fortement investie dans son métier c'est parce qu'elle l'a toujours redéfini du côté de l'éducatif et du culturel: essayer de fournir des armes morales et culturelles à ces jeunes de banlieue (ou «de milieu défavorisé»), les sortir de la spirale négative qui les enferme dans l'échec. D'où un ensemble de projets qu'elle a montés ces dernières années (voyages avec des «groupes» au Canada, aux États-Unis, en Allemagne...) pour amener ces jeunes à rompre avec l'univers de la cité, à découvrir d'autres horizons géographiques et culturels. C'est bien sûr un travail collectif (avec celles de ses collègues qui partagent la même conception du métier), mais c'est aussi un travail de longue haleine comportant beaucoup d'aléas et fait de bas et de hauts (des «victoires» quand des jeunes trouvent leur voie).

Cependant, au cours de ces deux-trois dernières années, Leïla ne m'avait pas caché son inquiétude face à l'évolution des cités de Monville, en tout cas telle qu'elle la percevait de ce bon observatoire social qu'est la ML. Dans un courriel, elle décrit bien les transformations qu'elle a repérées:

> En vingt ans ou trente ans, la population [des HLM] s'est paupérisée culturellement... Aujourd'hui, la ville s'est beaucoup communautarisée, les jeunes manquent de repères et de pairs... Tout ça accompagné d'une crise dans le secteur du social, les différents acteurs quittent les uns après les autres ce secteur (éducateurs, médiateurs, associations...) et sont remplacés par des gens moins militants et un peu moins outillés... Enfin c'est surtout

> une jeunesse en perte de repères qui, malheureusement, fait contraste à celle de Nuit Debout de la place de la République... On avait noté ces dernières années que certains jeunes voulaient en découdre avec n'importe qui.
> (Leïla, courriel, 25 avril 2016.)

Leïla se dit surtout préoccupée par ce qu'elle perçoit comme l'entrée de plus en plus fréquente de jeunes garçons dans un islam rigoriste, plus ou moins radical. Elle a ainsi constaté, dans les groupes qu'elle suit, que de plus en plus de garçons demandent comme métier envisagé (pour leur parcours de stage à la ML) celui de « gardien d'immeuble ». Ce métier n'avait jamais eu auparavant leurs faveurs, si bien que Leïla s'est interrogée : quelle était donc la raison de ce soudain engouement ? La réponse lui a été fournie par l'un des candidats : ce métier leur permet sans trop de problèmes de pouvoir faire leurs cinq prières par jour. Leïla a ainsi choisi, parmi les nombreuses anecdotes à sa disposition, celle qui lui paraissait la plus significative et aussi la plus symptomatique. Pour une partie croissante des garçons, « clients » de la ML, le respect des règles de la religion, telles que redéfinies par les groupes religieux locaux dominants (salafistes ou tablighs), passe avant toute chose : la recherche d'emploi lui est entièrement subordonnée.

Les attentats de janvier 2015 avaient toutes les raisons de résonner fortement dans l'institution où travaille Leïla. C'est la raison pour laquelle j'ai voulu assez vite faire un entretien avec elle sur ce sujet, car, depuis ce poste d'observation particulièrement bien situé qu'est une Mission locale, elle me semblait pouvoir être, une semaine après les événements, une « précieuse informatrice ».

> – Leïla : Je ne blaguais pas tout à l'heure quand je parlais d'une sorte de tsunami qui nous est tombé dessus... Ça me déprime parce qu'on savait que, à un moment donné, il y aurait cette espèce de ras-le-bol... Ça ne pouvait pas continuer comme ça... On ne pensait pas que ce serait sous des formes aussi [tragiques]... Parce que le terrorisme, on avait l'impression que c'était loin de nous... Certes, on voyait [à la ML] une forme de radicalisation chez des jeunes... On les voyait se balader avec une djellaba ou se

laisser pousser la barbe, mais en même temps... On a l'impression que, dans les années 1980, ils se mettaient une seringue pour se suicider et puis ils partaient seuls. Aujourd'hui, ils ont décidé de se suicider et d'emporter le maximum de personnes avec eux. C'est curieux parce que ça nous est tombé dessus, c'était un gros choc, mais, au fond, ce n'était pas une surprise. C'est paradoxal... En même temps, ils [les djihadistes] ont brouillé les pistes sur leur message. Est-ce que c'est parce que vous avez offensé notre prophète qu'on fait ça ? Et en même temps, on va dans un magasin et on tue les juifs parce qu'ils sont juifs.
– SB : En même temps, je ne sais pas si tu as vu, mais une fois qu'il [Amedy Coulibaly] a tué les quatre personnes, il est resté trois heures avec les otages, a proposé un bout de sandwich et l'un d'entre eux lui a répondu : « Mon pote, là, tu m'as coupé l'appétit. » Il lui raconte alors que ce n'est pas contre les juifs, mais contre l'État. Dans sa tête c'est quand même sacrément brouillé...
– Leïla : C'est pour ça que c'est dangereux ! Des jeunes comme ça, on en croise tous les jours, ils sont *borderline*... On ne sait pas trop les situer. Des jeunes comme ça, je disais à Marc [un collègue] tout à l'heure : « Je vais rencontrer un sociologue tout à l'heure pour parler un peu de ce qui se passe. » J'allais lui dresser un portrait plutôt positif [de ce qu'on a fait] parce que, malgré tout, cette semaine [après les attentats], on a essayé de comprendre, de mettre des mots [sur ces événements]... Or tout à l'heure il y a un jeune qui a explosé de colère, une colère qui était contre tout le monde... Et, en plus, il était dans une sorte de logorrhée... Et quand je suis allée le voir pour lui dire de se calmer... là, il nous prend à partie, les quatre femmes [de la ML], et il nous dit : « Je vais faire comme Kouachi, je vais tous vous tuer et faire de vos enfants des orphelins comme moi, et ils vont comprendre comment j'en bave ! » Là, je lui dis de se calmer parce que pour moins que ça des personnes se sont retrouvées en comparution immédiate. On le connaît, donc on pose les choses : « Tu te calmes. » Nous, on sait très bien que ce jeune a plus sa place en hôpital psychiatrique qu'en prison. On sait qu'il a énormément fumé, qu'il ne tient pas un emploi parce que ses addictions font que l'employeur ne le garde pas. Et je comprends très bien qu'un employeur ne garde pas quelqu'un qui est trop dépendant du cannabis. Il a vingt-et-un ans... Bon, il s'est calmé parce qu'à un moment donné tout le monde lui

a tourné le dos. On a l'impression que tout ce qu'ils lisent, tout ce qui se passe, ça leur monte un peu la tête... et ils se prennent comme un peu dans le film *Scarface*. C'est-à-dire que nous aussi on va en découdre, on va vous menacer, si la seule façon de se faire entendre c'est la peur, eh bien, on va vous faire peur... Mais bon [à la ML] on est les derniers pompiers, donc si tu mets tes menaces à exécution, qui va s'occuper de toi ? Qui va jouer ce rôle-là ? Après, on prend du recul, lui c'est médical, mais il faut un suivi...
– SB : C'est curieux de voir qu'ils ont tous [ces djihadistes] une vie de famille particulière...
– Leïla : Après je suis d'accord avec [Edwy] Plenel qui dit que ces monstres sont les enfants de la société. On peut dire ce qu'on veut, on n'excuse pas, mais si on ne tente pas de comprendre, il y en aura d'autres.
(Leïla, entretien, 18 janvier 2015.)

L'insupportable injonction à se désolidariser des djihadistes

Dans le témoignage écrit d'Amel, on a vu qu'une des épreuves les plus difficiles qu'elle a dû supporter lors de ces événements était cette pression des collègues de travail ou même des amis (en particulier des amis sur Facebook) consistant à lui demander instamment – en tant que fille d'origine algérienne – de se désolidariser des djihadistes. Leïla évoque aussi, dans son entretien, cette double peine qui lui a été, à elle aussi, infligée par des proches, des « vieilles copines », qui d'habitude partageaient les mêmes valeurs qu'elle. Comme « Française » et à sa manière progressiste, elle a éprouvé la même peine que ses concitoyens face à cet attentat meurtrier et cette atteinte inédite à la liberté d'expression ; la deuxième peine a consisté pour elle, comme pour les descendants d'immigrés partageant une partie de ses caractéristiques sociales, à devoir non seulement affirmer, mais aussi clamer haut et fort sa loyauté nationale, si possible en en donnant des preuves tangibles. À savoir condamner solennellement et publiquement ces « tueurs » et se démarquer à tout prix de tout ce qui est perçu comme « musulman »...

Depuis mercredi dernier, je suis crevée. On sent qu'on est tout le temps sous tension, il y a des collègues qui sont quand même sous anxiolytiques… C'est curieux mais je pense que j'avais une part de responsabilité dans ce truc-là, du fait de mes origines. Moi ces mecs-là [les djihadistes], je ne les connais pas, ils ne sont pas de ma famille ou de ma génération, je n'ai rien en commun avec eux, mais le fait qu'ils se revendiquent au nom du Prophète… Et, en plus, je ne suis pas musulmane pratiquante. En fait, c'est l'injonction de l'État qui nous dit que nous avons une responsabilité… Mais moi, je n'ai pas de responsabilité du tout ! La copine avec qui je me suis fritée sur Facebook, elle me met « islam », « musulman », je lui dis : « Écoute, je tiens juste à te dire que dans tous mes *posts* de Facebook, je n'ai jamais parlé de l'islam ou des musulmans, je t'ai dit qu'on avait d'autres outils en notre possession que la minute de silence pour leur faire comprendre ce qui s'est passé. » Du coup, je lui ai fait suivre le texte d'une prof [de Seine-Saint-Denis] et elle me dit : « Oui, excuse-moi, je me suis emportée. » Je lui dis : « Je ne te demande pas de ne pas être en colère mais de mettre de la distance. Parce que si personne ne met de distance… Bon, arrêtons d'en discuter sur Facebook… Si tu veux, on prend un café et on en discute. » J'étais surprise de voir qu'elle pouvait avoir ce discours. J'avais juste envie de lui dire : « Mets de la distance ! » Et quand on lit les échanges, on se rend compte qu'il y avait deux colères qui se sont rencontrées. Elle m'a mise en colère parce que je ne comprenais pas qu'elle poste des choses comme ça. D'abord, j'étais en colère contre l'Éducation nationale. En écoutant la radio, je me suis dit : « Qu'est-ce que c'est que ces profs ?! » J'ai commencé par [l'émission de Jean-Jacques] Bourdin [sur RMC] et ensuite vers France Inter avec des profs qui étaient là… J'étais là, mais à un moment donné, qu'ils ne respectent pas la minute de silence… Et du coup, je me suis énervée sur elle. Et puis après je me suis dit, l'erreur c'est aussi [le] trop d'infos. On n'a pas pu bosser [pendant ces jours], on n'a rien fait… J'étais beaucoup sur les sites, sur *Rue 89*, sur *Le Point*, *Libé*, et puis la presse papier nous, c'est *Le Parisien* donc… À la fin, j'avais l'impression d'être abrutie d'infos. On avait ça toute la journée au boulot, et puis le soir chez moi. J'ai eu une overdose et, hier, je me suis dit, c'est bon quoi ! J'ai mal au crâne, j'ai du mal à dormir et en plus, je vais chercher d'autres infos. Et puis Facebook aussi, les réseaux sociaux ont bien fonctionné. (Leïla, entretien, 18 janvier 2015.)

⁂

Sept mois après les attentats de janvier 2015, le regard d'Amel a changé sur la manifestation du 11 janvier. Elle a sensiblement réévalué à la baisse la signification de sa participation citoyenne. Elle a l'impression d'avoir été dupée par cette atmosphère de consensus et ce qui a été appelé un « sursaut républicain ». Elle a été amenée à lire, sans doute par sa sœur Leïla (avec laquelle elle est partie une semaine en vacances d'été en Vendée) le livre d'Emmanuel Todd[3] et elle sort de cette lecture toute retournée :

> En vacances, je bouquine et j'ai dévoré le livre du sociologue Emmanuel Todd *Qui est Charlie ?*... Je dois avouer que je me suis instruite et que j'ai honte d'avoir participé à la mascarade de la manifestation en janvier dernier.
> (Amel, courriel, 28 août 2015.)

Quatre mois après les attentats, Emmanuel Todd, dans ce livre à succès, décrit les grandes manifestations du 11 janvier 2015 qui ont eu lieu dans toute la France comme une « imposture ». Elles auraient, à ses yeux, essentiellement mobilisé une France périphérique, vieillissante, blanche, bourgeoise et de culture catholique. Ainsi les enfants d'immigrés qui y ont participé, auraient été dupés et instrumentalisés, se retrouvant comme les dindons de la farce. Sur ce sujet hautement polémique, Vincent Tiberj et Nonna Mayer ont mis les choses au point en s'appuyant sur une enquête, commandée par la Commission nationale consultative des droits de l'homme (CNCDH), qui visait à mesurer l'impact des attentats de janvier sur l'opinion, auprès d'un échantillon national représentatif. Cette enquête montre, entre autres choses, que la probabilité d'avoir pris part à la mobilisation était plus forte chez les personnes originaires du Maghreb ou de l'Afrique subsaharienne que chez les personnes sans ascendance étrangère ou dont les parents et grands-parents viennent d'un autre pays européen[4].

Cependant, si Amel et Leïla ont adhéré si fortement à cette réécriture par Emmanuel Todd de l'Histoire à laquelle elles avaient elles-mêmes participé, c'est sans doute parce que l'interprétation/

exploitation politique par François Hollande et Manuel Valls de ces attentats les ont déconcertées puis scandalisées : c'est surtout la proposition de la déchéance de la nationalité par le président de la République qui a ulcéré Leïla (« ça, c'est vraiment la goutte d'eau qui a fait déborder le vase », me dit-elle) et l'a incitée à relire ces événements de janvier à la lumière de ce qu'elle juge être une « trahison » de la part de François Hollande.

Après les attentats survenus au Bataclan et aux terrasses de café des 10e et 11e arrondissements de Paris le vendredi 13 novembre 2015, j'envoie un courriel de « solidarité » aux cinq sœurs, le dimanche soir (15 novembre 2015) où je joins le lien d'un article du *Parisien* qui relatait la mort de Halima et Hodda Saadi, deux filles d'immigrés algériens (père ouvrier du bâtiment au Creusot), assassinées ce soir tragique du 13 novembre à la terrasse du café *La Belle Équipe* où elles étaient venues fêter un anniversaire. Nadia, qui d'habitude répond rarement aux courriels que je lui envoie (je n'ai longtemps eu que son adresse mail professionnelle et, jeune mère de famille, elle est très occupée), prend cette fois la peine de m'écrire ces quelques mots trois jours plus tard :

> Bonjour,
> Quelle tristesse… Cela aurait pu être moi, voilà la phrase qui résonne dans mon esprit… Ça aurait pu être moi au Bataclan si le style de musique avait été différent, ça aurait pu être moi à l'une de ces terrasses de café, ça aurait pu être moi… Je suis à la fois triste, écœurée et dans la plus totale incompréhension…
> Cordialement.
> Nadia
> (courriel, 18 novembre 2015.)

11

Les usages de l'islam dans la fratrie, un révélateur de la différence de générations

La différence générationnelle au sein de la branche féminine de la fratrie m'est apparue flagrante dès les premiers moments de l'enquête. Au fil des entretiens, elle n'a cessé de se confirmer. Elle était d'emblée perceptible et visible dans les différences – entre les deux groupes de sœurs – d'apparence, de manière d'être et de parler. À écouter les deux aînées parler, j'ai d'emblée été frappé par leur constant souci d'employer les mots justes et par les diverses formes d'hypercorrection linguistique de Samira. On a vu que cette différence entre aînées et cadettes apparaissait la plus marquée dans leur rapport à l'école et aux enseignants. Je suspectais là un effet de « génération sociale », qui va être le fil rouge de ce chapitre et sera explicité en chemin.

Cette forte différence générationnelle entre aînées et cadettes a par moments, dans les chapitres précédents, affleuré dans un domaine particulier, celui de leurs pratiques religieuses respectives. C'était, par exemple, Nadia, la benjamine, qui me faisait remarquer – en passant... – qu'elle était la seule dans la fratrie (avec son frère Azzedine) à respecter scrupuleusement le ramadan, à « jeûner » tout au long de ce mois sacré pour les musulmans ; ce qui lui permettait aussi de se démarquer de ses autres sœurs – plus ou moins suspectées de tricher avec la règle – et ainsi de « reprendre l'avantage » dans la concurrence objective qui existe au sein de la fratrie féminine et où les sœurs aînées ont toujours eu plusieurs longueurs d'avance. Il m'est ainsi apparu, au fil de l'enquête, qu'il était pertinent d'interroger le sens que pouvaient avoir les usages sociaux de l'islam au sein de la fratrie, notamment dans le contexte, depuis quinze ans, de forte affirmation du fait religieux chez les descendants d'immigrés.

En effet, en 2008, l'enquête *Trajectoires et Origines*[1] (dite *TeO*), de l'Ined, qui a pu intégrer dans son questionnaire un item sur la religion (jusqu'alors prohibé dans les enquêtes de la statistique publique), a établi de manière sûre, à partir d'un large échantillon représentatif de descendants d'immigrés, l'existence d'un *revival* religieux indéniable chez les enfants d'immigrés maghrébins et ceux d'origine sahélienne. Près des trois quarts (73 %) des enfants d'immigrés algériens déclarent accorder de l'importance (« beaucoup » ou « assez ») à la religion (l'islam), juste un peu moins que les enfants de Marocains et Tunisiens (77 %). Pour les descendants d'immigrés algériens, la différence de religiosité entre hommes et femmes est moins marquée (71 % *versus* 75 %) que pour les descendants de Marocains et Tunisiens (71 % *versus* 81 %). Par comparaison, rappelons que cette proportion de personnes enquêtées accordant de l'importance à la religion est de 57 % pour l'ensemble des descendants d'immigrés et seulement de 24 % pour la population dite « majoritaire » (majoritairement de culture catholique).

Dans ce contexte où l'on voit s'affirmer en France de nouvelles formes de religiosité dans la jeunesse d'origine maghrébine, il n'était pas sans intérêt d'observer comment ce phénomène national se traduisait au sein de la fratrie Belhoumi. Ainsi il m'est progressivement apparu que l'observation plus stricte et ostentatoire de certaines règles religieuses (le ramadan, manger hallal) a pu constituer l'une des ressources possibles à la disposition des sœurs cadettes pour marquer leur différence avec leurs sœurs aînées, se montrer à leur avantage dans l'espace familial et devant leurs parents : bref, mettre quelque peu en difficulté leurs sœurs aînées, suspectées d'être en retrait en ce domaine, et ainsi écorner ces icônes familiales et déboulonner un peu les statues vivantes que sont Samira et Leïla dans la famille.

Le paysage religieux dans la famille Belhoumi

Il faut commencer par évoquer le rapport à la religion des parents Belhoumi. Leurs enfants disent d'eux qu'ils ont une pratique religieuse traditionnelle, simple et paisible – celle-là même qui a été celle de la majorité des immigrés maghrébins de leur génération. Ils respectent scrupuleusement chaque année le ramadan, mangent hallal et tous deux ont fait le pèlerinage à La Mecque. Samira et Leïla m'ont souvent dit que leur père, avec l'âge, était devenu plus pieux. Il est allé plus systématiquement à la mosquée de Sardan, a fait seul son premier pèlerinage en 1989, a commencé à faire ses cinq prières par jour, etc. Mais son regain de pratique religieuse s'est fait dans un cadre classique et en lien étroit avec son propre vieillissement social. Il s'agit, pour lui, essentiellement de se comporter comme un « bon musulman ».

Le regain de pratique religieuse de Mme Belhoumi est plus récent et date de la fin des années 2000. Pendant le ramadan, elle ne manque pas une seule fois les prières quotidiennes (chaque soir après la rupture du jeûne), se rend désormais à la mosquée. Les femmes et les hommes y discutent séparément entre elles/eux à la mosquée. C'est un espace de rassemblement et de partage de normes communautaires. Samira, dans un courriel du 27 mai 2017, commente : « Ma mère me racontait qu'avant elles se retrouvaient les unes chez les autres mais qu'aujourd'hui chacune est isolée chez elle. La mosquée serait un nouveau lieu de socialisation pour ces femmes. »

En ce qui concerne le (petit) renouveau religieux qu'elle a pu observer chez son père, il doit être étroitement mis en rapport avec les transformations sociales et religieuses de l'Algérie du dernier quart du XXe siècle, vécues par M. Belhoumi à la faveur des séjours annuels de la famille lors des deux mois d'été à Mostaganem.

> [En matière religieuse il faut noter] la montée du FIS en Algérie et le changement de comportement de mon oncle par alliance (mari de la sœur de ma mère) chez qui mes parents se sont installés à la fin des années 1980, le temps de construire leur maison. À l'époque on entendait le muezzin faire l'appel à la prière bien plus fort que d'habitude et les hommes étaient de plus en plus nombreux à porter la barbe. Et d'ailleurs, sur les photos de l'époque (chaque année ma tante nous envoyait les photos de l'Aïd avec toute la famille réunie), on voit aussi mes cousines porter le hijab pour la première fois pour aller

> à l'école... Je me souviens d'un été (1986 ou 1987) lors duquel nous avons emmené mes cousines se baigner avec nous et en rentrant, il [l'oncle maternel, père des cousines] les a giflées car « c'était devenu illicite ». La musique aussi était devenue « illicite » et notamment Cheb Khaled... Et mon père a été influencé au point que [à la maison] dès qu'il l'entendait chanter, il nous disait de ne pas l'écouter car c'était un mécréant... Je me souviens de la peur et de la colère que j'ai ressenties pour la première fois vis-à-vis de mon père... Il s'était laissé embarquer alors même qu'il était très ouvert... Il a commencé à faire la prière et à nous pousser à faire de même...
> (Samira, courriel, 31 mai 2017.)

Même si un certain nombre de nouvelles pratiques religieuses, plus rigoristes, observées en Algérie par les parents pendant la montée du FIS ont pu à certains moments déteindre sur celles ayant lieu dans la famille en France, elles semblent *in fine* n'avoir agi qu'à la marge sur les parents Belhoumi. Ceux-ci étaient suffisamment arrimés à leur socle religieux et sûrs d'eux pour ne pas avoir à importer en France quelque forme d'intégrisme religieux. Intégrisme que Samira, qui a vécu presque une année dans la banlieue lyonnaise comme jeune mariée, a pu, quant à elle, observer de près au début des années 1990 :

> En m'installant à Vénissieux, l'été 1992, j'ai remarqué que les familles [algériennes] ne parlaient que de religion et je voyais des jeunes [garçons] habillés avec tenues afghanes (sarouel)... Tout cela est aussi concomitant avec les difficultés des jeunes issus de la première vague de l'immigration maghrébine à trouver un stage puis du travail et à la prise de conscience du plafond de verre... « Nous ne sommes pas considérés comme des Français à part entière »... Sans oublier les ravages de l'héroïne dans les quartiers au su et vu de tous... Certaines familles ont vraiment « morflé »... En désespoir de cause, ils emmenaient leurs enfants en Algérie et les laissaient là-bas, sans suivi, sans soins, pour les éloigner des dealers...
> (Samira, courriel, 31 mai 2017.)

Dans la famille Belhoumi, en France, la transmission des valeurs religieuses aux enfants s'est faite par osmose. Seul Rachid s'est vite montré réfractaire, se mettant tôt à boire de l'alcool et à fumer, à ne plus faire le ramadan, tout en prenant bien soin de sauver les apparences et de ménager ses parents, en évitant toute provocation. Lors d'un entretien, il m'a aussi raconté comment il avait été, à un moment de sa jeunesse tourmentée, abordé par les « barbus » un peu avant le début de l'année 2000. Il les avait rejetés sans ménagement, le respect des normes religieuses étant le cadet de ses soucis. Ses deux autres frères sont croyants, respectent les règles religieuses, font le ramadan. Cependant, lors de nos différents entretiens, Azzedine a beaucoup insisté sur le fait que sa pratique relevait exclusivement de sa vie privée. De même qu'il a toujours considéré que personne n'avait à intervenir dans son domaine réservé, de même il ne supporte pas aujourd'hui de voir se répandre des formes ostensibles d'affichage religieux de la part de ceux qu'il appelle régulièrement les « barbus ».

En ce qui concerne les cinq filles de la famille, le rapport à la religion est fortement différencié. La religion a été un thème peu présent lors des premiers entretiens avec Samira et quasiment absent dans ceux de Leïla. Samira a bien eu, comme elle dit, une longue « période soufi » lors de ses premières années d'installation à Paris. C'était pour elle un moment de quête spirituelle qu'elle partageait avec d'autres personnes de son âge, en particulier des étudiants du Proche-Orient installés à Paris, à l'occasion de rencontres à l'Institut du monde arabe (IMA). Leïla, quant à elle, est peu diserte sur cette question de la religion mais on peut penser (*cf.* le chapitre 8) qu'elle a été assez vite immunisée de toute tentation religieuse (voire de toute pratique) par la socialisation laïque et politique qui a été la sienne tant dans l'animation à Sardan que lors de ses études supérieures en sciences humaines. Par respect pour ses parents, Leïla s'est toujours conformée aux rites religieux les plus classiques et les plus suivis par ses parents, comme le ramadan. Elle ne faisait rien d'autre que, pour le dire dans un autre langage, « assurer le minimum » en matière de religion. Cette affaire semble avoir été réglée assez tôt pour elle : la question du « social », de ses divers engagements dans la vie civique et politique, du destin de la jeunesse populaire avait pris le pas sur toute autre considération.

Le rapport à la religion des trois cadettes apparaît assez sensiblement différent de celui de leurs deux sœurs aînées tout en n'étant pas non plus uniforme. Pour le comprendre, il faut se tourner vers le passé. À partir de la moitié des années 1990, la religion a pris à Sardan une tout autre dimension. Grâce à des enquêtes de terrain on peut dater avec précision l'arrivée en France de groupes salafistes dans des villes de banlieue à forte composante immigrée : entre 1995 et 2000[2]. C'est aussi à cette période que de petits noyaux de militants religieux de ce type s'établissent à Sardan, comme dans deux autres villes de la banlieue de Préville, et diffusent leur message auprès des jeunes du coin. Ce changement d'environnement religieux, notamment les diverses formes prises par cette plus grande visibilité de la religiosité dans le quartier, a bien sûr eu des effets directs sur le rapport à la religion des sœurs cadettes (rappelons-nous qu'elles ont entre quinze et dix-huit ans en 2000). Celles-ci commencent leur vie adolescente au moment où l'engagement dans l'islam comme forme de réhabilitation symbolique et quête de respectabilité sociale s'impose chez une fraction croissante des jeunes femmes d'origine maghrébine, notamment avec la revendication du port du voile[3]. Cependant, on a vu dans les chapitres précédents que Dalila et Nadia tiennent à marquer leurs distances à l'égard de toute forme de mise en avant d'attributs religieux : elles ne sont pas voilées et n'ont jamais imaginé l'être. On pourrait même dire qu'elles laissent cela à d'autres, dans le quartier, pour qui l'affichage religieux comme « bonne musulmane » opère comme facteur d'une identité sociale positive. Amel, un jour, me dira qu'elle vit surtout sa piété sous la forme de la générosité et du partage ; Dalila, comme infirmière, ne se permet pas de faire le ramadan au travail mais mange hallal quand elle peut, fait l'aumône et surtout – c'est sa vision de la religion – me dit s'efforcer d'être bienveillante avec autrui.

Les trois cadettes vont peu à peu marquer leur différence avec leurs deux sœurs aînées en affichant dans l'espace familial (au domicile de leurs parents et au moment des fêtes religieuses et des grands rites de l'islam) une plus grande intensité de leurs pratiques. La manière de faire le ramadan va progressivement devenir un enjeu entre les sœurs, notamment dans le rapport aux parents. Les deux aînées vont continuer à le faire, mais de plus en plus en traînant les pieds et surtout, me disent-elles, pour « faire plaisir » à leurs parents, « par respect » à leur égard, c'est-à-dire par pur formalisme. Ce n'est pas le cas des sœurs cadettes qui, pour deux d'entre elles (Nadia et de manière plus intermittente Amel), mettent plus de cœur dans cette pratique, lui accordent plus d'importance symbolique comme marqueur d'appartenance (sur le thème de « on est aussi musulman »).

Un repas de ramadan qui se passe mal

Lors d'une discussion au début septembre 2016, Samira me raconte, fort dépitée, une scène qui a eu lieu au mois de juillet chez ses parents – provoquant un gros conflit entre Amel et elle – et qui l'a beaucoup marquée et blessée. Si elle tient à me la raconter aussitôt, c'est parce qu'elle illustre bien à ses yeux comment elle ressent le fait que, dans la sphère de la fratrie Belhoumi, la religion est parfois utilisée par certaines de ses sœurs cadettes contre les deux aînées. Celles à qui tout semble objectivement réussir, mais qui ont quand même désormais un talon d'Achille : leur flamme religieuse vacillante et leur pratique incertaine.

Cet épisode assez crucial dans l'histoire de la fratrie – c'est la première vraie cassure dans ce groupe si uni de la fratrie féminine – va être raconté d'abord du point de vue de Samira, puis de celui d'Amel. En ce mois de juillet 2016 à Sardan, la période du ramadan coïncide avec un moment de forte tension familiale : M. Belhoumi (alors âgé de soixante-quatorze ans) est hospitalisé pour un grave problème respiratoire et ne semble pas bien pris en charge. C'est la raison pour laquelle Samira est descendue à Sardan avec ses deux filles pour mieux s'occuper de lui (elle connaît bien le fonctionnement souvent défectueux de l'hôpital public pendant la période d'été). Une fois sur place, elle s'aperçoit de l'insuffisance des soins prodigués à son père et de son mauvais état général. Elle prend alors les affaires en main et, par la même occasion, sermonne ses deux cadettes, Nadia et Amel. Choquée d'avoir vu son père si mal en point et ne l'estimant pas suffisamment soutenu, Samira reproche pêle-mêle à celles-ci d'avoir été trop négligentes, en particulier d'être « allées en ville faire les soldes » au lieu de s'occuper de leur père malade à l'hôpital. Le ton est fortement monté dans la voiture de Nadia qui les ramène toutes trois chez leurs parents. Le soir même ont lieu les préparatifs de la rupture du jeûne, tout le monde s'affaire en cuisine, Amel et Samira y participent avec Nadia et son mari (Toufik) et Mme Belhoumi. À un moment donné des préparatifs, Amel lance à la cantonade à Samira : « De toute façon, toi, tu ne jeûnes pas ! »

Amel brise là un tabou, car personne ne le sait explicitement dans la famille. Samira a toujours été perçue comme vivement intéressée par la religion et la mystique soufie (elle lit l'arabe littéraire, connaît fort bien les sourates du coran et l'histoire de la religion musulmane). Mais, depuis peu, elle semble avoir pris discrètement ses distances avec la pratique rituelle (religieuse). Au fond, Amel, qui n'a pas « digéré » les accusations antérieures de Samira, avec cette révélation sur l'impiété (supposée) de Samira, règle à sa manière ses comptes publiquement avec sa sœur aînée. Blessée, voire outrée, par la « sortie » de sa sœur cadette, Samira refuse de participer au repas de rupture du jeûne. Ce soir, elle n'appartient plus au groupe familial qui se forme à ce moment-là, et elle préfère s'en exclure d'elle-même, emmenant aussi ses deux filles à la cuisine. Toutes trois dînent à l'écart, comme des parias et ainsi ne font plus partie de la table commune qui réunit tous les membres de la famille lors de ce moment, d'ordinaire joyeux et festif, de la rupture du jeûne. La mère, alors présente, semble ne pas avoir protesté, ni les autres convives. Cette exclusion matérielle de la tablée familiale a été vécue par Samira comme un moment de bannissement symbolique. Elle me dira, un an plus tard, que c'est cet événement familial qui l'a convaincue de commencer, à quarante-six ans, une psychanalyse pour parvenir à « lâcher prise » (cette expression sera par la suite employée à plusieurs reprises dans ses courriels).

J'ai dans un premier temps écrit cette scène du seul point de vue de Samira puisque c'est elle qui me l'a racontée en premier.

Il manque, bien sûr, la version des faits par Amel. Pour corriger ce manque, je propose à celle-ci, fin août 2017, un rendez-vous dans notre café parisien habituel pour parler du livre qui se termine, de son architecture et de sa problématique générale. Lors de la discussion, je fais dériver notre échange du moment sur cette scène du repas de ramadan telle qu'elle m'a été racontée par Samira. Amel valide globalement la description que je lui rapporte, tout en prenant bien soin d'insister sur le caractère, à ses yeux, insupportable, de l'accusation portée contre elle par Samira dans la voiture de Nadia. Amel valide le fait qu'il y a bien eu, de sa part, dans le « toi, tu ne jeûnes pas » un caractère de représailles contre Samira. La seule divergence sur les faits porte sur la présence ou non de leur mère lors de cet échange : Samira l'affirme dans sa version, Amel le nie, Samira confirme quelques jours plus tard sa propre version, sans vouloir en faire toute une « histoire ».

Peu importe finalement, l'essentiel est sans doute de comprendre l'arrière-fond de ce conflit entre les deux sœurs. Amel suggère quelques pistes intéressantes en replaçant ce conflit violent – la brouille entre les deux sœurs a duré six mois et elles se sont réconciliées depuis – dans l'histoire longue de leurs rapports. Dans la vision d'Amel, Samira incarnait celle qui, comme aînée de la fratrie, perpétuait à Paris l'héritage religieux (traditionnel) de la famille. Elle a été pendant des années celle qui organisait régulièrement, chez elle, le repas de rupture du jeûne. Y participaient son mari, Areski (qui jeûne encore aujourd'hui), Nadia et Amel, et de temps en temps Leïla (dont le compagnon, ouvrier qualifié et délégué d'atelier, ne jeûne pas). Or, depuis un an ou deux, Samira semble avoir pris ses distances avec ses obligations religieuses les plus rituelles, dont le ramadan. Au moment même où précisément Amel, pour des raisons qui lui appartiennent (et qu'elle ne souhaite pas nécessairement dévoiler), semble se rapprocher de la religion et rejoindre ainsi objectivement le groupe de ces deux autres sœurs cadettes (Dalila et Nadia).

Pour mieux comprendre cette scène, il faut revenir sur l'histoire d'Amel et mentionner le fait que, lors de notre premier entretien (25 juillet 2012), elle termine notre échange en disant que Nadia et Dalila la traitent en riant de « javellisée », c'est-à-dire passée de l'« autre côté », celui des Français, des « Blancs » et des « mécréants ». Amel apparaissait alors comme solidement arrimée au groupe des deux sœurs aînées (elle était présente avec celles-ci au débat à Monville). Elle est alors la cadette qui s'est incrustée dans le groupe des deux aînées qu'elle admire grandement, même si différemment. Cinq ans plus tard, Amel semble vouloir se détacher de l'emprise de ses aînées : elle cherche patiemment – et difficilement – sa voie, en quête d'autonomie. Mais elle n'est pas la seule, Nadia l'accompagne dans cette entreprise, comme on va le voir.

Petites surenchères religieuses, ici et là

Leïla me racontera, lors de nos différentes rencontres du midi, des épisodes sur la religion assez semblables, notamment dans ses rapports avec Nadia, la benjamine. Par exemple, un jour, cette dernière lui passe un coup de téléphone, la veille du ramadan, pour la prévenir – conformément à une pratique de plus en plus courante chez les partisans d'un islam rigoriste – que la période de jeûne commencera un jour plus tôt que celui annoncé par la mosquée de Paris. Elle lui suggère ainsi qu'il serait bon qu'elle suive elle aussi cette nouvelle norme religieuse, portée par la nouvelle génération de « musulmans ».

Lorsque je reviens avec Leïla sur cette question de la différence de générations dans la fratrie, j'évoque ce fameux repas de ramadan et ce conflit entre Amel et Samira. Leïla enchaîne et me raconte une scène comparable qui s'est passée la semaine précédente chez ses parents, à Sardan, où elle a terminé ses vacances d'été (2017). La veille de l'Aïd-el-Kebir, les jeunes musulmans de Sardan organisent désormais une journée de jeûne. Aux yeux de Leïla, ils font du « zèle » en matière de rigorisme sur le modèle des nouvelles sectes religieuses. Nadia, qui n'est pourtant pas une « puriste » en matière religieuse – par exemple, elle ne fait pas les cinq prières –, participe peu ou prou de ce mouvement. Ainsi quand Nadia arrive, le jour dit, au domicile familial et qu'elle retrouve ses parents et Leïla dans le salon, elle demande, de manière un brin comminatoire, à ses parents s'ils jeûnent. Sa mère, comme prise en faute, répond par l'affirmative en se soumettant à cette nouvelle norme imposée par sa fille, tandis que son père, que Leïla décrit alors comme embarrassé, diffère quelque peu («ça dépend de ma santé, etc.»). Quant à Leïla, mise ainsi sur la sellette par Nadia devant ses parents, elle fait comprendre à cette dernière, sans trop de ménagements, qu'elle a autre chose à faire, sans compter qu'elle doit le soir même prendre la route (400 kilomètres à faire) avec son fils. Elle indique par la même occasion à ses parents qu'elle privilégie la sécurité routière à cette nouvelle norme religieuse que Nadia a cru bon de devoir introduire au domicile de ses parents. Leïla clôt ce point de la manière suivante: désormais il faut «donner des gages à la communauté».

Ce jour-là, la description par Leïla de cette scène familiale lui fait aussitôt penser, par association d'idées, ce qui se passe alors – on est au début septembre 2017 – à son travail à la Mission locale: «En ce moment, c'est de la folie avec les Rohingyas de Birmanie [musulmans de Birmanie persécutés par le pouvoir militaire]... ils [les jeunes de la Mission locale] sont tous branchés dessus sur les réseaux sociaux... Erdogan [Recep Tayyip Erdogan, président turc], qui les a défendus, est devenu leur grand homme», dit-elle avec ironie car elle-même est très critique par rapport au régime politique autoritaire qui s'est installé en Turquie.

Cet épisode lui fait mesurer une nouvelle fois le fossé générationnel qu'elle voit chaque jour se creuser à son travail, entre sa propre génération sociale et celle des 20-30 ans qui a grandi dans les cités paupérisées de Seine-Saint-Denis. Pour l'illustrer, Leïla prend l'exemple d'un incident qui a visé quelques jours auparavant l'une de ses collègues de travail. Celle-ci, à peu près du même âge qu'elle (et «juive séfarade», me précise-t-elle), porte un petit pendentif avec une étoile de David. Lors de la semaine qui a précédé notre rencontre, un jeune garçon de vingt-quatre ans (que Leïla décrit comme «maghrébin») à qui cette collègue a supprimé les 480 euros mensuels de la «garantie jeunes» – il se soustrayait à toutes ses obligations, manquant tous ses rendez-vous – s'est violemment emporté contre cette dernière. Il est, dit Leïla, «monté sur ses grands chevaux», a insulté tout le monde, a menacé cette conseillère de représailles physiques, etc. «On l'a vite calmé», conclut-elle. Cependant, Leïla a été surprise, choquée même, d'entendre une de ses jeunes collègues de travail (la trentaine, d'origine algérienne) dire à celle qui a été victime de l'agression verbale, comme s'il s'agissait d'une évidence: «Mais tu devrais enlever cette étoile de David... Il va t'arriver des ennuis.» Comme si, à ses yeux, c'était le port de ce discret signe religieux de judéité qui posait problème et non pas le comportement véhément et agressif du jeune en question. Leïla me dit alors qu'avec deux de ses collègues de la même génération (algériennes ayant quitté leur pays lors de la décennie noire pour fuir la violence et l'intégrisme religieux) elles ont «recadré» leur jeune collègue. Elles lui ont patiemment expliqué qu'il ne fallait pas inverser les rôles: le «coupable» n'est pas celui qui porte paisiblement un attribut de sa judéité, mais bien le jeune dont le comportement n'est pas sans relents antisémites.

Les propos de cette jeune collègue qui est, dit-elle, «bien dans la culture de cité», ont heurté Leïla parce qu'ils lui apparaissent symptomatiques: d'une part, de la banalisation de propos et d'attitudes «antisémites» chez une partie du public des jeunes les plus fragiles et «paumés» de la Mission locale et, d'autre part, de la passivité à ce sujet de certains membres de l'institution. Pour Leïla, le fait d'être depuis son adolescence acquise à la cause palestinienne ne l'empêche pas à son travail de protéger, avec ses collègues algériennes, leur collègue séfarade («elle, au travail, il ne faut pas y toucher!»). Comme si, en ce lieu, une sorte de cordon sanitaire avait été tracé par les «anciennes» de la Mission locale pour la protéger de toutes les formes d'expression, latentes ou manifestes, d'antisémitisme à son égard. Car, pour Leïla et ses collègues de la même génération, la lutte contre le racisme ne se divise pas; elle concerne, sans restriction, toutes les minorités religieuses ou «raciales» en France.

Empreintes générationnelles dans la fratrie

Dans la famille Belhoumi, le rapport à la religion des sœurs aînées et cadettes illustre particulièrement bien la différence générationnelle entre les deux groupes féminins de la fratrie. Comment en rendre compte? Le premier facteur qui vient à l'esprit est de type démographique: l'écart d'âge séparant l'aînée (Samira) de la benjamine (Nadia) est de seize ans. Le second facteur, plus important encore, renvoie au mode de socialisation générationnelle et à la différence des contextes sociaux dans lesquels les deux fractions de la fratrie féminine ont grandi: la même cité HLM, mais pour les aînées dans les années 1970-1980 et pour les cadettes au cours des années 1985-2005. Cette différence de contexte – économique, social, politique et religieux – des jeunesses vécues par des deux branches féminines de la fratrie apparaît comme capitale. Elle se traduit par des modes de socialisation très contrastés qui ont, eux-mêmes, fabriqué des «communautés d'empreinte[4]» spécifiques, qu'il est facile de repérer dans les manières d'être, de sentir et de parler des deux groupes féminins de la fratrie.

Il s'agit d'explorer ici les logiques sociales qui sont à l'œuvre dans la production de cette différence générationnelle. Certes, on pourrait objecter que cette différence de générations dans la fratrie vaut aussi pour les garçons: par exemple, Mounir, le dernier garçon (né en 1981), est certainement plus proche en termes de génération sociale de ses sœurs cadettes que de ses sœurs aînées. Cependant, la différence générationnelle entre les deux groupes de filles de la fratrie est en quelque sorte plus nette sociologiquement. Dans un texte rédigé avec Olivier Masclet[5] qui cherchait à donner un éclairage sociologique aux émeutes de 2005, nous avions insisté sur l'opposition entre deux générations sociales dans le groupe des enfants d'immigrés algériens en France: d'une part la génération des Beurs, largement produite par un événement marquant et structurant, la Marche pour l'égalité des droits et contre le racisme de 1983; d'autre part, la génération de cité, produite quant à elle par le phénomène massif de la ségrégation sociospatiale et ethno-raciale de la France des années 1990-2005.

C'est cette opposition – idéal-typique – de ces deux générations sociales que nous avons aussi observée au sein de la fratrie Belhoumi. Nous l'avons déjà illustrée à travers le rapport à la religion, mais elle pouvait se lire à travers bien d'autres indices, notamment dans le rapport au travail. On a déjà vu à quel point Samira et Leïla continuent d'avoir un ascendant moral sur leurs sœurs. Elles ne se privent pas de l'exercer plus ou moins consciemment. Par exemple, un reproche qui est revenu constamment dans la bouche de Samira et Leïla est celui du moindre investissement au travail de certaines de leurs cadettes (Dalila et surtout Nadia). Dans la relation d'enquête avec Samira, j'ai plusieurs fois noté chez elle des remarques ironiques, voire acerbes sur l'absentéisme larvé de Nadia ou sur ses différentes manières de « se défiler » au travail.

Si Samira est si sensible à cette question, c'est aussi parce qu'elle voit chaque jour, à l'hôpital, la dégradation des conditions de travail, des situations de plus en plus fréquentes de *burn-out* professionnel chez le personnel soignant de l'APHP. En comparaison, le travail de sa sœur infirmière (Dalila) dans un centre médico-social (de type municipal) avec des horaires de bureau (9 heures-12 heures, 14 heures-16 h 30) lui paraît « tranquille » et ne pas devoir susciter un quelconque type de plainte. Quant aux multiples stratégies que développe Nadia depuis le début de sa vie active (à Pôle Emploi) pour « gruger » au travail en se mettant à ses yeux trop souvent « en maladie », elles suscitent chez Samira et Leïla la même condamnation morale sans appel.

Pour résumer le sentiment des aînées, « on ne triche pas au travail ». L'importance du travail « bien fait », quelle que soit la tâche à réaliser, a été, chez les aînées, une valeur intériorisée de manière si forte que tout manquement à ce sujet de la part de leurs sœurs cadettes leur paraît comme le résultat d'un « raté » éducatif de leur part et aussi peut-être comme une sorte de petite trahison à leur égard. Seule Amel échappe aux remarques critiques des aînées tant elle s'est glissée dans le même moule que celui de Leïla dans son rapport au travail « dans le social » : par exemple, elle n'a jamais compté ses heures quand elle était assistante sociale à Paris.

Pour illustrer ce conflit de valeurs au travail entre aînées et cadettes, lisons ce courriel de Samira qui met en rapport des situations professionnelles dans son propre travail et l'attitude de Nadia dans son métier :

> L'une de mes collègues a été déclarée inapte par le médecin du travail... Je lui ai dit d'aller le voir car elle pleurait tous les jours quasiment... Elle n'arrive pas à prendre de la distance par rapport aux remarques du directeur... Mon hypothèse est qu'il [ce dernier] ne sait pas faire, d'où la violence symbolique dont, j'ose espérer, il n'a pas conscience... je crois que les psychos parlent « d'impensé »... Ce rapport qu'elle a au travail m'intrigue pour une femme qui est à trois ans de la retraite, c'est étonnant... Elle m'a confié qu'elle avait pensé se jeter sur les rails du métro le vendredi en venant au travail... Elle dit avoir le sentiment d'être « nulle » et, malgré son expérience, n'arrive pas à se distancier... Qu'est-ce qui peut permettre la prise de recul dans ces moments-là si ce n'est de s'extraire de l'espace de travail... Les modes de management actuels semblent plus toxiques pour nos aînés... Moi, je suis entre les deux. Les plus jeunes semblent avoir développé des mécanismes de défense en s'impliquant moins dans le travail... Quand je vois Nadia qui s'absente [au travail] pour un oui ou pour un non... Et ce que me racontent les cadres des jeunes infirmiers, je me dis que peut-être ils sont moins susceptibles d'être victimes « du travail empêché » puisqu'ils ont un rapport très « a minima » de leur travail... Enfin il y aurait tant à dire...
> (Samira, courriel, 24 mai 2015.)

Ce rapport au travail différent des aînées et cadettes peut opposer les sœurs, mais il ne peut pas faire l'objet d'un conflit ouvert entre elles. On peut penser que la présence de l'enquêteur sert plus ou moins d'adjuvant à ces petites récriminations des aînées contre leurs cadettes. Même si celles-ci ne sont sans doute pas sans fondement, il faut savoir qu'elles contribuent aussi à polir la meilleure image d'elles-mêmes auprès du sociologue (ce qui a été sans doute un des enjeux non-dits de l'enquête).

Les sœurs aînées, héritières de la génération de la Marche pour l'égalité de 1983

Pour comprendre le terreau social dans lequel ont grandi en France Samira et Leïla, il faut faire intervenir deux types de déterminants : le premier tient au contexte économique et social au sens large, le second au contexte spécifique de la situation des immigrés et de leurs familles dans cette même période succédant aux « Trente Glorieuses ». Lors de ces quinze ans (1975-1990), la crise économique et sociale exerce ses ravages dans la France industrielle du Nord et de l'Est, touche de manière privilégiée les emplois non qualifiés, la « force de travail simple », notamment les travailleurs immigrés qui avaient été recrutés en masse vingt ans plus tôt. Mais, malgré sa brutalité, la crise y est encore somme toute atténuée : la gauche arrive au pouvoir en 1981 avec une série de mesures sociales progressistes, des stabilisateurs économiques et sociaux sont encore en place (par exemple, l'autorisation administrative de licenciement n'est supprimée qu'en 1986), les mairies de gauche, notamment communistes, ont encore une offre de logements et de loisirs, les quartiers HLM de banlieue ne peuvent pas, malgré les processus de précarisation et de paupérisation qui frappent leurs habitants, être décrits comme des ghettos[6].

Samira et Leïla ont grandi dans une période historique où différents processus sociaux ont modifié en profondeur le rapport à l'avenir des familles immigrées et de leurs enfants et la manière dont ces derniers ont perçu le monde social. En premier lieu, la fin du giscardisme sécuritaire (1977-1981), l'arrivée de la gauche au pouvoir (1981) et la Marche pour l'égalité des droits et contre le racisme (1983) se traduisent par la stabilisation des immigrés algériens en France (la carte de résidence de dix ans, 1984), la fin du « mythe du retour » pour cette communauté et le sentiment qu'un avenir s'ouvre dans ce pays pour cette génération (qui sera baptisée dans la presse « génération beur »). Le premier septennat Mitterrand a clairement incarné une rupture pour les immigrés et, même en l'absence de l'instauration du droit de vote pour les étrangers, une autre image de la France pour leurs enfants, notamment face à l'émergence en 1983-1984 du Front national. Dans le cadre d'une enquête (combinant entretiens approfondis et archives) que je mène par ailleurs depuis des années sur l'histoire sociale des enfants d'immigrés algériens (centrée notamment sur les années 1980), le moment de l'élection de Mitterrand en mai 1981 est apparu comme un événement très important

– un moment de joie et surtout d'intense soulagement – dans les familles algériennes enquêtées. C'est parfois le moment où l'on sable le champagne (ou un substitut), car les enfants d'immigrés, qui étaient alors menacés d'expulsion, se sentent autorisés à sortir de la semi-clandestinité dans laquelle ils vivaient. On a aujourd'hui oublié (du fait de la politique du Parti socialiste plus tard) que la peur du lendemain, l'appréhension des « autorités », la vive crainte de l'arbitraire des administrations et de la police avaient sans nul doute reculé pour les immigrés algériens dans cette période du premier septennat Mitterrand (1981-1986).

Or, à leur manière, Samira et Leïla sont de fait les héritières de la génération des Beurs. Elles avaient treize et dix ans au moment de la Marche et n'en ont qu'un vague souvenir, mais on peut faire l'hypothèse que toutes deux ont grandi et se sont construites dans cette sorte de parenthèse enchantée – un moment de desserrement de l'étau qui entravait jusque-là le destin des immigrés algériens – au cours de laquelle les enfants d'immigrés algériens sont parvenus à conquérir de « haute lutte » un droit de cité[7], à se faire reconnaître comme des citoyens légitimes dans un pays qui avait longtemps refusé d'officialiser leur existence collective. On pourrait ainsi dire qu'elles ont bénéficié du climat de tolérance qui a duré quelques années après la Marche de 1983. D'autre part, en matière de conditions de vie et de logement, cette période correspond à un moment où, jusqu'au début des années 1980, les quartiers d'habitat social (HLM) conservent malgré tout une certaine mixité sociale : les ouvriers français et les petites classes moyennes n'ont pas encore quitté (ou « fui ») les lieux, les groupes de copains ou copines dans lesquels grandissent les enfants d'immigrés restent encore composites (français, algériens, portugais, espagnols). Et ces quartiers HLM des années 1980, qu'on n'appelait pas encore « cités », ne sont pas totalement enclavés : des associations sont présentes et actives, des « militants de cité[8] » apparaissent, les contacts avec des adultes sont fréquents.

L'univers dans lequel les deux sœurs aînées grandissent est marqué par la pauvreté matérielle et les privations. Si elles peuvent dire aujourd'hui qu'elles n'en ont pas été si affectées ou meurtries que cela, c'est bien parce qu'elles n'ont pas senti que ce monde de leur enfance leur était « hostile ». Presque au contraire, le monde qui les entoure alors reste encore assez structuré par les valeurs propres aux milieux populaires, comme l'importance de l'effort au travail. Si la séparation entre « nous » (la cité, les jeunes des quartiers) et « eux » (les « bourgeois », les riches) existe bien dans les têtes, elle n'est pas totale et infranchissable, à cette époque-là : il existe des passerelles, des passeurs d'un monde à l'autre, tout particulièrement pour les élèves jugés « méritants ». Dans ce cadre où la ségrégation urbaine n'est pas encore trop prononcée, il n'est pas sans intérêt de remarquer la diversité des goûts musicaux de cette génération qui n'est pas encore marquée par le rap, celui-ci ne se diffusant largement en France qu'à la fin des années 1980. On peut illustrer cette ouverture sociale et culturelle des deux sœurs aînées en prenant appui sur un récit (par courriel) de Leïla répondant à ma demande de synthétiser ce qui a fait, à ses yeux, son appartenance à une « unité de génération[9] » :

> Concernant mes 15-25 ans, elle est plutôt importante cette décennie car elle me fait traverser le collège, le lycée, la fac de droit, l'IUT et enfin la fac de la rue des Saints-Pères [6e arrondissement, quartier chic de Paris]. Plein de souvenirs remontent : projet Devaquet, premières manifs, Mitterrand, Chirac... 2002... Mon introspection sur moi : la jeune fille d'origine algérienne, ma place dans cette société, comment gagner mon indépendance... C'est une décennie qui me fera traverser la France, découvrir ses régions et enfin, à vingt-trois ans, prendre le train pour la grande capitale... 15-25 ans c'est une période où je m'émancipe doucement et où je chéris les rencontres (amicales *of course*...). Je vais bosser un peu partout en banlieue où je rencontre de jeunes Parisiens beaucoup plus impliqués dans la vie associative et en politique... 22-25 ans, je me rends compte qu'il y a un champ des possibles et que je peux trouver ma place... Je crois que l'éducation populaire m'a donné une certaine culture et a forgé mon identité. Elle m'a permis de vraies rencontres, de belles rencontres (patronage laïque, Francas, l'IUT et son département des sciences sociales, l'animation de quartier, les sciences de l'éducation ensuite...). En fait, pour moi c'est [trois périodes] :

> 15-18 ans, 19-21 ans et enfin 22-25 ans... J'ai eu la chance de croiser le chemin de certains de mes pairs... Mais ma période à l'IUT m'a complètement changée car, enfin, je mettais des mots sur mon identité... Je lisais enfin Fanon, Bourdieu, Foucault, Freud et tant d'autres... Je ne sais pas si ça répond un peu à votre question mais je vous écris sans brouillon...
> (Leïla, courriel, 24 juin 2017.)

En tant qu'héritières de la génération de la Marche, Samira et Leïla sont aussi fortes de cette histoire sociale et politique des années 1970-1980. On pourrait dire qu'elles ont touché collectivement les dividendes moraux et symboliques de la lutte menée par leurs prédécesseurs, notamment tous ces « militants de cité » qui – aidés aussi par ce qui s'appelait alors les « forces de gauche » (syndicales, associatives politiques, etc.), même si de manière compliquée et fortement conflictuelle – ont réussi par leur combat politique à faire reconnaître la légitimité des enfants d'immigrés maghrébins à exister socialement et politiquement dans leur pays, la France. Cette lutte sociale et politique des « Beurs » a contribué à l'édification de ce socle mental chez les deux sœurs aînées qui leur a permis d'affronter les diverses épreuves de leur existence et de sans cesse montrer l'exemple au restant de la fratrie. La situation a assez fortement changé pour la deuxième branche féminine de la famille.

Les trois cadettes dans l'orbite de la « génération de cité »

Les trois sœurs cadettes ont grandi dans les années 1985-2000 dans une France qui connaît une forte dépression économique et sociale (malgré la parenthèse du gouvernement Jospin de 1997) et qui est surtout marquée par une profonde aggravation de la ségrégation sociospatiale et ethnique, attestée par toutes les grandes enquêtes sur ce sujet[10]. Celle-ci, couplée avec une politique de sécurité publique qui a abandonné dans les quartiers toute perspective de prévention (ce qu'on a appelé la fin de la « police de proximité »), a débouché presque mécaniquement sur ce grand événement qui a été une véritable césure dans l'histoire sociale de notre pays: les émeutes urbaines (ou rébellions urbaines) d'octobre-novembre 2005. En ce sens, les trois sœurs cadettes appartiennent objectivement à ce qu'on a cru pouvoir appeler la «génération de cité». Celle-ci est, bien sûr, composite et différenciée à titre principal par les trajectoires scolaires de ces membres. Mais il n'empêche: il existe des effets d'imprégnation de ce qu'on peut quand même appeler une «culture de cité» (et notamment de son langage dominant, la langue de cité) sur l'atmosphère sociale et culturelle dans laquelle ont vécu les membres de cette génération. D'où la nécessité de revenir sur la spécificité de la socialisation – scolaire, résidentielle, amicale, etc. – des trois sœurs cadettes.

En premier lieu, celles-ci ont grandi dans un quartier qui s'est paupérisé et a été classé en 1989 comme DSQ (Développement social des quartiers) et depuis traversé de manière épisodique par des «flambées de violence». Ce quartier de la Citadelle comprend davantage de ménages vivant de l'aide sociale, de familles monoparentales, de chômeurs, de familles immigrées déstabilisées. Par exemple, l'immeuble HLM des Belhoumi, autrefois habité majoritairement par les classes populaires «respectables», a changé de population dans les années 1990. La première «émeute urbaine» survenant à Sardan a lieu en 1992. De ce fait, les cadettes ont grandi au cours des années 1990 dans un environnement local plus «dur» – avec notamment une omniprésence de la drogue dans le quartier –, où les relations sociales se tendent et où la «masculinité agressive[11]» des garçons en voie de relégation scolaire se fait plus présente. On en veut pour preuve le témoignage d'Amel qui évoque au tout début de notre premier entretien cette question de la drogue, «sous ses yeux» dans le quartier de la Citadelle:

> – Amel: Je me suis intéressée beaucoup, en début d'école [d'assistantes sociales], sur la toxicomanie et sur le pourquoi... J'observais quand j'étais petite [au début des années 1990] et j'ai encore l'image qu'il y avait plus de garçons qui étaient attirés vers la toxico, enfin vers les drogues... Et je me demandais pourquoi les filles, nous, on était plutôt studieuses et plutôt assidues à l'école... Et je me suis dit: il y a bien forcément une raison quelque part...

Du coup j'ai beaucoup bouquiné et je me suis retrouvée sur des formations là-dessus, en ethno-thérapie, avec un ethno-thérapeute... Lui, il m'a passé beaucoup de livres. Et il y avait une étude, je ne sais plus de qui, où c'était vraiment flagrant: pour les premiers garçons de la première [seconde] génération, c'était soit la délinquance, soit la toxicomanie... Et, du coup, je me dis: « Ah ! bien ! Enfin une explication ! » Parce qu'il y a eu beaucoup de propos sur les garçons maghrébins: ils sont délinquants, ils sont toxicomanes, ils sont tout et n'importe quoi... Ils sont tout le contraire des jeunes filles qui, elles, peuvent aller s'insérer, peuvent être studieuses, peuvent réussir à la Rachida Dati contre son frère qui a été [délinquant]... voilà.
– SB: Je n'ai pas trop parlé de ça avec Samira et Leïla, mais la Citadelle, c'était un quartier qui était vraiment touché par ça ?
– Amel: Non, mais moi je voyais les grands, j'en voyais certains complètement [défoncés]... Nous, on a eu la particularité d'être à l'école [primaire] pas en plein milieu du quartier mais d'être un petit peu dans celle qui était excentrée [...]. Mais moi, à la sortie de collège, je les [les garçons] voyais dans les espèces de trucs en train de s'échanger des choses. Une fois je revenais du sport très tard avec les copains du quartier et je passe par le derrière de l'immeuble, j'en vois un qui joue aux cartes et un qui se pique... Et c'est vrai que j'ai dû aller le dire à mon grand frère qui est descendu et qui les a [secoués]... C'est arrivé deux ou trois fois... Mais vraiment, pour moi, la toxicomanie, enfin la drogue, c'était les garçons... Je n'avais jamais pris conscience que la drogue ça pouvait être les filles avant [...]. [Le dealer] c'était perçu comme un peu le mauvais, celui qu'il ne faut pas trop regarder, celui qu'il ne faut pas trop accrocher et on savait que les aînés de telle famille étaient [là-dedans]... Alors c'est marrant parce que la pudeur de la société disait qu'ils étaient fous alors que ce n'était pas du tout ça ! On voyait qu'ils étaient très maigres, ils avaient les stigmates de la toxicomanie mais moi je sais *de visu*, et on le sait tous *de visu*, lequel, fils aîné de telle famille a été [toxico]... Et on peut les voir parfois se balader à Sardan... Au collège, j'en ai vu. J'en ai vu puisque l'époque où on commençait avec le cannabis, on avait beau être dans un quartier, on n'avait jamais vu... Mais là je voyais certains garçons à l'école complètement *stoned*...
(Amel, entretien, 24 juillet 2012.)

Outre cet effet de socialisation résidentielle, il faut rappeler que les trois sœurs cadettes ont été scolarisées dans les écoles et collèges du quartier qui sont devenus plus homogènes socialement, avec des enseignants dont Dalila et Nadia disent – l'enquête serait à mener sur ce thème et mériterait une confirmation par des preuves – qu'ils ont semblé globalement moins impliqués que leurs prédécesseurs dans leur travail d'instruction et d'émancipation des « petites immigrées ». Les propos des trois cadettes sur leur scolarité et leurs conditions de vie dans l'enfance dessinent un paysage mental qui a été bien résumé par l'expression de Robert Castel de « discrimination négative[12] ».

En conséquence, les trois sœurs disent toutes avoir assez souffert d'avoir porté tôt cette étiquette – « habiter la cité de la Citadelle » –, même si elles habitaient un petit immeuble situé à l'écart des grandes tours « à problèmes » du quartier. Elles n'en ont pas non plus été indemnes, en particulier dans leur manière de parler. Samira, qui veille particulièrement au grain à ce sujet qui lui tient à cœur (le « bien parler », respecter la langue française), s'aperçoit peu à peu lors de ses retours fréquents chez ses parents que ses sœurs cadettes, devenues adolescentes au début des années 2000, ne parlent pas « bien », commencent à parler comme des filles « de cité », se mettent à introduire des mots « arabes » dans leur conversation[a]. D'où tout un travail de la part de la sœur aînée, mené à distance, pour les remettre dans le « droit chemin », les sortir du quartier, les inviter à Paris, leur faire découvrir d'autres univers que leur cité. Cette attitude de Samira prend tout son sens dans le cadre de la pente ascensionnelle qui est la sienne, du statut social (cadre de santé) et résidentiel (elle habite Paris *intra-muros*) qu'elle est parvenue à conquérir, alors que ses sœurs cadettes n'en sont qu'au début de ce processus de mobilité sociale ascendante. Il existe une forte diversité dans les formes et degrés d'acculturation aux classes moyennes[13].

---

a On ne peut pas exclure le fait que Samira porte sur ses sœurs cadettes le regard de l'adulte qu'elle est devenue, qui a appris à « bien parler ». Mais on peut aussi se dire que le langage de cité a acquis une bien plus grande force d'imposition au fur et à mesure que la ségrégation sociale et ethnique s'est accentuée en France à partir du début des années 1990.

Cela dit, la différence de pratiques culturelles entre sœurs aînées et cadettes est patente : d'une part, deux parmi les trois cadettes n'ont pas cette même appétence pour la lecture et la culture, sont entrées plus tôt dans la carrière matrimoniale (premier enfant à vingt-neuf ans pour la sixième et vingt-sept ans pour la petite dernière). Le cas de Nadia, la benjamine de la fratrie, est en l'occurrence particulièrement instructif, notamment pour comprendre les tensions engendrées par sa volonté de sortir du quartier. Au moment d'entrer au lycée, elle évite le lycée du secteur (où elle aurait retrouvé ses amis de la cité) et choisit un lycée du centre de la grande ville bourgeoise proche. Mais durant ses quatre ans au lycée, elle va continuer sa relation (entamée en fin de collège) avec un jeune de quartier jugé localement comme « peu recommandable ». Au cours de cette période, elle ne va cesser d'osciller entre ces deux groupes : son groupe d'appartenance (les amis de quartier) et son groupe d'aspiration, ses copines des beaux quartiers inscrites comme elle dans la filière littéraire du lycée. Au cours de ses années de lycéenne, elle se cherche, se dit athée, travaille peu scolairement, se met peu à peu à fumer tous les jours du shit (fourni gratuitement par son petit copain d'alors avec lequel elle ne parvient pas à rompre), redouble son année de terminale. Ses parents, vieillissants, n'ont plus de prise sur elle, appellent à l'aide les grandes sœurs qui, toutefois, sont trop loin et se sentent démunies pour agir et contrer les effets délétères de la socialisation de cité. L'été qui suit l'obtention de son bac, Nadia, rompt enfin avec son ami de quartier, cesse de fumer, se rachète une conduite, refait de l'animation, réussit à entrer en IUT de carrières sociales où elle fait la rencontre d'un fils d'immigrés marocains, très posé, très croyant aussi, avec lequel elle développe une relation sentimentale qui la rassérène beaucoup.

Le « féminisme pratique » comme facteur d'unité transgénérationnelle

Pour conclure ce chapitre, il convient, après avoir mis l'accent sur les différences de générations dans la fratrie féminine, de ne pas trop les exagérer, de garder le sens de la mesure. Ce serait tordre le bâton dans l'autre sens que d'insister sur ce seul point. Si la fratrie féminine a été traversée par des conflits (en partie alimentés par l'enquête elle-même, en son sein), elle a pour caractéristique première d'être avant tout profondément unie : bien sûr par leur vie commune dans l'appartement familial, par la traversée des mêmes événements et des mêmes épreuves, le lien éducatif très puissant qui s'est établi entre aînées et cadettes, mais aussi par le partage de mêmes valeurs qui ont été acquises et conquises en France et dont certaines ont été aussi, non sans contradictions, transmises par leur mère. Parmi ces valeurs cardinales, l'instruction, la quête de l'émancipation, l'égalité hommes-femmes et le respect dans la vie de couple de l'égalité des tâches.

Ce dernier point importe bien évidemment. À la suite d'un exposé de cette étude de cas lors d'une conférence au Musée de l'histoire de l'immigration le 6 janvier 2016[a], une auditrice m'a posé une question (plus que légitime) sur le rapport au féminisme des deux sœurs aînées. Je ne l'avais pas abordé spécifiquement dans mon exposé et j'avais répondu sur le moment qu'elles ne se revendiquaient pas en tant que telles comme « féministes » mais que tout, dans leur histoire comme dans leur comportement, me faisait penser qu'elles l'étaient bel et bien, et même profondément. J'ai alors, dans ma réponse orale, employé le terme de « féminisme en acte ». Le soir même, je rends compte par courriel de cette soirée (à mes yeux importante) à Samira et Leïla et reprends cette question de l'auditrice en formulant la réponse que je lui ai faite sur le vif (le « féminisme en acte »). Je leur demande si celle-ci était « bonne » et si elle leur semble correspondre à ce qu'elles ont vécu. Samira répond aussitôt :

> Féminisme en acte, c'est tout à fait ça !
> (Samira, courriel, 12 janvier 2016.)

Leïla répond quant à elle ceci :

---

a À l'invitation de l'historienne Marianne Amar, directrice de la recherche au Musée, que je tiens à remercier ici chaleureusement.

> Je ne sais pas si j'ai vraiment conscience de ce rôle féministe, j'ai surtout voulu m'affranchir de beaucoup de tabous de la culture arabo-musulmane mais sûrement que mes rencontres avec des personnes issues de l'éducation populaire (Cemea, Francas, syndicalistes, patronage laïque, les communistes...) m'ont forgée dans ce sens.
> (Leïla, courriel, 12 janvier 2016.)

On doit bien sûr distinguer entre le féminisme (pratique) des aînées et celui des cadettes. Pour aller vite, celui de Samira et de Leïla est un féminisme de conquête, qui s'est notamment constitué et affirmé lors des confrontations à la fois fréquentes et dures – au moment de leur adolescence – avec leurs parents, mais surtout avec leur mère. Il a été aussi nourri par les scènes vues au domicile familial à un moment où les relations entre leurs parents étaient souvent tendues, conflictuelles et parfois empreintes de violence[a]. Le « féminisme » des cadettes – je ne sais même pas si ce terme serait repris par elles – est tout aussi pratique, mais forgé dans d'autres circonstances historiques et familiales. Il est surtout, pour elles, un héritage éducatif qui leur a été légué au quotidien par l'exemple de leurs sœurs aînées, tant dans leurs conduites propres que dans leurs propos ou les diverses lectures qu'elles leur ont proposées. Sur ce sujet, on doit rappeler une dernière fois l'importance des expériences sociales que les cadettes ont tirées de leurs séjours d'été là-bas. Ce temps des « vacances au bled[14] » n'est pas vide socialement, bien au contraire. C'est le moment où elles sont confrontées en pratique à la question de la gestion d'une nouvelle identité sociale : non plus celle de « filles d'immigrés » comme en France, mais celle de « filles de France » avec un regard porté sur elles par les autochtones (les Algériens d'Algérie) qui n'est pas toujours bienveillant – pour employer une litote – et toujours très sourcilleux.

a Lors de la première décennie de vie commune en France, les rapports au sein du couple parental ont pu être tendus et parfois violents selon Samira, qui estime que le premier pèlerinage à La Mecque de son père (en 1989) l'a transformé et considérablement rasséréné et adouci.

*
**

Il s'agissait dans ce chapitre de réinscrire la pratique religieuse des enfants Belhoumi dans une histoire plus longue, à la fois sociale et générationnelle. Alors que pendant longtemps a prédominé dans la famille, sous la houlette du père, la pratique rituelle et souple d'un islam traditionnel, les filles cadettes, en devenant jeunes adultes, ont cherché à imposer une nouvelle norme religieuse dans le cadre de la petite lutte symbolique qui les oppose à leurs sœurs aînées. On a ainsi pu apercevoir comment la montée de l'islam dans les nouvelles générations d'enfants d'immigrés a pu se réfracter par moments dans un espace familial singulier. Cependant, cette lutte autour des usages de l'islam dans la fratrie doit être resituée dans un cadre bien plus large (permis ici par la taille de la famille et l'écart d'âge entre l'aînée et la cadette) : celui de la différence nette entre les générations sociales d'enfants d'immigrés, qui sont elles-mêmes le produit de quarante ans d'histoire sociale française.

Épilogue

Novembre 2017 : où en sont les enfants Belhoumi un peu plus de cinq ans après le début de cette enquête ? La situation des membres de la fratrie, telle qu'elle apparaissait en juin 2012, pouvait donner l'impression d'une « famille immigrée modèle », comme l'illustrait alors la convergence des indicateurs suivants : pour les cinq filles, études supérieures réussies et accès aux classes moyennes ; « plein emploi » dans toute la fratrie ; métiers choisis pour la plupart des enfants Belhoumi avec, sinon le « bonheur au travail » pour tous, du moins un investissement professionnel avéré ; mariage, enfants et vie conjugale stable pour cinq d'entre eux ; enfin, sentiment d'avoir malgré tous les obstacles « fait leur place » en France, d'être bien chez eux, dans « leur pays », comme le montrait *a contrario* l'emploi fréquent dans le milieu des immigrés algériens de Sardan d'un qualificatif qui visait la famille Belhoumi et qui était censé la discréditer : celui de « Français ».

Il se trouve que, dans les discussions qui suivaient la présentation de ce travail de recherche dans divers lieux institutionnels[1], l'objection qui m'était souvent faite tournait autour de la singularité des Belhoumi : « mais votre famille est trop parfaite... », « c'est trop beau pour être vrai », « vous l'avez trop bien choisie, cette famille... », avec comme question adjacente (qui sera discutée dans la conclusion du livre) celle des conditions de la généralisation de cette étude de cas.

Or la belle façade que pouvait offrir la famille Belhoumi en juin 2012 s'est peu à peu lézardée lors de ces cinq années. Pour en rendre compte, il faut faire intervenir deux séries de facteurs indépendants : l'un concerne la dégradation accélérée des conditions de travail dans le secteur tertiaire et les métiers à statut, l'autre renvoie aux effets en cascade des attentats terroristes ayant eu lieu en France depuis janvier 2015.

En premier lieu, la vie au travail est devenue plus difficile et anxiogène pour les cinq sœurs qui, comme tous les salariés travaillant aujourd'hui dans les métiers de la santé et du social, ont été durement touchées par les réformes portées par le nouveau management public. Samira, socialement la plus haut placée dans la famille, et qui est aussi la plus protégée par son statut, n'en est pas moins exaspérée par la forte dégradation des conditions de travail dans l'hôpital public et par l'aveuglement en son sein des tenants du nouveau management public. Elle cherche désormais, à quarante-sept ans, des portes de sortie soit du côté du *consulting* « intelligent », soit du côté d'une thèse en psychologie du travail, après avoir soutenu brillamment en juin 2017 un master 2 en psychologie du travail au Conservatoire national des arts et métiers (Cnam). Leïla, quant à elle, non seulement supporte de moins en moins l'ambiance qui règne dans son travail à la Mission locale, mais se retrouve désormais à couteaux tirés avec sa hiérarchie. Lors d'un rendez-vous avec le nouveau président de sa structure, elle s'est vu signifier par lui une série de reproches qu'elle n'a pas acceptés et encore moins « digérés ». Elle a eu l'impression que sa qualification avait été balayée d'un revers de main par son interlocuteur, qu'elle juge, outre brutal, foncièrement incompétent et illégitime. Comme cette entrevue n'avait pas de fonction d'entretien d'évaluation mais qu'elle en a pris assez vite la tournure, Leïla s'est défendue bec et ongles. Elle a d'elle-même interrompu l'entrevue, en demandant l'assistance de son syndicat, puis a écrit à sa directrice et aux élus pour leur demander justice et protection. Cet épisode a laissé chez elle de profondes traces. Alors qu'elle œuvre depuis vingt ans, sans ménager sa peine et son temps, « pour la jeunesse des quartiers populaires » et qu'elle vit son métier comme une vocation, elle s'est sentie brutalement rabaissée et humiliée par des cadres municipaux « cocos » (du PCF qui tient encore cette ville de banlieue du 93), par ailleurs comme elle d'origine maghrébine[a]. Amel, qui faisait partie des trois sœurs rencontrées la première fois à Monville, a longtemps travaillé comme assistante sociale dans le 18e arrondissement de Paris (dans l'accueil des migrants). Mais récemment, en juin-juillet 2017, elle a fait un *burn-out* professionnel à la suite d'un conflit de travail, assez similaire à celui de Leïla, avec sa chef de service. Depuis septembre 2017, elle se « remplume » moralement dans un secteur qu'elle espère moins exposé et dur, en tant qu'assistante sociale dans deux collèges assez mixtes de l'Est parisien.

Quant aux deux autres sœurs revenues à Sardan, elles s'estiment, lors de la fin de l'enquête, loin d'être satisfaites de leur situation de travail. Dalila, élevant désormais seule sa fille, est plus que jamais aux prises avec des fins de mois difficiles : son salaire d'infirmière dans un centre municipal de santé ne suffit pas à son train de vie ; pour améliorer l'ordinaire, il lui arrive de plus en plus fréquemment de travailler en intérim certains soirs. En concertation étroite avec Samira, elle envisage de quitter le secteur public et d'opter pour exercer « en libéral ». Nadia, qui a toujours reconnu ne pas être vraiment à sa place à Pôle Emploi, envisage une reprise d'études au niveau master pour devenir un jour « psychologue du travail ».

Quant aux trois frères, ils restent sous la protection bienveillante de leurs sœurs aînées non pas tant en matière d'emploi – Rachid et Mounir ont eu des déboires professionnels (licenciement, échec dans leur création d'entreprise, etc.) mais ils parviennent toujours à se débrouiller et à « retomber sur leurs pattes », comme me le dit un jour Samira – que dans leur vie privée, notamment conjugale, qui s'est pour eux assez sensiblement compliquée. Azzedine ne parvient toujours pas à établir une vie de couple stable et commence, à trente-huit ans, à s'en désoler. Rachid et sa femme ont traversé en 2016-2017 une forte zone de turbulences mais, après bien des rebondissements, le

a À la suite de la lecture du chapitre 8 sur sa socialisation *via* les militants communistes du PCF de Sardan, elle me dira lors de notre rencontre pour en parler : « Je ne dirais plus ça comme ça aujourd'hui… Il ne faut plus trop me parler des communistes en ce moment avec ce que je vois dans la ville où je bosse. »

couple a *in fine* résisté. Ce qui n'a pas été le cas pour Mounir qui, après quinze ans de vie de couple et l'arrivée de deux enfants, a rompu les amarres (au grand dam de son père...) en se mettant en ménage avec une autre femme, rencontrée à son travail.

Le deuxième facteur de déstabilisation à l'œuvre dans la fratrie Belhoumi est de type politique. Il renvoie, d'une part, aux effets puissants des attentats terroristes en France et, d'autre part, au désarroi de la gauche. On a vu que Leïla parlait de « tsunami » pour évoquer les attentats terroristes de Paris en janvier 2015. Ils ont effectivement produit de grosses vagues déferlantes et un puissant ressac. La suspicion contre les Algériens (rappelons que les Merah et les Kouachi sont d'origine algérienne) s'est renforcée, le rocher de Sisyphe que les enfants d'immigrés algériens tentent de hisser au sommet de la montagne appelée « intégration » n'a cessé au cours de ces deux dernières années de dégringoler au fil des attentats qui ont meurtri notre pays (*Charlie Hebdo*, Le Bataclan, Nice, le patron de l'Isère décapité, le prêtre Jacques Hamel mortellement poignardé dans son église de Saint-Étienne du Rouvray, les deux policiers de Magnanville assassinés chez eux par Larossi Abballa, habitant du Val Fourré, etc.). Pour les enfants Belhoumi, il faut, après chacun de ces attentats d'une extrême violence, être très solide mentalement pour faire face, affronter les amalgames, se tenir droit et surtout « ne pas craquer ». La pression est particulièrement forte pour tous les membres de la fratrie. Ils/elles n'ont pu que ressentir – au travail, dans la rue, sur le Net, etc. – de nouvelles formes d'hostilité et de rejet qui les visent, eux, comme « Maghrébins ». Il a fallu encaisser. Là aussi, c'est le cas davantage pour les hommes (les frères Belhoumi) que pour les femmes (leurs sœurs). Samira me raconte un jour une scène, à cet égard, extrêmement significative. Après être descendue, en mars 2017, à Sardan pour interviewer son père sur son histoire, elle revient le dimanche soir avec Azzedine qui conduit la voiture et lui demande ce que son père lui a raconté. Samira lui répond, entre autres choses, qu'il a dit que les immigrés algériens avaient été « traités comme des animaux » à leur arrivée en France. Azzedine, extrêmement affecté sur le moment, supplie sa sœur de ne pas poursuivre, de s'arrêter là, avec ses mots : « Moi, j'en peux plus ! », sous-entendu de cette atmosphère de haine et de racisme qu'il dit affronter trop souvent, à son travail à la RATP notamment[a].

Enfin, pour clore cet épilogue assez sombre, il reste à évoquer le refus de naturalisation (en fait, « réintégration dans la nationalité française ») de Mme Belhoumi (née française en 1952, devenue algérienne en 1962) par la préfecture de son département en 2012 et 2014. Elle avait pourtant des arguments importants à faire valoir : trente-cinq ans de vie en France, l'insertion professionnelle réussie de ses huit enfants, de bons et loyaux services dans l'Éducation nationale, une très bonne maîtrise de la langue française, etc. Si une personne remplissait parfaitement les critères pour être « naturalisée », c'était bien Mme Belhoumi. Or sa demande a été rejetée deux fois de suite (sur trois ans) par le préfet ! Motif : manque de ressources, « précarité financière » du couple Belhoumi. Samira et Leïla n'avaient pas cru bon de mentionner – dans la lettre d'explication de la demande de naturalisation – les dons mensuels des enfants à leurs parents qui avoisinaient le montant de 400 euros par mois, tant elles voyaient leur mère comme une parfaite candidate à la naturalisation. La bonne insertion professionnelle des huit enfants en France avait été un des principaux arguments avancés à l'appui de la demande de « naturalisation ». Cet épisode du refus par la préfecture de réintégrer Mme Belhoumi dans la nationalité française est depuis constamment rapporté comme une preuve de la fermeture et du raidissement de la France au cours des années

---

a En lisant par la suite l'intégralité de l'entretien de M. Belhoumi, transcrit par Amel, je m'aperçois que les propos de son père sont bien moins tranchés et plus équilibrés. Le racisme n'a pas été la seule expérience sociale qu'il a connue à son arrivée en France en 1971 – loin de là – comme le montre cet extrait : « Ils [les Français] étaient gentils, ils n'étaient pas racistes, on ne parlait pas français, ils prenaient le temps de nous montrer très patiemment comment travailler… "va chercher ça" tout doucement. Des fois, ils me demandaient de ramener une planche et je revenais avec une pierre [*rire*]. Ils nous apprenaient les métiers avec de la patience, à faire avec eux, les accompagner, accrocher les choses, etc. Ils étaient un peu gentils mais [*cherche ses mots quelques secondes*] nous étions de la main-d'œuvre comme des animaux, on ne comprenait pas la langue et eux, ils étaient un peu hautains, genre le ventre plein, rassasiés » (M. Belhoumi, 23 mars 2017).

2010, qui avait plutôt bien accueilli les époux Belhoumi dans les années 1970. Mme Belhoumi, qui se faisait une joie de (re) devenir « française », a dû déchanter et la douleur en a été vive pour elle comme pour tout le reste de la famille.

Conclusion

La question qui vient immédiatement à l'esprit du lecteur à la fin de cet ouvrage est la suivante : peut-on généraliser les résultats de cette enquête portant sur une seule famille ? Les processus sociaux mis au jour peuvent-ils être étendus à l'ensemble des familles algériennes ayant émigré en France ? Aux autres familles maghrébines (Maroc, Tunisie) vivant dans notre pays ? Ce sont autant de questions classiques en sciences sociales quand on réfléchit à l'intérêt – et aux limites – de ce qu'on appelle l'*étude de cas*. Il n'y a pas de réponse aisée et univoque à cette question cardinale des conditions et possibilités de « montée en généralité » dans ce type d'enquête. La seule chose avérée est que cette famille algérienne ne doit pas être considérée comme représentative (au sens statistique) de l'ensemble des familles immigrées algériennes de France. Ce qui ne l'empêche pas d'être représentative d'une « intégration » réussie dans la durée qui a été – on l'a vu – progressivement remise en cause, directement ou indirectement, au cours des années de l'enquête (2012-2017). En ce sens, le cas de la famille Belhoumi est bien « exemplaire » en ce qu'il condense un ensemble de processus qui « travaillent » le groupe des enfants d'immigrés algériens (et, par extension, maghrébins). Son histoire « accroche » des moments différents de notre pays, des conjonctures intégrationnistes ou désintégrationnistes, anciennes et plus récentes, des trajectoires genrées fortement différenciées, le tout dans un même ensemble familial. On y voit à l'œuvre une sorte de « groupe de mobilisation » porté par les deux sœurs aînées qui va néanmoins bénéficier, peu ou prou, à tous.

Pour éviter le risque de généralisation indue, il convient d'abord de souligner les similitudes entre les Belhoumi et les familles algériennes ayant émigré en France pendant la période dite des Trente Glorieuses, pour ensuite dégager ce qui fait la singularité de la famille étudiée ici. Parmi les similitudes, relevons les traits communs directement associés à la condition de « travailleur immigré » : à savoir le faible degré de scolarisation des parents, le statut social de « prolétaire » du père (fût-il ensuite « en invalidité »), la grande taille de la famille, une installation durable (on pourrait parler d'enracinement résidentiel) dans une cité HLM d'une banlieue ouvrière, le maintien de liens réguliers avec la famille en Algérie, la pratique paisible d'un islam traditionnel. Cependant, ce qui singularise fortement la famille Belhoumi dans le monde des immigrés algériens de la même génération en France tient à ce que leurs enfants ont tous été, depuis une vingtaine d'années, engagés – à des degrés différents – dans un processus d'ascension sociale, permis et encouragé par, d'une part, la forte attente des parents vis-à-vis de l'école et, d'autre part, l'espèce de « sécurité affective » qui régnait dans la famille. C'est sur ce processus de mobilité sociale intergénérationnelle qu'il convient d'insister avant d'explorer plus avant la portée politique de cette enquête et son inscription dans le temps long de l'intégration des « secondes générations ».

Les ressorts de l'ascension sociale

Qu'apporte cette approche monographique à la compréhension des divers processus de mobilité sociale, déjà mis en évidence par un certain nombre d'enquêtes statistiques et ethnographiques ? Cette étude de cas a permis de mieux saisir, par l'intermédiaire de trajectoires genrées au sein d'une même fratrie, des éléments de compréhension, contextualisés dans le temps, sur les mobilités sociales – intra et intergénérationnelle – de chaque membre de la fratrie, chose qu'une enquête statistique sur la mobilité sociale peut rarement percevoir[1].

L'enquête a souligné avec force le caractère déterminant de la certification scolaire, l'« arme du diplôme[2] » et l'importance des conditions de socialisation. Le suivi détaillé dans une même famille des parcours a fait apparaître les facteurs sociaux qui sont sous-jacents à la meilleure réussite scolaire des filles comme aux plus grandes chances d'échec à l'école des garçons. En d'autres termes, le « garçon arabe[3] » ne se caractérise pas seulement par ce que certains appellent son appartenance « raciale » ou son identité « racisée » (les guillemets s'imposent pour cet adjectif, devenu à la mode aujourd'hui en sciences sociales). Il a surtout comme forte singularité d'avoir plus de chances (au sens statistique) d'échouer – ou de bien moins réussir – à l'école que ses sœurs ou même que ses homologues masculins. S'il partageait auparavant (dans les années 1970-1990) cette infortune scolaire avec les fils d'immigrés portugais, il la partage aujourd'hui avec les enfants d'immigrés turcs ou sahéliens. Non pas du fait d'on ne sait quel atavisme ou quelle « culture » mais pour des raisons profondément sociales qui sont – comme on a pu le voir dans les deux premières parties du livre – étroitement liées à leur mode spécifique de socialisation (familiale et résidentielle) et d'éducation. L'enquête a ainsi mis en évidence la force des dispositions sexuées dans les familles algériennes : pour les filles, à la fois la vision de l'école comme la voie de salut et d'émancipation pour échapper à l'enfermement domestique promis aux femmes de la lignée, ainsi que l'effet « bénéfique » sur leur scolarité de la restriction de leur liberté de circulation. Elle a, à l'opposé, pu mesurer l'effet éminemment négatif des privilèges éducatifs accordés aux garçons dans leur enfance et adolescence. En même temps, elle fait aussi bien voir l'importance, dans les trajectoires ascendantes des sœurs aînées, des rencontres personnelles (les enseignants pour Samira, les animateurs pour Leïla) qui vont être autant de petits – mais pourtant décisifs – étais dans leurs parcours scolaires[4].

En outre, l'enquête a pu mesurer au sein de la fratrie féminine les petits écarts de réussite scolaire et de statuts sociaux qui existent entre sœurs aînées et cadettes. Même si des transformations ont pu s'opérer dans la famille et que les deux groupes de sœurs n'ont pas reçu strictement la même éducation familiale, il ne semble pas abusif d'imputer ces écarts dans la fratrie féminine à des facteurs de socialisation extrafamiliale (école, quartier, groupe de pairs, etc.). Le fait que les carrières des trois cadettes aient été un cran en dessous de celles de leurs deux aînées peut être légitimement mis en rapport avec la dégradation des conditions d'existence des classes populaires, l'affaiblissement depuis quinze à vingt ans des formes classiques d'encadrement (social et politique) de la jeunesse dans les cités. Ces différences de carrière et de statut dans une même fratrie autorisent en retour à poser ici la question des conditions sociales et historiques de possibilité de la mobilité sociale – c'est-à-dire les facteurs facilitant, *versus* ceux bloquant, le type de parcours «exemplaires» qu'incarnent ici les filles aînées.

Enfin, l'enquête a aussi permis de relativiser la force du diplôme par rapport à d'autres atouts moins débattus dans l'espace public, comme l'importance des solidarités familiales. Les trois frères peu ou non diplômés sont durablement «en emploi», et ont évité Pôle Emploi. Les sœurs aînées ont joué en ce domaine, on l'a vu, un rôle majeur. L'enquête illustre, à cet égard, le rôle essentiel de la redistribution dans la fratrie des petits capitaux accumulés en cours de route par les deux sœurs aînées au profit des cadets: capital informationnel (sur l'école et les ficelles qui mènent à l'emploi), capital économique (quand il a fallu les aider ponctuellement), capital culturel (accès aux livres et aux lieux de la culture), capital moral (quand les sœurs vont aider le frère aîné aux prises avec la police et la justice), capital professionnel (quand Leïla contribuera à placer Azzedine à la RATP), etc. Une grande famille, telle que celle des Belhoumi, avec deux sœurs aînées comme locomotives de la mobilité de la fratrie, en outre sans cesse consolidée et unifiée par le travail de mobilisation et de collectivisation effectué quotidiennement (ou presque...) par Samira, offre sans conteste des ressources collectives qui peuvent à moyen terme limiter ou contrecarrer les effets *a priori* négatifs de sa taille et de sa pauvreté économique.

Il reste à ajouter les effets propres, que je n'ai ici saisis qu'en creux, des diverses institutions sur les itinéraires sociaux et professionnels de cette fratrie. Si souligner le rôle central de l'école relève du truisme, mentionner l'effet différenciateur des générations d'enseignants sur les destins des enfants de milieu populaire l'est moins et mériterait en soi une analyse approfondie. De même, il faudrait veiller à ne pas réduire la différence des parcours garçons/filles aux seuls effets de la socialisation familiale et scolaire. N'oublions pas aussi le rôle marquant et profondément déstabilisant du racisme vécu – un racisme ordinaire ou institutionnel, en l'occurrence très sexué pour les enfants d'immigrés algériens. Ce n'est pas tout à fait un hasard si les deux sœurs aînées déclarent avoir très peu ressenti le racisme ordinaire alors que, dans l'expérience sociale de leurs frères, le racisme vécu – notamment au contact de la police ou dans les stades de football – est assez central dans leur existence sociale. Il a joué un rôle majeur dans leur plus difficile identification à « la France » ou aux « Français », à la différence des deux sœurs aînées.

Les enfants d'immigrés algériens : un groupe social clivé

Cette monographie familiale a fait apparaître, en même temps que ce processus tendanciel d'ascension sociale de la fratrie, la forte différenciation des destins sociaux en son sein. Celle-ci ne fait que refléter le clivage qui s'est progressivement constitué, au cours de ces vingt dernières années, au sein du groupe des enfants d'origine algérienne (et on peut dire ici, plus largement, maghrébine) que les débats publics ont toujours tendance à percevoir et faire percevoir – le plus souvent négativement – comme s'il s'agissait d'un bloc. Cependant, l'image sociale d'un groupe « à problèmes » n'est pas que le produit d'une « construction médiatique » ; elle résulte bien de la conjugaison d'un ensemble de faits sociaux établis par la statistique, comme leur surreprésentation chez les élèves en difficulté scolaire, les sans-diplôme, les jeunes chômeurs, la population délinquante (petite et grande) et carcérale. Cette fraction du groupe des « mal partis dans la vie » constitue la « minorité du pire[5] » du groupe des enfants d'immigrés maghrébins : ils sont perçus comme « perturbateurs » en classe (notamment au collège), « provocateurs » dans l'espace public.

Cette concentration de l'attention sur la fraction des « jeunes à problèmes » de ce groupe social tend toutefois à faire oublier deux processus centraux dans la transformation de ce groupe social, jusqu'à maintenant restés assez largement invisibles. C'est, d'une part, l'émergence en son sein, depuis au moins vingt ans, d'une « classe moyenne » diplômée. La mobilité intergénérationnelle ascendante dans les familles maghrébines en France sur la période 1970-2010 est un résultat révélé par les (rares) enquêtes quantitatives disponibles. Selon l'enquête *TeO* de 2016, 25 % des enfants d'immigrés maghrébins qui se trouvaient en emploi en 2008 (au moment de la passation du questionnaire) sont devenus cadres supérieurs (8 %) ou cadres moyens/professions intermédiaires (18 %). Ce processus décisif a pour seul défaut – si l'on peut dire – d'être peu spectaculaire et moins sujet des Unes de journaux qui réclament la « fait-diversisation » de la société et la dramatisation de l'information.

Le deuxième processus, qui se trouve sans doute encore plus occulté – parce qu'il ne peut pas s'inscrire aisément, comme le premier, dans le récit plus ou moins enchanté de la « réussite » des enfants d'immigrés –, renvoie à la tendance lourde, bien connue des sociologues travaillant sur les milieux populaires, à la reproduction sociale : à savoir l'entrée et l'installation durable sur le marché du travail d'enfants d'immigrés maghrébins (garçons et filles) dans des emplois d'exécution. Même s'ils sont le plus souvent moins diplômés, même s'ils ont pu être victimes de faits de discrimination ou de déclassement à l'embauche, ils n'en occupent pas moins aujourd'hui en nombre des emplois d'ouvriers ou d'employés. Les pères étaient, comme M. Belhoumi, manœuvres ou ouvriers spécialisés (OS) de l'automobile ; leurs fils vont tendanciellement devenir ouvriers plutôt qualifiés (comme Azzedine devenu chauffeur de bus), employés (« vendeurs », comme Rachid et Mounir), agents de sécurité, etc. Les mères algériennes (et autres Maghrébines) étaient majoritairement des travailleuses au foyer, ayant souvent élevé des familles nombreuses ; leurs filles vont, elles, devenir caissières, ouvrières, employées de commerce, aides à domicile, aides maternelles, etc. La particularité de ce deuxième groupe est de connaître aujourd'hui, à l'instar des autres membres de la jeunesse populaire, des conditions plus difficiles d'entrée sur le marché du travail : on sait que 9 % de la dernière cohorte de l'enquête *Génération* 2013 du Céreq[6] n'ont connu quasiment que le chômage (trente mois sur trente-six en moyenne) lors des trois années qui ont suivi leur sortie du système scolaire. Sans compter, pour ceux qui ont mis un pied dans le marché du travail, le fait de s'inscrire dans des collectifs de travail qui sont plus divisés et bien moins syndiqués, de subir des conditions de travail plus dures et pathogènes (physiquement et moralement) qu'il y a vingt ou trente ans.

Cette enquête auprès des huit enfants de la famille Belhoumi a quant à elle permis de voir à l'œuvre, de manière détaillée et comme en réduction, ces processus de mobilité sociale ascendante. Il fabrique deux types de destins sociaux très contrastés au sein de la fratrie : du côté des filles Belhoumi, l'accès aux métiers et au statut de « classes moyennes » ; du côté des garçons, l'obtention d'emplois de salariés, certes plutôt dans des emplois d'exécution, mais qui leur ont permis de « faire leur vie ». Il importe de bien voir et mesurer qu'une fraction importante du groupe des « jeunes d'origine maghrébine » appartient désormais aux classes moyennes et populaires. Elle doit coexister dans la société française avec le groupe des jeunes de même origine socialement exclus ou « désaffiliés », qui risque toujours d'entraver la quête de respectabilité de ses membres, pesant ainsi en permanence sur son destin social. Pour les membres du groupe établi (des jeunes d'origine maghrébine), la question pratique qui se pose souvent à eux dans leur vie quotidienne est la suivante : comment éviter la contamination du stigmate qui pèse sur les membres du second groupe alors que beaucoup parmi ces derniers ne cessent de vouloir le retourner sur le mode « *Algerian is beautiful* », ou de la fierté musulmane ? En retour, la plupart des membres du groupe établi, sans doute davantage chez les filles que chez les garçons, vont être conduits à entreprendre un subtil travail de démarcation qui passe par une certaine présentation de soi cherchant à éviter le port de signes marqués comme les plus « arabes » : apparence physique (cheveux plus ou moins défrisés ou teints, mèches blondes, etc.), attitudes corporelles, manières de se tenir et de parler (avec comme figure repoussoir le «langage de cité», le «parler *wesh-wesh*» comme dit Samira).

Les enfants Belhoumi appartiennent bien à la fraction «respectable» du groupe des enfants d'origine maghrébine qui, dans un contexte social et politique moins que jamais favorable, se voit désormais contrainte de mettre en scène une sorte de travail d'intégration, à la fois social et symbolique, qui ressemble fort au mythe de Sisyphe. Leurs membres s'efforcent sans cesse de remonter un rocher qui menace toujours de dégringoler à la suite de tel ou tel fait divers impliquant, sans conteste et gravement, l'un des membres de la fraction réprouvée du groupe, celle qui finit par leur «faire honte». À chaque attentat, à chaque méfait commis par l'«un des leurs» et largement publicisé, c'est tout ce long travail visant à donner des gages et à fournir des preuves aux «autres» (aux «Français») qui est détruit et, finalement, à recommencer. Or, dans une logique de spirale, les effets d'amalgame provoqués par les faits et gestes de la «minorité du pire» sont à chaque fois plus puissants et plus difficiles à contrer par les membres du groupe établi. Une certaine lassitude gagne, l'inquiétude s'accroît parmi ces derniers: quel avenir pour eux en France? Car, comme le dit Samira après les attentats de 2015, «ça va être encore plus difficile pour nous et nos enfants»... À ce titre, il n'est pas sans importance de réinscrire ces processus très contemporains dans une perspective historique plus longue.

Comprendre l'«intégration» sur la longue durée

Ces processus de mobilité sociale à l'œuvre dans la famille Belhoumi comme dans d'autres familles immigrées comparables gagnent à être inscrits dans les processus historiques plus longs et resitués dans l'enjeu qui a été appelé en France l'«intégration». En 1988, Gérard Noiriel, pionnier de l'histoire de l'immigration en France, livrait dans un livre séminal, *Le Creuset français*[7], une analyse sociologique des modalités de l'intégration des enfants d'immigrés en France sur la longue durée. Il montrait bien que le processus d'intégration des « secondes générations » des diverses vagues d'immigrés (polonais, italiens, espagnols, juifs d'Europe de l'Est, portugais, maghrébins) dans la France industrielle du XXe siècle se caractérisait par une profonde ambivalence – même si celle-ci était souvent déniée par les intéressés (notamment ceux qui avaient pu prendre la plume pour raconter leur histoire) qui avaient tendance à produire des discours *a posteriori* enchantés. D'un côté, il y avait bien, pour chaque vague d'immigration, la manifestation de la part des enfants d'immigrés d'un désir d'assimilation (le mot est passé de mode...) dans la société française qui se traduisait, chez eux, par un ensemble de pratiques sociales souvent inconscientes de « francisation », comme le montre, de manière particulièrement probante, leur tendance à parler le français avec l'accent local des classes populaires mais d'une manière particulièrement accentuée (accent marseillais, « ch'ti », lorrain, franc-comtois, etc.). De l'autre côté, revers de la médaille, ce processus d'intégration a presque toujours été source de malaise et même de souffrances, particulièrement liés aux formes subies de rejet ou de mise à l'écart de la part des *insiders*, des « vrais Français », des personnes de longue date confortablement installées dans le « Club France ». Gérard Noiriel mettait aussi au jour une différence majeure, de type politique, entre les vagues d'immigration en France au début du XXe siècle et celles plus récentes qui concernent ceux qu'on appelle aujourd'hui les « musulmans ». Le PCF a longtemps donné (de 1930 à 1980) aux immigrés (comme à leurs enfants) la possibilité d'une identification sociale (la classe ouvrière) et donc de résoudre autrement la question des humiliations, de la dignité, etc.

Abdelmalek Sayad, trois ans après la publication du *Creuset français*, écrivait un texte – « Qu'est-ce que l'intégration[8] ? » – qui allait globalement dans le même sens que Gérard Noiriel. Il soulignait que ce qu'on appelle l'« intégration » des enfants d'immigrés algériens est un processus « naturel », en ce sens que ces enfants ayant grandi en France deviennent peu à peu, par la médiation d'un ensemble de processus largement inconscients, des « Français comme les autres ». Certes, ce processus pourra sans doute prendre plus de temps que pour les descendants d'immigrés européens et catholiques réputés plus « assimilables » ; certes, il sera aussi plus difficile et coûteux, car personne n'oublie qu'il a existé un lourd passif historique entre la France et l'Algérie (une longue période de colonisation, une guerre d'indépendance meurtrière). Mais, même si cette histoire avait du mal à passer, Sayad considérait lui aussi, en ce début des années 1990, que dans la durée, l'intégration se ferait, quoi qu'il en soit...

À cette époque charnière qu'ont constituée les années 1980, c'est l'argument de la religion (en premier lieu l'islam) qui était toujours avancé comme un obstacle majeur à l'intégration des enfants d'immigrés algériens (les « Beurs »). L'islam était brandi comme une menace par le *Figaro Magazine* combatif de l'époque et par l'extrême droite qui se redresse alors (percée du FN à Dreux en 1983). Cet argument a été fortement contesté par Noiriel comme par Sayad. La seule enquête statistique disponible alors, réalisée à la fin des années 1980 par l'Ined – enquête dite MGIS (Migration géographique et insertion sociale), publiée en 1992 – montrait justement qu'une partie croissante des enfants d'immigrés algériens était en train de s'éloigner, sans bruit ni fureur, de la religion de leurs parents, l'islam traditionnel. Dans cette même période charnière des années 1980, l'anthropologue Gérard Althabe, de retour de ses terrains en Afrique, avait engagé une série d'enquêtes en France sur la vie sociale en HLM, en s'installant sur place. Il livrait un diagnostic sociologique fort pertinent. S'il rejoignait dans les grandes lignes ceux de Noiriel et de Sayad, il n'en faisait pas moins surgir l'idée d'un véritable grippage du processus d'intégration touchant ce qu'il appelait la « nouvelle génération » (celle des enfants d'immigrés maghrébins) : « Depuis un siècle la société française a été un melting-pot d'une grande efficacité : elle a intégré des vagues d'immigrants, italiens, espagnols, polonais et autres. Cette intégration s'est faite à travers les générations issues de l'immigration et l'école a été un des principaux cadres de cette intégration. La différence ethnique s'est retrouvée résorbée. Le dispositif intermédiaire, la culture locale sur la base de l'activité professionnelle, a été un cadre unificateur de gens d'origines ethniques différentes et des paysans autochtones. Actuellement le processus d'intégration pour la nouvelle génération apparaît bloqué, la campagne politique xénophobe renforce le blocage et rend aléatoire son dépassement. En effet, la première génération est renforcée dans sa production d'une identité ethnoculturelle de par le refoulement dans la condition ethnique qu'elle subit, et la nouvelle génération, en position ambivalente, est repoussée dans cette condition qu'elle refuse. Cette situation contient le risque de voir le dépassement de cet antagonisme dans une réunification sur la base de l'islam. Quelle que soit la manière dont on examine la conjoncture, on est placé dans une situation où la présence d'une population d'origine maghrébine quantitativement importante dans la société française est une réalité. Elle est repoussée vers une condition ethnoculturelle spécifique ; si cette situation se cristallise, une transformation des règles organisant notre vie collective est inéluctable[9]. »

Notons ici la qualité du diagnostic qui annonce (en 1991) avec une grande netteté un ensemble de processus sociaux aujourd'hui bien établis. Remarquons aussi en passant l'extrême difficulté qu'éprouve la sociologie (celle qui enquête sérieusement...) à se faire entendre des élites politiques et des autorités publiques qui, pour des raisons sur lesquelles on passe, sont toujours beaucoup plus sensibles aux essayistes à la mode qu'aux véritables enquêtes de sciences sociales[10]. Or on peut dire, vingt-cinq ans plus tard, que l'hypothèse de recherche de Gérard Althabe a été largement confirmée. Du fait de la grande panne de ces trois mécanismes intégrateurs par excellence que sont l'école, le travail salarié et la mixité sociale résidentielle, maints enfants d'immigrés maghrébins, du fait aussi des processus de discrimination qui les visent (en particulier dans l'accès à l'emploi et au logement), se sont sentis plus fortement stigmatisés, privés d'avenir et de reconnaissance sociale.

La politisation de l'islam et ses effets

Que s'est-il alors passé ? Pour éviter de tout expliquer par le « culturel » ou le « religieux », revenons encore une fois à la comparaison historique. Une autre grande différence entre le mode d'intégration des enfants d'immigrés des années 1930-1980 et ceux des trente dernières années relève de la différence de conjoncture économique. La crise d'aujourd'hui – illustrée par le chômage de masse, la paupérisation des classes populaires, la ghettoïsation des cités, etc. – n'a jamais été résorbée depuis les années 1980, alors que dans les années 1930, elle n'a duré qu'une décennie puisque la guerre de 1939-1945 a tout bouleversé par la suite. C'est cette « longue durée » de la crise qui a pénalisé tout particulièrement les enfants du prolétariat des années 1960-1970, notamment les descendants d'immigrés (ceux d'origine maghrébine étant largement majoritaires). Beaucoup d'entre eux ont été privés des possibilités de mobilité sociale qui avaient facilité l'intégration des précédents. La mobilité sociale est un facteur essentiel, car elle permet de diversifier les appartenances identitaires et les affiliations.

Ce sont donc bien des causes économiques et sociales qui expliquent le repli sur soi des enfants d'immigrés maghrébins auxquels on n'offre aucune possibilité de diversification identitaire. La résultante de cette panne de l'intégration par le marché du travail en France a été – dans un contexte géopolitique de « guerre des civilisations » – le déplacement du débat autour des enjeux sur l'islam dans la seconde génération. On a assisté depuis le début des années 2000 à un processus de politisation de l'islam, avec l'émergence dans l'espace public d'un petit groupe de porte-parole qui conforte chez ceux qui se sentent concernés le sentiment d'appartenance à un « nous » musulman.

Il faut toutefois préciser que la nouvelle génération d'enfants d'immigrés qui vont eux-mêmes revendiquer ce titre de « musulmans » est certes née en France mais surtout a grandi dans le chaos mondial qui a démarré avec le 11 septembre 2001 pour ensuite s'approfondir avec la guerre de George W. Bush en Irak (2003) et les effets en chaîne du « Printemps arabe » de 2010 (effondrement des régimes en Tunisie, Libye, Égypte, guerre civile en Syrie, etc.). Dans cette conjoncture internationale incandescente, les enfants d'immigrés qui étaient déjà plus ou moins musulmans, sont passés d'un islam vécu dans la sphère privée à un islam de plus en plus affiché dans la sphère publique. D'une part, il s'agissait de marquer leur solidarité avec les peuples opprimés des nations arabes, elles-mêmes dominées sur la scène internationale, à commencer par la Palestine. D'autre part, en France, la loi sur la laïcité de 2004 – connue comme la loi « contre le voile » – a joué sans nul doute un rôle d'accélérateur d'une prise de conscience pour bon nombre de jeunes femmes de confession musulmane. Beaucoup d'entre elles l'ont vécue comme une forme d'exclusion symbolique de la Nation. C'est dans ce contexte que, sur la base de cet islam politique, des associations sont nées (tel le Collectif contre l'islamophobie en France, ou CCIF) ou se sont renforcées (Union des organisations islamiques de France, ou UOIF; Union des étudiants musulmans de France, ou UEMF; etc.), des porte-parole musulmans sont apparus sur le devant de la scène, des candidats aux élections municipales ou législatives se sont présentés sous l'étiquette de « musulmans », sur fond d'ébranlement du clivage droite/gauche. À travers cette promotion de l'islam dans l'espace public et politique, était aussi recherchée une forme de respectabilité, une ressource de valorisation individuelle et collective, un groupe d'appartenance (un « nous » musulman). On a vu que Leïla expliquait ainsi le succès de Tariq Ramadan auprès de ses frères. On peut la citer à nouveau ici : « Ils [ses frères] me disent qu'ils placent toute leur fierté derrière cet homme-là... Parce que c'est le seul qui arrive à tenir des discours cohérents devant des assemblées... Ils font référence à lui parce que c'est le seul qui tient tête. » Enfin, n'oublions pas que, du côté des responsables politiques, il y a eu en ce domaine un jeu particulièrement trouble, comme le montre l'exemple de la création en 2003 du Conseil français du culte musulman (CFCM) par Nicolas Sarkozy lorsqu'il était ministre de l'Intérieur : d'un côté, on ne cesse, dans les discours publics, de condamner sous le terme de communautarisme toute tentative d'organisation des pratiquants musulmans et, de l'autre, le CFCM peut être considéré comme le symbole d'une opération communautaire ambiguë.

Même si on manque cruellement de bonnes enquêtes de terrain sur l'installation au cours de ces vingt dernières années de sectes religieuses (au sens de Max Weber[11]) se réclamant de l'islam (tabligh, salafiste) dans les villes ou banlieues comprenant en leur sein une forte population musulmane[12], on peut faire l'hypothèse que cette nouvelle demande religieuse émanant des jeunes de cité en quête de sens a historiquement coïncidé avec l'apparition d'une nouvelle offre de salut par l'islam qui leur est apparue comme une sorte d'aubaine, leur permettant d'encadrer strictement leur mode de vie et aussi de renégocier les liens ambigus avec l'islam traditionnel des parents[13]. Ce qui a pu déboucher, dans certains lieux, sur la création d'un entre-soi communautaire, plus accentué dans les zones géographiques ghettoïsées, allant de pair avec un fort prosélytisme religieux (visible aussi sous d'autres formes pour d'autres confessions). Par exemple, le procès d'Abdelkader Merah (frère aîné de Mohamed Merah, accusé de l'avoir aidé dans ses assassinats) en octobre 2017 a laissé entrevoir que, dans le quartier où il habitait (Les Izards à Toulouse), s'était développée au fil du temps une petite «contre-société salafiste», qui a pu faire penser à la «contre-société» communiste des anciens quartiers ouvriers intégrés. C'est Abdelkader Merah lui-même qui a reconnu, devant les juges, qu'il obéissait d'abord à sa propre loi religieuse – celle-ci, à ses yeux, s'imposant sans conteste face aux lois de la République.

Le soubassement des expériences scolaires dans les parcours djihadistes

Pour les garçons appartenant à la fraction socialement désaffiliée des milieux populaires ou la plus inscrite et dépendante de la «culture de cité» – qui avaient pu emprunter le chemin de la délinquance ou du «bizness» (dealers) –, un nombre croissant ont été touchés par le phénomène du renouveau religieux, cherchant soudainement leur salut dans une pratique de l'islam rigoriste et purificatrice. À ce propos, l'étude des parcours des djihadistes français (le ministère de l'Intérieur a fixé à environ 20000 le nombre de fichés S en 2016) révèle des surprises notables. Laurent Bonelli et Fabien Carrié, chercheurs à l'université de Nanterre, ont pu avoir accès, dans le cadre d'une convention de recherche avec le ministère de la Justice, aux riches dossiers de plus de cent trente jeunes Français poursuivis par la justice pour des faits de terrorisme ou signalés pour « radicalisation ». Lors du colloque « Radicalités militantes et réponses publiques en Europe : Interactions, dynamiques d'escalade et de désescalade » du 20 octobre 2017, ils ont présenté les premiers résultats de leur étude qui sont d'une grande originalité. Leur traitement statistique tend à montrer qu'il existe deux groupes bien distincts de « djihadistes » : le premier est composé de jeunes ayant grandi dans des familles très précarisées et instables. Leur parcours scolaire est chaotique, ce sont d'anciens exclus scolaires, passés par toutes les filières de relégation de l'école d'aujourd'hui et entrés assez vite (avec d'autres copains de cité) dans la délinquance. Ils sont très tôt repérés par les services sociaux et judiciaires et connaissent une longue histoire de prise en charge institutionnelle. Leur adhésion à une offre religieuse radicale apparaît à la fois comme une manière de déstabiliser – et parfois d'effrayer – les professionnels qui les suivent, en même temps qu'un moyen de « se racheter » (à leurs propres yeux) en trouvant une voie de salut, qui leur permet de surcroît de neutraliser l'image misérabiliste qui leur est renvoyée depuis leur enfance. Le second groupe de ces « musulmans radicalisés » est sociologiquement bien différent : il est composé de jeunes hommes (et femmes), issus de familles plus stables, de classes populaires et moyennes, qui ont comme caractéristique principale un fort investissement des parents dans la scolarité de leurs enfants. De ce fait, ils ont été de bons élèves dans leur collège de quartier mais ils « se radicalisent » lors de leur passage au lycée où ils perdent pied scolairement et ne trouvent pas leur place. En particulier, ils vivent comme de véritables rebuffades et humiliations les remarques (parfois « salées ») des enseignants à leur encontre. Le déclassement scolaire et symbolique qu'ils vivent au lycée semble bien avoir été au principe de leur basculement et de leur engagement dans la cause du djihadisme, que ce soit par des départs en Syrie ou par des projets d'attentat.

On retrouve là des résultats qui ont été dégagés dans des récents travaux de sociologie religieuse. Dans la thèse de Julien Beaugé sur le port du voile[14], on découvre que bon nombre de filles de la population étudiée – qui ont été le plus souvent de « bonnes élèves » de lycée – se voilent après les premiers mois de leur entrée en classe préparatoire ou dans les filières scolairement ou socialement sélectives de l'université (médecine/pharmacie, droit) où dominent socialement les enfants de la bourgeoisie locale ou régionale. Dans ce cadre, la prise de voile de ces étudiantes peut être interprétée, après coup, comme une violente réaction de leur part (elles disent souvent « sur un coup de tête ») face au sentiment d'avoir été subitement méprisées, remises à leur place. Protégées de la concurrence sociale dans leurs lycées de quartier, elles se retrouvent plongées après le bac dans ces hauts lieux distinctifs de la reproduction sociale où se retrouvent concentrés les « héritiers » qui, disent-elles, « se pavanent » et leur font sentir (par mille et une manières…) ce qui peut leur en coûter de vouloir se frotter à eux. La prise de voile, indépendamment des croyances individuelles, peut ainsi avoir pour fonction sociale une forme de protection et de défi dans ces zones de violence des échanges non tempérés.

Une gauche qui a failli, une France « moins bienveillante »

Enfin, il reste un dernier point essentiel à évoquer : l'atmosphère sociale et politique de la France d'après les émeutes de 2005. On ne dira jamais assez à quel point les années du quinquennat Sarkozy (2007-2012) peuvent être considérées comme des années de « petite guerre civile » larvée – sous la houlette de son principal conseiller politique, Patrick Buisson, héritier de l'Action française, qui n'a jamais caché son appartenance à l'extrême droite, et avec le relais des intellectuels néoconservateurs. Les immigrés (appelés désormais « musulmans ») ont été systématiquement désignés comme des cibles à l'opinion publique et les enfants d'immigrés maghrébins sans cesse suspectés d'être de « mauvais Français[15] ». Le durcissement des conditions de naturalisation au cours des dix dernières années en a été la preuve flagrante. Des préfets ont, en la matière, fait du zèle, comme sans doute celui dont les services ont par deux fois refusé la réintégration dans la nationalité française de Mme Belhoumi.

Ce n'est pas la moindre faiblesse de la présidence Hollande (2012-2017) que de n'avoir pas su ou voulu redresser la barre en ce domaine. La France n'avait peut-être pas les moyens de la générosité à l'égard des migrants de Mme Merkel en Allemagne mais l'analyse politique des attentats de 2015 par la gauche de gouvernement a été profondément en rupture avec toute son histoire. D'une part, la position du Premier ministre, Manuel Valls, sur le thème du refus des « excuses sociologiques », en niant par avance toute possibilité d'analyse rationnelle (notamment sociologique) de ces événements dramatiques, est tout empreinte d'un anti-intellectualisme primaire qui, à sa manière, salit la mémoire du parti de Jean Jaurès et Léon Blum. D'autre part, le projet du président François Hollande de « déchéance de nationalité » a eu pour effet de liquider purement et simplement trente ans de combat antiraciste de la gauche associative. Sans compter que ce projet, mal ficelé, fait au débotté, a fini de dilapider ce qui restait encore de confiance dans le PS chez les enfants d'immigrés maghrébins (phénomène flagrant dans le cas des filles Belhoumi).

Quel est le résultat de tout cela ? Avec, d'un côté, l'aggravation de la tension sur le marché du travail et l'extension des discriminations envers les « Noirs » et les « Arabes », la droitisation du champ politique et intellectuel, l'abandon de la gauche de gouvernement et, d'un autre côté, l'émergence d'un courant djihadiste issu de la société française elle-même, la plupart des enfants d'immigrés du Maghreb ou d'Afrique subsaharienne se retrouvent désormais placés durablement – et aussi coincés – dans un terrible étau. Il faut bien voir que leur désarroi spécifique concerne aussi l'ensemble de la jeunesse populaire en France[16]. Omar Sy, célèbre comédien qui a grandi à Trappes dans une famille sénégalaise de huit enfants, déclarait au *Monde* (4 décembre 2016) : « La jeunesse, elle est laissée pour compte. Qu'elle soit en banlieue, en ville, en campagne. On ne fera avancer les choses qu'en la voyant globalement. On parle des jeunes sans les écouter, on ne les considère pas, on ne leur donne plus ces coups de pouce dont moi j'ai bénéficié. C'est comme si on n'avait plus besoin d'eux! Tout a rapetissé, comme après un lavage à 100 degrés. J'aime la France, mais la France va mal.»

Ce n'est pas un hasard si, lors du dernier entretien réalisé avec Samira, le 17 novembre 2017, pour faire un dernier bilan de notre travail commun d'enquête, celle-ci tient à revenir sur l'épilogue du livre:

> Il dit quelque chose d'important. Depuis les attentats de 2015, le regard sur «nous» [personnes d'origine maghrébine] a véritablement changé. Il y a beaucoup plus de suspicion, il y a surtout beaucoup moins de bienveillance... Il y avait [en France] une espèce de générosité, que j'ai souvent ressentie avant, et qui a disparu aujourd'hui...

Et, dans un courriel du 20 décembre 2017, Samira commente cette conclusion qui, selon elle, «donne à réfléchir aux éléments indispensables à prendre en compte pour continuer à construire et consolider notre roman national... Faire œuvre commune pour relever ensemble les défis qui attendent la société française...».

Remerciements

Je tiens, en premier lieu, à remercier très vivement tous les membres de la famille Belhoumi (parents et enfants) d'avoir accepté de participer activement à cette enquête. Ce n'est pas chose facile de laisser entrer un « étranger » dans cette sphère particulière d'intimité sociale que constitue une grande famille. Samira a été, du début à la fin de ce travail, un soutien permanent, un guide incomparable et une alliée d'enquête rêvée. Leïla s'est montrée tout au long de cette recherche très disponible et généreuse, elle fut, elle aussi, une précieuse informatrice. Amel, la « Parisienne » du groupe des trois cadettes, a été éminemment réceptive face à l'enquête, toujours enjouée et partante, d'une réactivité remarquable. Ma dette est donc très grande à l'égard des « trois sœurs » rencontrées à Monville un jour de juin 2012.

Je tiens bien sûr à remercier aussi les cinq autres frères et sœurs (Rachid, Azzedine, Mounir, Dalila, Nadia) qui ont dû parfois dépasser les craintes et préventions qu'ils ont pu nourrir à l'égard de ce projet. Je me permets d'accorder une mention spéciale à ceux que j'ai le plus vus parmi les cinq : Azzedine qui a su me raconter avec justesse ses tribulations de chauffeur de bus RATP et Nadia qui ne m'a rien caché de ses incertitudes et de ses « contradictions ».

Ce livre a bénéficié, au moment-clé où l'auteur « doutait », de la lecture amicale, serrée et stimulante d'Anne-Marie Arborio, Francine Muel-Dreyfus, Michel Pialoux et Bernard Pudal. Je ne saurais trop les remercier pour leurs encouragements à le terminer. Je remercie aussi vivement les lecteurs et lectrices de certains chapitres du livre – Sylvie Beaud, Pascal Combemale, Catherine Leclercq, Gérard Noiriel, Nicolas Renahy, Olivier

Schwartz, Florence Weber – qui, malgré leurs agendas surchargés, ont eu la générosité de me lire.

Je tiens aussi à remercier deux de mes anciennes étudiantes – Hayet Aït Amir et Dalila Boualam – pour leur aide dans la mise au propre des matériaux de cette enquête et la discussion autour de ce livre.

Paul Pasquali et Fabien Truong, codirecteurs de la collection « L'envers des faits », ont lu avec une forte et belle exigence toutes les versions du manuscrit et m'ont beaucoup aidé à l'améliorer. Je sais, pour ce livre, tout ce que je leur dois.

Marie-Soline Royer a édité ce livre avec patience, rigueur et opiniâtreté. Elle a su raccourcir les passages trop longs, rappeler à l'auteur qu'il écrivait pour un public plus large que celui des spécialistes. Ma dette est donc très grande à son égard. Un mot aussi pour remercier toute l'équipe de La Découverte, son directeur en tête (Hugues Jallon) pour leur acceptation enthousiaste de ce projet et pour leur confiance.

Je tiens aussi à remercier chaleureusement, pour leurs aides à publication, mes collègues du conseil scientifique de l'UFR de sciences humaines et arts (SHA) de l'université de Poitiers où j'enseigne désormais ; Michel Espagne, responsable du Labex Transfers de l'École normale supérieure de Paris ; Laurence Rossignol, actuellement sénatrice, ancienne ministre de l'Enfance, des Familles et des Droits des femmes (2014-2016), qui a manifesté un intérêt constant pour les travaux en sciences sociales (c'est suffisamment rare dans ce milieu pour être signalé...).

La fin de ce livre a été rédigée lors de l'été 2017. Je remercie Sylvie et Antoine de la grande patience dont ils ont su faire preuve au cours de ces deux longs mois de travail. J'ai bénéficié de conditions d'écriture idéales en Haute-Savoie (merci à Gérard et Mireille Mordasini, Marie-José Masters de m'avoir hébergé à Nernier), en Gironde (merci aux ami-e-s de Carcans de m'avoir autorisé des fréquentes absences dans nos activités de groupe de vacances), à Mérignas dans l'Entre-deux-mers (merci, une fois encore, à Michel et Cordula) et enfin dans la presqu'île de Quiberon où Florence et Jeff ont été des hôtes parfaits.

Annexes

Sigles

AES	Administration économique et sociale
APHP	Assistance publique – hôpitaux de Paris
BAFA	Brevet d'aptitude aux fonctions d'animateur
BEP	Brevet d'études professionnelles
BTP	Bâtiment et travaux publics
CAP	Certificat d'aptitude professionnelle
Cotorep	Commission technique d'orientation et de reclassement professionnel
CP	Cours préparatoire
DUT	Diplôme universitaire de technologie
EAE	Entretien annuel d'évaluation
ES	Économique et social (bac; filière)
FB	Facebook
Ifsi	Institut de formation aux soins infirmiers
IUT	Institut universitaire de technologie
LEP	Lycée d'enseignement professionnel
MSMA	Maintenance des systèmes mécaniques automatisés
PCF	Parti communiste français
RATP	Régie autonome des transports parisiens
REP	Réseau d'éducation prioritaire
SES	Sciences économiques et sociales
STMG	Sciences et technologies du management et de la gestion
STT	Sciences et technologies tertiaires
UNSS	Union nationale du sport scolaire
VRP	Voyageur représentant placier
ZEP	Zone d'éducation prioritaire
ZUS	Zone urbaine sensible

Tableau 1 : Chronologie de la famille Belhoumi

	Histoire du père	Histoire de la mère	Histoire de la famille	Histoire politique
1942	**Naissance du père** (village de Mascara)	**Naissance de la mère** (Mostaganem)		
1954				« Toussaint rouge » : début de la guerre d'Algérie
1956		Adoption informelle par une voisine d'immeuble		
1960	Engagement dans l'armée française (un an à Strasbourg)			
1962	Démobilisation de l'armée française **Choisit la nationalité algérienne**			**Indépendance de l'Algérie**
1964-1965				Coup d'État de Boumediene
1966		Décès de sa mère adoptive, retour dans sa famille biologique		
1968	Se marie, quitte l'armée algérienne, petits boulots, ouvrier d'usine	Se marie	Mariage de M. et Mme Belhoumi	
1971	Obtient son « ticket » pour la France.		Naissance de Samira (Algérie)	
1972	Émigration de travail, manœuvre dans le BTP			
1973			Naissance de Leïla (Algérie)	
1974-1975			Naissance de Rachid (Algérie)	**Arrêt de l'immigration légale de travail en France**
1977		Vient en France		
1978	**Maladie (infection pulmonaire, invalidité professionnelle Cotorep)**		**Regroupement familial** (installation famille en HLM)	
1981			Naissance d'Azzedine Naissance de Mounir	Mitterrand élu président de la République
1984			Naissance de Dalila	**Marche des Beurs**
			Naissance d'Amel	

Tableau 2 : La fratrie Belhoumi

	Année (et lieu) de naissance	Études et diplômes	Emploi	Situation matrimoniale	Lieu de résidence	Statut résidentiel
Samira	1970 (Algérie)	Bac ES (1989), diplôme d'infirmière (1992), Master 2 Formation (2012)	Cadre de formation Ifsi	Mariée (2004), deux filles	Paris 18e	Locataire, appartement (1 % patronal)
Leïla	1973 (Algérie)	Bac ES (1992), DUT Carrières sociales, maîtrise de sciences de l'éducation (1997), Master 2 en ingénierie de programme de formation (2004)	Chargée d'insertion Mission locale	Mariée (2012), un fils	Proche banlieue nord-ouest	Locataire, HLM Ville en Seine-Saint-Denis (achat pavillon fin 2017 dans le Val-d'Oise)
Rachid	1975 (Algérie)	Pas de diplôme, arrêt des études en fin de 5e	Vendeur, commercial	Marié, cinq enfants de trois mères différentes	Bourg à 5 km de chez ses parents, en province	Locataire, maison
Azzedine	1979 (France)	Bac pro Vente	Chauffeur de bus RATP	Célibataire	Proche banlieue nord de Paris	Locataire, HLM
Mounir	1981 (France)	Niveau BEP Industrie	Vendeur	Marié, deux enfants	Ville de ses parents, en province	Locataire, HLM
Dalila	1983 (France)	Bac STT (2002), Ifsi (2002-2005), diplôme d'infirmière (2010)	Infirmière	Mariée (2011) puis divorcée, une fille	Montpellier, retour à Sardan en 2015	Propriétaire pavillon (Montpellier), puis locataire HLM (Sardan)
Amel	1984 (France)	Bac STT (2003), Deug de sciences humaines (2006), diplôme d'assistante sociale (2010)	Assistante sociale	Célibataire	Paris 15e	Locataire studio, résidence privée
Nadia	1986 (France)	Bac L (2005), IUT Carrières sociales, licence professionnelle Ressources humaines (2008)	Conseillère Pôle Emploi	Mariée (2013), une fille	Banlieue nord-ouest (92), retour à Sardan en 2016	Locataire T3, résidence privée

Tableau 3: Rapport à la politique et à la religion de la fratrie Belhoumi

	Samira	Leïla	Rachid	Azzedine	Mounir	Dalila	Amel	Nadia
Année de naissance	1970 (Algérie)	1973 (Algérie)	1975 (Algérie)	1979 (France)	1981 (France)	1983 (France)	1984 (France)	1986 (France)
Rapport à la religion	Initiée au soufisme par sa grand-mère, continue de s'y intéresser	Pratique minimale (plus culturelle que cultuelle)	Éloigné (boit et fume)	Croyant et pratiquant, fait le ramadan	Croyant, un peu pratiquant	Croyante, fait l'aumône, peu le ramadan	Croyante, assez pratiquante (religion = générosité et partage)	Croyante et pratiquante (ramadan, mange hallal)
Pratiques culturelles	Lectures nombreuses (romans, monde arabe, philosophie), expos	Lecture (plutôt essais), expos, concerts et musiques du monde	Télévision, voiture, sorties avec des copains	Matchs de football, concerts, phase de lecture (sur les conseils de ses sœurs aînées)	Voiture, sorties, « non-lecteur »	Jeune mère de famille avec peu de temps de loisir, cinéma	Lecture (romans, essais), expos, concerts et musiques du monde, bars dans Paris 11[e]	Expos, sorties dans Paris, bars, lecture (romans)
Rapport à la politique	Vote à gauche, déçue de Hollande, « Nouvelle Donne » un moment	Socialisation PCF, Front de gauche, très déçue par Hollande, a voté Mélenchon en 2017	Très distant	Très concerné par la cause palestinienne, a voté Mélenchon en 2017	Peu politisé	Vote à gauche, aurait voté Mélenchon en 2017 si s'était inscrite sur les listes électorales	Front de gauche, déçue de Hollande	Vire à droite en 2013-2014, prend sa carte LR en 2015
Charlie	À la manifestation le 11 janvier 2015	À la manifestation le 11 janvier 2015	« Pas Charlie »	« Pas Charlie »	« Pas Charlie »	« Pas très Charlie »	À la manifestation le 11 janvier 2015	« Pas Charlie »

Postface à l'édition poche (2020)

Stéphane Beaud

Cette postface se donne comme objectif de décrire la réception du livre, d'abord au sein de la famille Belhoumi, ensuite chez les élèves dans les lycées où nous l'avons présenté dans le cadre de conférences, enfin à l'occasion d'un travail théâtral mené en 2018-2019 par Dominique Lurcel en prenant comme support des extraits de l'ouvrage.

La lecture du livre par les enfants Belhoumi

La publication d'un livre/enquête sur une famille « réelle » soulève, bien sûr, de nombreuses questions et difficultés. On m'a presque toujours demandé comment le livre avait été reçu par la famille Belhoumi. Commençons par dire qu'il semble avoir été lu par tous (on rappelle que Samira et Leïla ont lu le manuscrit avant l'envoi à l'éditeur...). On peut dire, sans céder à l'autosatisfaction, qu'il leur a globalement plu et, plus important, qu'il les a touchés. Les enfants Belhoumi semblent avoir surtout vu dans ce livre une forme d'hommage qui a été rendu à leurs parents, à leur histoire, à leur courage aussi. Le pari de départ de l'enquête a été, à leurs yeux, tenu dans ses grandes lignes : donner une autre image des familles algériennes en France (différente de celle des familles « à la Merah »), lutter contre les effets d'amalgame qui, littéralement, les accablent après chaque attentat terroriste sur le sol français, etc.

J'avais eu quelque crainte concernant la lecture que pouvaient faire du livre les trois frères de la fratrie car ils apparaissent, dans l'ouvrage, comme ayant objectivement un parcours moins rectiligne et bien en deçà de celui de leurs cinq sœurs, notamment les deux aînées. Cette crainte n'était pas fondée. Rachid a lu le livre dans la foulée, me confiant l'avoir «dévoré», lui qui d'ordinaire lit très peu. Il n'avait pas d'objections à faire. Azzedine, quelques jours après avoir reçu le livre, a réagi à ma demande («Alors, Azzedine, le livre ? »), m'écrivant un SMS enthousiaste: «Je suis séduit à 600%!» Le troisième frère, Mounir (qui apparaît très peu dans le livre), lorsqu'il me ramène en voiture à la gare de Préville peu après lui avoir apporté l'ouvrage, me confie avec un peu d'amertume mais en gardant sa bonne humeur: «Mais, moi, j'y suis pas dans le livre!... », me faisant ainsi comprendre qu'il le regrette assez amèrement. Je lui rappelle, en essayant de le faire avec tact et un peu d'humour, les raisons objectives de sa relative absence dans le livre (il m'a évité ou «fui» durant toute l'enquête...). Je lui promets alors, un peu sur un ton de plaisanterie, un autre livre: «Mounir, le retour!» Et on se quitte, sans rancune, sur cette «promesse».

Cependant, on ne peut pas cacher qu'il y a eu un peu de «tirage» au sein de la famille dans les quelques jours qui ont suivi la réception du livre. Des petites incompréhensions sont apparues, ont émergé dans cette fratrie par ailleurs si forte et unie. Samira a alors beaucoup œuvré (notamment au téléphone) pour déminer le terrain. J'ai alors cru comprendre que Nadia avait de sérieux désaccords avec certains aspects du livre. Pour clarifier à nouveau l'intention du livre, j'ai alors écrit, en mars 2018, aux huit enfants un courriel de deux pages, intitulé *Lettre aux enfants Belhoumi*, pour préciser à nouveau les intentions qui ont présidé à cette enquête dans leur famille. Je concluais la lettre par ces quelques phrases: «Quand vous lirez le livre, vous verrez que j'ai mis l'accent sur les différents contextes sociopolitiques (années 1980-1990) qui, à mes yeux, permettent d'éclairer les différences entre les sœurs aînées et les cadettes dans votre fratrie. Le livre montre, à l'instar de beaucoup d'autres travaux, que la génération des enfants de milieux populaires qui ont grandi dans la crise des cités des années 1990 a dû objectivement surmonter plus d'obstacles que la génération précédente... Ce faisant, le livre tente de montrer que vos propres destins individuels ne prennent pleinement sens que dans le cadre d'une histoire collective qui, en quelque sorte, vous dépasse (au sens où, au moment où vous vivez votre vie, vous n'en avez pas nécessairement conscience) : c'est cela même le sens de la sociologie comme science sociale »...

Cependant, pour dissiper tout malentendu, je me suis rendu dix jours plus tard à Préville pour y rencontrer Nadia et discuter avec elle du livre. En fin de journée, nous nous sommes retrouvés à trois avec la partie de la fratrie qui résidait dans la région (Rachid, Mounir et Nadia, Dalila étant absente ce jour-là), dans un Starbucks Coffee, pas loin de la gare. Nadia, venue avec sa fille de cinq ans et le livre, a d'abord délicatement déposé celui-ci sur la table haute puis en a lu quelques extraits dans le chapitre 9 la concernant. Elle a tenu à me dire ce jour-là devant ses deux frères que certains mots l'ont blessée, ceux qui la décrivent notamment comme « *fashion victim* » et aimant les « objets de luxe » ; elle les considère comme « réducteurs », ne correspondant pas à sa véritable personnalité sociale, plus « complexe » et plus riche. Ses remarques m'ont bien évidemment touché, je ne souhaitais pas produire cet effet-là et j'en ai éprouvé quelque remords.

Pour cette postface, j'ai donc proposé à Nadia d'écrire un petit texte qui précise la perception qu'elle a pu avoir du livre. C'est ce qu'elle a fait par la lettre suivante dont voici quelques extraits : « À la première lecture de *La France des Belhoumi*, j'étais très surprise de la description de mon "personnage" [...]. En effet, malgré un goût certain pour la mode, le luxe, les photos... je reste très terre à terre et travaille chaque jour à maintenir un équilibre dans cette fratrie qui parfois se disperse notamment par les divergences de choix, d'opinions... Un récit de vie est construit à un moment donné, il est donc forcément influencé par ce qu'on vit à ce moment-là. Ma grande sœur avait pris la place de seconde maman et sans en prendre conscience, nous avions des attentes et exigences très importantes envers elle. Elle a su nous accompagner, nous faire grandir, nous conseiller, nous encourager et surtout nous soutenir, peu importe nos choix et leurs difficultés, mettant parfois ses aspirations professionnelles de côté. Aujourd'hui, grâce à un nouvel élan professionnel, mais aussi par le fait d'avoir sa propre famille, son rôle s'est transformé et elle a retrouvé sa place de grande sœur. Moi, de mon côté, la petite dernière de la fratrie, je suis devenue le «noyau» de cette fratrie. Un jour coach, un autre psychologue, je me plais à changer de casquette auprès de mes frères et sœurs afin de les accompagner et les conseiller sur leurs choix, leurs interrogations, leurs joies... tout en gardant mon côté excentrique [...]. Je me rends compte de l'importance du poids que ma sœur avait durant toutes ces années, ainsi que la difficulté à tenir ce rôle qu'on lui avait, malgré nous, imposé, et je ne la remercierai jamais assez d'avoir contribué à ce que nous sommes tous devenus» (Nadia Belhoumi, 8 juin 2020).

La première «conférence Belhoumi» au lycée du Raincy...

La présentation, depuis avril 2018, du livre *La France des Belhoumi* dans trente lycées a été riche d'enseignements pour une enquête de réception. Le fait de raconter l'enquête sur les Belhoumi de manière détaillée – c'est-à-dire incarnée, avec des «personnages» qui sont parlants – offre aux élèves, en phase de construction, des figures d'identification positive et négative. Cette opération a pour vertu de libérer très vite la parole lors de la phase du débat qui suit la conférence. Pour illustrer ce processus social d'identification à bien des égards apaisante ou libératrice pour certains élèves, je vais m'appuyer sur des exemples précis de réactions d'élèves (presque toujours des filles, il faut le remarquer...) à nos conférences, par le biais de textes qu'elles ont écrits, adressés ensuite à leurs professeurs ou directement au sociologue.

La première présentation du livre a eu lieu le 8 avril 2018 au lycée du Raincy (93), à l'invitation de deux professeures de cet établissement[a]. Le public nombreux (environ 120 élèves)

a Dominique Grimberg et Sophie Roucolle, que je tiens à remercier ici car cette première rencontre avec ces lycéens a été si intéressante qu'elle m'a donné l'idée de proposer une enquête de réception au Commissariat général à l'égalité des territoires (CGET).

rassemblé dans la salle du réfectoire était composé d'élèves de seconde, de terminale ES et d'hypokhâgne ; la plupart d'entre eux habitaient des quartiers HLM de Montfermeil et Clichy-sous-Bois et étaient d'origine immigrée (Maghreb, Afrique subsaharienne surtout). L'attention des élèves lors de cette séance de deux heures (1 h 15 d'exposé *via* Powerpoint et 45 minutes de questions) avait été grande, leurs questions nombreuses et d'une grande pertinence. Leur professeure de sciences économiques et sociales (SES) a eu le réflexe, après la conférence, de noter leurs réactions à chaud (qu'elle a entendues dans ses classes ou sur le trottoir devant le lycée) : « Il parlait de nous, mais pas comme à la télé » (garçon, terminale ES) ; « Ça m'a rappelé mes parents » (fille, TES). La professeure de SES commente ainsi : « Sentiment partagé par quasiment tous mes élèves dont les parents ou grands-parents ont immigré en France, quel que soit le pays d'origine ; "Madame, il connaît la cité des Bosquets à Clichy ?" Moi : "Je ne sais pas, pourquoi ?" "Parce qu'il parlait de nous !" (fille, seconde). "J'ai été scotché par le boulot. Vous imaginez Madame, il a fait une enquête qui a duré cinq ans !!!!" (garçon, TES) ; "C'était intéressant mais j'ai été gênée par le procédé. Les gens se confient à lui, comme à un psy, et après il balance ce que les gens lui ont raconté dans un livre" (une élève, père alors incarcéré) ; "Il a montré que la cité c'est pas cool pour les gars" (garçon, TES) ; "Il a parlé de la fierté de ramener de l'argent propre. C'est vrai, en plus !" (garçon, TES) ; "Il aurait fallu qu'il en dise plus sur la religion. J'ai pas bien compris, y'a pas une sœur qui a choisi de partir dans la religion pour s'en sortir ?" (fille de seconde, d'origine maghrébine, très sensible aux questions qui touchent à l'islam) ; "Il savait parler à tout le monde" (fille, TES) ; "Il m'a fait rire quand il a parlé de la mère qui supportait pas que sa fille sorte avec un mec qu'est pas du bled. On dirait ma grand-mère" (fille, TES) ; "Quand il a parlé de la sœur qui vote à droite, ça m'a rappelé le cours de science po sur la désaffiliation politique, Madame" (fille, TES) ; "Pareil sur les solidarités familiales quand la sœur s'occupe de son frère en prison" (garçon TES). » Par la suite, j'ai demandé à la professeure de SES de proposer à certains de ses élèves d'écrire au «sociologue» pour exprimer leurs points de vue sur la conférence. En voici quelques exemples parlants:

«Cette matinée m'a beaucoup émue, j'ai découvert une autre facette des SES. J'ai envie de lire ce livre alors que je ne lis jamais. De plus, lorsqu'il a raconté une partie de l'histoire des Belhoumi, j'ai eu l'impression que j'avais les mêmes points communs que la famille Belhoumi. Ce n'est pas un secret que les filles réussissent mieux que les garçons. Je suis la benjamine d'une famille de neuf frères et sœurs. Les garçons, ils ont fait un bac pro ou un bac général sans études supérieures» (Mounia, TES).

«Votre conférence m'a beaucoup plu. Elle m'a donné envie d'apprendre davantage de choses en sociologie et en science politique. Votre livre explore tout un monde oublié, une société qu'on met souvent de côté et qu'on accable de tous les maux en France. Les immigrés sont souvent perçus comme une gêne, c'est pour cela qu'on les regroupe dans des endroits comme les cités. Je trouve formidable que vous racontiez l'histoire de cette famille algérienne en montrant les côtés positifs et leurs évolutions dans ce monde rempli d'idées préconçues. J'ai beaucoup apprécié le passage sur Rachid, le fils aîné qui a réussi à s'en sortir grâce à ses sœurs qu'il cite comme étant les cinq branches d'une seule étoile. Son parcours nous montre qu'avec de la volonté et du soutien on peut s'en sortir; je pense que si certaines avaient lu ce passage, cela leur aurait apporté de l'espoir (idéalisé peut-être ?...). L'histoire de Samira m'a également touchée, elle me rappelle celle de ma mère: la fille aînée qui a dû s'occuper de sa fratrie nombreuse et qui était vue comme une deuxième mère et, malgré toutes les difficultés, elles ont pu réussir dans la vie professionnelle et familiale» (Hafida, élève de seconde, ZUS de Monfermeil).

Un autre aspect intéressant de la réception par les lycéens porte sur la manière dont certains d'entre eux qui ont grandi dans un monde social très différent de cette famille immigrée algérienne et des quartiers HLM disent avoir littéralement «découvert», grâce à ce livre, un monde social dont ils avaient certes entendu parler mais qui leur est apparu, au fil de la lecture, comme parfaitement inconnu. La traversée des épreuves qu'ont vécues la plupart des enfants Belhoumi a même pu avoir un effet de choc, semble-t-il salutaire, pour des lycéens enveloppés dans leur petit confort de vie. C'est ce que raconte ici un lycéen de première d'un lycée de la grande banlieue parisienne, dans sa «lettre à Stéphane Beaud», rédigée pour sa professeure de SES.

«Bonjour Stéphane Beaud, je suis un élève de première, un élève moyen dans une famille de classe moyenne. J'ai une vie plutôt monotone qui n'a rien à voir avec cette famille. Seulement la famille Belhoumi m'a aidé à comprendre ma petite routine dans mon monde à moi [qui] est un privilège. En effet, la vie de cette famille m'a persécuté [il a sans doute voulu dire "percuté"] et m'a donné un peu la haine, l'envie, la rage. La réussite pour moi après ce livre n'est plus une option. J'ai des parents qui m'aident, une chambre, un bureau et j'ai même mon petit piano. Bien loin de la vie des quartiers ou plutôt de celle de Samira [Belhoumi] qui travaille dans sa cuisine après avoir nettoyé» (Fabien, 28 février 2020).

... et dans un collège de quartier (REP) de l'est de la France

Nous finirons ce court état des lieux de la réception de *La France des Belhoumi* dans les établissements scolaires par un collège de la banlieue de Besançon, dont le public est composé aux trois quarts d'élèves d'origine immigrée et classé REP +. Une des professeures de français de cet établissement – Juliette Sorlin, agrégée de lettres modernes et férue de sociologie – a fait travailler tout le premier semestre sa classe de vingt élèves sur des extraits du livre dans le cadre du thème de l'écriture autobiographique. Elle m'écrit ceci dans son premier courriel: «J'envisage de les faire travailler principalement sur des extraits de *La France des Belhoumi* et notamment sur votre démarche d'enquête ainsi que sur les particularités du métier de sociologue. Les élèves ont déjà lu un court extrait de votre dernier ouvrage, sur le rapport à la langue française. Nous avons en effet travaillé sur les récits (auto)biographiques, au programme, autour de la thématique du plurilinguisme. J'envisage ainsi de poursuivre, avec les élèves, la réflexion sur les différences et similitudes entre l'écriture autobiographique et l'écriture d'enquête ethnographique et biographique, en pensant également au travail d'Annie Ernaux avec ses récits auto-socio-biographiques» (courriel du 27 décembre 2018). L'intervention dans ce collège a lieu le matin du 6 février 2019: deux fois une heure devant deux demi-groupes de la classe de troisième de Juliette Sorlin.

La principale adjointe, qui a soutenu cette rencontre, a sollicité une journaliste de *L'Est républicain* pour venir «couvrir l'événement». Cette dernière a rapidement interviewé le sociologue avant son arrivée en classe puis a assisté à la première heure de la discussion avec un des deux groupes de la classe. Le lendemain, l'article dans le journal décrit très bien cette heure de «cours» qui a passé très vite tant les élèves avaient de questions à poser au sociologue[1]. À la suite de la rencontre, leur professeure a demandé aux élèves d'écrire un petit texte autour de la venue du sociologue dans leur classe. Tous n'ont pas écrit mais la plupart l'ont fait. Voici ce qu'écrit Juliette Sorlin: «Vous trouverez, en pièce jointe, les réactions des élèves suite à votre intervention [...]. J'espère que les Belhoumi les ont "armés"! Je vous remercie sincèrement du temps et de l'attention que vous avez portés à ces jeunes, ils en ont tellement besoin. Ils y ont été très sensibles» (courriel du 10 février 2019). Je livre ici les réactions «brutes» des élèves (leur prénom a été modifié):

Djibril: «C'était sympa car il a dit que, les racistes, il ne leur parlait pas et ça c'était bien. Et il est fort car il a réussi à retenir tout ce qu'il a entendu de la famille. Il est gentil, il a répondu à toutes nos questions. Rachid [Belhoumi], il ressemble à mon frère, un peu car il était bagarreur et il est parti en prison et mon frère a failli y passer...»

Aminata: «Moi, j'ai bien aimé cette rencontre avec Stéphane Beaud. Il parlait comme un philosophe, ça m'a motivé. Sa rencontre plus son livre m'ont motivée à l'école. Ça m'a donné envie de ne plus abandonner et ça m'a donné une vision du monde dans d'autres pays à l'extérieur de la France [...]. Ce livre, enfin ces extraits, que j'ai lu je trouve que tout le monde peut en avoir besoin. Ce qui m'a émue dans ce livre c'est qu'ils [les enfants Belhoumi] se sont battus pour sauver leur famille malgré toutes les difficultés, les études, le manque d'argent. Ils ont su se battre même si certains ont arrêté les études, même s'ils n'avaient pas le temps pour les études, même s'ils avaient un F4 pour dix personnes, ils n'ont pas abandonné. Et aujourd'hui, je crois qu'ils sont fiers car certaines personnes auraient lâché. Les garçons travaillaient pour gagner de l'argent pendant que leur père pouvait pas et ça m'a touchée. »

Inès : « J'ai bien aimé la rencontre avec S. Beaud car il a répondu à toutes nos questions en racontant des anecdotes. C'était intéressant parce que je n'avais jamais rencontré de sociologue et je ne savais même pas que ce métier existait. Je pense que ce livre restera sans cesse dans ma tête car je m'identifie parfois dans quelques épisodes du texte. Par exemple quand il raconte que les filles restent à la maison réviser tandis que les frères avaient plus de liberté. C'est la situation actuelle de ma famille en quelque sorte. »

Siryane : « Malheureusement, je n'ai pas pu assister à votre présentation dans notre classe. J'ai étudié quand même votre livre et je l'ai trouvé incroyable. Ce qui m'a touchée c'est d'avoir pris le temps d'interroger une famille simple qui n'a rien fait d'exceptionnel et nous, lecteur, vous nous avez fait voir le contraire. Ce livre nous apprend à dépasser nos clichés. J'ai aimé ce livre car rien n'est plus beau que la vérité. »

Adrien : « J'ai senti que vous avez mis tout votre cœur à la rencontre. Merci pour cette rencontre passionnante. »

Yamina : « Je pense que je n'oublierai pas ce livre. Je pense que je vais l'acheter et le lire en entier. »

Aurélie : « C'est rare un écrivain comme vous. J'ai aimé la phrase : "travailler avec un stylo" car quand on va en cours c'est pour travailler et cette phrase restera toujours dans ma tête. J'ai aussi aimé les anecdotes. »

Sami : « Je trouve que c'était bien car je n'ai pas trop aimé le livre... mais S. Beaud était cool. La discussion avec lui était bien, il était familier avec nous. Il s'intéressait à nous et à ce qu'on disait... J'ai pas trop aimé le livre car ce livre a ouvert des portes que j'aurais aimé laisser fermées. »

Neïla: «Au début j'étais gênée mais on s'est habitué et c'était vraiment intéressant. Je pense que *La France des Belhoumi* va rester dans ma mémoire, mais pas en intégralité. Je pense juste garder en mémoire les moments qui m'ont vraiment marquée. Comme le moment où le fils de l'amie de la mère de Samira est venue la voir pour la demander en mariage. Et il y a aussi des expressions ou des traits de caractère que mes parents ont [eux aussi].»

Faouzi: «J'ai bien aimé la rencontre car c'était un dialogue simple, sans restriction de parole, c'était un débat libre.»

Yulen: «De base, je n'aimais pas le livre, mais après la rencontre j'ai une autre vision du livre. Je ne saurais expliquer comment mais pour la toute première fois j'étais attentif dans ce que je faisais. Le livre, je ne peux pas m'identifier.»

Mariama: «J'ai beaucoup aimé cette rencontre. M. Beaud est quelqu'un de pas renfermé, il voulait découvrir la culture algérienne. Il a respecté tout le monde et a pris du temps, il est calme. Je repenserai à ce livre notamment quand je repartirai dans mon pays d'origine.»

Mickaël: «Ce livre ne m'a pas plus intéressé que ça, mais j'aime bien Rachid. C'était bien qu'il [Stéphane Beaud] soit venu, on a pu lui poser plein de questions sur son métier. On a pu apprendre la vie des personnes qui sont un peu à part, dans les mêmes problèmes que nous.»

Soraya: «J'ai beaucoup aimé cette rencontre car M. Beaud réfléchit avec son cœur, pas avec ce qu'il voit. J'ai vraiment aimé comment il parlait des Belhoumi et comment il parlait des immigrés de France. Je pense que je vais me servir de ce livre comme référence contre le racisme. Et aussi pour parler à mes parents. C'est aussi un exemple de ma famille en quelque sorte. Ce livre m'a beaucoup marquée et je pense que je vais le garder dans ma mémoire.»

Hakima: «J'ai bien aimé la façon dont vous disiez les choses. Vous avez été très ouvert avec nous et vous avez abordé les sujets sans tabou. L'histoire de cette famille algérienne m'a beaucoup touchée. J'y voyais presque mes parents et c'est aussi une autre façon de lutter contre le racisme et les discriminations. Je retiendrai toujours ce livre et cette rencontre dans ma tête.»

Si ces jeunes élèves réagissent tant et avec une belle spontanéité, c'est bien évidemment en lien étroit avec ce qu'ils vivent dans leur quartier (la plupart habitent cette grande cité HLM située à six kilomètres du centre de Besançon mais reliée par un tramway) et dans leur collège, classé REP +, avec une image de lieu de relégation (« collège d'immigrés »). On sent bien affleurer, à travers leurs brefs récits, les grandes difficultés sociales qui sont celles de leur vie quotidienne. La plupart des élèves ont grandi dans des familles immigrées (maghrébines, turques, africaines), nombreuses et sans beaucoup de ressources. De fait, la confrontation avec le livre n'est pas aisée car elle opère comme un effet miroir, difficile à gérer pour eux – d'ailleurs bien davantage pour les garçons que pour les filles. Parmi les garçons, certains peuvent s'identifier à Rachid (qui a fait six mois de prison pour vol qualifié) mais de manière détournée : il est à la fois le rebelle et celui qui s'est racheté et a payé sa dette à la société. Les filles peuvent voir en Samira et dans le destin des sœurs aînées une possible porte de sortie de leur condition.

Nous avons fait lire ces extraits à une amie sociologue, Francine Muel-Dreyfus. Elle a alors fait un parallèle intéressant avec les réactions d'un jeune ouvrier à propos du film *Week-end à Sochaux* de Bruno Muel sur les jeunes ouvriers de Sochaux, tourné peu après Mai 68, et de l'intérêt qu'il avait eu à participer à ce documentaire : « Ils [les autres ouvriers de Sochaux] se voient à travers nous. » « Et c'est ce qui se passe là : les Belhoumi les font se voir. Parfois c'est "j'ai pas envie" et, d'autres fois, "oui ça me fait penser à chez moi, ma mère dans la cuisine avec ses copines", d'autres encore ce Rachid qui va en taule ou l'héroïne Samira et le mariage, etc. Ainsi, ce qui est sans doute le plus frappant dans la réception du livre pour ces élèves de quatorze, quinze ans de collège REP, c'est son ambivalence. On pourrait dire qu'il s'agit d'un livre qui est malgré tout un peu apprivoisé, grâce à l'énorme préparation de la prof, le prémâchage, grâce aussi à la rencontre physique avec l'auteur ("sympa", "cool", "pas fier"). En même temps, c'est un objet presque impossible pour eux à apprivoiser, une sorte de refus d'entrer là-dedans ("se voir à travers eux") car le miroir qui leur est ainsi tendu ne peut leur apparaître, à leur âge, que comme trop violent, trop aveuglant... » (courriel de Francine Muel-Dreyfus, 12 mars 2019).

Un « atelier théâtre » autour de *La France des Belhoumi*

Pour terminer ce tour d'horizon des diverses réceptions du livre depuis sa parution, je tiens à évoquer, même si trop rapidement, le travail théâtral réalisé par Dominique Lurcel à partir de ce livre avec quatre classes de lycée (dont trois en lycée professionnel) de Villeurbanne lors de l'année scolaire 2018-2019. Il convient de préciser que ce metteur en scène, fondateur et directeur de la compagnie Passeurs de mémoires, avait déjà, en 2013, adapté au théâtre – à *L'Espace 89* de Saint-Ouen et à la Maison des Métallos à Paris – le livre *Pays de malheur!* écrit avec Younes Amrani. Marqué dans sa jeunesse étudiante par la guerre d'Algérie et mobilisé contre elle (en 1962, il a dix-neuf ans et est en classe de khâgne au lycée Henri IV), il a ensuite été toujours attentif au destin de ce pays, à sa littérature et aux travaux d'historiens le concernant. Il a notamment mis en scène *Folies coloniales, Algérie, années 30* (Grande Halle de La Villette, 2009) et, au festival off d'Avignon 2011, *Le Contraire de l'amour, Journal de Mouloud Feraoun*[a] *1955-1962* dans une mise en scène qui m'avait beaucoup plu. Lorsque le livre des Belhoumi va paraître, je l'en informe par mail. Il l'achète le jour de sa parution puis me livrera ses impressions sur le vif, au fur et à mesure de la progression de sa lecture. Convaincu de l'intérêt de faire jouer aux élèves ce « texte », il me demande de lui livrer davantage de documents bruts (les entretiens entiers avec les enfants Belhoumi, notamment ceux réalisés avec Samira), ce que je fais après avoir obtenu l'accord de cette dernière.

Immédiatement séduit par la force de ces matériaux textuels, il part en quête de financements auprès du rectorat de Lyon, de la Région Auvergne-Rhône-Alpes et de la DRAC pour monter une pièce de théâtre à partir du texte et la faire jouer dans des

a Instituteur et écrivain assassiné par l'OAS en mars 1962.

lycées de l'agglomération lyonnaise. Il obtient gain de cause et pourra ainsi, durant toute l'année scolaire 2018-2019, travailler quelques heures par semaine avec, d'une part, une classe de seconde dans un lycée général (Stendhal) et, d'autre part, trois classes de deux lycées professionnels de Villeurbanne. Faute de pouvoir raconter tout ce travail théâtral de huit mois, je vais procéder en deux temps : d'abord en évoquant comment s'est effectué notre travail en duo (en janvier 2019) auprès des élèves, ensuite en plongeant dans le *work in progress* du metteur en scène avec les lycéens et leurs enseignants mobilisés sur ce projet.

En janvier 2019, j'ai donc accompagné Dominique Lurcel dans les trois lycées de Villeurbanne où il avait commencé ses interventions « théâtre ». Il s'agissait pour moi de présenter plus en détail l'enquête à l'origine du livre et, pour les élèves, de faire connaissance avec l'auteur du livre sur lequel ils travaillaient. La rencontre, effectuée en compagnie d'Anne Chemin (journaliste au *Monde*) avec la classe du lycée professionnel Sophie Germain, a été très intéressante. Ces élèves, dont les trois quarts sont des enfants d'immigrés (avec une majorité venant d'Afrique subsaharienne), ont été très à l'écoute lors de l'exposé dans la salle du CDI mais aussi très timides lors de la discussion qui devait s'ensuivre. Ils n'ont pas osé poser de questions à celui qui était, pour eux, l'« auteur », même si lors des deux heures de la séance, je les ai sentis à la fois intéressés et intrigués. À la fin de mon monologue, faute de questions de leur part, je leur ai demandé un peu à brûle-pourpoint pourquoi, à leur avis, ils n'avaient pas d'enseignement de sociologie en lycée professionnel (contrairement aux lycéens généraux, avec les SES). Après un long silence, l'une des élèves au premier rang (j'apprendrai qu'elle est d'origine congolaise comme ses deux amies assises à côté d'elle), répond avec une petite voix : « Parce qu'on est trop bêtes... » Ses camarades de derrière, qui n'ont pas bien entendu, lui demandent de répéter. Celle-ci n'ose pas trop le faire, si bien qu'un garçon prend la situation en main et répond à sa place : « Elle a dit parce qu'ils disent qu'on est trop bêtes »... Suscitant rires gênés et petites protestations de la part de certains. Ceci a été l'occasion pour moi d'essayer d'expliquer le sens social des hiérarchies scolaires et la manière dont on peut fortement intérioriser les verdicts scolaires.

L'autre moment passé en compagnie des élèves d'un autre lycée professionnel, (Croizat), plus industriel et masculin, a été lui aussi très intéressant. Deux classes très différentes participent à ce travail théâtral : une classe de première pro, composée d'élèves jeunes, venant pour la plupart des quartiers de l'Est lyonnais et une classe de BTS chaudronnerie, dont les élèves sont souvent en contrat d'apprentissage par alternance, plus âgés, venant souvent de zones éloignées de l'agglomération lyonnaise (les enseignants les appellent les « Ardéchois » parce que plusieurs viennent de ce département). La coexistence de ces deux groupes très différents – par leur âge, leur ancrage territorial (urbains/ruraux), leurs cultures de classe, etc. – n'a pas toujours été évidente ou paisible. Il y a eu des « prises de bec », des conflits, les « Ardéchois » ne supportant pas trop certaines attitudes des « Maghrébins » et tenant à leur endroit des propos qui font dire à des enseignants du lycée qu'ils « sont FN ». Lors de ma venue, les deux groupes sont réunis, les BTS venus en plus grand nombre, au premier rang, attentifs : les « premières pro », plus dispersés et silencieux. C'est la seule fille de l'assemblée (BTS chaudronnerie, métis, Antillaise) qui prendra le plus la parole lors de l'échange avec les élèves. Ayant senti assez vite les possibles oppositions entre ces deux groupes d'élèves, j'ai sciemment insisté, dans mes réponses aux questions, sur le personnage de Rachid et sur les logiques sociales qui mènent à la déviance et à la délinquance. Je n'ai pas oublié de mentionner les raisons qui peuvent expliquer ce que Michel Pialoux et moi avons appelé, dans le livre *Violences urbaines, violence sociale*[2], une « culture de provocation » dans l'espace public (à Lyon comme ailleurs) desdits « jeunes Maghrébins », faite d'une forte envie de reconnaissance sur fond de stigmatisation sociale et raciale. Je me souviens bien alors des mimiques complices et amusées échangées entre certains « Ardéchois » du premier rang. Je me souviens encore mieux que deux d'entre eux se sont même ostensiblement retournés vers le fond où se trouvait leur professeur de lettres/histoire (une professeure de trente-cinq, quarante ans, d'origine algérienne, ayant grandi dans la ZUP de Bron) comme pour lui dire, par leur regard: «Vous avez vu, on vous l'avait bien dit, même le sociologue le confirme...»

Cet effort d'objectivation des attitudes des uns et des autres a, semble-t-il, produit des effets dans ces classes. Deux jours plus tard, le 13 mars 2019, Dominique Lurcel m'écrit ceci: «Quant au lycée professionnel Croizat, ton passage a fait basculer les BTS qui, avec une belle énergie, se sont emparés de la première partie d'Azzedine. C'est plus dur avec les "premières" [pro] mais cela dépend de leur état du jour. La dernière séance – ce jeudi – a été assez encourageante.»

Le jour de la représentation, les BTS seront tous là, impliqués, impeccables. Ce qui conduit à examiner les derniers moments de la séquence de travail avec ces élèves de la part du metteur en scène. Pour ce faire, j'ai choisi de réaliser un entretien avec ce dernier à Lyon en mars 2020, juste avant le confinement lié à l'épidémie de covid-19, où je lui ai demandé d'insister sur les moments, à ses yeux saillants, de ce travail de huit mois avec les élèves. Il n'a pas caché la difficulté de la tâche: il fallait non seulement les accrocher au travail (pas le plus difficile...), mais surtout les fidéliser, les faire venir régulièrement aux répétitions, les rythmes alternés en lycée professionnel ne simplifiant pas les choses. C'est ce que donne bien à voir un courriel d'une des enseignantes d'un des lycées professionnels, le 4 avril 2019, soit cinq semaines avant la représentation théâtrale, où on sent l'inquiétude monter chez les parties prenantes à ce projet: «Dominique, je serais d'avis de ne pas inclure Mehmet qui n'est pas venu ce mardi et qui n'est pas fiable concernant ses présences au lycée; Mayda avait joué son rôle en interprétant Samira qui décrit sa copine bourgeoise p. 3. [...] Maria et Anissa doivent interpréter jusqu'à "Et le mariage s'est fait". Par ailleurs, Maria a un fort caractère en ce moment et ce n'est pas facile avec l'équipe enseignante, si elle ne joue pas le jeu le lundi 6 (elle a menti ce mardi lors du dernier filage en affirmant qu'elle avait joué, ce qui n'était pas le cas), il faudra envisager de l'installer côté public. À suivre.»

L'angoisse chez les enseignants et le metteur en scène est ensuite bien sûr montée progressivement quand il a fallu réunir les quatre classes afin de construire un spectacle cohérent – donc d'abord jouer les uns devant les autres – puis faire jouer la pièce par ces cinquante élèves/artistes amateurs devant le public, au Rize, centre culturel de Villeurbanne, le 15 mai 2019. Jusqu'au dernier moment, des élèves ont été incertains, quelques-uns ne sont pas venus (envahis par le trac, c'était aussi la pleine période du ramadan). La représentation de *La France, les Belhoumi et nous* (une heure de spectacle) a finalement bien eu lieu. Tout chez les jeunes était au rendez-vous : énergie individuelle et collective, écoute des autres, perfection des enchaînements. L'émotion, dans la salle, était très forte, et les applaudissements ont été très nourris. Le lendemain de la représentation, Dominique Lurcel écrit un mail à deux enseignantes du lycée professionnel pour leur dire à la fois son bonheur et son soulagement : « Les élèves sont partis très vite hier soir (je les comprends : ils avaient tenu plus de trois heures, et magnifiquement. Et le ramadan, pour bon nombre d'entre eux, était une épreuve de plus...). J'aimerais vraiment qu'ils sachent à quel point ils ont été à la hauteur. Les « seconde pro » étaient enfin en ligne... Et les enchaînements (j'y tiens tellement !) ont été nickel, sans faille, tempo impeccable. Oui, parfois, voix un peu limites. Mais pour moi, cela est dû à cet emploi du temps qui a coupé en deux, profondément, la progression du travail. Quant aux BTS, je les ai trouvés... impériaux. Rythme impeccable, relais parfaits, autorité de chacun. Un vrai groupe, un vrai collectif, et chacun à sa place dedans... Chapeau ! et un très beau respect également vis-à-vis des autres groupes... ma nuit n'a pas été très calme » (courriel, 16 mai 2019).

Enfin, ce qui a aussi beaucoup étonné le metteur en scène dans cette aventure collective, c'est la forte implication dans ce travail théâtral des élèves de lycée professionnel, qui se sont révélés dans l'ensemble beaucoup plus impliqués et sérieux que ceux de la classe de seconde du lycée général, eux passablement « agités » et difficiles à cadrer. Dans ce projet, la participation et le soutien de l'équipe de ce lycée professionnel – quatre enseignants et la responsable du CDI – ont été sans faille durant toute l'année scolaire et d'un grand secours, les professeurs rendant compte régulièrement au metteur en scène du travail effectué avec les élèves quand lui-même n'était pas présent au lycée: «Nous avons répété cet après-midi l'ensemble du texte. La consigne était que les extraits devaient s'enchaîner sans intervention des professeures (Sophie et moi). Je peux t'assurer que tous les élèves ont parfaitement joué le jeu (silence complet et respect mutuel). Ils ont réussi à déclamer leur texte à tour de rôle sans notre intervention... Un chouette moment» (courriel de Géraldine, professeur de lettres, 11 avril 2019).

Pour conclure cette trop courte partie, je laisse le mot de la fin à Dominique Lurcel, au moment où, à la fin de l'année scolaire, il livre le bilan de ce long travail théâtral auprès de ses partenaires institutionnels, le rectorat et la Région: «Il y a là-dedans un point qui m'importe particulièrement: l'espoir – une quasi-certitude, mais seulement quasi... – qu'une démarche de ce type permette un peu aux jeunes d'apprendre la complexité. Pas d'illusion, cela ne peut suffire à faire changer radicalement leur vision du monde. Simplement, le fait de se confronter, pendant huit mois (très long pour des jeunes, au risque de l'ennui lié à la nécessaire dimension répétitive du travail) à des histoires à la fois très proches et différentes des leurs –, avant tout le rapport à la famille, à l'école et au religieux –, le fait, essentiel, d'intérioriser, par la voix et le corps, puis de transmettre ces histoires, tout cela laisse des traces que je crois durables et qui, je l'espère, peuvent permettre à chacun(e) de s'approcher un peu plus près de la vérité de l'autre, de la comprendre, à défaut de la partager totalement. De développer ainsi le sens des nuances, de créer de l'empathie et de la tolérance, donc du lien, bien au-delà de l'épanouissement personnel et de l'engagement collectif que peut apporter à chacun le travail théâtral classique. Bref, petite goutte d'eau, de battre un peu en brèche tous les enfermements, toutes les pulsions communautaires» (courriel, 8 juin 2019).

Notes

Notes de la préface (pages 9 à 20)

1 Florence WEBER *et al.*, *Charges de famille. Parenté et dépendance dans la France contemporaine*, La Découverte, Paris, 2003; Catherine DELCROIX, *Ombres et lumières de la famille Nour*, Payot, Paris, 2005; Alain Cottereau et Mokhtar MARZOK, *Une famille andalouse*, Bouchene, Paris, 2012.
2 Younes AMRANI et Stéphane BEAUD, «*Pays de malheur!*» *Un jeune de cité écrit à un sociologue*, La Découverte/Poche, Paris, 2005.
3 Anne DE RUGY, compte rendu du livre *La France des Belhoumi* dans la revue *Terrains et théories*, 2018/8 (en ligne).
4 Younes AMRANI et Stéphane BEAUD, «*Pays de malheur!*», *op. cit.*
5 On reprend ici des extraits du long entretien réalisé avec Nada Chaar et publié dans la revue Non fiction (05/07/2018).
6 Laurent BONELLI et Fabien CARRIÉ, *La Fabrique de la radicalité. Une sociologie des jeunes djihadistes français*, Seuil, Paris, 2018.

Notes de l'introduction (pages 21 à 31)

1 *Cf.* les deux livres que j'ai écrits avec Michel PIALOUX: *Retour sur la condition ouvrière*, La Découverte/Poche, Paris, 2012 et *Violences urbaines, violence sociale. Genèse des nouvelles classes dangereuses*, Pluriel, Paris, 2005.
2 J'ai publié en 2002 un livre intitulé *80% au bac! Et après?* (La Découverte/Poche, Paris, 2003), puis en 2004 un autre livre, *Pays de malheur! Un jeune de cité écrit à un sociologue*, coécrit avec Younes Amrani (La Découverte/Poche, Paris, 2005) entièrement consacré à la description «de l'intérieur» par l'intéressé (un jeune d'origine marocaine de vingt-neuf ans, alors emploi-jeune quand il m'écrit par mail) tant de son parcours scolaire chaotique (il a échoué en deuxième année de fac d'histoire) que de ses interrogations et tourments identitaires.
3 Sachant que j'avais conduit, vingt ans plus tôt, au cours de mon travail de terrain à Sochaux-Montbéliard, une enquête dans une famille algérienne assez comparable. Voir Stéphane BEAUD, «Un ouvrier, fils d'immigrés, "pris" dans la crise: rupture biographique et configuration sociale», *Genèses*, n°24, 1996.
4 Stéphane BEAUD, avec Philippe GUIMARD, *Traîtres à la nation? Un autre regard sur la grève des Bleus en Afrique du Sud*, La Découverte, Paris, 2011.

5 Abdelmalek SAYAD, « Les enfants illégitimes », *Actes de la recherche en sciences sociales*, n° 25-26-27, 1978-1979 ; Gérard NOIRIEL, *Le Creuset français*, Seuil, Paris, 1988.
6 Cris BEAUCHEMIN, Christelle HAMEL et Patrick SIMON, *Trajectoires et origines. Enquête sur la diversité des populations en France*, Ined Éditions, Paris, 2016.
7 Norbert ELIAS, « Remarques sur le commérage », *Actes de la recherche en sciences sociales*, n° 60, 1985, p. 23-29.
8 Florence WEBER, *Le Travail à côté. Étude d'ethnographie ouvrière*, MSH/INRA Éditions, Paris, 1989.
9 Ahmed BOUBEKER, « Les éternels coupables », *Libération*, 19 juillet 2004.
10 Pierre BOURDIEU, *Esquisse pour une auto-analyse*, Éditions Raisons d'agir, Paris, 2004.

Notes du chapitre 1 (pages 32 à 63)

1 Toute l'œuvre d'Abdelmalek Sayad est consacrée à ce sujet et constitue un massif scientifique incontournable. Elle est aujourd'hui traduite dans maintes langues étrangères et nourrit de riches travaux en sociologie de l'immigration. Voir notamment Abdelmalek SAYAD, *L'Immigration ou les paradoxes de l'altérité*, De Boeck/Éditions universitaires, Bruxelles, 1991 et *La Double Absence. Des illusions de l'émigré aux souffrances de l'immigré*, Seuil, Paris, 1999.
2 Patrick WEIL, avec Nicolas TRUONG, *Le Sens de la République*, Grasset, Paris, 2015, p. 54.
3 Abdelmalek SAYAD, « Les trois âges de l'immigration algérienne en France », *Actes de la recherche en sciences sociales*, n° 15, 1977.
4 Pour une critique, cf. Abdellali HAJJAT, « Immigration et héritage colonial », *in* Marie POINSOT (dir.), *Migrations et mutations de la société française*, La Découverte, Paris, 2014.
5 Abdelmalek SAYAD, « Qu'est-ce qu'un immigré ? », *Peuples méditerranéens*, avril-juin 1979, p. 3-23.
6 Gérard NOIRIEL, *Le Creuset français. Histoire de l'immigration XIXe-XXe siècles*, Seuil, Paris, 1988.
7 Xavier VIGNA, *L'Insubordination ouvrière dans les années 68. Essai d'histoire politique des usines*, Presses universitaires de Rennes, Rennes, 2007.
8 Abdelmalek SAYAD, « Les trois âges de l'immigration algérienne en France », loc. cit.

Notes de l'introduction à la première partie (pages 67 à 68)

1 Bernard LAHIRE, *Tableaux de famille. Heurs et malheurs scolaires en milieux populaires*, Seuil/Gallimard, Paris, 1995.
2 Smaïn LAACHER, « L'école et ses miracles. Note sur les déterminants sociaux des trajectoires scolaires des enfants de familles immigrées », *Politix*, 1990/4, n° 12, p. 25-37.
3 Jean-Pierre TERRAIL, « Réussite scolaire : la mobilisation des filles », *Sociétés contemporaines*, n° 11/1, 1992, p. 53-89.
4 Hervé LE BRAS, « Les origines d'une promotion de polytechniciens », *Population*, mai-juin 1983, p. 491-502.
5 Tristan POULLAOUEC, *Le Diplôme, arme des faibles. Les familles ouvrières et l'école*, La Dispute, Paris, 2010.

Notes du chapitre 2 (pages 69 à 104)

1 Albert MEMMI, *Penser à vif: de la colonisation à la laïcité*, Non Lieu, Paris, 2017, p. 316.
2 Musée de l'histoire de l'immigration (6 janvier 2016), séance de formation de continue de professeurs de SES à Dijon (7 avril 2014), journées de l'Association des professeurs de sciences économiques et sociales (APSES) en janvier 2017...
3 Ugo PALHETA, « Le collège divise. Appartenance de classe, trajectoires scolaires et enseignement professionnel », *Sociologie* 2011/4, vol. 2, p. 363-386.
4 Abdelmalek SAYAD, « Naturels et naturalisés », *Actes de la recherche en sciences sociales*, n° 99, 1993, p. 26-35.
5 Jean-Luc RICHARD, *Partir ou rester. Destinées des jeunes issus de l'immigration étrangère en France*, PUF, Paris, 2004.

Notes du chapitre 3 (pages 105 à 134)

1 Stéphane BEAUD, « Les trois sœurs et le sociologue », *Idées économiques et sociales*, 2014/1, n° 115, p. 36-48.
2 Alban BENSA et Éric FASSIN (dir.), *Les Politiques de l'enquête. Épreuves ethnographiques*, La Découverte, Paris, 2008.
3 Paul PASQUALI, *Passer les frontières sociales. Comment les « filières d'élite » entrouvrent leurs portes*, Fayard, Paris, 2014.
4 Stéphane BEAUD et Olivier MASCLET, « Des marcheurs de 1983 aux émeutiers de 2005. Deux générations sociales d'enfants d'immigrés », *Annales. Histoire et sciences sociales*, 2006-4.
5 Erving GOFFMAN, *Stigmates. Les usages sociaux des handicaps*, Minuit, Paris, 1975 (1re éd. 1963).

Notes du chapitre 4 (pages 135 à 160)

1 Marnia BELHADJ, « Choix du conjoint et stratégies matrimoniales de jeunes femmes françaises d'origine algérienne », *Revue européenne des migrations internationales*, n° 19/1, 2003 ; Beate COLLET, *Couple d'ici, parents d'ailleurs. Parcours de descendants d'immigrés*, PUF, Paris, 2012.
2 Abdelmalek SAYAD, « Les trois âges de l'immigration algérienne en France », loc. cit.
3 Robert CASTEL, « De l'indigence à l'exclusion, la désaffiliation », *in* Jacques DONZELOT *et al.*, *Face à l'exclusion, le modèle français*, Éditions Esprit, Paris, 1991, p. 137-168.
4 Peter WILMOTT et Michael YOUNG, *Le Village dans la ville. Famille et parenté dans l'Est londonien*, PUF, Paris, 2010 (1re éd. 1957).

Notes de l'introduction à la deuxième partie (pages 163 à 164)

1 Yaël BRINBAUM et Annick KIEFFER, « Les scolarités des enfants d'immigrés de la sixième au baccalauréat : différenciation et polarisation des parcours », *Population*, 2009/3, vol 64, p. 561-610.
2 Cf. l'article de Yaël BRINBAUM et Annick KIEFFER (*ibid.*) qui exploite le panel 1995 de la DEPP.

Notes du chapitre 5
(pages 165 à 188)

1 Robert Castel, *L'Insécurité sociale. Qu'est-ce qu'être protégé?*, Seuil, Paris, 2003.
2 Stéphane Beaud, « L'échec au bac: la logique de l'aveu », *Genèses*, n° 14, 1994, p. 136-152.
3 Pour une belle exception, *cf.* Mathias Millet et Daniel Thin, *Ruptures scolaires*, PUF, Paris, 2006.
4 Joanie Cayouette-Remblière, *L'École qui classe. 530 élèves du primaire au bac*, PUF, Paris, 2016.
5 *Cf.* notamment Mirna Safi, *Les Inégalités ethno-raciales*, La Découverte, Paris, 2013; Patrick Simon et Mirna Safi, « Les discriminations ethniques et raciales dans l'enquête *Trajectoires et Origines*: représentations, expériences subjectives et situations vécues », *Économie et statistique*, n° 464-465-466, 2013, p. 245-275.
6 Anthony Edo et Nicolas Jacquemet, *La Discrimination à l'embauche sur le marché du travail français*, Centre pour la recherche économique et ses applications (Cepremap)/Éditions rue d'Ulm, n° 31, 2013.
7 *Cf.* Fabien Jobard et René Levy, « Les contrôles au faciès à Paris », *Plein droit*, n° 82, octobre 2009.
8 Pour une illustration statistique à partir de l'enquête *Générations* du Centre d'études et de recherche sur les qualifications (Céreq), *cf.* Jean-Paul Gehin et Ugo Palheta, « Les devenirs socioprofessionnels des sortants sans diplôme. Un état des lieux dix ans après la sortie du système éducatif (1998-2008) », *Formation Emploi*, avril-juin 2012, n° 118, p. 15-35.

Notes du chapitre 6
(pages 189 à 215)

1 Il n'existe pas de statistiques récentes de la population carcérale en France selon l'origine nationale en raison du principe de l'interdiction des « statistiques ethniques ». Le journal *Le Monde* y a consacré une enquête en 2016. Adeline Hazan, contrôleure générale des lieux de privation de liberté, rapportait les propos du directeur de la maison d'arrêt de Fresnes (Val-de-Marne) qui estimait lui-même en 2015 qu'environ 60 % des détenus étaient de confession musulmane. À Fleury-Mérogis (Essonne), la plus grande prison d'Europe, « la situation est équivalente », affirme Mme Hazan, qui précise que « la proportion n'est pas la même ailleurs en France ». Mme Hazan reconnaît plus généralement que « la surreprésentation en détention des populations issues de l'immigration s'est en outre accentuée avec le doublement de la population carcérale en trente ans » (*Le Monde*, 20 octobre 2016). Il est impossible de départager dans cette population dite de « musulmans » ceux qui sont étrangers et ceux qui sont français d'origine étrangère.
2 Erving Goffman, *La Présentation de soi. La mise en scène de la vie quotidienne*, Minuit, Paris, 1973.
3 Jean-François Gaspar, *Tenir! Les raisons d'être des travailleurs sociaux*, La Découverte, Paris, 2012.
4 Gilles Moreau, Jean-Noël Retière et Anne Tessier, *Les Mineurs réitérants: sociographie et trajectoires*, Rapport de recherche, Centre nantais de sociologie, Nantes, 2003.

Notes du chapitre 7 (pages 216 à 243)

1 Pour une bonne synthèse, voir Emmanuelle SANTELLI, *Les Descendants d'immigrés*, La Découverte, Paris, 2016.
2 Stéphane BEAUD et Michel PIALOUX, *Violences urbaines, violence sociale*, Fayard, Paris, 2003.
3 Eric DUNNING et Norbert ELIAS, *Sport et civilisation. La violence maîtrisée*, Fayard, Paris, 1994 (1re éd. 1986).
4 La RATP a adopté le CV anonyme pour tous ses recrutements depuis le 1er octobre 2007. *Cf.* « Avec le CV anonyme, la RATP veut favoriser l'égalité des chances », *L'Express*, 1er janvier 2009.
5 Christian COROUGE et Michel PIALOUX, *Résister à la chaîne. Dialogue entre un ouvrier de Peugeot et un sociologue*, Agone, Marseille, 2011.

Notes du chapitre 8 (pages 251 à 284)

1 Sylvain BROUARD et Vincent TIBERJ, *Français comme les autres ? Enquête sur les citoyens d'origine maghrébine, africaine et turque*, Presses de Sciences Po, Paris, 2005.
2 Cela rejoint les observations de Céline Braconnier et Jean-Yves Dormagen dans leur livre *La Démocratie de l'abstention* (Folio, Paris, 2013) sur les habitants de la cité des Cosmonautes à Saint-Denis. Ils montrent bien l'influence politique de certains membres des fratries (et souvent des aînés) dans les familles issues de l'immigration : dans la lignée des enquêtes de Paul Lazarsfeld, ils soulignent le rôle des « micropressions » des « entrepreneurs de morale civique » auprès des moins politisés.
3 Abdelmalek SAYAD, « Exister, c'est exister politiquement », *in L'Immigration ou les Paradoxes de l'altérité. 2. Les Enfants illégitimes*, Éditions Raisons d'agir, Paris, 2006.
4 Daniel GAXIE, *Le Cens caché*, Seuil, Paris, 1978.
5 François BUTON, Patrick LEHINGUE et Nicolas MARIOT, *L'Ordinaire du politique. Enquête sur les rapports profanes au politique*, Septentrion, Lille, 2106.
6 Olivier MASCLET, *La Gauche et les Cités. Enquête sur un rendez-vous manqué*, La Dispute, Paris, 2003.
7 Julian Mischi a bien mis en évidence l'effritement de la base populaire du communisme municipal, les transformations sociologiques du monde des élus communistes et le sort réservé aux jeunes d'origine maghrébine cantonnés à des activités de loisir et à des rôles de faire-valoir de la « diversité ». Voir Julian MISCHI, *Le Communisme désarmé*, Agone, Marseille, 2016.
8 Olivier MASCLET, *La Gauche et les Cités*, *op. cit.*

Notes du chapitre 9 (pages 285 à 310)

1 Gérard MAUGER, « Massification scolaire, culture anti-école et bonne volonté culturelle », *in* Stéphane BEAUD et Gérard MAUGER (dir.), *Une génération sacrifiée ? Jeunes des classes populaires dans la France désindustrialisée*, Éditions rue d'Ulm, Paris, 2016.
2 Daniel GAXIE, « Économie des partis et rétributions du militantisme », *Revue française de science politique*, 1977, 27/1, p. 123-154.

Notes du chapitre 10 (pages 311 à 331)

1 Emmanuel TODD, *Qui est Charlie? Sociologie d'une crise religieuse*, Seuil, Paris, 2015.
2 Stéphane BEAUD, « Stage ou formation ? Les enjeux d'un malentendu », *Formation-Emploi*, n° 67, avril 1996.
3 Emmanuel TODD, *Qui est Charlie?*, *op. cit.*
4 Vincent TIBERJ et Nonna MAYER, « Le simplisme d'Emmanuel Todd démonté par la sociologie des "Je suis Charlie" », *Le Monde*, 20 mai 2015.

Notes du chapitre 11 (pages 332 à 357)

1 Chris BEAUCHEMIN, Christelle HAMEL et Patrick SIMON, *Trajectoires et origines*, *op. cit.*
2 *Cf.* la thèse sur la ville de Trappes (banlieue parisienne) de Sami Zegnani qui montre de manière remarquable ce processus : Sami ZEGNANI, *Dans le monde des cités. De la galère à la mosquée*, Presses universitaires de Rennes, Rennes, 2013.
3 *Cf.* Nathalie KAKPO, *L'Islam, un recours pour les jeunes*, Presses de Sciences Po, Paris, 2007 et Julien BEAUGÉ, *La Force d'une institution disqualifiée : les logiques sociales du voilement des musulmanes en France*, thèse de doctorat en science politique, Amiens, 2013.
4 Marc BLOCH, *Apologie pour l'histoire*, A. Colin, Paris, 1961, p. 94.
5 Stéphane BEAUD et Olivier MASCLET, « Des "marcheurs" de 1983 aux "émeutiers" de 2005. Deux générations sociales d'enfants d'immigrés », *Les Annales. Histoire et sciences sociales*, 2006/4 (61e année), p. 809-843.
6 Loïc WACQUANT, « Pour en finir avec le mythe des "cités-ghettos" : Les différences entre la France et les États-Unis », *Les Annales de la recherche urbaine*, Année 1992, vol. 54, p. 21-30.
7 Abdellali HAJJAT, *La Marche pour l'égalité et contre le racisme*, Éditions Amsterdam, Paris, 2013.
8 Olivier MASCLET, *La Gauche et les Cités*, *op. cit.*
9 Karl MANNHEIM, *Le Problème des générations*, Nathan, Paris, 1992 (1re éd. 1928).
10 Pour une synthèse, cf. Mirna SAFI, *Les Inégalités ethno-raciales*, La Découverte, coll. « Repères », Paris, 2013.
11 Eric DUNNING et Norbert ELIAS, *Sport et civilisation*, *op. cit.*
12 Robert CASTEL, *La Discrimination négative. Citoyens ou indigènes ?*, Seuil, Paris, 2007.
13 Paul PASQUALI, *Passer les frontières sociales*, *op. cit.*
14 Jennifer BIDET, *Les Vacances au bled de descendants d'immigrés algériens. Trajectoires, pratiques, appartenance*, thèse de doctorat en sociologie, université de Lyon-2, 2013.

Notes de l'épilogue (pages 359 à 364)

1 Musée de l'histoire de l'immigration, journées de formation APSES à Paris, séminaire de recherche à Lyon-2, journée de formation des professeurs de sciences économiques et sociales à Dijon.

Notes de la conclusion (pages 365 à 382)

1 Voir notamment le riche dossier dirigé par Julie PAGIS et Paul PASQUALI, « Les mobilités sociales », *Politix*, n° 114, 2016.

2 Tristan POULLAOUEC, *Le Diplôme, arme des faibles. Les familles ouvrières et l'école*, La Dispute, Paris, 2010.

3 Nacira GUÉNIF-SOUILAMAS et Éric MACÉ, *Les Féministes et le Garçon arabe*, Éditions de l'Aube, La Tour d'Aigues, 2004.

4 *Cf.* notamment deux belles enquêtes ethnographiques : Paul PASQUALI, *Passer les frontières sociales, op. cit.*; Fabien TRUONG, *Jeunesses françaises*, La Découverte, Paris, 2015.

5 Norbert ELIAS, « Remarques sur le commérage », loc. cit.

6 CENTRE D'ÉTUDES ET DE RECHERCHES SUR LES QUALIFICATIONS (CÉREQ), *Quand l'école est finie. Premiers pas dans la vie active de la génération 2013, Céreq enquêtes*, n° 1, 2017.

7 Gérard NOIRIEL, *Le Creuset français, op. cit.*

8 Abdelmalek SAYAD, « Qu'est-ce que l'intégration ? », *loc. cit.*

9 Gérard ALTHABE, « Racisme et racisme de classe », *Critiques sociales*, n° 1, 1991, p. 14.

10 On doit ici renvoyer au livre de François HÉRAN : *Avec l'immigration. Mesurer, débattre, agir*, La Découverte, Paris, 2017.

11 Max WEBER, « Les sectes protestantes et l'esprit du capitalisme », *in* Max WEBER, *L'Éthique protestante et l'Esprit du capitalisme*, Flammarion, Paris, 2017 (1906).

12 Voir Fabien TRUONG, *Loyautés radicales. L'islam et les « mauvais garçons » de la Nation*, La Découverte, Paris, 2017.

13 Voir *ibid.*

14 Julien BEAUGÉ, *La Force d'une institution disqualifiée, op. cit.*

15 J'ai essayé de traiter de cette question dans mes travaux sur l'équipe de France de football. Voir notamment Stéphane BEAUD, *Traîtres à la nation? Un autre regard sur la grève des Bleus en Afrique du Sud*, La Découverte, Paris, 2011.

16 *Cf.* Stéphane BEAUD et Gérard MAUGER (dir.), *Une génération sacrifiée?, op. cit.*

Notes de la postface (pages 391 à 407)

1 « Des collégiens face au sociologue Stéphane Beaud. Histoires d'intégration : les ados et le sociologue », *L'Est Républicain*, 7 février 2019.

2 Michel PIALOUX et Stéphane BEAUD, *Violences urbaines, violence sociale*, Fayard, Paris, 2003.

Table

Composition DV Arts Graphiques, La Rochelle
Achevé d'imprimer sur les presses de
La Nouvelle Imprimerie Laballery à Clamecy (Nièvre).
Dépôt légal : septembre 2020
*Suite du 1er tirage (*5*):* novembre 2022
N° de dossier : 211240

Imprimé en France